Law
notes
法学笔记系列

房地产法入门笔记

Real Estate Law in a Nutshell

主　编·谭柏平
撰稿人　（以撰写章节先后为序）
谭柏平　陈群峰　欧阳杉
楚道文　刘赫男　梁文婷
乔博娟　徐　雅

法律出版社
LAW PRESS·CHINA

总 序

法学、神学与医学是人类最古老的知识体系，其知识谱系的演变体现了人类文明与法治的进步。在我国，法学教育对于建设法治国家具有基础性、根本性与前瞻性的作用，是全面实施依法治国伟大工程中的重要一环。改革开放以来，我国的法学教育发展取得了显著成绩，为社会主义法治国家建设提供了有力的支持与人才保障。目前，随着我国法治事业的不断发展与法律服务市场的变化，社会需要越来越多适应时代要求的法治人才，这对大学的法学教育提出了新要求。如何提高法律人才培养质量，满足社会需求，已成为我国法学教育改革所面临的重要课题与挑战。

法学教育的本质并非传授单一的知识点，而是培养一种综合的法律思维能力。法律是一种职业，一种技术含量非常高的专业化的职业，这个职业有不同的研究方法，也有多元的思维方式。我们应该培养像法律人那样思考问题、解决问题的能力。随着全球化、信息化时代的到来，法律制度发生了新的变化，法律现象呈现日益综合化的趋势。如何有效地分析和解决特定的法律问题，已经不能再局限于某一单一法学学科，而应以整体系统的法学教育为背景，通过综合的法律思维去分析、解决问题。因此，为适应社会需求，法科学生需要在短时间内系统地学习法学的理论精髓，并融会贯通。这也为法律人才培养提出了更高的要求。

在法学教育中，教师是教学的核心，尤其是青年教师，站在教学第一线。青年教师入职后面对的挑战可能不是科研，而是教学。青年教师历经数十年的寒窗苦读、精耕科研，如何以最短的时间从研究者转换为授业者，是每一位初登讲堂者须完成的必修课。教学大纲的设计、知识点的选取、典型案例的收集、寓理论于案例的深入浅出等均是作为“初学者”的青年教师需要攻克的难关。初登讲堂者往往都是学富五车的博士，但经历了漫长的学习生涯与科学研究过程，他们恐怕一时难以用通俗易懂的语言将法学的乐趣深入浅出地描绘给学生。

作为法学职业教育的共同体，我们须认识到，法学教育的目的是培养造就一批信念执着、品德优良、知识丰富、本领过硬的高素质法律人才，包括法学研究型人才、法律应用型人才、复合型法律人才等适应不同层次社会需求的法律人才。为了形成知识、能力和实践之间的融合，我们需要系统地学习法律知识，但是知识并不是最重要的，关键是通过法学知识的传授培养一种能力，用能力来解决法律实践中的具体问题。对于研究型人才，我们应训练其法学思维，启迪其独立研究和思考；对于应用型人才，我们也须培养其法律思维，将理论应用于实践；对于复合型人才，我们要培养其综合性应用思维，扩展其法律知识面。

法学教育的载体和纽带在于教材的编写和选用。无论是学生的学习，还是教师的讲授，都依赖于课程的教材。传统的法学教材，植根于各学科基础理论，汇集各家观点，力求完整、全面地为读者介绍本学科的基本情况，归纳本学科的基本理论体系，诠释本学科的基本法律规范。但对于正在接受系统法学教育洗礼的本科生乃至硕士生等群体而言，存在一种"瓶颈"性的困境。因缺乏系统的法学知识，在各家学说与艰深理论面前，法学初学者往往会"望而却步"，期待一种通俗易懂的教材。事实上，法学是美妙而充满魅力的科学，如果有一本教材能够让学生在轻松的阅读学习中，直观了解法学知识的初貌，培养学生对深入学习本学科法学理论的浓厚兴趣，逐步引导其对这门学科开展探索，这必将是法学初学者的一种幸事。

此外，在信息化时代，法学初学者又须防范迷失于信息量过大而难以取舍、信息良莠不齐而缺乏甄别能力、知识的碎片化而难以形成法律思维等困境之中。事实上，法学知识和法律知识载体的多样化、新型化也给法学教育工作者提出了新的课题。例如，如何为法学本科生的每门专业课选择正确、适量、重点突出、便于理解的教学素材，如何使得教学素材的载体既小又大，即教材的页码少但有用信息量大；如何使得教学素材的载体既简单又复合，即教材所载学科理论和法律知识的信息重点一目了然但功能多用，能够满足学科入门、理论体系的提炼、法律知识的串联、司法考试知识点等复合型功能需求。

可喜的是，法律出版社计划出版一套"法学笔记系列"教材，这套教材由我国青年法学学者编写，突出教材的"笔记"特色。丛书编委均是具有长期丰富一线教学经验的中青年法学才俊。当中国人民大学法学院竺效教授与我交流时提及这套新型法学教材后，我开始关注这套教材的出版进展，也浏览了由他主编的第一本教材《环境法入门笔记》。我认为，这套教材的新意在于，将目标集中于引领法学初学者进入各个法学学科领域，使法学入门者能对各学科理论有全面系统的了解，掌握其中重点，对各学科涉及的法律规定能在准确理解的基础上尝试应用，借助该套教材，激发读者深入研习法学的兴趣。同时，也有望这套教材能为初入讲堂的青年教师提供较为高效的“教学入门速成课”。甚至可能成为那些由于各种原因从其他专业转而从事法律实践的应用型、复合型人才，提供法学各学科法律实践的入门级“工具书”。

作为从事教学工作近三十年的法学教育者，看到这套新型教材的问世，感到欣慰与欣喜——欣慰于青年教师们能够想读者之所想，想后辈之所想，想学生之所想；欣喜于青年教师们青出于蓝而胜于蓝。希望日后有更多青年学者加入本套教材的编写，为本套教材的完善提出真知灼见，在从事学术研究的同时不忘初心，致力于我国法学教育事业的发展。

中国法学教育研究会常务副会长、
中国人民大学法学院教授、博士生导师
韩大元
2016 年 12 月 25 日

作 者 简 介

（以撰写章节先后为序）

谭柏平 男，湖南耒阳人，法学博士，毕业于中国人民大学法学院。现任北京工业大学文法学部法律系副教授，硕士生导师，台湾政治大学法学院访问学者，爱尔兰都柏林大学访问学者。兼任最高人民法院环境资源司法理论研究基地研究员，北京市法学会生态法治研究会副会长，北京市法学会环境资源法学研究会秘书长等。主要研究方向：环境法、经济法、房地产法。主要学术成果：《海洋资源保护法律制度研究》、《中国能源法学》（合著）、《环境法》（第五版）等；此外，撰写了40余篇学术论文在《政治与法律》《法学杂志》《Natural Resources Forum》《北京师范大学学报》《社会科学研究》等刊物上发表。

陈群峰 女，广西北海人，法学博士，毕业于中国人民大学法学院。现任中央民族大学法学院教授，博士生导师，经济法学硕士点学科带头人，北京市环境法学会副会长、中国行为法学会法律语言文化研究会常务理事、中国法学会婚姻法学会理事、中国商业法研究会理事、中国行为法学会企业治理研究会理事、北京大学企业与公司法研究中心特邀研究员等。主持国家社科基金项目1项、省部级项目、及其他项目多项；出版专著《审判视野下的公司诉讼研究》《离婚利益协调机制研究——财产子女及其他》；合著参编有《合同法教材》《物权法原理与案例教程》《民法案例教程》《商法学》《亲属法与继承法》《合同法条文例解》等；在《中外法学》《法学家》《现代法学》等法学类核心期刊发表论文多篇。

欧阳杉 女，湖北荆州人，法学博士，毕业于中国人民大学法学院。现任云南财经大学法学院讲师，并担任政府部门法律顾问。主要研究方向：经济法、环境法，公开发表学术论文十余篇，出版著作与教材七部。

楚道文 男，山东肥城人，法学博士，山东政法学院教授，中国应用法学研究所与中国社会科学院法学研究所博士后研究员，FORDHAM 高级访问学者。主要研究方向：环境法、房地产法。在《法学家》《法学杂志》《政法论丛》等核心刊物发表法学核心论文近 30 篇，《物权法与住宅权利保障》等论文被《新华文摘》等权威机构全文转载。著有《清洁空气立法研究》等五部学术著作。

刘赫男 女，吉林白城人，法学博士（在读），中共吉林省委党校讲师，兼任《行政与法》英文编辑。主要研究方向：生态文明法治、互联网金融法治、党内法规等。在《行政与法》《吉林日报》《新长征》等报刊上发表论文若干篇，参与部级研究课题、主持校级决策咨询课题多项。

梁文婷 女，法学博士，毕业于中国人民大学法学院，现任北京航空航天大学讲师，硕士生导师，加拿大麦吉尔大学访问学者。教授课程：环境法、刑法、房地产法、法学原理、法学名著导读等。在《政治与法律》《中国人口资源与环境》《环境保护》等期刊上发表论文多篇。

乔博娟 女，法学博士，毕业于中国人民大学法学院，中国社会科学院法学研究所博士后，现任北京航天航空大学法学院讲师、硕士研究生导师；兼任北京市破产法学会理事、中国人民大学破产法研究中心研究员、《中国劳动保障报》专栏作者。主要研究方向：破产法、财税法，在《法学杂志》《税务研究》《经济法学评论》等核心期刊发表多篇学术论文。曾获中国法学会“完善食品安全法律制度”主题征文一等奖，第八届北京市大学生模拟法庭竞赛优秀指导教师，北京航空航天大学教学成果三等奖等。

徐　雅 女，法学博士，北京城市学院公共管理学部法律系副教授，2012 年毕业于中国人民大学法学院环境与资源保护法学专业，主要研究方向：环境法、房地产法。近期研究重点为我国绿色建筑的立法问题。与房地产法教材编写相关的成果：曾参加北京市法学会科研项目：“房地产环境法律问题研究”；发表论文《住宅小区周边的电磁辐射污染维权研究》，出版专著《绿色建筑立法研究》等。

编写说明

房地产是房屋财产与土地财产的通称,房地产对国家、集体、单位和个人都是一笔价值不菲的财富。自20世纪90年代以来,我国房地产业快速发展,同时也带动了相关产业的发展,成为我国经济发展的先导产业。房地产业对改善人民生活、完善市场体系、发展国民经济等都具有十分重要的作用。随着经济社会的发展,尤其是城镇化进程的加快,我国房地产市场经历了一个从无到有,市场运行从无序到逐渐有序的发展过程,国家陆续出台了一系列调整房地产社会关系的法规与政策,初步形成了一套具有中国特色的、较为完整的房地产法规体系。纷繁复杂的房地产法律关系需要专业的厘清,房地产法律知识需要系统的梳理与学习。房地产法是一门以房地产法律关系为研究对象的法学学科,既依法赋予房地产管理者、开发者、消费者、服务者等主体的法律地位,确认房地产权利的归属,又调整在房地产开发与经营、房地产交易、房地产管理与服务、房地产金融与税收、涉外房地产等方面所产生的权利与义务关系。

本教材是按照房地产法这门课程的教学要求而编写的,阐述了房地产法的基本概念、基础知识与基本制度,主要内容涉及房地产法概述、房地产权属及不动产登记、房地产开发用地、国有土地上房屋征收与补偿、房地产开发、房地产交易、房地产金融和税费、房地产与环境法律、住房保障、物业管理与服务、房地产司法等法律制度。本书的受众对象主要为法学或非法学背景的高校本科生、高职高专在读学生,也可供房地产实务人员参阅。

本教材的特点:其一,阐述简练,概念规范,要点突出,条理清晰,法理严谨,行文流畅,表意准确,避免晦涩的文句表达;其二,争议点采通说,较少涉及本学科有争议的理论问题;其三,体系完整,包括房地产法课程教学的基本内容,知识点全面,内容最新,并保持适度的内容前瞻性,例如,对共有产权房、公共租赁住房、房地产税、集体土地制度改革等问题都有简要的介绍;其四,在案例使用上,仅选编“小案例”来阐释相关的房地产法律制度,并作简要评析,以释明正文知识点,不作延伸阐述,不采用复杂的或者综合性的“大案例”；其五，本教材以知识点为核心，设置不同栏目，如“教学目标”“推荐资料”“相关法条”“延伸阅读”等，以四类星级对“知识点”进行标记，并择要提示历年司法考试出题点等，栏目为教学内容服务。

本教材的编写者均为国内高校奋斗在法学科研与教学一线的老师，具体的编写分工如下：

谭柏平：第一章，并负责全书的统稿与内容审核；

陈群峰：第二章，第三章；

欧阳杉：第四章；

楚道文：第五章，第十章，第十二章；

刘赫男：第六章；

梁文婷：第七章；

乔博娟：第八章；

徐　雅：第九章，第十一章。

书中肯定还存在不少的内容疏漏甚至错误，恳请读者批评指正！

2018 年 12 月

目　　录

第一章　房地产法概述

教学目标

1. 识记房产、地产的概念，理解房产和地产的关系；识记房地产的概念，理解房产、地产与房地产的关系；理解房地产业的概念、性质与特征，了解房地产业的作用，了解我国房地产业存在的问题及改革措施。
2. 识记房地产法的概念，理解房地产法的特征和原则；识记房地产法律关系，理解《城市房地产管理法》的主要内容，了解我国房地产立法历程及其完善。

推荐参考资料

1. 周珂：《中国房地产法》，法律出版社 2011 年版；
2. 李延荣、周珂：《房地产法》，中国人民大学出版社 2016 年版；
3. 符启林：《房地产法》，法律出版社 2009 年版。

第一节　房地产与房地产业

知识要点

一、房地产

☆房地产的名称

房地产是房产与地产的通称。为什么房产与地产的通称不以“地房产”表述，而称之为“房地产”呢？

这不光是中文表达习惯的原因。“房地产”把“房”字放在第一位，这既与土地的用途有关，也涉及房屋与土地的相互关系。**土地有三种用途：农用地、建设用地和未利用地（或称“生态用地”）**[1]。从房屋与土地的相互关系而言，万丈高楼平地起，房屋建设离不开土地。对于房地产开发来说，开发企业不是看中了土地的“农用”或“生态”用途，而是为了在土地上建设房屋，即看中的是土地的“建设用地”这一用途。从语序上讲，重要的东西往往是放在前面说的，即所谓 First Things First。房地产开发其最后成果则是“房”，因此，突出房地产开发的成果，把“房”放在“地”之前显示其重要性，“房地产”这一称呼就合情合理了。反之，称呼“地房产”倒不合情理。

★房产的概念

房产，即房屋财产，是指在法律上有明确所有权权属关系的房屋财产，包括住宅、厂房、仓库，以及商业、服务、文化、教育、办公、医疗、体育等多方面的用房。房产不同于房屋，房屋是建筑物的自然形态，它是自然科学研究的对象；而房产是建筑物的社会经济形态，它是社会科学的研究对象，是房地产法调整和保护的对象之一。

房产是我国内地房地产法律制度中的一个有特色的概念。由于我国实行的是土地公有制，房地产消费者通过房地产市场直接获得的主要是房产，因此，房产作为相对独立的一种财产权利在房地产市场中得以存在。

房产也是一个历史的概念，这一概念今后仍将存在的原因是：一方面，鉴于我国目前房屋与土地仍然实行不同的部门管理，现行制度亦将土地与建筑物分别作为不同的不动产处理；另一方面，在我国，土地公有制使土地的所有权主体与房屋所有权主体往往是不同一的，因此，房产的概念在一定程度上具有独立于土地所有权的意义。强调保护私人财产所有权，就应该将私益与公益区分开来。

★地产的概念

地产，即土地财产的简称。地产概念有狭义与广义之分。狭义的地产是指在法律上有明确的权属关系，可以由所有者、经营者和使用者进行土地开发、土地经营，并能够带来相应经济效益的建设用地；广义的地产从性质上说仅是土地财产的含义，是指有明确法律权属关系的土地，而这个土地是由土地物质（纯自然土地）和全

---

〔1〕参见《土地管理法》第 4 条第 2 款规定：“国家编制土地利用总体规划，规定土地用途，将土地分为农用地、建设用地和未利用地。”有学者认为，该分类不利于生态环境保护，“未利用地”应改称为“生态用地”。

部土地资本构成的。与房产概念在我国广泛使用形成鲜明对照的是,地产的概念对我们来说却相对较为陌生。不考虑房产的因素,纯粹从法律属性与财产用途而言,应从广义上理解地产的概念;如果考虑与房产的关联性,则应从狭义上或更狭义上来分别理解地产的概念。

★★房产与地产的关系

1. 结合主义与分别主义

在处理土地与其地上物的关系问题上,大陆法国家大致有两种模式:一是源于罗马法而以德国民法为代表的"地上物从土地"的结合主义模式,认为土地与其上的建筑物为一个不动产,建筑物为土地的组成部分而不能单独成为所有权客体。二是以法国民法和日本民法为代表的严格区分建筑物物权关系与土地物权关系的分别主义模式。我国台湾地区的民法受日本民法影响较大,也采取分别主义模式。在上述两种模式中,结合主义无疑是以土地为重心,分别主义虽然主张建筑物可与土地分离单独成立所有权,但从整个不动产制度来看,依然是以对土地的规范为重心,不动产规范中大量是土地不动产的规范。

在我国的房地产法律制度中,即存在土地所有权、土地使用权,也存在房屋所有权、房屋使用权,由于各自的权利主体不同,土地权属与房屋权属往往是分离的。显然,我国的房地产法属于分别主义模式。

2. "房随地走"与"地随房走"

房屋与土地赋予了法律上的财产权利属性即为房产与地产,此二者在物质形态上虽密不可分,但在法律实践中往往又是可以分离的。由于我国长期以来否认土地权利的商品性,同时保留部分房屋权利的商品性,故采取房产和地产分别立法、分别调整的方式。改革开放以后,特别是随着土地流转制度的改革,人们逐步强调房产与地产的不可分割性,但是在房产与地产的关系上,仍有"房随地走"还是"地随房走"的争论。"房"与"地"谁随谁走的问题,从法律的角度来看无非是两个问题:一是主权利与从权利的关系问题;二是法律可能对不同的所有权实行不同程度的保护。在实践中,的确会出现"房随地走"的时候,也会有"地随房走"的情况。详言之,**"房随地走"**,是指建设用地使用权转让、互换、出资或者赠与的,附着于该土地上的建筑物、构筑物及其附属设施一并处分;而**"地随房走"**,是指建筑物、构筑物及其附属设施转让、互换、出资或者赠与的,其占用范围内的建设用地使用权一并处分。但是在房地产法律制度中,土地所有权和房屋所有权都是相互并列的权利形态,没有高下之分,并无从属关系。

★房地产的概念

如果没有房产与地产的结合关系,就没有房地产这个概念。

房地产是特定的房产与特定的地产之间的结合,特定范围的房产与特定范围的地产相结合,形成了广义上的房地产概念与狭义上的房地产概念。广义上的房地产,包括一切作为财产或不动产的土地、房屋及附着于土地、房屋上不可分离的部分。**狭义上的房地产**,特指以商品经营服务性质为主的地产和房产,尤其特指城市中具有商品房意义的房地产,而不包括非商品经营性质为主的房地产,如我国农村的房地产、房改中具有"部分产权"的房地产、"安居工程"中的房地产等。

1. 地产是土地中的特定部分

在我国,一切土地都有所有权,我国不存在"无主土地"的法律规定。但是,只有那些与使用权相联系的土地,而且发生了使用权移转的土地才具有地产的意义。

2. 房产是房屋中的特定部分

广义上的房产既包括城市房产,也包括乡村房产,但有些房屋不能成为房产,主要是因为其不具备房产的商品特征。譬如,在法律上禁止其进入房地产市场的古迹建筑、军事建筑(即我国房地产政策法规中的"庙产""军产")等,这类房产在法律性质上虽然有价值,但不得流通,因而不属于狭义房地产的范畴,亦不属于狭义房地产法的调整对象。

3. 农村的房地产属于广义上的房地产

这部分房地产虽然具有财产属性,可以在一定范围内流通,但是不以营利为目的,不属于经营性或狭义的房地产范畴,不能进入我国房地产市场流转。

城市范围内的地产与房产结合才能产生地价,我国农村的房地产目前不存在地价问题。原因在于:第一,农村土地可以有级差地租,但我国农村的土地禁止买卖,因而这种级差地租不可能实现为地价;第二,农民使用集体土地建造住宅,不存在购买和租借土地问题,不需缴纳地价款;第三,农村集体土地所有者不得出卖其土地以收取地价款,即不得将集体土地纳入商品范畴而从事房地产经营活动。

4. 城市地产和城市房产构成了狭义上的房地产

城市中具有商品意义的房屋财产,为城市房产,或称为狭义房产;城市地产,即为城市规划土地中的通过土地使用权出让或土地使用权划拨已经批出的土地,还包括有待批出的土地。狭义的房地产具有明显的商品特征,能够在房地产市场上流转。

5. 房地产不等于不动产

房地产属于不动产,但两者存在明显的区别。一方面,两者概念产生的时间不同。房地产概念比不动产概念的产生要晚得多,不动产概念自罗马法以来已有上千年的历史。另一方面,两者产生的法律要求不同,或利益的重心不同。传统不动产以土地利益为重心,对个人私有财产予以最强有力的法律保护,主要是对土地利益的保护。房地产以房屋为重心,不仅表现在名称表达方式上,从这个概念产生的时间上看,它是现代城市经济发展的产物。因此,可以把房地产理解为现代不动产。

总之,**我国房地产有广义和狭义两种含义**。我国现行的房地产法律制度和理论是以狭义上的房地产为主要规范和研究对象,狭义房地产的主要相关法律为城市房地产法及其相关法律法规。

二、房地产业

★★房地产业的概念

房地产业是指从事房地产开发、经营、管理和服务的产业。房地产业在国外又称不动产业、不动产交易、不动产市场等。

1987年原城乡建设环境保护部发布的《关于发展城市房地产业的报告》对房地产业的范围界定为:"土地的开发,房屋的建设、维修、管理,土地使用权的出让、转让,房屋所有权的买卖、租赁,房地产的抵押,以及由此而形成的房地产市场。"详言之,房地产业主要包括:

(1)土地的开发和再开发;

(2)房屋及其附属物或其他基础设施的开发;

(3)房地产经营,包括土地使用权的有偿出让、转让,房地产的买卖、租赁、交换、抵押等;

(4)房地产的融资租赁,包括金融信贷、保险、基金投资等;

(5)房地产中介服务;

(6)物业管理与服务;

(7)房地产行业管理等。

★★房地产业的性质

就性质而言,**房地产业不同于房地产**,房地产业是一种从事房地产经营的行业,具有经营性,经营的客体是房地产,经营服务的对象是房地产消费者;而房地产是一种财产权,房地产消费者直接追求的是这种财产权,尤其是这种财产权的稳定,此种财产权对于农村房地产和城市房地产消费者并不具有经营性,而基本囿于民事消费范围。而房地产业经营者直接追求的并不是房地产这种财产权,而是这种财产权的商业利益。

房地产业虽然与建筑业有着千丝万缕的联系，但**房地产业不等同于建筑业**。无论在国际上还是在国内，房地产业都作为一个重要的独立产业部门而存在。建筑业是直接从事房屋生产和其他建筑物的建造、改造、装修、安装等的一个物质生产部门，属于第二产业；而房地产业则是从事房地产的投资开发、经营、管理和服务，主要在流通领域活动的产业部门，属于第三产业。在现代社会，房地产业和建筑业具有兼容性，即不排除许多建筑商兼营房地产业，而房地产商又兼营建筑业，但两者有本质的区别，不能混淆。

房地产业既不属于第一产业，也不属于第二产业，主要属于与狭义房地产有关的第三产业。根据《国民经济行业分类》(GB/T 4754—2002)，三类产业划分范围如下：第一产业是指农、林、牧、渔业；第二产业是指采矿业，制造业，建筑业，电力、燃气及水的生产和供应业；第三产业是指除第一、二产业以外的其他行业。由于第三产业包括的行业多、范围广，根据我国的实际情况，第三产业可分为两部分，一是流通部门，二是服务部门。**房地产业是为生产和生活提供服务的部门，属于第三产业**。

★★房地产业的特征

1. 房地产业具有经营性

与其他产业相比，房地产业的经营性更强、商品化程度更高，这是房地产业商品经济意义上的特征。其原因在于：

第一，不动产的资产特点。这些特点包括不动产的不可移动性、异质性(即独特的位置决定了不可替代的性质)、不灭性(土地或土地位置永存)、稀缺性(特定位置的土地或建筑稀缺)、经济寿命较长、所在位址、项目改造对价值的影响巨大等。

第二，商品经济的要求。在自然经济条件下，不可能有房地产业的存在，计划经济条件下，亦不可能有房地产业的发展，新兴的房地产业比传统的其他产业对商品化经营有着更高的要求。房地产业在通过市场机制极大地促进房地产经济发展的同时，也在极力扩张其自身的利益，因而有可能损害房地产所有者或消费者的利益，在我国房地产业迅速发展的阶段这种趋势表现更为明显。

第三，房地产业投资的特点。房地产业投资具有周期长、规模大的特点，一般来说投资周期短的要一年左右，长则数年，项目投资动辄数以亿计。投资者之所以愿意对这种周期长、规模大的领域投入巨资，是因为房地产投资的效益巨大，据联合国曾对45个国家和地区做过的调查，住宅资金的投入产出比是1:1.64，[1]投资者的利润回报相当可观。

房地产业的经营性也促成了投资者在这个领域的投机行为，呈现其投机性，房地产投机既具有积极的一面，也具有消极的一面。

2. 房地产业具有综合产业性

房地产业与其他产业的关系非常密切。如前所述，房地产业属于第三产业，这是狭义房地产的基本属性。房地产业又同时具有综合产业的属性，这实际上是与广义房地产概念相关的属性。房地产业是以许多一、二、三类产业部门的相关行业为基础组成和发展起来的，是具有综合性的第三产业。房地产业的利润不仅来自于服务劳动，而且还直接来自于第一、二产业。

3. 房地产业具有综合导向性

其综合导向性表现在：其一，房地产业对经济总体运行具有较强的导向作用；其二，房地产业是在工业化、城镇化进程中兴起和发展的，形成了相对独立的产业，它又反过来促进了工业化、城镇化的发展。

对于房地产业是否可以定性为基础产业，学界尚存争议。其实，房地产业虽然对其他部门产业具有较大的导向作用，但是，它毕竟不是国民经济发展的原动力，也不属于国民经济的基础产业，而主要是为经济和社会发展提供服务的第三产业。

不能把房地产业与房地产混同，不能把房地产业与建筑业混同。如果把房地产业当作基础产业对待，就有可能忽视其最容易产生的泡沫经济问题。因此，**应该把房地产业定位于国民经济的先导产业，而不应该把它作为国民经济的基础产业，更不能把它当作国民经济的支柱产业。**

4. 房地产业具有泡沫性

投资者的投机行为、政府干预和置业者的心理效用，都是房地产业产生泡沫性的重要原因。房地产业的泡沫性在一个国家或地区的经济进入高速增长时期，特别是在新旧体制交替、市场机制又不够完善的情况下尤为明显。

房地产业的泡沫性危害很大：当房地产业吸纳过多的社会资源时，就出现了所谓的"房地产热"，即因土地供应量大于实际投资开发量而形成的"地产热"，因房地产滞留在开发商或"炒房者"手中而没有形成最终消费的"房产热"。其结果是，房

---

[1] 《1991年为何搞住房改革：分配不公　苦乐不均》，载 http://news.ifeng.com/history/zhongguoxiandaishi/detail_2010_07/08/1737603_1.shtml，最后访问日期：2018年3月29日。

价居高不下,过量地批地表面上使政府的财政收入大增,房地产业的产值大增,建筑商开工率和效益大增,以及建材等相关产业的企业经营效益的大增,但这一切往往都是虚假繁荣,隐藏在其背后的是社会资源的巨大浪费和严重的危机隐患。

对于房地产业的泡沫性,政府部门应该保持高度警惕。

☆房地产业的作用

房地产业对改善人民生活、完善市场体系、发展国民经济、增加国家财富等方面都具有重要作用。

1. 满足民众的住房需求

"衣食住行","住"是改善人民生活质量的一个很重要的方面,商品房、两限房、经济适用房、廉租房等各种房源能满足不同收入的民众的住房需求。由于房地产商品具有巨大的商业利润,房地产开发商对经济利益的一味追求,必然会对民众的住房需求构成损害,激发社会矛盾,因此,正确的房地产业发展战略应当是可持续发展,摆正商业利益、部门利益与人民利益的关系,把解决民生问题放在发展房地产业的重要位置。

2. 完善市场体系

房地产作为各种经济活动必不可少的依托,具有生产要素的属性,房地产业的活力是整个市场活力的重要方面。房地产业将土地、资金、劳动力和各种社会资源及物质材料通过市场机制集聚起来,对盘活整个市场、完善市场体系具有重要作用。

房地产业对市场的作用主要体现为拉动内需,又可通过两次带动得以实现:第一次带动,是指房地产业促进建筑业的繁荣,促进建材、建筑设备、建筑机械和冶金、化工、机械、仪表等产业的发展;第二次带动,是指房屋投入使用后,带动房屋装饰、家具、家用电器等相关产业的发展。

此外,发展涉外房地产业是完善市场体系的重要因素。房地产市场是利用外资最大的市场之一,涉外房地产吸引外资的形式主要有:(1)通过房地产折资入股,与外商进行联营、合资、合作等形式吸引外资;(2)通过出租和出售房地产,为外商提供现成的标准厂房、写字楼、住宅等,吸引外商投资工业项目;(3)通过土地有偿有期限出租或出让,直接吸引外资开发土地,适当经营房地产,从而引进外资;(4)通过金融机构为外商提供贷款,或为外商向境外银行申请房地产抵押贷款提供担保业务,鼓励外商投资,并吸引境外金融资金。

当然,房地产业对市场起作用的同时,市场对房地产业也在起作用。例如,旺盛的市场需求是房地产业发展的动力源泉,而政府的公共政策如旧城改造、环境保护政策、社会福利政策等必然会推动房地产业的发展。

3. 增加国家财政收入

房地产价值是构成国家财富的重要组成部分。随着现代城市经济的发展,房地产在国家物质财富中所占的比重日益提高。据统计,英国的房地产价值占全国总财富的70%以上,而美国的房地产价值占其整个国家财富值的比例高达75%。

在我国,房地产业是政府财政收入的重要来源。**我国房地产业作为财政收入来源的实现途径主要有三条:土地出让金、房地产收税和房地产收费。**过去20年里,我国的土地出让收入几乎保持了一个平稳增长的态势。1995年全国土地出让收入仅仅420亿元,到2010年这一数字达到2.91万亿元,首度迈进2万亿元大关。此后,这一数据未曾低于2万亿元。2011年至2016年,全国土地出让收入分别为33,166亿元、28,422亿元、41,250亿元、42,940亿元、32,547亿元和37,457亿元。[1]据《新京报》报道,2011年土地出让收入占当年地方财政收入高达60%以上。[2]2017年全国国有土地使用权出让收入52,059亿元,同比增长40.7%,这一数据创下历史新高。[3]2017年土地出让收入之所以出现较大幅度的增加,一方面是地方政府供地增加,另一方面楼市销售情况较好,房地产企业的拿地需求也比较旺盛。

然而,近年来,地方政府财政过度依赖土地出让金收入,造成了所谓的"土地财政"现象,对高房价起了推波助澜的作用,这种局面必须改变。

☆房地产业改革

中华人民共和国成立后,1950年颁布了《中华人民共和国土地法》,以法令形式确认了在全国范围内实现土地改革的方针,建立了中国历史上从未有过的国家土地所有制与农民土地所有制相结合的新型的二元制地产格局。这使农业地产与城市商业资本的联系被彻底割断。在城市,开展房地产清查登记,进行了全面的房地产产权重置,建立起了新的房地产管理秩序。1956年,我国对包括城市私有房屋在内的城市资本主义工商业进行社会主义改造,改造完成之后,中国房地产业作为一个行业已不复存在,只有严重亏损的房管业和建筑业,并无房地产市场。

---

〔1〕杨仕省:《2017年土地出让收入超4万亿,热点城市溢价率持续走低》,载http://business.sohu.com/20171213/n525157476.shtml,最后访问日期:2018年8月29日。

〔2〕蒋彦鑫:《14年来全国卖地收入年均超1万亿　楼市泡沫堪忧》,载《新京报》2013年8月30日版。

〔3〕刘展超:《历史新高! 2017年全国土地出让收入超5万亿》,载《第一财经日报》2018年4月2日版。

改革开放后,我国着手对房地产业逐步进行改革,房地产领域的重大转变主要体现在以下几方面:

(1)在管理体制上,由过去政企不分的行政管理型向政企分开、逐步实行房地产企业自主经营的方向转变;由单一的房产管理向房产管理与地产管理并行且逐步结合管理的体制转变。

(2)在住房制度上,由国家和企业"统包福利制"向调动一切积极因素解决住房问题,逐步推行住宅商品化,进而为实现"安居工程"建立健全住房保障制度的方向转变。

(3)在经济体制上,由完全依靠国家投资进行房地产开发和再生产,向多渠道投资、以企业和个人积累为主的投资体制转变;由以行政命令为主的房地产计划经济体制向以市场供求为主的房地产市场经济体制转变。

(4)在经营内容上,城市房地产业由以往的以房屋租赁业为主,向更广阔的经营领域包括土地使用权出让、转让和出租,房屋销售、预售、租赁等完整的房地产三级市场转变。

(5)在产权结构上,城市房地产业的产权结构由城市土地单一的全民土地所有权、房屋大部分为国家所有权,向城市土地使用权和房屋所有权主体多元化方向转变。

(6)在规范方法上,城市房地产业由行政管理规范为主,向宏观经济调控政策、行政管理和法律调整相结合,且逐渐以法律调整为主的方向转变。

☆房地产业存在的问题

经过三十多年来的一系列变革,我国房地产业得到了快速发展,但在发展的同时还存在不少问题。

(1)政府把房地产业定为支柱产业的政策值得商榷。从20世纪90年代初开始,我国房地产业在发展中大起大落,房地产市场成为政府与开发商共同的逐利场,政府的房地产调控政策摇摆不定,投鼠忌器。近十几年来,城市房价一路高企,普通百姓望房兴叹。有人认为,2003年国务院18号文[1]出人意料地将房地产业定为支柱产业,是造成十年房价暴涨的一个主因。以北京为例,据统计,北京市2003年一手楼均价4456元/平方米,2012年20,700元/平方米,涨幅达到365%。

---

〔1〕 即《国务院关于促进房地产市场持续健康发展的通知》(国发〔2003〕18号),明确指出,"房地产业关联度高,带动力强,已经成为国民经济的支柱产业"。

而距离史上最严厉调控不过两年时间,2013 年北京新建商品住宅成交均价 23,616 元/平方米,同比上涨 13.1%。[1]然而,北京市的房价上涨势头不减,据中国社科院 2017 年 12 月统计的 261 个城市二手房房价排名,一线城市北京、上海、深圳、广州位列前四名,其中,北京以 67,822 元/平方米位居全国第一。[2]

(2)在房地产业利益结构上,国家、房地产开发商、普通购房者等各种利益主体的矛盾愈加深化。据 2009 年全国工商联房地产商会向"两会"提交的报告,以北京为例,开发企业在房地产开发过程中需要与 20 多个政府部门打交道,需要缴纳的各种费用多达 20 多种;广州的开发企业在开发过程中需要与 30 多个政府部门打交道,缴纳 20 多种税费。其实,这份报告对房价构成的分析并没有将政府收取的各种税费完全计算在内,如规费、证费、市政基础设施费等。同时,也未计算上下游产业中的税费,这些也是政府的所得,如施工单位上缴的各种税费、建筑材料生产与购买环节的税费、设备生产与交易中的税费等。若将上述因素都考虑在内,政府从房价中分得的份额要超过 70% 的比重。也就是说,老百姓的买房钱被政府拿走了七成以上。[3]根据业内人士的说法,以上税费支出,无论科学或者合理与否,都还仅仅是阳光下看得见的支出。而在房地产行业,向各个政府"衙门"公关,也是公开的秘密,这笔费用支出,也不是一个小数字。此外,房地产财富是衡量社会贫富差距的主要标识,也是贪腐者的觊觎目标,贫者上无片瓦,富者豪宅无数,2012 年曝光的"房叔""房婶""房姐"们就是最好例证。

(3)在房地产业的发展模式上,房地产企业重经济效益,轻环境效益和社会效益。政府部门特别是政府官员在任期内,热衷于房地产开发,重发展的速度和数量,轻发展的效益和质量。据报道,中国每年消耗全球一半的钢铁和水泥用于建筑业,产生了巨大建筑废物。目前,中国的建筑平均寿命只有 30 年,而据相关资料,一些发达国家建筑寿命很长,像英国的平均寿命达到了 132 年,美国的建筑寿命也达到了 74 年。**中国建筑寿命短不是偶然的,有三大原因:**一是质量原因,2009 年中国不断出现的"楼歪歪""楼脆脆"等建筑质量问题,就是证明;二是规划原因,在一些城

---

〔1〕 刘乾超:《在北京新房均价飙至每平米 23616 元的 2013 年》,载财经网,最后访问日期:2018 年 1 月 3 日。

〔2〕 《社科院:2017 年 12 月城市房价排名,北京以 67822 元/平米位居第一》,载 https://www.toutiao.com/i6509404856065720839/,最后访问日期:2018 年 4 月 2 日。

〔3〕 孙小静:《房产税费到底有多高　业内:政府纳税占房价 70%》,载《国际金融报》2012 年 12 月 8 日版。

市的规划中，往往是一个官员一规划，导致建筑建了拆，拆了建；三是政绩原因，一些地方官员把建设新高楼大厦作为政绩工程来抓。[1]

（4）在三级房地产市场上也存在不少的问题。**房地产市场分为三级**：一级市场为土地使用权出让市场；二级市场是与土地使用权第一次转让相联系的房地产销售市场；三级市场是房地产的再转让及抵押、租赁市场。在我国，**三级房地产市场存在的问题**分别是：一级市场批地不规范，导致土地资源浪费严重；二级市场投机过度，导致房地产泡沫存在；三级市场欠缺规范，导致“阴阳合同”“隐形市场”等现象存在。

此外，在对土地资源的立法取向上，我国的土地管理法长期以来事实上沦为一部征地法；在房地产建设用地问题上，重开发和利用，轻保护和补偿，失地农民的利益受到极大损害。

三、房地产市场调控

☆房地产调控政策

房地产调控是指国家运用经济、法律和行政等手段，从宏观上对房地产业进行指导、监督、调节和控制，促进房地产市场总供给与总需求、供给结构与需求结构的平衡与整体优化，实现房地产业与国民经济协调发展的宏观管理活动。改革开放以来，我国房地产业经历了不同的发展阶段，现在仍处在发展演进之中。我国的房地产调控政策从20世纪90年代开始，在房地产发展的不同时期采取的调控政策也有所不同。

1. 2008年之前的房地产调控政策

1978～1991年是改革开放以后我国房地产业的起步发展时期。在这一时期，城市私房政策逐步得到落实，私房产权重新得到确认，城镇住宅建设发展很快。在深圳，率先试行了国有土地使用权出让制度。

1991～1993年是我国房地产业的高速发展时期。这一时期内资和外资大量投向房地产业，过量批地造成“房地产热”，市场秩序陷于混乱，对我国国民经济整体健康运行造成冲击。为解决“房地产热”带来的问题，1993年国务院出台了“国十六条”，首次对房地产进行严格调控。

1994～1998年是我国房地产市场的调整时期。这一时期主要解决“房地产热”

---

[1]《中国建筑寿命短的三大原因》，载《中国日报》(英文)2010年4月6日版。

出现的批地过多、过滥、投资规模失控、投机过度、开发企业资质差、市场秩序混乱、房地产业区位格局和内部结构不合理等问题。为此，1994年出台了《关于深化城镇住房制度改革的决定》《住宅担保贷款管理试行办法》等。随着各项政策的落实，房地产投资速度明显放缓，通胀下降，经过3年的努力，经济成功软着陆，房地产业陷入了几年的低谷期，房价得到有效控制。

1998～2002年是房地产业的平稳发展时期。这一时期，房地产法制较为完善，房地产业结构较合理，投资较适度，价格较稳定，市场较规范。1997年爆发了亚洲金融危机，为了拉动内需，1998年7月国务院颁布《关于进一步深化城镇住房制度改革加快住房建设的通知》（简称23号文件），开始进行住房制度改革、取消福利分房，明确提出“促进住宅业成为新的经济增长点”，**核心是房改**。1999年开始全面停止福利分房制度，推行住房分配货币化政策。这些政策刺激了低迷的房地产市场，为下一步的持续高涨埋下伏笔。

2003年以后，房地产业投资过快增长，房价急速拉升，房地产市场运行极不规范，房地产调控政策经历了时宽时严的数次反复。2003年8月，国务院出台《关于促进房地产市场持续健康发展的通知》（简称18号文件），首次明确指出“房地产业已经成为国民经济的支柱产业”，这是对1998年23号文件确立的“新的经济增长点”的升级。23号文件和18号文件对住房供应体系的定性明显不同，说明了政府的态度由害怕住房投资和住房价格上升过快，转变为希望房地产业的高增长带动整个经济的高增长。2003年出台的18号文件没有提出实质性的控制房价和投资过热的措施。2005年我国房价快速上涨，房价问题再次成为全社会的焦点，为此，政府打出了一套调控政策的组合拳。2005年国务院颁布“国八条”，建立政府负责制，将房价调控上升到政治高度。为了进一步细化和延伸“国八条”，国务院同年又颁布了“新国八条”，并出台了房地产调控操作层面的细化方案。2006年国务院颁布“国六条”和对其进行细化的“九部委十五条”。2007年，为了给房地产业降温，国家相继出台了土地、信贷、税收等方面的政策措施，然而收效不大，房价依然不断上扬。

2. 2008年之后的房地产调控政策

在前期的调控政策和金融危机的影响之下，2008年我国房地产投资迅速减少，房地产市场进入观望状态，成交量日渐减少，房价呈现下降的态势。然而在房价调控效果刚刚显现时，“适度从紧”的货币政策再次出现松动，2008年下半年，随着金融危机影响的扩大，货币政策开始变为宽松。

（1）“4 万亿”：2008 年在 G20 峰会前，中国政府提出了 4 万亿元人民币（约合 5860 亿美元）的拯救经济计划，这笔巨款相当于中央政府 2007 年全年财政收入的 80%。[1]从目前各方评价的效果看，这 4 万亿元投资的负面影响是，不仅使中国经济结构失衡变本加厉，而且，使得前期进行的房地产调控出现松动，并最终导致前功尽弃。

2009 年，国务院推出经济刺激计划和宽松的货币政策，银行推行优惠利率、降低地产开发项目资本金比率等。房地产行业经历了年初的“试探性抄底”，年中的“放量大涨”，年底的“恐慌性抢购”。这一年许多行业深受金融危机打击，而我国的房地产业却在政策的刺激下逐渐复苏，并且引来爆发式增长。至此，中国房地产市场的泡沫挤压过程在该年结束，房地产开发商在与居民的房屋价格博弈中完胜。其实，2008 年如果房地产调控得以坚持下去，把房价上涨趋势给稳住，那么，以后所付出的代价要小得多。

（2）“国四条”：2009 年 12 月以来，为了遏制房价过快增长，中央连续释放房地产调控信号，取消了 2008 年年底出台的二手房营业税减免优惠政策，将个人住房转让营业税征免期限由 2 年恢复到 5 年，以遏制炒房现象。同年年底，中央出台了“国四条”结束房地产刺激政策，出台《关于进一步加强土地出让收支管理的通知》以结束宽松的土地政策。

（3）“国十条”：2010 年 4 月，国务院出台了“国十条”，被称为“史上最严厉的调控政策”。但由于各部门落实问题和地产市场的复杂性，“国十条”的威力并未完全释放。加上前几次调控政策摇摆不定，购房者对政策调控信心不足，导致市场经过 4 个多月的僵持观望之后又出现大幅度上涨。

（4）“新国八条”：2011 年 1 月，为了进一步调控房价，国务院出台了“新国八条”，要求执行差别化信贷政策、大力推进保障房建设、执行限购政策并且公布房价调控目标。在“新国八条”出台之后，所有调控要求范围内的城市均先后出台了相关细则，其中，**限购、确定年度房价控制目标**这两项重量级的措施均以北京最为严厉。

2011 年是“十二五”规划的起步之年，政府宣布“十二五”期间将投资建设 3600 万套保障房，使房地产市场形成保障房和商品房的双轨制供给模式。同年 12 月，中央经济工作会议召开，会议提出要进一步推进房产税改革试点，抓好保障性住房投融资、建设、运营、管理工作，并强调坚持房地产调控政策不动摇，促进房地产市场健康发展。

---

[1]　《揭开中国政府 4 万亿救市的神秘面纱》，载《凤凰财经》2008 年 11 月 21 日版。

(5)“稳中求进”:2012 年,我国继续严格执行并逐步完善抑制房地产投机投资性需求的政策措施,巩固房地产市场调控成果,促进房价合理回归。为此,政府强调加强对住房公积金的监管,禁止地方“微调”楼市政策,并启动“小产权房”清理试点工作,加快建设城镇住房信息系统,改革房地产税收制度,在继续加大保障房建设力度的同时,加大了配套设施建设力度,做到配套设施与保障房工程同步规划、同期建设、同时交付使用,确保已竣工保障房能及早投入使用。2012 年 12 月召开的中央经济工作会议,将“稳中求进”作为 2013 年经济工作的总基调,并明确提出“房地产市场调控不动摇”。

(6)“国五条”:尽管 2012 年被称为“史上最严厉调控年”,但自 2012 年 3 月以来,房地产市场回暖趋势明显,年底更是轮番上演土地、售房高潮。在此背景下,2013 年 2 月 20 日,国务院常务会议再次研究部署房地产市场调控工作,会议确定了五项政策措施(即“国五条”),提出要坚决抑制投机投资性购房,严格执行商品住房限购措施,扩大个人住房房产税改革试点范围。

(7)“**分类调控**”:2014 年,我国整个宏观经济环境呈现低迷状态,受到此前一系列宏观调控政策的影响,楼市出现了大面积的观望情况,投资增速显著放缓。不论是一线城市还是二三线城市,房地产销售面积和销售额同比都大幅下滑。为此,从中央到地方都采取了一系列调控措施,对房地产市场加以调整。纵观 2014 年的政策,可以看到政府正尝试着减少对房地产市场的行政干预,转而让市场供需去调节。该年的政府工作报告提出:“针对不同城市情况分类调控,增加中小套型商品房和共有产权住房供应,抑制投机投资性需求,促进房地产市场持续健康发展。”

(8)“促消费、去库存”:2015 年房地产政策坚持促消费、去库存的总基调,供需两端宽松政策频出,改善行业运行环境促进市场平稳向好。在需求端,中央多轮降准、降息、降首付,扩大需求、促进消费、去化库存;在供应端,调控土地规模结构,加强保障房货币化安置。多轮政策组合刺激下,楼市持续回暖,但中小城市库存压力仍然严峻,年末中央多次表态化解房地产库存。

(9)“**因城施策**”:2016 年以来,15 个一线城市和部分热点二线城市房价飞速上涨。之后各地陆续采取控制价格、限制交易及收紧信贷等紧急措施进一步加强对房地产市场的调控。9 月 6 日,住建部发布贯彻《法治政府建设实施纲要(2015—2020 年)》的实施方案。方案表示,完善房地产宏观调控。根据房地产市场分化的实际,坚持“分类调控,因城施策”。方案强调,建立全国房地产库存和交易监测平台,形成常态化房地产市场监测机制。实施住宅用地分类供应管理,完善和落实差别化税收、信贷政策。建立公开规范的住房公积金制度,改进住房公积金提取、使用、监管机制,支持居民合理住房消费。

2016年下半年,全国二十多个城市密集出台了新一轮调控政策,本轮政策在延续以往"因城施策"及"限购限贷"等老办法的同时,也在大力发展住房租赁市场,并推出共有产权房,旨在形成阶梯型住房消费结构。显然,管理层在注重短期政策引导、稳定市场预期的同时,也在加快长效机制的建立。

(10)**"房住不炒"**:2017年可以说是房地产政策的转折之年。2016年年底中央经济工作会议对房地产市场明确定位,"房子是用来住的,不是用来炒的",随后中央在多次会议上强调要深入研究短期和长期相结合的长效机制,尤其是党的十九大报告再次强调了"房住不炒"的行业定位。围绕这一定位,在租赁市场、土地供应、金融管控等多个领域,房地产市场的供给侧结构性改革不断推进。房地产市场调控在注重短期政策引导、稳定市场预期的同时,也在加快长效机制的建设,其中,推出"共有产权房",住房租赁市场改革持续加速,集体建设用地建设租赁租房试点铺开,旨在形成阶梯型的住房消费结构。

2017年以来,"因城施策"的调控政策持续发力,部分热点城市推出"限购、限价、限贷、限售、限商"的调控政策,进一步抑制房价的非理性增长。重庆、上海对房产税的征收、北京"共有产权"的提出、广州"租售同权"政策的出台,是国家房地产调控长效机制的重要举措,必将对未来房地产市场发展带来新的影响。

(11)"从严从紧":2018年,"从严从紧"是房地产调控政策的基调,调控的重点是加快住房制度改革和长效机制建设。未来房地产调控政策将重点围绕推动房地产回归其居住属性的方向进行,包括大力发展租赁住房、扩围共有产权住房,坚持"房住不炒""租购并举"。今后应坚持调控目标不动摇、力度不放松,遏制房地产投机,防范资金违规流入房地产市场。

法律与规范链接

▲ 必读法条

《宪法》

第10条第1款、第2款 城市的土地属于国家所有。

农村和城市郊区的土地,除由法律规定属于国家所有的以外,属于集体所有;宅基地和自留地、自留山,也属于集体所有。

《土地管理法》

第4条第2款　国家编制土地利用总体规划，规定土地用途，将土地分为农用地、建设用地和未利用地。严格限制农用地转为建设用地，控制建设用地总量，对耕地实行特殊保护。

△ **延伸法条**

《利用集体建设用地建设租赁住房试点方案》（国土资发〔2017〕100号）

典型事例

"土地财政"推高房价

【内容概述】

产生"土地财政"的直接原因是"分税制"。1994年的分税制改革主要是为了增加中央财政收入，从而那些税源稳定、税基广、易征收的税种大部分划归中央。然而，分税制将"财权上移"的同时，却将"事权下移"。这样一来，地方政府要做的事越来越多，但手中可支配的财力相对越来越少。加上不尽科学的政绩考核机制，地方政府的官员要想升迁，必须想办法筹措经费，上项目，努力提高GDP水平。地方政府该怎么办？当时规定土地出让金归地方政府，于是，地方政府通过征地，以低价将土地从农民手中拿走，高价转手卖给房地产开发商以获得收入，来满足地方政府各种开支的需要。

从1994年至今，土地出让金不再上缴中央财政，全部留归地方。从此，土地出让金收入成为地方政府预算外收入的主要来源。土地收入除了增加政府预算内和预算外收入，各个部门可以借此征收土地规费，也提高了部门的积极性。

"土地财政"增加了地方财政收入，但也直接推高了房价，这是近年来造成房价高企的一个主要原因。例如，2010年北京市地方财政收入完成2353.9亿元，而同年北京市土地出让金收入则高达1636.72亿元（全国最高），相当于北京市一般预算收入的70%。排名第二的上海2010年土地出让金达到1477.25亿元，占全年上海财政收入（2873.6亿元）的51.4%。[1]2017年1月23日财政部公布，2016年国

〔1〕《2010年全国土地出让总额2.7万亿元　北京居首位》，载财经网：https://finance.qq.com/a/20110107/005483.htm，最后访问日期：2018年4月28日。

有土地使用权出让收入超过3.74万亿元，同比增长15.1%。[1]我国地方政府的“土地财政”现象至今没有得到根本改变，这对高房价起了推波助澜的作用。

【关键问题】

什么是“土地财政”？如何改变这种局面？

【简要评论】

“土地财政”，亦称“卖地财政”，是指地方政府依靠出让土地使用权的收入来维持地方财政支出，其实是地方政府预算外收入，但是却在地方政府的财政中占有很大份额。“土地财政”造成地方政府对土地出让金的过度依赖，财政支出甚至人员工资都得通过“卖地”来维持，显然，这是一种“不可持续”财政。

“土地财政”模式产生高地价，进而造成高房价。目前，我国房价有五大交易成本：“建安”成本、房企管理成本、土地成本、各类房地产税和费、房企利润。其中，仅土地成本（即土地出让金）一项，则占了房价的约三分之一，甚至更多。要降房价，应该先降地价。

因此，这种不合理的“土地财政”状况必须改变。首先，地方政府应当按照中央要求，将土地出让收入全额缴入地方国库，支出则通过地方基金预算从土地出让收入中予以安排，实行彻底的“收支两条线”管理。其次，应加速推进征地制度改革，依法规范政府征地行为，正确界定“公共利益”，减少征用农民土地，提高征地补偿标准，推动集体建设用地的流转。最后，加快房地产税立法进程。房产税是稳定地方政府财政收入的一个选择，在房屋持有环节征税，既能给地方政府带来稳定的财源，也能抑制市场的住宅投机，目前《房地产税法》也在积极酝酿论证中。

延伸阅读

1. 魏莉华：《美国土地用途管制制度及其借鉴》，载《中国土地科学》1998年第5期；
2. 方兴：《中国房地产限购政策能够有效抑制房价上涨吗——基于70个大中城市的实证研究》，载《财经科学》2018年第1期。

---

[1]《去年全国土地收入超3.7万亿　一二线城市地价上涨较快》，载《第一财经日报》2017年1月25日版。

第二节　房地产法的概念、特征和基本原则

知识要点

一、房地产法的概念

★房地产法的定义

房地产法是调整房地产管理者、开发者、消费者、服务者等主体在房地产权属、房地产开发与经营、房地产交易、房地产管理与服务、房地产金融、涉外房地产等方面所产生的权利与义务关系的法律规范的总称。简言之,房地产法是调整房地产经济关系的法律规范的总称。

房地产法又有广义与狭义之分。广义的房地产法,包括对房地产经济关系进行调整的所有法律规范,既包括宪法、民法、经济法等相关法中有关调整房地产的法律规范,又包括土地管理、城乡规划、城市房地产管理等专门法律规范,还包括与房地产有关的行政法规、部门规章等中的规范,表现形式有法律、法规、规章等。狭义上的房地产法,是指国家立法机关即全国人民代表大会制定的对城市房地产经济关系做出统一调整的法律,即《中华人民共和国城市房地产管理法》,调整范围仅限于城市房地产。

★★房地产法的调整对象

房地产法律关系是房地产法的调整对象,即房地产管理部门、房地产开发企业、房地产消费者、物业服务者等主体在房地产权属、房地产开发与经营、房地产交易、房地产管理与服务、房地产金融、涉外房地产等方面所产生的权利与义务关系。

根据房地产法调整对象的不同,**房地产法律关系可以分为以下几种类型:**

(1)城市土地利用管理关系。主要内容涉及确认用于房地产开发的城市土地,土地使用者取得土地使用权的方式,土地的价格、用途和使用期限,土地的征收与征用、旧城改造等,这些活动都要接受政府的监督管理,接受政府的审查或批准。

(2)土地权属关系。土地是有价值的,国家为了实现土地有偿使用,增加财政收入,必须考虑土地的价值,则产生了土地财产关系。这些财产关系主要包括两类:一是土地所有的法律关系,反应了国家土地所有权与集体土地所有权在经济利益上的要求;二是土地使用的法律关系,土地使用者使用土地,应当向土地所有权人

或原土地使用人支付对价。

(3)土地利用规划关系。任何单位或个人在城市开发房地产，都必须接受政府的土地规划管理。《城乡规划法》(2007年10月28日通过)的施行，标志着我国的城乡规划管理走上了法治轨道。任何单位和个人未取得规划许可证，擅自从事违章建筑活动，都将受到法律的制裁，承担相应的法律责任。

(4)城市房屋管理关系。这类关系都体现了政府有关机关与产权人或使用人之间的管理与被管理的内容，具体包括房地产产权产籍法律关系、房屋征收与征用法律关系、房地产交易法律关系、房地产评估及鉴定法律关系、物业管理关系等。

(5)房屋财产关系。这类关系主要是横向的平等主体之间的经济利益关系，包括房屋买卖、房屋赠与、房屋交换、房屋租赁、房屋继承、房屋抵押、房屋典当、房屋相邻、房屋共有、物业服务等法律关系。

(6)涉外房地产管理和协作关系。这类关系具有涉外因素，既包括外商在中国开发房地产的经济关系，又包括外国人在中国拥有房地产权益而产生的管理关系或财产关系。

上述房地产法律关系的内容，既有财产关系，也有非财产关系。

★★房地产法律关系的要素

房地产法律关系包括三要素：主体要素、内容要素和客体要素。

1. 房地产法律关系的主体

房地产法律关系的主体，是指房地产法律关系的参加者，可分为房地产管理主体、开发主体、交易主体和服务主体。

(1)房地产管理主体，包括土地管理部门、房屋管理部门、规划管理部门、建设管理部门、物价管理部门以及房地产行业协会等；

(2)房地产开发主体，主要指房地产开发商和建筑商，前者为房地产开发企业，后者又称工程承包商，是指承接开发商提供的房地产开发项目，进行建筑施工的企业；

(3)房地产交易主体，是指从事房地产交易的公民、法人和其他社会组织，包括房地产买方与卖方、房地产抵押权人及相对人、房地产出租人和承租人等；

(4)房地产服务主体，是指从事房地产开发和交易以外的房地产服务性经营主体，包括房地产经纪人、房地产交易行、房地产金融和保险机构、房地产估价机构、房地产咨询顾问、物业公司、房地产律师等。

在上述主体中，房地产管理主体与开发主体处于强势地位，而作为房地产买方的公民则处于弱势地位，为平衡彼此之间的利益冲突，我国房地产法调整的总方针应当是：严格规范批地制度，保证国家地产资源利益不流失，限制商业利益的过度扩张，杜绝炒地皮、倒项目的恶性投机，规范房地产消费市场，保护公民的住宅消费利益。

2. 房地产法律关系的内容

房地产法律关系的内容，是指房地产法律关系主体所享有的权利和承担的义务。

房地产权利，即房地产法律关系主体为实现某种利益，有权依法做出或不做出一定行为，或要求义务主体做出或不做出一定行为的资格，如房地产所有权、房地产使用权、房屋租赁权、赠与权、转让权、抵押权、房地产职权等。根据权利内容及归属的不同，上述房地产权利还可以细分，如房地产所有权又可分为房屋所有权与土地所有权，土地所有权又可分为国家土地所有权与集体土地所有权。

房地产义务是房地产法律关系主体依法做出一定行为或不做出一定行为的责任，如全面履行房地产合同的义务、依法缴纳税收的义务、房地产职责等。

3. 房地产法律关系的客体

房地产法律关系的客体，是指房地产法律关系主体享有的权利和承担的义务所共同指向的对象，主要包括物和行为两类。

作为房地产法律关系客体的物，具体表现为土地与房屋。(1)土地。土地依其所有权归属的不同，可分为国有土地和集体所有的土地。国有土地包括城市市区的土地、国家依法征收的土地、国家依法划拨和出让的土地等，其他合格主体可以依法取得国有土地的使用权；而集体所有的土地包括城市郊区的土地、依法由乡村农民集体所有的自留山、自留地和宅基地等。狭义上的房地产概念不包括集体所有的土地。(2)房屋。房屋根据地域位置的不同，可分为城市房屋和农村房屋。在我国，城市房屋和农村房屋因其占用范围内土地所有权性质的不同，而在法律上呈现出差异性，农村房屋不具有商品属性，尚不能进入我国房地产市场成为交易的商品。房屋还可以按照用途的不同，分为住宅用房和商业用房。

作为房地产法律关系客体的行为，是指房地产法律关系主体为享受权利、承担义务所进行的一系列活动，如土地储备、土地出让与划拨、房地产开发、房地产交易、物业服务等，体现在房地产开发经营的各个环节之中。

二、房地产法的特征和基本原则

★★房地产法的特征

1. 国家干预性

房地产业是国民经济发展的先导产业，房地产市场是一国经济的晴雨表，房地产对国家、单位和个人来说都是一笔价值不菲的财富，房地产这项财产权牵涉到一国的经济发展和社会稳定，因此，国家对房地产领域的纵向干预十分明显。在我国，**国家垄断了房地产一级市场**，即国有土地的出让市场，在房地产运行的所有环节，从土地划拨或土地出让、转让、土地的利用规划到房地产施工建设，从商品房预售到售后服务，从房地产产权产籍登记、过户到房地产抵押登记等，房地产法律规范都体现了政府职能部门行使的监督权和管理权。

2. 内容综合性

作为房地产法调整对象的房地产法律关系，从性质上讲，既有房地产民事法律关系（如商品房销售合同法律关系、房屋租赁关系等），房地产行政法律关系（如国有土地使用权划拨法律关系、房地产产权产籍法律关系等），房地产经济法律关系（如房地产收费或征税法律关系等），又有房地产社会保障法律关系（如安居工程法律关系等），还有房地产开发中的环境保护法律关系等；参加到房地产法律关系中的主体，既有房地产管理主体、开发主体，又有交易主体、服务主体等；违反房地产法应该承担的法律责任，分别适用于民事责任、行政责任、刑事责任。这些都是房地产法综合性的体现。

3. 法律关系稳定性

房地产法调整不动产领域，不动产是指不能移动，或移动后会丧失其经济价值或减损其使用价值的物，主要包括土地和房屋。房地产是现代不动产，其使用期限比较长，不会轻易改变用途。如根据我国房地产法的相关规定，住宅占用范围的土地使用权最长使用期限可达70年，且期满后还可以续期。因此，房地产法所调整的社会关系比较稳固。而且，房地产权利的转移并非房屋或土地发生位移，而是房地产权利凭证上记载的主体发生变更，房地产交易实际上是权利的交易，只要房屋实体与财产价值尚在，这种房地产交易就可以稳固地进行下去，并受法律保障。

4. 确权要式性

《城市房地产管理法》第60条规定：“国家实行土地使用权和房屋所有权登记发证制度。”房地产权利的设立、变更、转让和消灭以登记作为要件，未经政府主管机关登记的,不发生法律效力。因此,房地产权利的设立、变更、转让和消灭,以当事人在房地产主管部门办理登记为准,房地产权利归属以房地产权利证书来确认,权利证书由不动产登记主管部门颁发。而且,房地产法律关系的确定一般都要采用书面形式,即要求房地产法律关系的参加者,将其相互间的权利与义务关系用文字记录下来,有的还可以经过公证部门公证,以确保这种法律关系的稳定性和严肃性。过去,我国房地产权属管理体制不合理,也不科学,按照《物权法》《不动产登记暂行条例》的规定,**已经建立了统一的房地产权属登记制度**。

★★房地产法的基本原则

房地产法的基本原则是引导房地产领域各个环节依法运行的基本指南,是房地产法律关系各类参与主体必须遵循的行动准则。

1. 城市土地国有原则

根据现行《宪法》规定,**我国的土地所有形态仅仅表现为两种类型,即国家所有和集体所有**。土地所有权的主体只能是国家或者集体,即国家的土地所有权和集体的土地所有权。根据物权法定原则,我国不存在、也不允许设立其他主体的土地所有权利形态。这是社会主义公有制在土地制度上的具体体现,即我国实行的是土地公有制。

在房地产开发领域坚持土地公有制,主要就是要坚持城市土地的国有制,维护城市土地的国家所有权不受侵犯。**目前,我国的房地产仅仅是狭义上的房地产概念,即城市房地产,尚不允许农村集体土地上建设的房屋进入房地产市场**。依据《城市房地产管理法》的规定,房地产开发用地就是指城市国有土地,不包括集体所有土地,集体所有的土地要依法征收为国有后,才允许进入房地产市场。而且,坚持城市土地国有制原则,就必须由国家垄断土地一级市场,由国家主导城市建设用地的出让工作,起到开源节流、合理配置土地资源的作用,保证国家对国有土地资源性资产的收益权。

2. 城市规划原则

城市房地产开发建设必须符合城市规划。城市规划既是城市的发展蓝图,又是房地产开发和城市各项建设的依据。城市规划的任务是:根据国家城市发展和建设方针、经济技术政策、国民经济和社会发展长远规划、区域规划,以及城市所在地区的自然条件、历史情况、现状特点和建设条件,布置城镇体系,合理地确定城市在规划期内经济和社会发展的目标,确定城市的性质、规模和布局,统一规划、合理利用城市土地,综合部署城市经济、文化、公用事业等各项建设,保证城市有秩序地协调发展。

为了加强城乡规划管理,协调城乡空间布局,改善人居环境,促进城乡经济社会全面协调可持续发展,我国制定了《城乡规划法》,2008 年 1 月 1 日起施行。城乡规划包括城镇体系规划、城市规划、镇规划、乡规划和村庄规划。可见,城市规划是城乡规划的主要内容。城市规划、房地产建设和管理必须执行《城乡规划法》和《国务院关于加强城市规划工作的通知》等有关法律、法规的规定,严格控制大城市的用地规模,特别要严格控制中等城市和小城市用地。

城市房地产建设的关键要素是城市土地的供给。土地是十分宝贵的自然资源和资源性资产,因此,一切使用土地的组织和个人必须遵循城市规划,合理地利用城市土地,合法征收集体土地,保护耕地、节约用地、珍惜土地。

根据《城乡规划法》的规定,在城市、镇规划区内以划拨方式提供或者以出让方式取得国有土地使用权的建设项目,经有关部门批准、核准、备案,或者在签订国有土地使用权出让合同后,建设单位应当持建设项目的批准、核准、备案文件和国有土地使用权出让合同,向当地政府城乡规划主管部门领取建设用地规划许可证。建设单位在取得建设用地规划许可证后,方可向地方政府土地主管部门申请用地。

以出让方式取得国有土地使用权的建设项目,政府城乡规划主管部门不得在建设用地规划许可证中,擅自改变作为国有土地使用权出让合同组成部分的规划条件。未确定规划条件的地块,不得出让国有土地使用权。规划条件未纳入国有土地使用权出让合同的,该国有土地使用权出让合同无效。

在城市、镇规划区内进行建筑物、构筑物、道路、管线等房地产工程建设的,建设单位或者个人应当向政府城乡规划主管部门申请办理建设工程规划许可证。申请办理建设工程规划许可证,应当提交使用土地的有关证明文件、建设工程设计方案等材料。

总之,城市房地产的建设和发展要严格按照经批准的城市总体规划,从实际出发,量力而行,分步实施。城市房地产建设总体规划要与土地利用总体规划相衔接,房地产建设的用地规模不得突破土地利用总体规划。要加强对用地的集中统一管理,不得下放规划管理权和用地审批权。

3. 城市土地储备原则

城市土地储备,是根据土地利用总体规划和城市规划,由城市政府委托的机构通过征收、收购、换地、转制和到期回收等方式,从分散的土地使用者手中把土地集中起来,并由政府或政府委托的机构组织进行土地开发,在完成了房屋的拆迁、土地的平整等一系列前期开发工作后，根据城市土地出让年度计划，有计划地将土地投入市场。这项原则是坚持城市土地国有制的必然结果。

城市土地储备具有以下主要特点：(1)计划性或宏观调控性，即必须根据城市土地出让的年度计划，有计划地将土地投入市场；(2)集中性或储备性，即城市土地的原使用者相当分散，使用期限、使用面积各不相同，市政府为了储备建设用地，就需要从分散的土地使用者手中把土地集中起来，形成一定规模；(3)市场性或开发性，即市政府储备土地的目的不为别的，是为了把储备好的土地投入市场用于房地产开发；(4)复杂性或协调性，即城市土地储备是一项艰苦工作，涉及一系列有关房屋拆迁、安置补偿、土地平整等复杂的又需要细致工作的事项，需要运用征收、收购、换地、转制和到期回收等各种方式与手段，因此，城市土地储备需要动员多部门力量，协调政府多部门的工作。

4. 国有土地有偿使用原则

土地资源就其自然形态本身来说，并不具有价值，但在商品经济条件下，土地经过开发利用，凝结了人类的活劳动和物化活动，土地不仅具有价值，而且受着商品价值规律的支配，使它变成一种有价值的自然资源。

在计划经济年代，政府用行政手段无偿、无限期划拨、调剂土地，排除了市场机制的作用，土地使用价值的商品化未能得到发挥。**1980年前，我国传统国有土地使用制度的特点是，把土地当作“三无”产品，即无偿、无期限、无流动。**无偿，是指使用土地的单位或个人取得国有土地使用权不需要付出任何对价，由国家以行政调拨的方式免费提供；无期限，是指土地使用者对国有土地的使用没有期限限制，一般来说，国家也不收回其土地使用权；无流动，是指国内没有也不允许存在房地产市场，土地使用权不能也不得转让或者出租。这样的结果是，使得土地利用率低，使用效益差，土地浪费严重；国家对土地的资源性资产价值无法实现，同时非法占地和违章建设、买卖土地、非法出租或变相买卖土地等现象层出不穷；房地产市场无法建立，国家背上了保障城市居民住房的包袱，城市居民的居住条件长期得不到改善。可见，传统的国有土地“三无”制度弊端很大。

而国有土地有偿使用，是指坚持城市土地国有，实行城市国有土地的所有权与使用权相分离，使土地使用权在有限度商品化的前提下，以国家垄断城市土地所有权为基础，充分利用市场机制，实行多层次、多形式的城市土地使用权有期有偿转让的原则。

国有土地有偿使用的法律特征：(1)两权分离，即城市国有土地的所有权与使用权相分离。(2)有偿转让,土地有偿使用的形式有多种,包括国有土地使用权出让、国有土地租赁、国有土地使用权作价出资或者入股。土地使用权再转让时,也应该按有偿的原则依法进行。目前,我国城市房地产开发用地的取得基本上采取土地出让这种方式,只有符合特定用途的建设用地才可通过以划拨的方式取得。(3)有期使用,即取得国有土地使用权是有期限限制的,根据土地用途不同,土地使用权的最长期限分别为40年、50年和70年,期限届满可以续期或由国家依法收回。(4)国家垄断,即土地一级市场由国家垄断,国有土地的出让或划拨都由政府主导,不受其他单位或个人的干预。

5.“三效益”相统一原则

“三效益”相统一,是指在城市规划区内进行房地产建设活动,应当遵守土地管理、自然资源和环境保护等法律、法规的规定,坚持房地产的经济效益、社会效益和环境效益相统一,这是房地产开发必须坚持的一项原则。

经济效益,是指在房地产领域应进行经济核算,强调投入产出比,为房地产投资者带来一定的经济效果。房地产投资的特点是按照商品经济的要求运作,采取灵活的经营手段和方式,融通建设资金,建设高质量的房地产项目,以期获得最优的经济效果。因此,经济效益是房地产开发赖以存在和发展的必要条件。

社会效益,是指房地产开发对全社会所产生的良好效果和影响。房地产投资项目,并不仅仅限定于项目本身,而是与整个社会或社区有着千丝万缕的联系。房地产开发企业在考虑自身的经济效益之外,还得顾及社会公众利益的需求,投放高、中、低不同品质与价位的房地产项目,政府部门还得实施安居工程,实现“居者有其屋”,保障中低收入者的最基本居住条件。未来,我国将继续完善住房保障机制,提高城镇保障房比例,加大安居工程建设力度,推进共有产权房、公租房和廉租房并轨运行。因此,注重社会效益同样是房地产开发得以生存和发展的重要条件。

环境效益,是指房地产开发过程中必须注意环境保护,注重环境优化,使房地产项目与周围环境融为一体,建设绿色和低碳的房地产项目,达到房地产项目与周围环境协调的最佳状态。

毋庸置疑,经济效益、社会效益、环境效益三者是一个有机的整体,三者的利益虽然有不同,但从最终目的来看又是统一的。实践中,常常会出现开发商只重视经济效益而忽视社会效益和环境效益的情况,此时,政府的职责就应该对这种行为进行合理的引导,以实现“三个效益”的有机统一。

6. 置业者权益保障原则

随着经济社会的快速发展，我国购置房地产的消费者越来越多，而置业者权益受到伤害的也不乏其例。置业者作为房地产权利人，维护其合法权益不受侵犯是房地产业持续、健康发展的前提和基础，是房地产法的一项基本任务，也是维护房地产市场秩序，促进社会经济稳健发展的必要条件。

《城市房地产管理法》对置业者权益的保护有明确规定，例如，规定房地产权利人合法权益受法律保护，任何单位和个人不得侵犯；为了公共利益的需要，国家可以征收国有土地上单位和个人的房屋，并依法给予拆迁补偿，维护被征收人的合法权益；征收个人住宅的，还应当保障被征收人的居住条件；国家对土地使用者依法取得的土地使用权，在出让合同约定的使用年限届满前不得收回，为了公共利益需要提前收回的，应给予相应补偿；土地使用权出让合同约定的使用期限届满，可以申请续期；依法取得的土地使用权，可以作价入股，合资、合作开发经营房地产；依法取得的房屋所有权连同该房屋占用范围内的土地使用权均可设定抵押权；为了保障置业者合法权益，明文规定了商品房预售应当具备的条件；规定国家实行土地使用权和房屋所有权登记发证制度等。总之，《城市房地产管理法》及其相关法律规定，使得置业者权益有了法律保障。

法律与规范链接

▲ 必读法条

《城市房地产管理法》

第5条　房地产权利人应当遵守法律和行政法规，依法纳税。房地产权利人的合法权益受法律保护，任何单位和个人不得侵犯。

第10条　土地使用权出让，必须符合土地利用总体规划、城市规划和年度建设用地计划。

第15条　土地使用权出让，应当签订书面出让合同。

土地使用权出让合同由市、县人民政府土地管理部门与土地使用者签订。

第16条　土地使用者必须按照出让合同约定，支付土地使用权出让金；未按照出让合同约定支付土地使用权出让金的，土地管理部门有权解除合同，并可以请求违约赔偿。

第25条　房地产开发必须严格执行城市规划，按照经济效益、社会效益、环境效益相统一的原则,实行全面规划、合理布局、综合开发、配套建设。

《城乡规划法》

第4条　制定和实施城乡规划,应当遵循城乡统筹、合理布局、节约土地、集约发展和先规划后建设的原则,改善生态环境,促进资源、能源节约和综合利用,保护耕地等自然资源和历史文化遗产,保持地方特色、民族特色和传统风貌,防止污染和其他公害,并符合区域人口发展、国防建设、防灾减灾和公共卫生、公共安全的需要。

在规划区内进行建设活动,应当遵守土地管理、自然资源和环境保护等法律、法规的规定。

县级以上地方人民政府应当根据当地经济社会发展的实际,在城市总体规划、镇总体规划中合理确定城市、镇的发展规模、步骤和建设标准。

第37条　在城市、镇规划区内以划拨方式提供国有土地使用权的建设项目,经有关部门批准、核准、备案后,建设单位应当向城市、县人民政府城乡规划主管部门提出建设用地规划许可申请,由城市、县人民政府城乡规划主管部门依据控制性详细规划核定建设用地的位置、面积、允许建设的范围,核发建设用地规划许可证。

建设单位在取得建设用地规划许可证后,方可向县级以上地方人民政府土地主管部门申请用地,经县级以上人民政府审批后,由土地主管部门划拨土地。

第38条　在城市、镇规划区内以出让方式提供国有土地使用权的,在国有土地使用权出让前,城市、县人民政府城乡规划主管部门应当依据控制性详细规划,提出出让地块的位置、使用性质、开发强度等规划条件,作为国有土地使用权出让合同的组成部分。未确定规划条件的地块,不得出让国有土地使用权。

以出让方式取得国有土地使用权的建设项目,在签订国有土地使用权出让合同后,建设单位应当持建设项目的批准、核准、备案文件和国有土地使用权出让合同,向城市、县人民政府城乡规划主管部门领取建设用地规划许可证。

城市、县人民政府城乡规划主管部门不得在建设用地规划许可证中,擅自改变作为国有土地使用权出让合同组成部分的规划条件。

典型事例

住建部重申:坚持房地产调控目标不动摇、力度不放松

【内容概述】

2018年以来,各地贯彻落实党中央、国务院决策部署,分类调控,因城施策,房地产市场总体保持平稳运行。但是,部分城市房地产市场出现过热苗头,投机炒作有所抬头,风险不容忽视。为促进房地产市场平稳健康发展,住建部印发了《关于进一步做好房地产市场调控工作有关问题的通知》,重申坚持房地产调控目标不动摇、力度不放松。

住建部要求,首先,要加快制定实施住房发展规划。各城市要科学编制住房发展规划,明确住房发展目标、重点任务和政策措施,合理确定住房和用地供应规模、结构、时序。一线、二线城市要在年底前编制完成2018年至2022年住房发展规划,并报住房城乡建设部备案后向社会公布实施。

其次,抓紧调整住房和用地供应结构。各地要有针对性地增加住房和用地有效供给,切实提高中低价位、中小套型普通商品住房的供应比例,建立房价地价联动机制,防止地价推涨房价;提高住房用地比例,热点城市住房用地占城市建设用地的比例建议按不低于25%安排,大幅增加租赁住房、共有产权住房用地供应,在新增住房用地供应中的比例达到50%以上。北京、上海、广州、深圳等16个城市要探索推动供地主体多元化,6月底前提出并上报具体实施方案。

在加强资金管控方面,各地要加强个人住房贷款规模管理,落实差别化住房信贷政策,强化对借款人还款能力的审查,严格管控消费贷款、经营贷款等资金挪用于购房加杠杆行为。严格落实企业购地只能用自有资金的规定,加强住房用地购地资金来源审查,严控购地加杠杆行为。

住建部还提出,要大力整顿规范市场秩序。要严肃查处捂盘惜售、炒买炒卖、规避调控政策、制造市场恐慌等房地产企业和中介机构的违法违规行为。要持续保持高压严查态势,对各类违法违规行为,发现一起,查处一起,并向社会公布,形成震慑。

同时,加强舆论引导和预期管理。各地要全面落实住房销售合同网签备案制度,定期发布权威信息;加强政策解读和市场信息公开,及时澄清误读,正面引导舆论;严厉打击利用自媒体公众号等网络媒体炒作渲染房地产、散布虚假信息等

行为。

另外，进一步落实地方调控主体责任。住房城乡建设部将加快建立房地产市场评价和监测预警体系，细化评价单元，完善对地方房地产调控工作的评价考核机制，具体落实地方政府稳房价、控租金的主体责任，同时严格督查，对工作不力、市场波动大、未能实现调控目标的地方，坚决问责。[1]

【关键问题】

1. 如何发挥房地产法的宏观调控作用？

2. 房地产法为何属于经济法范畴？

【简要评论】

如何发挥房地产法的宏观调控作用，首先得回应房地产法的地位与本质属性问题。

房地产法从本质上讲，不属于行政法，也不归于民法，而是属于经济法的范畴，这是它的合理定位。房地产法律关系从内部结构上讲，既包括房地产宏观调控与经济管理关系，又包括房地产经济协作与经营协调关系。前者是参与主体之间形成的一种纵向的管理与被管理关系，以“命令、服从”为要素，主体一方必定有政府的房地产主管部门；后者是房地产法律关系主体之间形成的一种横向的平等协作关系。这两类关系又是以房地产作为联接点而互相关联的。

房地产法之所以能发挥对房地产市场的宏观调控作用，就在于其以社会责任为本位的特质，其发挥宏观调控作用的方式，是通过“以纵制横，以横约纵”实现的，即房地产法的纵向关系干预横向关系，横向关系又对纵向关系有制约作用。房地产法内部的这种法律关系的相互制衡力，正是经济法本质属性的体现。

延伸阅读

1. 王雷：《论房地产法学内容体系的构建》，载《朝阳法律评论》2015年第1期；

2. 蔡卫华：《加快立法保护土地财产权》，载《人民日报》2016年12月19日版。

---

[1] 参见住房城乡建设部《关于进一步做好房地产市场调控工作有关问题的通知》（建房〔2018〕49号），2018年5月19日。

第三节　房地产立法

知识要点

一、我国房地产立法进程

☆我国房地产法治发展历程及其成果

1. 20世纪50年代至70年代

1950年，我国颁布了一部《中华人民共和国土地法》，确认了土改方针，建立了国家土地所有制与农民集体土地所有制相结合的新型的二元制地产格局，割断了农业地产与城市商业资本的联系。

在城市，开展了房地产的产权重置工作：一是接收原国民政府的房地产档案，宣布城市土地国有，没收官僚资本、敌伪房产；二是承认一般私人房产的所有权；三是保护城市居民的居住权，规定不得私自占用民房，不得私自租借民房，这也是造成个别单位长年占据诸如颐和园等"公房"而不愿腾退的原因；四是开展房地产清查登记，建立管理秩序。

到1956年，私有房产社会主义改造完成之后，房地产业作为一个行业在中国大陆地区几乎不复存在，只有严重亏损的房管业和建筑业，并无房地产市场。这一时期乃至此后的"文革"十年，我国针对公私房产依据的主要是党和政府的政策，而不是法律。

2. 改革开放初期

改革开放以后，我国沉寂了几十载的房地产业开始复苏，相关政策与法律也相继出台。20世纪80年代以后，我国加强了房地产领域的立法工作，无论是数量方面，还是在质量方面。这一时期的立法成果主要有：

- 1982年国务院颁布《国家建设征用土地条例》《村镇建房用地管理条例》；
- 1983年《城市私有房屋管理条例》《建筑税征收暂行办法》《城镇个人建造住宅管理办法》；
- 1984年《城市规划条例》《关于外国人私有房屋管理的若干规定》；
- 1985年《村镇建设管理暂行规定》；
- 1986年《中华人民共和国土地管理法》《房产税暂行条例》《城市维护建设税

暂行条例》；

• 1987 年《关于加强城市建设综合开发公司资质管理工作的通知》等。

此外，为了解决“文革”期间挤占、没收私人房屋的问题，还出台了若干落实房产的政策。

3. 80 年代后期至 90 年代初

80 年代后期至 90 年代初，随着经济体制的改革，我国房地产业以及相应的立法受到重视。

一方面，对房地产业的发展至关重要的一批重量级的法律相继出台。例如，1988 年全国人大通过的《宪法修正案》，明确规定土地使用权可以依照法律的规定转让，据此，我国确立了土地有偿使用制度，并依此激活了房地产市场。还有，1986 年颁布的《民法通则》与《土地管理法》（1988 年第一次修订），1989 年颁布的《城市规划法》等，这些立法对土地使用权、建设用地、农村建设用地等内容做出了重要规定。

另一方面，房地产领域还制定了大量的有针对性的法律法规与政策，这些立法成果按照立法时序有：

• 1989 年颁布的《城市危险房屋管理规定》《城市异产毗连房屋管理规定》等；

• 1990 年出台的《城市房屋产权产籍管理暂行办法》《城镇国有土地使用权出让和转让暂行条例》《外商投资开发经营成片土地暂行管理办法》《城市房屋拆迁单位管理规定》等；

• 1991 年的《城市房屋修缮管理规定》《城市房地产拆迁管理条例》《城市房地产价格管理暂行办法》等；

• 1992 年的《商品住宅价格管理暂行办法》《关于处理原去台人员房产问题的实施细则》《公有住宅售后维修养护管理暂行办法》等；

• 1993 年颁布的《村庄和集镇规划建设管理条例》《城市国有土地使用权出让转让规划管理办法》《城市房地产开发经营管理条例》等；

• 1994 年的《城市新建住宅小区管理办法》《住宅工程初装饰竣工验收办法》《在中国境内承包工程的外国企业资质管理暂行办法》等；

• 1995 年通过的《城市房地产开发管理暂行办法》《城市房屋租赁管理办法》《建制镇规划建设管理办法》《建筑装饰装修管理规定》《工程建设监理规定》《城市居民住宅安全防范设施建设管理规定》《城市住宅小区物业管理服务收费暂行办法》等。

可见，我国已经重视并善于运用房地产法律法规去调整人们在房地产权属、房地产开发与经营、房地产消费与服务等活动中所产生的各种社会关系，并且，房地产法调整的对象和范围不断扩大，立法数量剧增，司法解释大量存在，部门规章愈加健全。

4. 90年代后期至今

20世纪90年代后期以来，我国房地产法治建设越来越走向完善，房地产领域的各个环节都有相应的立法予以规范，并出台了大量的相关政策。

其一，**房地产领域颁布了一部专门法律，即《中华人民共和国城市房地产管理法》**（以下简称《城市房地产管理法》）。

1994年7月5日，第八届全国人大会常委会第八次会议审议通过了《城市房地产管理法》，自1995年1月1日起实施。《城市房地产管理法》是房地产领域最重要的一项立法成果。该法结构严谨，体系完备，由7章72条组成，包括总则、房地产开发、房地产交易、房地产权属登记管理、法律责任等。该法的颁布实施，填补了我国房地产法制建设的空白，标志着我国的房地产法制建设基本成熟，全国人大所提出的房地产领域的立法目标基本实现。《城市房地产管理法》实施之后，我国房地产领域的立法步伐并没有停歇，而是向纵深发展，根系繁盛。

2007年3月16日与房地产权属紧密联系的一部法律《物权法》通过，2007年10月1日起施行，这标志着我国的房地产物权法治建设日趋成熟。为了不与《物权法》规定相冲突，2007年8月30日，第十届全国人民代表大会常务委员会第二十九次会议对《城市房地产管理法》作了相应的修改，即在第一章"总则"中增加一条，作为第6条："为了公共利益的需要，国家可以征收国有土地上单位和个人的房屋，并依法给予拆迁补偿，维护被征收人的合法权益；征收个人住宅的，还应当保障被征收人的居住条件。具体办法由国务院规定。"

其二，在房地产管理方面，立法成果主要包括：

- 1998年《城市房屋权属登记管理办法》；
- 1998年《城市房地产开发经营管理条例》（2011年修订）；
- 1999年《城镇廉租住房管理办法》；
- 2000年《房地产开发企业资质管理规定》；
- 2001年国务院公布了《城市房屋拆迁管理条例》；
- 2003年《物业管理条例》（2007年修订）；
- 2007年《房屋权属登记信息查询暂行办法》；

- 2007 年《土地储备管理办法》(2017 年修订,2018 年 1 月 3 日印发实施);
- 2008 年《房屋登记办法》;
- 2011 年《国有土地上房屋征收评估办法》等。

最受社会各界关注的是,2011 年 1 月 21 日国务院公布了《国有土地上房屋征收与补偿条例》,以此废止了争议很大的 2001 年《城市房屋拆迁管理条例》。新的条例共 5 章 35 条,制定的目的是规范国有土地上房屋征收与补偿活动,维护公共利益,保障被征收房屋所有权人的合法权益。条例规定,为了公共利益的需要,征收国有土地上单位、个人的房屋,应当对被征收房屋所有权人给予公平补偿。

另一部备受关注的立法成果,是 2015 年 3 月 1 日起施行的**《不动产登记暂行条例》,其制定目的**是,建立统一的不动产登记制度,整合不动产登记职责,规范登记行为,方便群众申请登记,保护权利人的合法权益。为更好地实施该条例,原国土资源部颁发了《不动产登记暂行条例实施细则》(国土资源部令第 63 号),2016 年 1 月 1 日起施行。

其三,房地产交易方面的立法成果为数众多,举其要者有:

- 1995 年颁布的《城市商品房预售管理暂行办法》(2004 年修订为《城市商品房预售管理办法》)《城市房地产转让管理规定》《城市房屋租赁管理办法》;
- 1997 年的《城市房地产抵押管理办法》;
- 1999 年建设部颁布的《已购公有住房和经济适用住房上市出售管理暂行办法》;
- 2002 年原国土资源部颁发的《招标拍卖挂牌出让国有建设用地使用权规定》(2007 年修订);
- 2006 年实施的《招标拍卖挂牌出让国有土地使用权规范(试行)》(国土资发〔2006〕114 号)等;
- 2010 年制定的《房地产经纪管理办法》,目的是为了规范房地产经纪活动,保护房地产交易及经纪活动当事人的合法权益,促进房地产市场健康发展。
- 2011 年施行的《商品房屋租赁管理办法》,目的是为了加强商品房屋租赁管理,规范商品房屋租赁行为,维护商品房屋租赁双方当事人的合法权益。
- 2012 年施行的《公共租赁住房管理办法》,目的是为了加强对公共租赁住房的管理,保障公平分配,规范运营与使用,健全退出机制。

其四,在住房保障制度方面,重要立法或政策包括:

- 1998 年,国务院综合并修订了《关于深化城镇住房制度改革的决定》《国家安居工程实施方案》两个文件，颁布了《关于进一步深化城镇住房制度改革加快住房建设的通知》；

•2007 年，原建设部颁布了《廉租住房保障办法》(建设部等 9 部委令第 162 号)，同时废止了 2003 年颁发的《城镇最低收入家庭廉租住房管理办法》；

•2007 年国务院颁发了《关于解决城市低收入家庭住房困难的若干意见》(国发〔2007〕24 号)；

•2007 年，原建设部、发展改革委、原监察部、财政部、原国土资源部、人民银行、税务总局等单位联合修订了《经济适用住房管理办法》(建住房〔2007〕258 号)，原《办法》(建住房〔2004〕77 号)同时废止；

•2008 年国务院办公厅发布《关于促进房地产市场健康发展的若干意见》，明确要求用 3 年时间(2009～2011 年)基本解决城市低收入住房困难家庭住房及棚户区改造问题；

•2011 年 9 月 28 日，国务院办公厅发布了《关于保障性安居工程建设和管理的指导意见》(国办发〔2011〕45 号)；

•2012 年 5 月 28 日，住房和城乡建设部公布了《公共租赁住房管理办法》(部令第 11 号)，该《办法》分总则、申请与审核、轮候与配租、使用与退出、法律责任、附则 6 章 39 条，自 2012 年 7 月 15 日起施行。

目前，我国保障房体系包括了共有产权房、两限房、公共租赁租房、经济适用住房和廉租房等。据悉，《住房保障法》的起草已列入全国人大常委会立法规划和国务院立法计划，本法的征求意见稿已基本成型。

其五，在房地产税收和金融方面，立法成果主要是以部委规章或国家政策的形式出现，数量众多，以颁布时间为序主要包括：

•1998 年中国人民银行发布的《个人住房贷款管理办法》；

•1998 年国家税务总局《关于加强对出租房屋房产税征收管理的通知》(国税发〔1998〕196 号)；

•1999 年国务院颁发的《住房公积金管理条例》(国务院令第 262 号，2002 年修订)；

•2001 年中国人民银行《关于规范住房金融业务的通知》(银发〔2001〕195 号，注：本法规已被中国人民银行公告〔2010〕第 2 号等规范性文件废止)；

•2003 年中国人民银行《关于进一步加强房地产信贷业务管理的通知》(银发〔2003〕121 号)；

●2004年财政部 国家税务总局《关于调整房产税有关减免税政策的通知》（财税〔2004〕140号）；

●2005年国家发展改革委、原建设部印发的《城镇廉租住房租金管理办法》（发改价格〔2005〕405号）；

●2005年国家税务总局、财政部、原建设部颁发的《关于加强房地产税收管理的通知》（国税发〔2005〕89号）；

●2006年财政部、国家税务总局颁发的《关于房产税、城镇土地使用税有关政策的通知》（财税〔2006〕186号）；

●2006年原建设部、中国人民银行、中国银监会颁发的《关于规范与银行信贷业务相关的房地产抵押估价管理有关问题的通知》（建住房〔2006〕8号）；

●2006年国家税务总局颁发的《关于加强住房营业税征收管理有关问题的通知》（国税发〔2006〕74号）；

●2006年国家税务总局颁发的《关于个人住房转让所得征收个人所得税有关问题的通知》（国税发〔2006〕108号）；

●2006年国家税务总局颁发的《关于加强房地产交易个人无偿赠与不动产税收管理有关问题的通知》（国税发〔2006〕144号）；

●2006年12月30日国务院第163次常务会议通过的《关于修改〈中华人民共和国城镇土地使用税暂行条例〉的决定》，自2007年1月1日起施行；

●2007年中国人民银行、中国银监会发布的《关于加强商业性房地产信贷管理的通知》（银发〔2007〕359号）；

●2007年原建设部、财政部颁发的《住宅专项维修资金管理办法》（部令第165号），自2008年2月1日起施行；

●2008年财政部、国家税务总局发布《关于廉租住房经济适用住房和住房租赁有关税收政策的通知》（财税〔2008〕24号）；

●2008年中国人民银行、中国银监会发布的《关于金融促进节约集约用地的通知》（银发〔2008〕214号）；

●2009年中国银监会颁发的《固定资产贷款管理暂行办法》（2009年第2号令）；

●2012年住建部颁发的《关于进一步加强住房公积金监管工作的通知》（建金〔2012〕10号）；

●2013年财政部、国家税务总局颁发的《关于企业和自收自支事业单位向职工

出租的单位自有住房房产税和营业税政策的通知》(财税〔2013〕94号);

• 2016年财政部、国家税务总局发布的《关于全面推开营业税改征增值税试点的通知》(财税〔2016〕36号);

• 2016年国家税务总局发布的《纳税人转让不动产增值税征收管理暂行办法》(2016年第14号公告);

• 2017年住房城乡建设部、人民银行、银监会发布的《关于规范购房融资和加强反洗钱工作的通知》(建房〔2017〕215号)等。

目前,我国正在研究推进房地产税的立法,这标志着今后政府将注重依靠税收手段解决我国房地产市场存在的问题。

总之,我国房地产领域初步形成了一个以法律《土地管理法》与《城市房地产管理法》为双龙头、若干专门的房地产行政法规为主体、数量众多的部门规章为核心、大量的政策性文件为补充、内容涵盖房地产各个环节的房地产法规政策体系,各项房地产规章制度日臻完善。

二、我国房地产立法完善

☆我国房地产立法存在的问题

四十年来,我国房地产立法虽然取得了不菲的成绩,但仍有许多需要完善的地方。

(1)**房地产法规体系中依然有法律空白需要填补**,如重要的《住宅保障法》《房地产税法》等仍未出台,还有若干的行政法规需要提升其效力层次,上升为法律。以《住宅保障法》为例,为全面实现"居者有其屋",对居民基本住房权益的保护应尽快从目前的政策规范为主,转向法治化道路,法律对房地产业的投资方向应当加强引导,将解决民众的基本住房问题作为房地产业发展的首要任务。

(2)房地产立法层次较低,部门法规居多。法规大多以通知、办法、规定等形式出现,且侧重于行政管理的规范多,稳定性较差,早期的法规多带有计划经济体制的印痕,市场前瞻性规定少。由于制定法规的部门较多,还存在新法出台、旧法仍未废止的现象,新旧内容冲突的情形屡见不鲜。

(3)房地产领域出台的政策性文件多,法律规范少。且多层次、多部门颁发,从房地产开发、交易、管理、税收等多方面调整房地产业,这样做虽然操作性强,灵活性好,但与房地产物权所要求的稳定性与法治化道路具有一定的差距,在适用的时候随意性大,效率较低,且易滋生腐败。

(4)首先,从房地产立法所规范的内容上看,体现横向关系的民法规范不足,表明我国房地产法的市场因素还有局限,物权法属性不明显,而行政法属性过于浓厚,体现的还是行政优先的理念;其次,调整房地产经营关系的规范较多,而调整房地产消费关系的规范不足,这反映了房地产领域商业利益优先于消费者利益的现实,这是造成我国房地产业生产市场与消费市场脱节的一个重要原因;最后,规范房地产一级市场(国有土地使用权出让市场)和二级市场(国有土地使用权转让、出租、抵押市场)的立法较为发达,而规范房地产三级市场(房地产消费者之间的交易)的立法滞后。

三、《城市房地产管理法》简介

☆《城市房地产管理法》的目录

表1-1 《城市房地产法》的目录

第一章	总则		
第二章	房地产开发用地	第一节	土地使用权出让
		第二节	土地使用权划拨
第三章	房地产开发用地		
第四章	房地产交易	第一节	一般规定
		第二节	房地产转让
		第三节	房地产抵押
		第四节	房屋租赁
		第五节	中介服务机构
第五章	房地产权属登记管理		
第六章	法律责任		
第七章	附则		

★★《城市房地产管理法》的特点

《城市房地产管理法》是我国第一部房地产管理方面的专门法、龙头法,其颁布和施行填补了我国房地产立法的空白,标志着我国房地产业发展已进入法治阶段。该法共7章73条,对房地产管理的原则、房地产开发用地、房地产交易、房地产权属登记管理等各基本方面都有所规定,其特点如下:

1. 维护国有房地产权益

《城市房地产管理法》把维护国有房地产权益作为立法的出发点和重要原则。具体体现为：

(1) 国家垄断土地出让市场，即一级市场；

(2) 国有土地实行有偿、有限期使用制度，对土地使用权出让规定最高年限的限制；

(3) 国家对国有土地的使用范围和用途实行限制；

(4) 国有土地的出让、转让由国家有关政府部门统一管理，统一登记发证。

2. 建立系统的房地产管理制度

《城市房地产管理法》建立了我国对房地产管理的五项重要的法律制度：

(1) 国有土地有偿、有限期使用制度；

(2) 房地产价格评估制度；

(3) 房地产成交价格申报制度；

(4) 房地产评估人员资格认证制度；

(5) 土地使用权和房屋所有权登记发证制度。

为配合上述制度的贯彻实施，《城市房地产管理法》还具体规定了加强房地产管理的其他制度和措施。例如，为加强房地产登记管理，该法设定了各种登记备案制度：

(1) 房地产开发企业及房地产中介服务机构的设立登记（或备案）制度；

(2) 商品房预售合同的登记备案制度；

(3) 房地产转让、抵押或变更时的房地产权属登记制度；

(4) 房屋租赁合同的登记备案制度；

(5) 不动产统一登记制度。

为加强房地产权证管理，设立了各种证书：不动产权利证书；房地产评估师资格证书；商品房预售许可证书等。

上述的房地产管理制度、登记备案制度、权利证书制度的建立，标志着我国房地产管理迈上了新的台阶。

3. 确立房地产市场调节机制

《城市房地产管理法》在建立一个正常的房地产市场机制方面采取如下一些措施：

(1) 在房地产开发企业登记设立方面，改审核制为登记制；

(2) 在房地产价格管理方面，确立了以市场形成价格为主的原则；

(3) 在土地使用权取得方式上，该法规定主要以出让为主，对划拨土地使用权的范围作了严格的控制；

(4)土地使用权出让规定了招标、拍卖、挂牌和协议出让四种方式，但该法规定商业项目必须采取招、拍、挂的方式，引进公平竞争的机制，充分发挥市场机制对土地资源配置的作用。

4. 限制房地产炒卖投机行为

房地产炒卖投机行为是指房地产购买人取得土地使用权或房屋所有权，并不是为了自己消费，而是期望通过转手倒卖获取暴利的行为。房地产炒卖投机行为不符合法律的规定，各国对此多有限制。

我国《城市房地产管理法》制定了多项抑制房地产炒卖投机行为的措施：

(1)土地使用权出让必须有计划、有步骤地进行，并符合土地利用的总体规划、城市规划和年度建设用地规划；

(2)对土地使用权出让价格进行管理，为避免低价出让造成国有资产的流失，出让价格不得低于基准地价；

(3)加强对划拨土地使用权的管理，以划拨方式取得的土地使用权，一般不得自发进入房地产交易市场；

(4)对已受让的土地必须按合同期限抓紧开发利用，禁止开发商"捂地"；

(5)房地产的转让必须达到一定的投资额或符合一定的条件，禁止"炒地皮"；

(6)商品房预售必须严格遵循法定条件，禁止违法违规进行"炒楼花"。

5. 维护房地产企业公平竞争

房地产开发企业应在同一起跑线上进行公平竞争。《城市房地产管理法》对国内房地产企业不再以所有制形式进行划分，而是一视同仁，公平对待；对外商投资房地产开发企业，规定了与中国内地房地产开发企业具有同等的法律地位，享有同样的权利和义务。

当然，**《城市房地产管理法》仍有许多有争议的问题存在**，在房地产管理体制、集体土地流转、国有土地使用权取得方式、建设用地使用权续期、土地使用权期满后地上物的处置、预售商品房的再转让、房屋租赁的登记备案等方面，需要在未来的修订中充分论证，予以完善。

四、房地产法的渊源与内容体系

★★房地产法的渊源

房地产法的渊源，即房地产法律规范的外在表现形式。房地产法律规范既散见于宪法、民法、经济法、行政法、刑法等法律法规中，其规范的效力层次又是通过法律、行政法规、部门规章、其他规范性法律文件等表现出来的。房地产法的渊源是由这些法律、法规、规章等共同组成的有机的、统一的完整体系，在这个渊源体系内，宪法的效力等级最高，法律次之，行政法规、部委规章再次之，而作为房地产地方立法的地方性法规和地方政府规章，不得与上位法相冲突。

具体来说，房地产法的渊源包括如下几类：

1. 宪法

宪法是我国法律体系中具有最高法律效力的国家根本法，我国现行《宪法》有许多涉及房地产的条款，如第 10 条对土地制度进行了规定，包括土地权属、土地征收与征用、土地流转等内容，并规定一切使用土地的组织和个人必须合理地利用土地；第 13 条明确规定依法保护公民的财产权，而房地产权利是公民最重要的一项财产权。宪法的这些规定，对房地产立法、执法、司法等均具有最高的指导作用。

2. 房地产法律

房地产法律分为专门法律和相关法律，前者如《土地管理法》《城市房地产管理法》，后者如《城乡规划法》《建筑法》《物权法》《民法总则》《公司法》《合同法》《刑法》等法律中有关土地、房屋等不动产物权方面的法律规范。房地产法律是调整房地产经济关系的基本规范、核心规范。我国目前调整房地产领域的法律不多，最主要的、专门的法律仅为两部，而《房地产税法》《住房保障法》等法律仍未出台。

3. 房地产行政法规

房地产行政法规是国务院制定及颁布的有关调整房地产法律关系的条例和规定。行政法规的法律效力低于宪法和法律，属于第三层次的法律规范。房地产法律规定不明确或没有规定的，可以由国务院制定相关的条例或补充规定，如《住房公积金管理条例》《国有土地上房屋征收与补偿条例》《不动产登记暂行条例》等，这些行政法规针对性强。

4. 房地产部委规章（或称部门规章）

这是指房地产政府管理部门，根据国务院规定的职责范围依法制定并颁布的房地产业务方面的各项规章，或由国务院房地产主管部门与其他有关部门联合制定并发布的规章。颁布房地产规章最多的职能机构是原建设部和国土资源部，如住房和城乡建设部发布的《公共租赁住房管理办法》，再如原国土资源部颁发的《招标拍卖挂牌出让国有建设用地使用权规定》等。房地产部委规章不能与宪法、法律、行政法规相抵触。

5. 房地产地方性法规

房地产地方性法规是指在不与宪法、法律、行政法规、部委规章相抵触的前提下，由省、自治区、直辖市人大及其常委会制定及发布的调整房地产领域的法规。我国幅员辽阔，地域广大，各地情况不一样，法律允许各省、自治区、直辖市有关立法机构从本地的实际情况出发，制定在本地适用的地方性法规。这些地方性法规，既包括专门的法规，也包括与房地产相关的地方性法规，如《北京市城乡规划条例》等。

6. 房地产地方规章

房地产地方规章是指省、自治区、直辖市以及省会（自治区首府）城市和经国务院批准的较大的市的人民政府，根据法律和国务院的行政法规制定并颁布的有关房地产方面的规章。如北京市人民政府公布的《北京市房地产抵押管理办法》《北京市物业管理办法》《北京市房屋建筑使用安全管理办法》等。政府规章的法律效力低于同级权力机关制定的地方性法规。

7. 其他规范性文件

其他规范性文件通常是指那些无权制定地方规章的地方政府部门（如省级政府下属的委、办、局等），在其法定职权范围内制定的、在一定范围内具有约束力的文件，如上海市住房保障和房屋管理局印发的《上海市物业服务企业资质管理规定》。这些规范性文件的法律效力低于法律、法规和规章的效力，但可作为房地产主体从事各类房地产活动的依据。

此外，最高人民法院的司法解释对于正确运用房地产法规，弥补房地产立法不足，指导房地产案件的审判工作也同样具有重要作用。

★房地产法的内容体系

房地产法的内容体系由房地产法调整对象的复杂性所决定，房地产法律的内容非常广泛，主要包括以下内容：

（1）有关房地产权属的法律规定。房地产权属法律制度是关于房地产权利及其归属的法律制度，其中包括土地权属法律制度、房屋权属法律制度、房地产相邻关系法律制度以及房地产权属登记法律制度。

（2）有关房地产开发用地的法律规定。房地产开发用地法律制度是指为进行基础设施与房屋建设而依法取得建设用地的法律制度，其中包括建设用地使用权出让法律制度、建设用地使用权划拨法律制度、建设用地使用权转让制度、建设用地租赁制度以及国家征收法律制度。

（3）有关房地产开发的法律规定。房地产开发法律制度是指在依法取得建设用地使用权的土地上进行基础设施和房屋建设的法律制度，其中包括房地产开发规划管理法律制度、房地产开发企业法律制度、建设工程项目招投标法律制度、建设工程施工管理与监理法律制度。

(4)有关房地产交易的法律规定。房地产交易法律制度是指以房地产为商品进行转让、抵押、租赁等各种经营活动的法律制度，其中包括房地产转让法律制度、商品房预售法律制度、房地产抵押法律制度、房屋租赁法律制度以及房地产中介服务机构法律制度。

(5)有关房地产税费的法律规定。房地产税费法律制度是指在房地产市场活动中产生的各种税收与费用的法律制度，其中包括房地产税收法律制度与房地产费用法律制度。

(6)有关物业管理(服务)的法律规定。物业管理法律制度是指物业管理企业受物业业主的委托对物业及其附属设施进行管理，并对物业业主及住户提供服务的法律制度，其中包括物业管理法律关系、物业管理业务、物业管理合同规约、物业管理收费等法律制度。

(7)有关住房保障的法律规定。住房保障法律制度是指政府为解决住房紧缺问题、居住质量问题以及社会公平问题等而向社会提供公共住房的法律制度，其中包括经济适用房法律制度、廉租房法律制度、限价房法律制度、住房公积金法律制度等。

法律与规范链接

▲ 必读法条

《宪法》

第10条第1款、第2款(见本书第16页)

国家为了公共利益的需要，可以依照法律规定对土地实行征收或者征用并给予补偿。

任何组织或者个人不得侵占、买卖或者以其他形式非法转让土地。土地的使用权可以依照法律的规定转让。

一切使用土地的组织和个人必须合理地利用土地。

第13条 公民的合法的私有财产不受侵犯。

国家依照法律规定保护公民的私有财产权和继承权。

国家为了公共利益的需要，可以依照法律规定对公民的私有财产实行征收或者征用并给予补偿。

《土地管理法》

第4条　国家实行土地用途管制制度。

第2款（见本书第17页）

前款所称农用地是指直接用于农业生产的土地，包括耕地、林地、草地、农田水利用地、养殖水面等；建设用地是指建造建筑物、构筑物的土地，包括城乡住宅和公共设施用地、工矿用地、交通水利设施用地、旅游用地、军事设施用地等；未利用地是指农用地和建设用地以外的土地。

使用土地的单位和个人必须严格按照土地利用总体规划确定的用途使用土地。

典型事例

房地产税立法将会加快

【内容概述】

2018年7月的70个大中城市房价数据显示，当前全国房价上涨的压力依然较大，各种房地产市场乱象丛生，"房住不炒"的中央精神部分地方落实不到位，"五限"甚至"六限"政策仍然没有阻止房地产投机和房价上涨的压力，因此，构建房地产长效机制将是贯彻落实房住不炒、遏制房价上涨的有效措施。楼市长效机制的内容包括金融、财税、投资、土地、立法等，立法方面包括推出住房法、房地产税法等。

7月31日召开的中共中央政治局召开会议要求下决心解决好房地产市场问题，加快建立促进房地产市场平稳健康发展长效机制。业内人士认为，这意味着，房地产税立法将会加快。从目前房地产税改革进程、经济结构调整转型和当前经济形势看，房地产税立法的准备工作正在紧锣密鼓地进行并加快。根据立法法的规定、部委工作的进程和往年的立法，预计房地产税法草案将会在今年12月份初审。

有专家预计，"房地产税法作为新税种，按立法法规定，必须要经过三审，甚至更多，预计到2020年表决通过，2021年房地产税将在部分城市开始征收"。房地产税立法现在确定的是两级立法，全国人大完成立法后，地方开征由地方省级政府起草实施细则，开征也是由地方决定，中央不会统一决定。

按照"立法先行、充分授权、分步推进"的原则，房地产税征收将会分步进行，包括征税范围逐步扩大、开征城市逐步增加等。[1]

【关键问题】

房地产税立法是为了降房价吗?

【简要评论】

十八届三中全会决定“加快房地产税立法并适时推进改革”,以及后来的《立法法》修改,均意味着作为一种新税的房地产税的开征,只能走立法程序,即由全国人大或全国人大常委会通过一部《房地产税法》。

党中央、国务院下决心要解决好房地产市场问题,加快建立促进房地产市场平稳健康发展长效机制,这些房地产长效机制的内容包括金融、财税、投资、土地、立法等,房地产税立法仅是其中的一项内容,如果不注意运用其他的宏观调控手段,仅仅指望依赖一部《房地产税法》来降低房价,恐怕难以取得立竿见影的效果。

开征房地产税对房价肯定有影响,但不一定会抑制房价,也有可能推涨房价,因为增加了成本,房价从根本上说还是取决于供需情况的。

从长远来看,需要逐步放开房地产的行政价格管制,更多运用市场手段按照符合市场经济运行规律调控房地产市场和房价。从调控手段、技术能力、管理经验看,还需要加强运用市场调节的方式方法,从愿意运用和善于运用行政手段管理价格的传统方式中走出来,让房价真正走上健康发展轨道。

目前,对于房地产税的功能定位的争议比较大,有人认为是调节分配,有人认为更多倾向于筹集收入。就现阶段而言,房地产税将倾向于调节分配功能。

总之,房地产税是国家税制改革的重要内容,对理顺房地产类税收结构,调节居民收入分配,抑制住房价格,具有多层意义,可以说房地产税改革是既利当前、又利长远的重大改革,就中国目前现实经济政策选择看,可谓牵一发而动全身。

延伸阅读

1. 王勇:《论我国城市房地产管理法的完善——以可持续发展为视角》,载《河南省政法管理干部学院学报》2010 年第 6 期。
2. 杨志勇:《新时代的中国住房制度和房地产税》,载《中国发展观察》2018 年第 Z1 期。

---

[1] 包兴安:《房地产税立法将会加快? 专家:草案有望在 12 月初审》,载《证券日报》2018 年 8 月 7 日版。

第二章　房地产权属制度

教学目标

1. 理解房地产权利与权属制度，了解不同法系的房地产权属制度。
2. 识记土地权利与建筑物权利的关系，理解土地所有权、使用权及他项权制度。
3. 了解房屋权属制度；理解建筑物区分所有权及房屋共有的相关制度；识记房地产相邻关系和地役权制度并理解二者的区别。

推荐参考资料

1. 房绍坤：《房地产法》，北京大学出版社 2015 年版；
2. 李延荣、周珂：《房地产法》，中国人民大学出版社 2016 年版；
3. 高富平、黄武双：《房地产法学》，高等教育出版社 2016 年版；
4. 符启林：《房地产法》，法律出版社 2009 年版；
5. 龙翼飞：《物权法原理与案例教程》，中国人民大学出版社 2008 年版；
6. 刘心稳：《中国民法学研究述评》，中国政法大学出版社 1996 年版。

知识要点

★房地产权属制度的概念

房地产权属制度作为房地产管理的基础，其主要是指用来调整和处理关于房地产的所有权、使用权及其他权属的法律、行政法规和技术规范的集合体。

第一节　房地产权利与权属

知识要点

一、房地产权利

★房地产权利概述

房地产权利是指以房地产为标的的权利，其是一种财产权利，房地产权利人对自己的房地产享有占有、使用、收益和处分的权利。房地产权利的主要范围是房地产物权，并不扩及债权等其他民事权利。关于房地产权利的设置，大陆法系与英美法系是不同的。

☆大陆法系的权利体系

在大陆法系国家中，房地产权利也被称为不动产权利，并且被纳入物权的体系之中。**物权法的核心是不动产**，即土地的权利制度，其主要包括土地所有权、地上权、地役权、永佃权、质权和抵押权。罗马法作为大陆法的源头，其尽管是奴隶制的法律，但它是“以私有制为基础的法律的最完备形式”，[1]也是“商品生产社会的第一个世界性法律”。[2]大陆法系在罗马法的基础上进行了创新，主要形成了不动产物权、动产物权、以权利为客体的权利物权及一些特殊物权。例如，不动产所有权、地上权、地役权等属于不动产物权；动产质权、动产抵押权和留置权则属于动产物权；权利质权和权利抵押权则属于权利物权；而采矿权则属于特殊物权。

☆英美法系的权利体系

权利在英美法系中属于财产法的范畴。其主要包括所有权、地产权、地役权、用益权、抵押权、土地权利和建筑物权利。

1. 所有权

这里所说的不动产所有权又被称为“ownership”，其内涵与法律规范中的运用与大陆法系大相径庭。[3]大陆法中所有权是物权及民事权利体系中的核心权利。

---

〔1〕《马克思恩格斯选集》(第4卷)，人民出版社1972年版，第248页。

〔2〕王泽鉴:《民法物权》，中国政法大学出版社2001年版，第42页。

〔3〕《马克思恩格斯选集》(第3卷)，人民出版社1972年版，第143页。

“罗马法中,最引人注目的制度:一就是所有权”。[1] 但是,英美法系财产法,认为所有权作为拥有绝对处置权利的抽象概念极少独立在现实当中。“英美财产法注重对物的实际利用”,[2]“至于物的利用,则很少会发生所有权问题。基于物的所有权而派生出来的使用权和收益权是由诸多的人分享的,因而,将所有权归诸于其中的任何人都是不合适的”。[3]这样的结果是,“在英国法的专业文献,即诸如法规和判例报告之类的官方文件中,‘所有权’一词是不常用的”。[4]大陆法认为所有权不是“物之使用、收益、处分权能之总和”,[5]而认为“所有权之中心为单一的支配力”。[6]但是,在英美法系中,财产法注重所有权的分离,所有权被认为是权利的集束,即其是物的占有、使用、收益和处置等权利的集合。“将实现所有这些内容的权利或权力集中于一人,会有很多优点。购买者通常都愿意获取全部内容,如果出卖者不能给予其全部内容的话,将会带来许多不便。但从另一方面看,从他人手中分离出一些所有权的内容将其分配给不同的人,也总是需要的。就土地而言,尤为重要。财产法的主要目的之一,就是在这种需要和便利之间谋求调和”。[7]

2. 地产权

英美财产法对所有权的分离主要是通过地产制度创设的。[8]“所有权并不附着于土地本身,而是附着于一个概念性的客体,但法律把它当做似乎真实的东西‘地产权’”。[9] 这主要说明的是封建地主的土地占有权,也即是,封建贵族接受国王授予的土地之后,又将土地授予更小的贵族,这样层层受封,形成了阶梯状的土地占有关系,这些占有土地的贵族,其本身并不享有土地所有权,但是他们对土地都享有权利,这项权利就被称为地产权。[10]

3. 地役权、用益权与抵押权

英美法上的地役权主要如下两类权利:一是积极的地役权,即需役地人有权在供役地上只做积极的事情而并不要求供役地人积极的作为,例如道路通行权;二是

---

〔1〕 [英]F. H. 劳森、B. 拉登:《财产法》,林燕译,中国大百科全书出版社 1998 年版,第 113 页。
〔2〕 刘心稳:《中国民法学研究述评》,中国政法大学出版社 1996 年版,第 357 页。
〔3〕 同上注,第 114 页。
〔4〕 同上注,第 113 页。
〔5〕 史尚宽:《物权法论》,中国政法大学出版社 2000 年版,第 56 页。
〔6〕 [日]石田文次郎:《物权法论》,有斐阁 1937 年版,第 377 页。
〔7〕 [英]F. H. 劳森、B. 拉登:《财产法》,林燕译,中国大百科全书出版社 1998 年版,第 8 页。
〔8〕 符启林:《房地产法》,法律出版社 2009 年版,第 36 页。
〔9〕 《民法》,知识产权出版社出版 2016 年版(摘译自《不列颠百科全书》第 15 版第 15 卷),第 70 页。
〔10〕 符启林:《房地产法》,法律出版社 2009 年版,第 36 页。

消极的地役权，即地役权还包括阻止供役地上特定作为的权利，如截止水流、妨碍照明等。[1]

用益权，是指从供役地上获得产品的权利，如牛羊在草地吃草、从河中捞鱼等。用益权的取得来源于供役地人的授权或法律规定。

在英美法中，不动产上并没创设抵押权，但抵押制度正日益脱离财产法的范畴而纳入债务法之中，例如，美国的土地抵押制度一般放在不动产交易法和债务法中，而在英国仍保留在土地法体系中。[2]

4. 土地权利与建筑物权利的关系

在房地产权体系中，土地权利和建筑物权利之间的关系是关键问题。因为所谓房地产是由土地和土地上的建筑物所构成的。一般认为，"在当代，土地上是否有建筑物、有什么样的建筑物，以及土地与建筑物的关系如何，不但决定着不动产的整体价值而且决定着设立、转移、变更和废止不动产物权的各项法律制度的设计"。[3]

在传统民法中，土地权利和建筑物权利之间的关系有如下两种情形：一是建筑物不是独立的不动产，依附于土地，因此土地权利和建筑物权利不可分离；二是建筑物与土地分别是独立的不动产，建筑物并不依附于土地，因此土地权利和建筑物权利属于分离状态。[4]

二、房地产权属

★★房地产权属的概念与法律特征

房地产权属是指房地产权利的归属，即房地产权利在主体上的归属状态。其主要具有如下法律特征[5]：

1. 权利主体的必然相关性。房地产权属是一种与权利主体相关联的法律制度，法律将一定的房地产权利赋予一定的主体，使得一些主体具有房地产权属的主体资格，例如，一般情况下，划拨土地使用权只能给予非营利的主体；集体土地所有权和使用权只能给予从事农业生产经营活动的主体。但是，也有一些民事主体不具有房地产权属的主体资格，例如，根据国务院 1998 年的有关规定，外商独资企业不

---

〔1〕 符启林：《房地产法》，法律出版社 2009 年版，第 37 页。
〔2〕 李廷荣、周珂：《房地产法》，中国人民大学出版社 2016 年版，第 51 页。
〔3〕 孙宪忠：《德国当代物权法》，法律出版社 1997 年版，第 11 页。
〔4〕 符启林：《房地产法》，法律出版社 2009 年版，第 38 页。
〔5〕 李廷荣、周珂：《房地产法》，中国人民大学出版社 2016 年版，第 45 ~ 46 页。

得从事房地产开发经营。

2. 所及范围的广泛性。房地产权属的范围十分广泛，其不仅涉及相当于大陆法上的不动产财产权利，而且还涉及合同法上的权利，甚至信托法上的权利，以及一些特别财产权利。

3. 权利表现形式的特殊性。在房地产权属在制度中，特别是在英美法的房地产权属制度中，与特定主体相关联的房地产权利常常表现为“权利束”，即使在一些大陆法国家和地区，房地产权属亦已经是在物权法不动产财产权利之基础上经过新的分化组合而具有英美法“权利束”的某些特征。例如，我国澳门民法典中关于土地权利的规定与罗马法的规定大体一致，包括土地所有权、地役权、永佃权、地上权和抵押权等，但是上述物权在《土地法》中并不出现，而是根据土地使用者的主体资格、土地用途等情况，将土地财产权分化并重新组合，形成一系列土地权利的取得方式，包括土地出售、长期租赁、土地租赁、无偿批给、临时占用、地段交换等。房地产权利在大陆法上主要是物权法所规定的各项物权，这些权利彼此之间是相互独立的。

★★房地产权利与房地产权属的区别

房地产权属与房地产权利作为两个不同的概念，其主要区别是，房地产权属作为房地产权利的归属，其主要关注法律创设的房地产权利在实践活动中主体上的归属，确认权限“实质性的问题在于是属于国家所有还是属于公社所有，是属于社团所有，还是属于个人所有。其中有何权利和利益”。[1]房地产权利是一种民事权利，其所强调的是当事人可以在法律允许的范围内实现自己的利益，同时根据物权法定主义，房地产权利的种类和内容由法律统一规定。

典型案例

厦门城市管理行政执法局函告华天学院案

【案情概述】

2006 年经厦门市规划局核准，华天学院办公楼等建设项目获批取得《建设工程规划许可证》，项目性质为文教用地。2012 年 1 月，华天学院与王某签订一份《租赁协议书》，华天学院将其南侧教工配套设施一期房产负一层、一层、二层及二层楼

〔1〕 沃克编：《牛津大辞典》，光明日报出版社 1998 年版，第 512 页。

顶、靠西侧圆形建筑三层即教工活动中心及其楼顶，出租给王某经营使用。王某依约支付租金，并接收租赁物。

后王某拟将承租的建筑物改为商场，在改建过程中，城市管理行政执法局函告华天学院，认为华天学院不得擅自变更建设工程规划许可条件进行建设，不得擅自改变建筑物使用功能，应严格按照建设工程规划许可证规定的要求进行建设，并立即对改建部分自行整改。因华天学院和王某的合同已实际履行，双方就租赁协议效力产生的争议协商无果，华天学院遂向法院起诉，请求确认王某与华天学院所签订的租赁协议无效，判令王某立即将该协议项下的建筑物恢复原状并交还华天学院。

厦门中院审理后判决，确认王某与华天学院签订的《租赁协议书》无效，王某立即将租赁的建筑物恢复原状并交还华天学院。

讼争租赁房产的用地性质为划拨用地，依据《城镇国有土地使用权出让和转让暂行条例》之规定，国有划拨土地上的建筑物未经市、县人民政府土地管理部门和房产管理部门批准，不得转让、出租及抵押。

本案中，华天学院应严格按照建设工程规划许可证规定的要求进行建设，不得擅自变更建设工程规划许可条件进行建设，不得擅自改变建筑物使用功能。鉴于《租赁协议书》对讼争房产使用的约定已改变建筑物的使用功能，依法不应许可。因此，相关职能部门已明确予以制止，要求整改。由于华天学院办学属公益性质，其建设用地的审批及建设工程许可均应严格规范。本案讼争房产的租赁方已将租赁建筑物改建为商场，而商场的使用功能与该建筑物原设计用途为人防、餐厅、办公、会议、休息的使用功能完全不同。鉴于对学校应严格管理和有利于学生的学习及安全保障，对王某将租赁建筑物改建为商场将影响学校氛围或损害社会公共安全应有所预见，并予限制，因此，双方签订的《租赁协议书》应视为无效合同。依据合同法之规定，合同无效后，因该合同取得的财产，应当予以返还。故王某所取得讼争租赁房产亦应予以返还。

【关键问题】

1. 用于不同用途的土地能否根据同一种方式取得使用权？

2. 以划拨方式取得土地使用权的土地上的房地产应如何转让？

【简要评论】

土地使用权的出让，可以采取拍卖、招标或者双方协议的方式。商业、旅游、娱乐和豪华住宅用地，有条件的，必须采取拍卖、招标方式；没有条件，不能采取拍卖、招标方式的，可以采取双方协议的方式；国家机关用地和军事用地、城市基础设施用地和公益事业用地、国家重点扶持的能源、交通、水利等项目用地及法律、行政法规规定的其他用地,可以由县级以上人民政府依法以划拨形式批准使用。

以划拨方式取得土地使用权的,转让房地产时,应当按照国务院规定,报有批准权的人民政府审批。有批准权的人民政府准予转让的,应当由受让方办理土地使用权出让手续,并依照国家有关规定缴纳土地使用权出让金。

以划拨方式取得土地使用权的,转让房地产报批时,有批准权的人民政府按照国务院规定决定可以不办理土地使用权出让手续的,转让方应当按照国务院规定将转让房地产所获收益中的土地收益上缴国家或者作其他处理。

【核心知识】

土地使用权的转移分为出让和划拨两种形式,分别为有偿和无偿,用于不同形式的用地。划拨土地使用权的特点是:(1)取得的合法性,即取得划拨土地使用权必须符合法律的规定,并依法经有关部门批准;(2)取得的无偿性,这是划拨土地使用权与出让土地使用权的主要区别之一;(3)使用的无期限性;(4)权利的受限制性,划拨土地使用权人不能随意地处分其划拨土地使用权,缺乏处分权能。

延伸阅读

1. 王雷:《论房地产法学内容体系的构建》,载《朝阳法律评论》2015 年第 1 期;
2. 高圣平:《土地承包经营权权能论纲——以处分权能为中心》,载《社会科学》2012 年第 7 期(中国人民大学报刊复印资料《民商法学》2012 年第 10 期转载);
3. 高圣平:《建设用地使用权期限制度研究——兼评〈土地管理法修订案送审稿〉第 89 条》,载《政治与法律》2012 年第 5 期(《中国社会科学文摘》2012 年第 7 期转载)。

第二节　土地权属制度

知识要点

一、土地所有权

☆土地所有权的概念与特征

土地所有权作为土地所有制的法律表现形式,其主要是指土地所有人对土地所享有的占有、使用、收益和处分的权利。土地所有权人有权在法律规定的范围内独占性地支配其所有的土地，有权排除他人的干涉。土地所有权是对土地所有权人和非土地所有权人之间的法律关系的反映，一般情况下，土地所有权通过其所有权权能的分离，进而使得非土地所有权人对土地享有他物权。土地所有权的规定能够促进社会的发展，"所有权具有重要经济功能，即创造有效利用资源的刺激"。[1] **我国的土地所有权具有如下法律特征：**

1. 主体的特定性。由于我国实行的是土地公有制，我国土地所有权的主体是特定的，即国家和农民集体经济组织。除此之外，其他任何人不拥有土地所有权，土地所有权人不得将土地作为买卖或者赠与等行为的标的。我国土地所有权独具特色，即以国家主体的唯一性和统一性为特点，其不同于其他一些国家，例如，在某些联邦制的国家中，其将各个州均视为土地使用权之独立主体的"多元制国有土地所有权"。[2]

2. 客体的差异性。我国土地所有权的客体具有一定的差异性，其标准主要是体现在地域上，即城市和农村两个地域的土地所有权的客体不同。其中，城市部分的国有土地主要包括：(1)城市市区的土地；(2)农村和城市郊区中依法属于国家所有的土地；(3)国家还没有确立为集体所有的林地、草地、山岭、荒地、滩涂、矿山等其他土地。集体所有的土地一般包括自留地、自留山、宅基地、国家确权给集体经济组织的森林、草原等。[3]

3. 主体利益实现的间接性。我国的土地所有权的主体是国家和集体经济组织，其一般不直接对土地进行使用获得经济效益，其要实现土地的经济效益需采取间接形式，即土地所有权人不直接对土地进行控制，而是由非土地所有权人对土地进行支配或者使用，此时，土地所有权人通过获得所有物的经营而间接获得经济效益。[4]

4. 土地所有权的交易具有禁止性。为了维护我国土地所有权的稳定，我国法律严格禁止土地所有权的交易。无论是国有土地所有权还是集体土地所有权，均不允许以买卖、抵押、赠与、投资等任何形式进行交易。[5]

★土地所有权的权能

土地所有权主要包括占有权、使用权、收益权和处分权。

土地占有权，是指土地所有权人对土地进行实际占有并实际控制的权利。土地占有权作为土地所有权的一项重要权能，其是行使土地所有权其他权能的基础

---

[1] [美]Richard A. Posner：《法律的经济分析》，Little Brown 公司 1973 年版。
[2] 李廷荣、周珂：《房地产法》，中国人民大学出版社 2016 年版，第 52 页。
[3] 同上注，第 52 ~ 53 页。
[4] 高旭军、沈晖：《房地产法》，上海财经大学出版社 2004 年版，第 116 页。
[5] 房绍坤：《房地产法》，北京大学出版社 2015 年版，第 18 页。

和前提条件。占有权作为土地所有权的一项重要权能，其与土地所有权有的时候是分离的，但是有时也会发生重合。

土地使用权，是指土地所有权人或者合法占有人根据土地的性质和用途，依法对土地进行使用的一种权利。是土地所有权四项权能中一项最基本的权能。土地使用权能从所有权中分离出来，发展出国有土地使用权这样一项独立的权利，其中包括土地使用权中的无偿划拨和土地使用权的有偿转让两种形式。[1]

土地收益权，是指土地所有权人或者土地的合法占有人依法在土地上获得经济利益的一种权利。土地所有权人可以将土地占有权和土地使用权让渡于他人而保留一定的收益权。

土地处分权，是指土地所有权人依法对土地进行处置的权利。其是土地所有权内容的核心权能。

☆土地所有权的类型

《土地管理法》第2条第1款规定："中华人民共和国实行土地的社会主义公有制，即全民所有制和劳动群众集体所有制。"由此可见，**我国的土地所有权的类型包括国家土地所有权和集体土地所有权。**

★国家土地所有权

国家土地所有权即土地属于国家所有，其是我国法律确认和保护全民所有制财产的一项重要的法律制度，在我国，国家是国有土地的唯一主体，长期以来，我国政府对国有土地所实行的是分级管理制，中央人民政府可以决定国有土地的占有、使用、收益和处分，也可以授权地方各级人民政府行使国有土地所有权中的一项或者几项权能。除此之外，其他任何机关或者企事业单位均无权行使。

我国《宪法》第9条第1款规定："矿藏、水流、森林、山岭、草原、荒地、滩涂等自然资源，都属于国家所有，即全民所有；由法律规定属于集体所有的森林和山岭、草原、荒地、滩涂除外。"第10条第1款规定："城市的土地属于国家所有。"第2款规定："农村和城市郊区的土地，除由法律规定属于国家所有的以外，属于集体所有；宅基地和自留地、自留山，也属于集体所有。"

此外，《土地管理法》第8条规定："城市市区的土地属于国家所有。农村和城市郊区的土地，除由法律规定属于国家所有的以外，属于农民集体所有；宅基地和自留地、自留山，属于农民集体所有。"《土地管理法实施条例》第2条规定："下列土

---

[1] 李廷荣、周珂：《房地产法》，中国人民大学出版社2016年版，第54页。

地属于全民所有即国家所有:(一)城市市区的土地;(二)农村和城市郊区中已经依法没收、征收、征购为国有的土地;(三)国家依法征收的土地;(四)依法不属于集体所有的林地、草地、荒地、滩涂及其他土地;(五)农村集体经济组织全部成员转为城镇居民的,原属于其成员集体所有的土地;(六)因国家组织移民、自然灾害等原因,农民成建制地集体迁移后不再使用的原属于迁移农民集体所有的土地。"

★集体土地所有权

集体土地所有权,是指一定范围内的农村集体组织成员依法共同对土地享有的占有、使用、收益和处分的权利。**集体土地所有权与国家土地所有权之间没有隶属关系**,其是一种独立的民事权利,农村集体经济组织可以依法对土地进行占有、使用、收益和处分。但是,集体土地所有权也会受到一定的限制,如果国家对集体土地进行征用的,集体组织必须服从。此外,集体土地所有权的流转仅限于国家征用或者边界调整,其本身不能成为交易的标的物。

我国《宪法》第10条第2款规定:"农村和城市郊区的土地,除由法律规定属于国家所有的以外,属于集体所有;宅基地和自留地、自留山,也属于集体所有。"《民法通则》第74条规定:"劳动群众集体组织的财产属于劳动群众集体所有……集体所有的土地依照法律属于村农民集体所有……"《物权法》第58条规定:"集体所有的不动产和动产包括:(一)法律规定属于集体所有的土地和森林、山岭、草原、荒地、滩涂;(二)集体所有的建筑物、生产设施、农田水利设施;(三)集体所有的教育、科学、文化、卫生、体育等设施;(四)集体所有的其他不动产和动产。"第60条规定:"对于集体所有的土地和森林、山岭、草原、荒地、滩涂等,依照下列规定行使所有权:(一)属于村农民集体所有的,由村集体经济组织或者村民委员会代表集体行使所有权;(二)分别属于村内两个以上农民集体所有的,由村内各该集体经济组织或者村民小组代表集体行使所有权;(三)属于乡镇农民集体所有的,由乡镇集体经济组织代表集体行使所有权。"

二、土地使用权

☆土地使用权的概念

在传统民法中,土地使用权具体包括地上权、地役权、土地用益权和使用权(法国民法典)、建筑权(瑞士民法典),而没有统一的土地使用权的概念。[1]

---

〔1〕 符启林:《房地产法》,法律出版社2009年版,第45页。

在我国，**土地使用权**作为一种与土地所有权并列而存在的民事权利，其主要是指土地所有权人或者合法占有人依控制使用、支配土地及其收益，并排斥他人使用的权利。其与传统大陆法所有权权能之一的使用权能既有联系又有区别[1]：首先，作为一种独立的物权，它不只是所有权单一的权能，而且还包括了占有、使用、收益和处分的全部四项权能，土地使用权人与所有权人的关系属于物权法律关系；其次，作为用益物权，其是一种在他人所有物上设定的、以物的使用和收益为目的的他物权；最后，与传统的他物权相比，土地使用权的转让更为自由；大陆法对他物权的转让规定了较为严格的限制，非经所有权人允许不得转让。而对于我国有偿受让的国有土地使用权，使用权人完全可以依照自己的意志转让而不必得到所有权人的同意，所有权人非依法律不得对这种转让加以限制。

★土地使用权与土地所有权的联系和区别

土地所有权决定着土地使用权，土地所有权是对土地的绝对的支配权，土地权能的分离从而形成的土地使用权是由土地所有权人的意志所决定的，土地使用的方式、用途、期限必须服从土地所有权。

土地使用权是他物权，即建立在他人所有之物上的权利，而土地所有权则是自物权，即建立在自己之物上的权利。此外，**土地使用权是一种限制物权**，而土地所有权是一种完全物权，即土地所有权人对土地享有占有、使用、收益和处分的权利，并且不受他人的干涉，其是一种完全物权。

三、土地他项权

☆土地他项权的概念

土地他项权，是指除了土地所有权和土地使用权以外的其他土地权利，例如地上权、地役权、土地租赁权、土地抵押权等。

★地上权

地上权，是指由于某种法定的理由而在他人的土地上建设建筑物或者工作物，并且从事某种特定生产活动的权利。这里的工作物一般是指隧道、地铁、纪念碑、桥梁、广告塔等。我国现行的立法中并没有规定地上权的概念。

★★地役权（2008年卷三第51题）

地役权，是指为增加自己土地（需役地）的利用价值，而在他人土地（供役地）上

---

〔1〕 李延荣、周珂：《房地产法》，中国人民大学出版社2002年版，第75～76页。

设置的某种权利。我国《物权法》第156条规定："地役权人有权按照合同约定，利用他人的不动产，以提高自己的不动产的效益。前款所称他人的不动产为供役地，自己的不动产为需役地。"地役权对地役权人来说是其权利的扩大，而对地役人来说是一种义务或对自己权利的限制。在我国，地役权的形式主要包括：通行权、排水权、用水权等。

地役权不同于相邻权，**相邻权**是指相邻不动产的所有权人或者使用权人之间，一方享有要求相邻一方提供便利或者接受限制的一种权利。并且，相邻不动产的所有权人或者使用权人在行使自己的权利时，不应损害其他相邻权人的合法权益。

★★土地使用权租赁的概念与性质

土地租赁权，是指承租人通过支付租金的方式而从土地使用权人处获得的占有、使用的权利。我国法律所实行的是"地随房走"或者"房随地走"，也就是说，土地使用权人将土地出租，地上的建筑物或者其他附着物应该同时出租给承租人使用。《城镇国有土地使用权出让和转让暂行条例》第28条第1款规定："土地使用权出租是指土地使用者作为出租人将土地使用权随同地上建筑物、其他附着物租赁给承租人使用，由承租人向出租人支付租金的行为。"根据该条例的规定，土地使用权人可以将土地出租给承租人，承租人支付租金并取得土地使用权。

关于土地租赁权的性质问题，传统大陆法中的租赁权是因为租赁合同而产生的一种债权，并且，土地租赁权的债权性质使得转租受到债权人的限制，这样导致的结果是土地承租人的地位比较低下，对土地资源的利用不够充分。因此，很多国家对土地租赁权赋予物权的效力，例如，很多国家都规定了"买卖不破租赁"的规则，这样的规则使得土地出租人将土地使用权或者建筑物的所有权转让给第三人后，承租人与出租人之间的原租赁关系仍然是有效的，并不因为出租人的转让行为而失去效力，其可以对抗第三人。

★土地使用权租赁的有效条件

根据《城镇国有土地使用权出让和转让暂行条例》，**土地使用权租赁必须具备下列条件：**

(1)在土地使用权租赁中，土地使用者所出租的土地使用权是通过出让方式所取得的，因此，土地使用权租赁必须符合土地使用权出让合同所规定的条件。

(2)土地使用权租赁必须符合土地使用权出让合同所约定的土地用途，如果其需要改变土地用途的，必须征得主管部门的同意。如果出租人或者承租人擅自改变土地用途的，其会导致租赁关系的无效。

(3)土地使用权的租赁期限不能超过土地使用权出让合同所约定的期限，并且，出租人与承租人所签订的租赁合同必须采用书面形式。

(4)土地使用权的出租应该随同地上建筑物、其他定着物一起出租。对此，《城镇国有土地使用权出让和转让暂行条例》第28条第1款规定："土地使用权出租是指土地使用者作为出租人将土地使用权随同地上建筑物、其他附着物租赁给承租人使用，由承租人向出租人支付租金的行为。"

★土地使用权租赁与土地使用权转让的区别

土地使用权租赁不同于土地使用权转让，在土地使用权租赁法律关系中，出租人并没有丧失土地的使用权，其只是不直接使用土地，而是将其权利租给承租人使用一定的年限，在租赁合同届满后，出租人可以收回土地使用权。在土地使用权转让法律关系中，原土地使用权人，即转让人丧失土地使用权，原土地使用权出让合同中约定的权利义务转移给受让人，由受让人代替原土地使用权人称为新的土地使用权人。

★★土地抵押权

土地抵押权，是指土地使用权人将土地使用权抵押给债权人，当债务人不能清偿债务时，债权人可以依法对该土地使用权进行处分的权利，并从处分所获的价款中优先受偿。[1]此时，土地所有权并不发生转移。根据我国担保法及有关规定，抵押权并不会导致占有权的转移，抵押后，抵押物仍由抵押人占有和使用，如果债务人自动全面履行了债务之后，抵押权自行消灭，但是，如果债务人无法清偿债务时，债权人可以依法对抵押物进行拍卖、变卖等受偿债务。

土地使用权的抵押不是实物抵押，而是权利抵押。也就是说，土地使用权抵押的客体不是土地本身，而是土地的使用权。具体而言，土地使用权抵押的客体有以下几种：(1)依法取得的房屋所有权及该房屋所占用范围的土地使用权可以一并设定抵押权。(2)依法通过出让方式取得的土地使用权可以设定抵押权，但划拨的土地使用权不得设定抵押权，划拨取得的国有土地使用权必须经有关部门批准，补办土地有偿手续后方可设定抵押。[2]根据房地一致原则的要求，以出让方式取得的土地使用权设定抵押权时，其地上的建筑物及附着物一并抵押；同样，地上的建筑物及附着物设定抵押时，土地使用权也一并抵押。对于土地使用权抵押合同签订后的土地新增房屋，由于不属于抵押财产范围，因此在实现抵押权时，可依法将土

〔1〕 金俭：《房地产法研究》，科学出版社2004年版，第104页。

〔2〕 高旭军、沈晖：《房地产法》，上海财经大学出版社2004年版，第124页。

地新增房屋与土地使用权一起拍卖，但是对于拍卖土地新增房屋所得价款，抵押权人无权优先受偿。(3)抵押人依法承包并经发包人同意的荒山、荒沟、荒丘、荒滩的土地使用权可以设定抵押。(4)乡(镇)村企业的土地使用权可以随建筑物进行抵押，但不得单独抵押。(5)耕地、宅基地等其他集体土地的使用权不能抵押。

法律与规范链接

▲ 必读法条

《土地管理法》

第8条　城市市区的土地属于国家所有。

农村和城市郊区的土地，除由法律规定属于国家所有的以外，属于农民集体所有；宅基地和自留地、自留山，属于农民集体所有。

《城市房地产管理法》

第12条　土地使用权出让，由市、县人民政府有计划、有步骤地进行。出让的每幅地块、用途、年限和其他条件，由市、县人民政府土地管理部门会同城市规划、建设、房产管理部门共同拟定方案，按照国务院规定，报经有批准权的人民政府批准后，由市、县人民政府土地管理部门实施。

直辖市的县人民政府及其有关部门行使前款规定的权限，由直辖市人民政府规定。

第13条　土地使用权的出让，可以采取拍卖、招标或者双方协议的方式。

商业、旅游、娱乐和豪华住宅用地，有条件的，必须采取拍卖、招标方式；没有条件，不能采取拍卖、招标方式的，可以采取双方协议的方式。

采取双方协议方式出让土地使用权的出让金不得低于按国家规定所确定的最低价。

第23条　土地使用权划拨，是指县级以上人民政府依法批准，在土地使用者缴纳补偿、安置等费用后将该幅土地交付其使用，或者将土地使用权无偿交付给土地使用者使用的行为。

依照本法规定以划拨方式取得土地使用权的，除法律、行政法规另有规定外，没有使用期限的限制。

第40条　以划拨方式取得土地使用权的，转让房地产时，应当按照国务院规定，报有批准权的人民政府审批。有批准权的人民政府准予转让的，应当由受让方办理土地使用权出让手续，并依照国家有关规定缴纳土地使用权出让金。

以划拨方式取得土地使用权的，转让房地产报批时，有批准权的人民政府按照国务院规定决定可以不办理土地使用权出让手续的，转让方应当按照国务院规定将转让房地产所获收益中的土地收益上缴国家或者作其他处理。

△ **延伸法条**

《土地管理法实施条例》

第2条 下列土地属于全民所有即国家所有：

（一）城市市区的土地；

（二）农村和城市郊区中已经依法没收、征收、征购为国有的土地；

（三）国家依法征收的土地；

（四）依法不属于集体所有的林地、草地、荒地、滩涂及其他土地；

（五）农村集体经济组织全部成员转为城镇居民的，原属于其成员集体所有的土地；

（六）因国家组织移民、自然灾害等原因，农民成建制地集体迁移后不再使用的原属于迁移农民集体所有的土地。

《城镇国有土地使用权出让和转让暂行条例》

第28条第1款 土地使用权出租是指土地使用者作为出租人将土地使用权随同地上建筑物、其他附着物租赁承租人使用，由承租人向出租人支付租金的行为。

最高人民法院《关于审理涉及国有土地使用权合同纠纷案件适用法律问题的解释》（法释〔2005〕5号）

国土资源部《招标拍卖挂牌出让国有土地使用权规范（试行）》

典型案例

深圳市某工程开发公司诉市国土局案

【案情概述】

深圳市国土局于2008年5月25日公开拍卖出让一块面积为9834平方米的土地使用权，最终，深圳市某工程开发公司（以下简称某工程公司）中标，双方签署了《土地使用合同书》，合同约定，某工程公司应该自合同签订之日起两个月内付清全部地价款。合同签订后，某工程公司当时交付了2000万元的定金。后来，某工程公司在阅读《土地使用规划》时发现《土地使用合同书》中所规定的该块土地的使用用途与自己的计划十分不符，某工程公司遂向国土局申请变更土地用途，但是没有征得国土局的同意。一直到付款到期的第二天，即7月26日，某工程公司仍没有按照合同约定付清地价款，于是，国土局决定将该土地使用权收回，并且，将某工程公司签订合同时所交付的2000万元定金划入土地开发基金。某工程公司不服，双方发生纠纷。

在本案中，某工程公司对土地使用用途发生误解，原因是其自身疏忽，责任在于自身。参加拍卖竞投，也就意味着竞投者对出让人出让土地用途的承认。因此，某工程公司在合同签订后，应该按照合同的约定履行自己的义务，如确需改变土地用途的，并须向国土局与规划部门提出申请，待得到其同意后，双方重新签订土地使用权出让合同，方可改变土地用途。某工程公司在没有得到国土局的同意后，未按合同约定履行其付款义务，其行为构成违约。因此，国土局有权收回土地使用权并不退还定金。

【关键问题】

1. 国有土地使用权的出让与转让区别何在？

2. 受让方改变出让土地用途的国有土地使用权出让合同纠纷应如何处理？

【简要评论】

土地使用权出让主体是国有土地所有者即国家，通过法律授权县级以上人民政府具体实施。国家以土地所有权人的身份收取土地使用者一定租金。此种行为性质根源于我国民法中的物权理论，目的在于实行国有土地的有偿使用制度，对土地进行合理开发、利用、经营，因此，国有土地使用权的出让属于由政府垄断的土地一级市场，不属于土地增值税的征税范围。土地使用权转让的主体是取得国有土地使用权的土地使用者，转让行为包括出售、交换与赠与。转让行为条件受限，须经申请、审批或补办出让手续，缴纳税费，方可登记过户。此种行为性质则根源于他物权转移，而土地使用权转让时其上的建筑物、其他附着物的所有权也随之转让。因此，土地使用权的转让是符合法定条件的自由转让，属于土地的二级市场，需要交纳土地增值税。

根据最高人民法院《关于审理涉及国有土地使用权合同纠纷案件适用法律问题的解释》相关规定，受让方擅自改变土地使用权出让合同约定的土地用途，出让方请求解除合同的，应予支持。而“对擅自改变合同约定土地用途的行为”在司法上应当进行严格审查，但一般情况下不对当事人在出让合同中约定土地用途的合理性进行审查。受让方改变合同约定的土地用途的，须经出让方和规划管理部门同意，签订土地使用权出让合同变更协议或者重新签订土地使用权出让合同，相应调整土地使用权出让金，并办理登记。

【核心知识】

土地使用权出让是国家以土地所有者的身份在一定年限内将土地使用权让与土地使用者，并收取一定使用权出让金的行为。国有土地使用权的转让是指土地使用者通过出让等形式取得土地使用权后，再度转让土地使用权的行为。而二者区分主要在于前者是土地所有者第一次转让土地使用权，属于政府垄断的土地一级市场无须交纳土地增值税。后者是用地单位再度转让土地使用权，属于土地的二级市场应当交纳土地增值税。

在国有土地使用权的出让过程中，改变土地使用权出让合同约定的土地用途需经出让方和市、县人民政府城市规划行政主管部门同意。若受让一方擅自改变土地使用权出让合同约定的土地用途，出让方有权请求解除出让合同。

延伸阅读

1. 刘旭华：《国有土地使用权出让合同定金的理解与适用》，载《中国土地》2017 年第 10 期；
2. 杨科雄：《国有土地使用权出让合同属于行政协议》，载《人民法院报》2017 年第 2 期。

第三节　房屋权属制度

知识要点

一、房屋所有权

★房屋所有权的概念和特征

房屋所有权，是指房屋所有权人依照法律的规定，对房屋所享有的占有、使用、收益和处分的权利，其是典型的不动产物权，具有所有权的完整权能。房屋所有权与其他权利相比，具有如下法律特征：

1. 房屋所有权是一种要式物权，房屋所有权的取得、转让都应该按照法律所规定的方式进行。对此，我国《城市房地产管理法》规定对城市范围内的房屋实行登记发证制度。

2. 房屋所有权是一种典型的不动产物权，房屋所有权具有所有权的全部权能，同一个房屋上只能存在一个房屋所有权,房屋所有权人对房屋具有绝对的支配权,其权利人可以直接并且无条件地对房屋享有占有、使用、收益和处分的权利。

3. **房屋所有权与土地使用权通常是不可分离的**。房屋附着于土地之上,其与土地之间是不可分离的。房屋所有权的变更通常会导致土地使用权的变更。例如,我国《城市房地产管理法》第32条规定:"房地产转让、抵押时,房屋的所有权和该房屋占用范围内的土地使用权同时转让、抵押。"我国《物权法》第146条规定:"建设用地使用权转让、互换、出资或者赠与的,附着于该土地上的建筑物、构筑物及其附属设施一并处分。"此外,《物权法》第147条还规定:"建筑物、构筑物及其附属设施转让、互换、出资或者赠与的,该建筑物、构筑物及其附属设施占用范围内的建设用地使用权一并处分。"

4. **房屋所有权具有永久性**。即只要房屋是存在的,那么房屋所有权人的所有权就可能是一直存在的。权利人在取得所有权时无须设定一定的权利期限。

5. 房屋所有权权能的一部分或者全部都可以通过设定他物权的形式而与所有权相分离出来,但是权能的部分分离不能导致房屋所有权的消灭。

★房屋所有权的取得

房屋所有权的取得,是因法定事实的发生而使不具有房屋所有权者获得该房屋的所有权。[1]房屋所有权的取得所采取的是生效要件主义,也就是说,**房屋所有权的取得和转移以登记为生效要件。房屋所有权的取得包括原始取得和继受取得。**

原始取得,是指房屋所有权人根据法律的规定直接取得房屋所有权,其不以房屋所有权的意志为依据。房屋所有权的原始取得方式主要包括新建、添附、善意取得。其中,新建是原始取得的一种最主要的方式,而添附则是指在原有房屋上扩建、加层,添附人取得添附房屋的所有权,但添附必须依法进行才能取得所有权。[2]善意取得,又称为即时取得,其是指无权处分人在不法将其受托占有的他人的财物(动产或者不动产)转让给第三人的,如受让人在取得该动产时系出于善意,则受让人取得该物的所有权,原权利人丧失所有权。对此,我国《物权法》第106条规定:"无处分权人将不动产或者动产转让给受让人的,所有权人有权追回;除法律另有规定外,符合下列情形的,受让人取得该不动产或者动产的所有权:(一)受让人受让不动产或者动产时是善意的;(二)以合理的价格转让;(三)转让的不动产或者动

〔1〕 温世扬、宁立志:《房地产法教程》,武汉大学出版社1996年版,第64页。
〔2〕 符启林、何培华:《房产法》,中国政法大学出版社2005年版,第18页。

产依照法律规定应当登记的已经登记,不需要登记的已经交付给受让人。受让人依照前款规定取得不动产或者动产的所有权的,原所有权人有权向无处分权人请求赔偿损失。当事人善意取得其他物权的,参照前款规定。”

房屋所有权的继受取得,是指通过一定的法律行为,接受房屋所有权人转移的房屋所有权,该房屋所有权的取得受制于房屋所有权人的意志。继受取得的方式主要包括房屋转让、赠与、继承等。

★房屋所有权的消灭

房屋所有权的消灭,是指通过一定的法律行为或法律事实而使房屋所有权丧失或与原房屋所有人脱离的一种法律现象。[1] 主要包括:(1)房屋权利主体的灭亡,例如,自然人死亡或者法人破产。(2)房屋权利客体的丧失,例如因拆除而导致房屋不存在。(3)房屋所有权人对房屋的处分,例如,房屋所有权人将房屋进行转让或者赠与等,该种情况下,由受让人取得房屋所有权。(4)房屋所有权的国家强制,例如法院依法判决或强制执行债务人的房屋等。

★★房屋所有权的类型

根据不同的标准,可以对房屋所有权作出不同的分类:

1. 根据房屋所有权的主体构成不同,可以分为单独所有房屋所有权和共同所有房屋所有权。

单独所有房屋所有权是指房屋所有权由单个的民事主体所享有,而共同所有房屋所有权是指同一个房屋所有权由两个或两个以上民事主体所享有。其中,共同所有房屋又包括共同共有和按份共有。

2. 根据房屋所处的土地性质不同,可以分为城镇房屋所有权和农村房屋所有权。

城镇房屋所有权中的客体,即房屋,是指位于城镇的房屋,其主体对房屋拥有所有权。而农村房屋指的是位于农村集体所有土地上的房屋,一般来说,该房屋由农村集体经济组织或者农民拥有所有权。

3. 根据房屋所有权主体的差异,可以分为国家房屋所有权、集体房屋所有权、私人房屋所有权、外商投资企业房屋所有权。

国家房屋所有权是指全民所有制的房屋所有权,即国家对房屋所拥有的所有权。集体房屋所有权是指集体企事业单位对其房屋所享有的所有权。私人房屋

---

[1] 温世扬、宁立志:《房地产法教程》,武汉大学出版社1996年版,第65页。

所有权是指私人或者私营企业等对房屋所享有的所有权。外商投资企业房屋所有权则是指外商投资企业对在我国境内投资兴建或者购买的房产所拥有的所有权。

二、房屋使用权

★★★房屋使用权

房屋使用权,是指房屋所有权人及合法占有人对房屋依法进行占有、使用的权利。其主要包括房屋所有权人对房屋的使用权以及非房屋所有权人对房屋的使用权,非房屋所有权人因房屋所有权人对房屋进行处分(如租赁)而合法占有房屋。

房屋所有权人的房屋使用权不是一项独立的物权,其仅仅是所有权的一项权能。私有房屋租赁是基于租赁人于出租人之间的租赁合同所产生,承租人拥有租赁房屋的使用权,租赁人与出租人之间属于债权合同关系,所以私有房屋租赁人的房屋使用权也是所有权人让渡的一项权能,性质上应为债权。[1]

法律与规范链接

▲ **必读法条**

《城市房地产管理法》

第32条　房地产转让、抵押时,房屋的所有权和该房屋占用范围内的土地使用权同时转让、抵押。

《物权法》

第106条　无处分权人将不动产或者动产转让给受让人的,所有权人有权追回;除法律另有规定外,符合下列情形的,受让人取得该不动产或者动产的所有权:

(一)受让人受让不动产或者动产时是善意的;

(二)以合理的价格转让;

(三)转让的不动产或者动产依照法律规定应当登记的已经登记,不需要登记的已经交付给受让人。

受让人依照前款规定取得不动产或者动产的所有权的,原所有权人有权向无处分权人请求赔偿损失。当事人善意取得其他物权的,参照前款规定。

---

〔1〕　何培华:《房地产法》,法律出版社2003年版,第60页。

第146条 建设用地使用权转让、互换、出资或者赠与的，附着于该土地上的建筑物、构筑物及其附属设施一并处分。

第147条 建筑物、构筑物及其附属设施转让、互换、出资或者赠与的，该建筑物、构筑物及其附属设施占用范围内的建设用地使用权一并处分。

典型案例

张某、李某与某学校的房屋合同纠纷案

【案情概述】

2009年10月25日，张某将其在某学校附近的五间门面房租给李某，李某将其用于经营文具用品。在协商一致的情况下，张某与李某签订了房屋租赁合同，合同约定，租赁期限为二年，承租人李某需在每月10日前向出租人张某支付2000元租金，如果李某逾期不交付房屋，张某有权收回房屋的使用权。此外，承租人李某未经张某同意不得将房屋进行转租，如李某擅自进行转租的，其需要向张某支付违约金1000元。2010年9月，学校与张某协商欲收购该五间门面房，张某将此事实提前3个月通知了李某，李某对此没有提出异议。2010年11月，张某与学校办理了房屋登记过户手续。12月，李某将房屋转租给杨某，租金为每月2000元，学校知道后要求李某解除与杨某的租赁合同，李某拒绝了其请求。

本案主要涉及如下几个问题：首先，张某与李某双方在协商一致的基础上签订房屋租赁合同，租赁期限为二年，其是合法有效的。张某作为房屋的所有权人，其有权对房屋依法进行处分，而李某通过房屋租赁合同获得对房屋的使用权，其有权按照合同的约定合理的占有、使用房屋。其次，虽然李某拥有在租赁合同期限内的房屋使用权，但是房屋所有权人张某有权对房屋进行处分，本案中，张某在学校欲收购房屋时，通知了李某，对此李某没有提出异议，那么李某丧失优先购买权。张某与学校之间的买卖合同是合法有效的。再次，张某与学校办理房屋登记过户手续之后，学校取得房屋的所有权，但是，根据“买卖不破租赁”的原则，李某现在仍在租赁期限内，其仍享有房屋的使用权，这种状态一直到租赁期限届满。最后，李某虽然根据房屋租赁合同取得房屋的使用权，但是，在租赁期间，其在没有征得房屋所有权人张某的同意而擅自将房屋转租给杨某，由于其不具有对房屋的处分权，该种行为是无效的，其应该与杨某解除租赁合同。在租赁期限届满后，李某丧失对房屋的使用权，学校有权收回房屋的使用权。

【关键问题】

1. 张某与学校之间的买卖合同有效吗？

2. 李某将房屋擅自转租给学校的行为是否有效？

【简要评论】

房屋所有权是典型的不动产物权，具有所有权的完整权能。张某作为房屋的所有权人，对房屋享有收益处分的权能，张某与学校之间签订的买卖合同是建立在双方自愿平等的基础之上，李某作为张某房屋的租赁使用人，在张某欲将房屋转让给学校时，未提出任何异议，丧失了法律上其作为租赁人所享有的优先购买权，张某和学校之间的买卖合同合法有效，当然，学校欲取得房屋的所有权，需履行一定的不动产所有权转移登记手续。根据《物权法》相关法律规定，使用权人在租赁期间未经所有权人同意擅自将不动产转租给他人，该转租行为无效，故李某将房屋擅自转租学校的行为无效。

【核心知识】

房屋所有权作为典型的不动产物权，所有权人享有物权的所有权能。房屋买卖合同需确立在双方当事人平等自愿的基础上签订合同即合法有效，当然获得房屋的所有权还需履行一定的所有权转移登记手续，房屋使用权性质上作为一种债权，与房屋所有权的不动产物权性质具有很大的不同之处。

第四节　建筑物区分所有权与房屋共有

知识要点

一、建筑物区分所有权

☆**建筑物区分所有权的概念及特征**

建筑物区分所有权源起于高层多层建筑物的兴起，二次世界大战的破坏，导致了世界性的住宅危机。同时随着社会的发展、科技的进步，各国纷纷建立起高楼大厦，多层高层建筑物涌现。为此，法律上的建筑物区分所有权的创设成为必要。[1]

建筑物区分所有权的表述在立法上不尽相同。法国在1965年制定的《先行区

〔1〕 符启林：《房地产法》，法律出版社2009年版，第73页。

分所有权法》中称为“住宅分层所有权”（la propriefe par eyages aupar apartements）；德国和奥地利称为“住宅所有权”（Wohnungseigentum）；瑞士称之为“楼层所有权”（Stock werkseigentum）；意大利和英国虽都称之为“公寓所有权”，但前者使用“condominium ownership”，后者使用“flat ownership”；美国所使用的名称较多，有“公寓所有权”（condominum ownership），有“单位所有权”（unit ownership）或“水平财产权”（horizontal property），而美国联邦住宅局在其指定的《公寓所有权标准示范法》以及多数州法中称之为“公寓所有权”（condominium）。[1]日本和我国台湾民法使用的是“建筑物区分所有权”。尽管各国表述不一，但实质内容是相同的。我国在立法及理论上均采用了日本和我国台湾地区民法中的称谓。另外，由于我国《物业管理条例》等房地产相关法规中将建筑物区分所有权人称为“业主”，因此沿用既有的习惯用语，我国在制定《物权法》时确定了“业主的建筑物区分所有权”这一法律术语。[2]

关于建筑物区分所有权的概念在理论上有不同学说，主要有一元说、二元说以及三元说。一元说也称“一元主义”或“一元论”，分为“专有权说”和“共有权说”。“专有权说”认为建筑物区分所有权是所有权人对住宅专有部分所享有的权利，即专有权；“共有权说”则侧重建筑物整体由全体区分所有人所共有，即共有权。二元论是对一元论两种学说的结合，认为建筑物区分所有权是由区分所有建筑物专有部分所有权与共用部分持份权所构成的权利，得到我国台湾地区学者王泽鉴、郑玉波等的赞同[3]。三元论，亦被称为“最广义区分所有权说”，为德国美因兹（Mainz）大学教授贝尔曼（J. Barmann）所主张。该学说认为建筑物区分所有权是指区分所有人对建筑物的专用部分和共有部分所享有的专有权和共有权，以及基于建筑物的管理维护和修缮等共同事务而产生的成员权的总称。[4]上述学说争议的实质在于建筑物区分所有权的内容究竟包括专有权、共有权和成员权的哪几项。我国学者大多支持三元论说，龙翼飞教授认为“三元论说将建筑物区分所有权分解为由专有权、共有部分持份权和成员权三要素构成，可以克服各种学说的缺陷，可以涵盖因区分建筑物所发生的一切法律关系”。[5]虽然各国学者对建筑物区分所有权认识不一，但均认为建筑物区分所有权是一种不同于一般不动产所有权的特

---

[1] 金俭：《房地产法研究》，科学出版社 2004 年版，第 332 页。

[2] 龙翼飞：《物权法原理与案例教程》，中国人民大学出版社 2008 年版，第 142 页。

[3] 同上注，第 143 页。

[4] 金俭：《房地产法研究》，科学出版社 2004 年版，第 333 页。

[5] 龙翼飞：《物权法原理与案例教程》，中国人民大学出版社 2008 年版，第 143 ~ 144 页。

殊的物权，归根结底仍然属于不动产所有权的范畴。

综上所述，**建筑物区分所有权**的概念可以概括为：多人共同拥有一栋区分所有建筑物时，区分所有人对建筑物专有部分所享有的专有所有权和对共有部分所享有的共有权，以及相互之间对建筑物的整体享有管理权而构成的建筑物所有权的复合共有。我国《物权法》第70条相应作出规定：**业主对建筑物内的住宅、经营性用房等专有部分享有所有权，对专有部分以外的共有部分享有共有和共同管理的权利**。

☆建筑物区分所有权的特征

作为特殊的不动产所有权，建筑物区分所有权具有如下法律特征：

1. 区分所有权的复合性。依据我国立法，建筑物区分所有权是由专有部分的所有权和共有部分的所有权以及成员的管理权结合而成，而一般的不动产所有权则具有单一性。内容的复合性决定了主体在身份上的复合性，即区分所有权人既是专有权人，又是共有权人。

2. 专有权的主导性。在区分所有权的三个要素中，专有权具有主导作用。区分所有权人取得专有权，即取得共有部分的持份权和成员权，专有权的大小决定着持份权和成员权的大小，同时在区分所有权等级上，只登记专有权，而不单独登记其他要素的权利。[1]

3. 一体性。建筑物区分所有权的三个要素不可分离，在转让、抵押、继承时，应将三者一同处分。受让人在受让区分所有权时，三项权利同时取得。[2]

4. 权利主体身份的多重性。在一般不动产所有权，权利主体的身份则是单一的——或者是所有权人，是共有权人，而不得同时兼有所有权人和共有权人的双重身份。而建筑物区分所有是专有权与共有权、管理权的复合，是一种特殊的不动产所有权。所以区分所有权人的身份，也因此具有多重性，这表现在：就其为专有部分的所有权主体而言，区分所有权人为专有所有权人；就其对共用部分享有所有权而言，区分所有权人为共有所有权人；就其对区分所有建筑物得行使管理权而言，区分所有权人为成员权人。[3]

★★建筑物区分所有权的内容

建筑物区分所有权属于复合性物权，其内容包括三部分：专有部分的专有权、共有部分的共有权以及因区分所有权人的共同关系所生的管理权。

---

〔1〕 高旭军、沈晖：《房地产法》，上海财经大学出版社2004年版，第131页。

〔2〕 同上注，第131页。

〔3〕 龙翼飞：《物权法原理与案例教程》，中国人民大学出版社2008年版，第144～145页。

1. 专有权

建筑物区分所有权将建筑物的特定部分作为所有权的标的，基于物权客体的独立性原则，该专有部分需满足一定条件。

(1)要具有构造上的独立性。构造上的独立性又称为"物理上的独立性"，即被区分的部分在建筑物的构造上，可以加以区分并与建筑物的其他部分隔离。关于构造上的独立性的判断，一般而言，是指区分所有权客体必须通过间隔能够独立地形成一定的空间，且四壁的遮闭具有固定性。第一，通过间隔能够独立地形成一定的空间。即区分所有权的客体必须是供居住用的一定空间，即形成为一定的居住单位，而该居住单位必须要有独立的出入门户，所以一套住宅中的某个房间，就不能作为区分所有权的客体。[1]第二，区分所有权客体必须四壁有确定的遮闭性，一幢建筑物内部如果没有墙壁间隔，就不能成为区分所有权的客体。因此，类似没有墙壁间隔的零售市场、摊位等，不得成为区分所有权的客体。另外，确定的遮闭的建构应当是具有固定性的，而非一种临时性的建构，因此墙壁间隔不能是一种临时性的建构，无论是选择何种材料，如木材、砖块、涂板等都可以，只要它们具有固定性、确定性，但像类似屏风、桌椅等材料就不行，因为它们是一种临时性的建构，并不具有固定性、确定性。[2]

(2)要具有使用上的独立性，即被区分的各部分，可以为居住、工作或其他目的而使用，是无须借助其他部分辅助即可独立利用，如区分的部分可以用来住人、用作店铺、办公室、仓库、停车场等。第一，一般而言，该区分部分有无独立的出入门户是判断区分部分能否单独使用的要素。[3]假如区分所有部分有独立门户与公共走廊或公共楼梯等公共设施相通，便可单独使用而为区分所有权的客体，反之，必须利用相邻的出入单位门户才能出入，则该房间并不具有使用上的独立性，从而不能成为区分所有权的客体。第二，各个专有部分要具有与一般建筑物同样的独立经济效用，如用作生活居住为目的的专有部分，其内部应有起居空间，包括卧室、厨房、卫生间等；如用作商业目的的专有部分，如仓库、店铺等就应有一定的独立空间可以实现此用途。[4]

(3)构造和使用上的独立性还需通过登记才能表现为法律上的独立性。建筑

---

[1] 黄越钦：《住宅分层所有权之比较法研究》，载郑玉波主编：《民法物权论文选辑》(上)，五南图书出版有限公司1985年版，第437页。

[2] 日本昭和39年3月12日东京高等裁判所判决，载《下级裁判所民事裁判例集》卷2号，第529页。

[3] 温丰文：《建筑物区分所有权之研究》，台北三民书局1992年版，第19页。

[4] 龙翼飞：《物权法原理与案例教程》，中国人民大学出版社2008年版，第150页。

物区分出来的专有部分，因具有以上构造上和利用上的独立性，而具有排他支配的可能性。此构造上和利用上的独立性，在学说上称为“经济上的独立性”。专有部分所有权要表现出其独立的所有权性质，还须透过法技术之运作，借登记簿上所登记之笔数、位置、面积等完成不动产公示，这也是对物权法上“一物一权”主义的发展，并不违背一物一权、物权客体特定的宗旨。因为如果被分割的各个部分登记为各个主体所有，则建筑物作为整体不能再作为一个独立物存在，只有通过登记才能表现为法律上的独立性，易言之，通过登记使被分割的各个部分在法律上成为各个所有权的客体。此种独立性在学说上也被称为“形式的独立性”。这种通过登记表现出来的法律上的独立性，是以构造上和使用上的独立为基础的，如果专有部分丧失了构造上或使用上的独立性，则法律上的独立性也就不存在。[1]

业主对其专有部分享有单独所有权，即对该部分具有占有、使用、收益和处分的排他性的支配权，**性质上与一般的所有权并无不同。**但此项专有部分与建筑物上其他专有部分有密切的关系，彼此休戚相关，具有共同的利益。因此，业主对其建筑物专有部分享有占有、使用、收益和处分的权利，但业主行使权利不得危及建筑物的安全，不得损害其他业主的合法权益。首先，不得危及建筑物的安全。例如，房屋装修不得擅自拆除承重墙，或者改变房屋结构，损害建筑物的安全。其次，不得损害其他业主的合法权益。例如，擅自将住宅改变为歌厅、餐厅等商业用房，或者将共有部分改变用途的，应当经全体建筑物区分所有权人的同意。另外，除了共同生活规则的限制之外，还应受相邻关系与共有关系的限制。例如，业主随意变更建筑物专有部分的使用用途，从事带有噪音、震动或其他影响他人生活或者休息的行为，给其他业主造成生活上的不便，属于滥用权利的行为，受害的业主可要求其承担停止侵害、排除妨碍、恢复原状、赔偿损失等民事责任。[2]

业主不得违反法律、法规以及管理规约，将住宅改变为经营性用房。业主将住宅改变为经营性用房的，除遵守法律、法规以及管理规约外，应当经有利害关系的业主同意。这里需要注意的是：第一，业主将住宅改变为经营性用房，未经有利害关系的业主同意，有利害关系的业主有权请求排除妨害、消除危险、恢复原状或者赔偿损失；第二，将住宅改变为经营性用房的业主以多数有利害关系的业主同意其行为进行抗辩的，人民法院不予支持；第三，业主将住宅改变为经营性用房，本栋建筑物内的其他业主，应当认定为“有利害关系的业主”。建筑区划内，本栋建筑物之外

〔1〕 龙翼飞：《物权法原理与案例教程》，中国人民大学出版社 2008 年版，第 150 页。
〔2〕 同上注，第 148 页。

的业主，主张与自己有利害关系的，应证明其房屋价值、生活质量受到或者可能受到不利影响。

专有部分的承租人、借用人等物业使用人，根据法律、法规、管理规约、业主大会或者业主委员会依法作出的决定，以及其与业主的约定，享有相应权利，承担相应义务。

2. 共有权

共有权，是指区分所有人依据法律或管理规约的规定，对建筑物的共用部分、基地使用权、小区的公共场所和公共设施等所共同享有的占有、使用和收益的权利。**共有权具有如下特征：**

（1）共有权主体的特殊性，该特殊性体现在其人数众多且身份具有复合性。与一般共有所有权相比，在建筑物区分所有中，共有权的主体人数众多。

（2）共有部分附随于专有部分。一般共有权的权利变动，以各共有人的独立行为为之，没有主从关系，而区分共有所有权由专有部分所决定的，并从属于专有部分的所有权。

（3）共有所有权的客体范围较为广泛。一般共有权的客体通常只限于一项财产，而区分共有所有权的客体范围较为广泛，不仅包括法定共用部分，而且也包括规约共用部分。与专有部分的所有权仅限于建筑物内不同，共有部分的范围并不只限于建筑物内，还可能延伸到小区。

（4）共有权行使方式的特殊性。根据《物权法》第 80 条的规定，建筑物及其附属设施的费用分摊、收益分配等事项，有约定的，按照约定；没有约定或者约定不明确的，按照业主专有部分占建筑物总面积的比例确定。这实际上是确定了共有人要依据法律的规定和管理规约来行使共有权；在没有约定的情况下，应采取持有份的方式享有权利并承担义务。

（5）共有所有权人的权利义务较为广泛。共有所有权人的权利义务的广泛，主要体现在：①全体区分所有人对建筑物整体所共同享有的权利、义务；②对建筑物某一部分共同享有的权利；③因一部分区分所有人在一部共用部分上设定专用使用权而产生的权利义务；④因对建筑物基地的利用而发生的区分所有人与土地所有权人间的权利义务。而一般共有所有权，其共有所有权人的权利义务则较简单，即仅指各共有所有权人因共有同一财产而发生的权利义务。[1]

---

〔1〕 梁慧星、陈华彬：《物权法》，法律出版社 2007 年版，第 169 页。

(6)标的物不具有分割性。一般共有权的标的物,共有权人可以请求对自己的应有部分进行量的分割,而区分共有所有权的标的物不得请求分割。[1]当然,区分所有建筑物已完成区分所有权人的使用目的的,不受此限制。

(7)共有所有权类型具有多样性。一般共有权只可分为按份共有与共同共有两种,而区分共有所有权的类型比较复杂,可依不同标准而作出不同分类。根据共有发生的原因,可分为法定共有权与约定共有权;根据共有人的范围,可分为全体共有权与部分共有权、对建筑物的共有权与对附属建筑物的共有权;根据共有的客体是财产还是权利,可分为无负担的共有权与有负担的共有权等。[2]

共有部分是指区分所有的建筑物及其附属物的共同部分,即专有部分以外的建筑物的其他部分。对于共有部分的范围,共有部分既有由全体业主共同使用的部分,例如,建筑物的基础、承重结构、外墙、屋顶等基本结构部分,通道、楼梯、大堂等公共通行部分,消防、公共照明等附属设施、设备,避难层、设备层或者设备间等结构部分;也有仅为部分业主共有的部分,如各相邻专有部分之间的楼板、隔墙,部分业主共同使用的楼梯、走廊、电梯等。

共用部分的范围一般包括以下四个方面:

(1)建筑物的基本构造部分,例如支柱、屋顶、外墙、地下室等。

(2)建筑物的共用部分及其附属物,例如楼梯、消防设备、走廊、水塔、自来水管道、暖气管道等,以及仅为部分业主所共有的部分,例如各层楼之间的楼板、间壁墙等,仅属于相邻部分的业主所共有。

(3)建筑物所占有的地基的使用权,在法律上归属于全体区分所有建筑物的业主所有。

(4)住宅小区的绿地、道路、公共设施、公益性活动场所、围墙、小区大门等地上或地下共有物,以及水电、照明、消防、安保等公用配套设施,还有小区的物业管理用房,除依法应当归属于国家或有关法人所有的以外,应当归属于全体住宅小区的业主所共有。[3]

其中,对于建筑区划内的道路、绿地、物业服务用房以及车位、车库的归属,我国《物权法》第73条作出了明确的规定。

---

〔1〕 段启武:《建筑物区分所有权的研究》,载梁慧星主编:《民商法论丛》(第1卷),法律出版社1999年版,第321页。

〔2〕 龙翼飞:《物权法原理与案例教程》,中国人民大学出版社2008年版,第155页。

〔3〕 王利明:《物权法研究》,中国政法大学出版社1999年版,第387~388页。

建筑区划内的道路，属于业主共有，但属于城镇公共道路的除外。建筑区划内的绿地，属于业主共有，但属于城镇公共道路、绿地占地或者明示属于个人的除外。建筑区划内的其他公共场所、公用设施和物业服务用房，属于业主共有。但有两种例外：一是城镇公共道路，即城市、建制镇的市区供车辆、行人通行的，具备一定技术条件的道路、桥梁及其附属设施，应当列入城市道路发展规划，由市镇工程部门管理，业主不享有所有权；二是城镇公共绿地或者明示归个人所有的绿地。

建筑区划内规划用于停放汽车的车位，包括占用业主共有道路或者其他场地增设的车位，应当首先满足业主的需要。建筑区划内，规划用于停放汽车的车位、车库的归属，由当事人通过出售、附赠或者出租等方式约定。占用业主共有的道路或者其他场地用于停放汽车的车位，属于业主共有。这里的"应当首先满足业主的需要"，是要求建设单位按照配置比例将车位、车库，以出售、附赠或者出租等方式处分给业主。而此处的配置比例是指规划确定的建筑区划内规划用于停放汽车的车位、车库与房屋套数的比例。

其他不属于业主专有部分，也不属于市政公用部分或者其他权利人所有的场所及设施等，应当为共有部分。

共有权人享有的权利包括使用权、收益权、修缮改良权和物上追及权。(1)使用权即对共有部分的使用权，是共有权人的一项基本权利，也是区分所有权的核心内容。原则上，对共有部分的使用权不具备排他性，但在能够保证平均使用的情形下，也允许在共有部分上通过业主大会决议设定专用权。同时，建筑物区分所有的共有部分不是公共物品，而是全体共有权人的共有物品，因此只能由共有权人共同使用共有部分，任何他人不得使用，否则，构成对全体共有权人的侵权。(2)收益权是指各共有权人可依管理规约或其共有持份，获得共有部分所生孳息的权利。这里的孳息包括天然孳息与法定孳息。这些孳息除管理规约另有约定或业主大会另有决议外，应由业主按其专有部分占建筑物总面积的比例收取。如将共有庭院、墙壁、广告位等出租的收益，各业主有权共同分享，按照自己专有部分所占比例分享收益。(3)修缮改良权是指各共有人基于居住或其他用途的需要，拥有对共有部分作必要的修缮改良的权利。此修缮或改良，是指不影响或不损害建筑物的共用部分的，如对共用部分进行变更的修缮或改良，则必须经过全体业主大会决定，不得个人或者部分人决定。例如，对共用部分及其相关设施的拆除、更新，设置负担。[1]

---

〔1〕 龙翼飞：《物权法原理与案例教程》，中国人民大学出版社2008年版，第159页。

《物权法》第79条规定：建筑物及其附属设施的维修资金，属于业主共有。经业主共同决定，可以用于电梯、水箱等共有部分的维修。维修资金的筹集、使用情况应当公布。[1]（4）物上追及权是指区分所有建筑物的共有部分遭受侵害，各共有所有权人都有权要求加害人停止侵害、返还原物、恢复原状、赔偿损失。[2]

共有权人在享有权利的同时，需履行一定的义务。业主对于共用部分负有的义务具体体现如下四个方面：

（1）不得违反共用部分固有用途使用的义务。固有用途也称为使用性质，即以共用部分的种类、位置、构造、性质或依规约规定的目的或用途使用共用部分。对于共用部分的使用，应当按共用部分的使用性质使用，不得将共用部分改作他用。例如区分所有人不得于共用楼道和庭院堆放杂物、丢弃垃圾、违章搭建，民用住宅不得擅自改变而做酒店、商店等经营性使用。对于某些没有按其本来用途使用共用部分，但无损于建筑物的保存和不违反业主共同利益的，则应当允许。例如在走廊墙壁悬挂画作或者镜框，即为合理使用，不属于违反本来用途的使用。[3]

（2）禁止侵占之义务。各业主使用共用部分，须维护共用部分的正常使用状态，保持共用部分的完好和清洁，禁止侵占共用部分，禁止改动共用部分的设置和结构。因使用不当而造成共用部分损害的，应当承担赔偿责任。但业主基于对住宅、经营性用房等专有部分特定使用功能的合理需要，无偿利用屋顶以及与其专有部分相对应的外墙面等共有部分的，不应认定为侵权。但违反法律、法规、管理规约，损害他人合法权益的除外。

（3）维护现状的义务。各共有人负有维持建筑物共有部分现状的义务，任何业主都不得请求分割共有部分。

（4）费用负担义务。业主应当负担共用部分的正常费用，合理分摊，对全体共用部分由全体业主分摊，对部分共用部分由部分业主按其持分比例分摊。所谓共有持分，是指区分所有中业主根据专有部分的面积占整个建筑物总面积的比例所确定的份额。我国《物权法》第80条规定："建筑物及其附属设施的费用分摊、收益分配等事项，有约定的，按照约定；没有约定或者约定不明确的，按照业主专有部分占建筑物总面积的比例确定。"也就是说，应当按照持份比例决定，即共同所有千分率，计算各业主专有部分在全部建筑面积中的千分率，计算其所分担的份额。可见，

---

〔1〕 苏号朋：《民法学》，对外经济贸易大学出版社2007年版，第299页。

〔2〕 龙翼飞：《物权法原理与案例教程》，中国人民大学出版社2008年版，第160页。

〔3〕 同上注。

该条是根据面积来确定持有份的。此处所说的专有部分，包括套内使用面积加上公摊部分，实际上指的是售房合同中的建筑面积。此处所说的总面积，应当区分两种情况：一是一栋建筑物内的建筑物总面积，二是指整个小区的总面积。如果要确定建筑物内的共有部分的持有份，应当以一栋建筑物内的建筑物总面积作为确立持有份的标准。如果要确定小区内共有部分的持有份，应当以小区内的建筑物总面积作为确立持有份的标准。持有份确定了业主对共有财产享有权利和承担义务的依据。〔1〕另外，共同费用和负担一般包括：日常维修和更新土地或楼房的共同部分及公共设备的费用，管理事务的费用（包括管理人的酬金），由共有所有权人共同负担的公法上的税款等。

另外，物权法规定，业主对建筑物专有部分以外的共有部分，享有权利并承担义务，但不得以放弃权利为由不履行义务。共有部分为相关业主所共有，均不得分割，也不得单独转让。业主转让建筑物内的住宅、经营性用房，其对建筑物共有部分享有的共有权和共同管理的权利一并转让。业主依据法律规范、合同以及业主公约，对共有部分享有使用、收益、处分权，并按照其所有部分的价值，分担共有部分的修缮费以及其他负担。

3. 管理权

管理权，是指区分所有建筑物的业主基于专有部分的所有权从而对业主的共同财产和共同事务的进行管理的权利。《物权法》第70条规定，区分所有权包括业主的“共同管理”权，这就是对业主的共有财产和公共事务的管理权。对于整栋建筑物的所有权而言，实际上是一种特殊的按份共有，每个业主都按其份额对专有部分享有专有权，对共用部分享有共有权。与按份共有关系一样，各业主之间是共有关系，因此，各国立法均规定一栋建筑物的全体业主必须组成一个团体，整体享有地上权以及其他共同的权利，管理共用设施及其他事务，解决纠纷。〔2〕

管理权不能与区分所有权分割，管理权也不能够与所有权分离而单独转让，因为管理权以专有部分的所有权为基础，是法律赋予业主专门管理公共事务的权利，是确保专属所有权和共有权实现的手段，业主只有取得了专有部分的所有权，才能够取得相应的管理权。管理权是一种永续性的权利，因为管理权是是所有权的延伸，其与专有所有权、共有所有权共同构成区分所有权的完整内容。这三个权利不可分割地体现建筑物区分所有的共有性质，如果专有部分转移，管理权也随着转移

〔1〕 王利明：《中国物权法教程》，人民法院出版社2007年版，第218~219页。

〔2〕 龙翼飞：《物权法原理与案例教程》，中国人民大学出版社2008年版，第161页。

给新的业主,并不会消灭,因而管理权是永续的。**管理权基于业主的团体性而产生**,建筑物区分所有的权利人是一个团体,而非单个的个人。管理权是针对共有财产和公共事务的权利,不是管理自己的事务的权利,否则就属于专有部分所有权的内容,因此不必与专有部分相分离而成为一项独立的权利。

基于区分所有建筑物的构造,业主在建筑物的权利归属以及使用上形成了不可分离的共同关系,并基于此一共同关系而享有管理权。该**管理权的内容**为:

(1)业主有权设立业主大会并选举业主委员会。地方人民政府有关部门应当对设立业主大会和选举业主委员会给予指导和协助。业主大会或者业主委员会的决定,对业主具有约束力。

(2)业主有权决定区分建筑物的相关事项。根据《物权法》第76条第1款的规定,下列事项由业主共同决定:

- 制定和修改业主大会议事规则;
- 制定和修改建筑物及其附属设施的管理规约;
- 选举业主委员会或者更换业主委员会成员;
- 选聘和解聘物业服务企业或者其他管理人;
- 筹集和使用建筑物及其附属设施的维修资金;
- 改建、重建建筑物及其附属设施;
- 有关共有和共同管理权利的其他重大事项。

决定上述第(5)项和第(6)项规定的事项,应当经专有部分占建筑物总面积2/3以上的业主且占总人数2/3以上的业主同意。决定上述其他事项,应当经专有部分占建筑物总面积过半数的业主且占总人数过半数的业主同意。

建筑物及其附属设施的维修资金,属于业主共有。经业主共同决定,可以用于电梯、水箱等共有部分的维修。维修资金的筹集、使用情况应当公布。建筑物及其附属设施的费用分摊、收益分配等事项,有约定的,按照约定;没有约定或者约定不明确的,按照业主专有部分占建筑物总面积的比例确定。

(3)业主可以自行管理建筑物及其附属设施,也可以委托物业服务企业或者其他管理人管理。对建设单位聘请的物业服务企业或者其他管理人,业主有权依法更换。

(4)业主有权请求公布、查阅下列应当向业主公开的情况和资料:

- 建筑物及其附属设施的维修资金的筹集、使用情况;
- 管理规约、业主大会议事规则,以及业主大会或者业主委员会的决定及会议记录；

- 物业服务合同、共有部分的使用和收益情况；
- 建筑区划内规划用于停放汽车的车位、车库的处分情况；
- 其他应当向业主公开的情况和资料。

业主在享有上述权利的同时，也应当遵守法律、法规以及管理规约。业主不得违反法律、法规、国家相关强制性标准、管理规约，或者违反业主大会、业主委员会依法作出的决定，进行损害他人合法权益的下列行为：

- 损害房屋承重结构，损害或者违章使用电力、燃气、消防设施，在建筑物内放置危险、放射性物品等危及建筑物安全或者妨碍建筑物正常使用；
- 违反规定破坏、改变建筑物外墙面的形状、颜色等损害建筑物外观；
- 违反规定进行房屋装饰装修；
- 违章加建、改建，侵占、挖掘公共通道、道路、场地或者其他共有部分。

业主大会和业主委员会对有上述行为的业主或者其他行为人有权依照法律、法规以及管理规约，要求行为人停止侵害、消除危险、排除妨害、赔偿损失。

业主管理权的实现依赖一定的管理组织，根据《物权法》第75条的规定，建筑物区分所有权的管理组织分为两级：一是业主大会，二是业主委员会。业主大会是区分所有建筑物管理的最高决策机构，业主委员会是其执行机构。业主大会或者业主委员会可以聘任物业管理机构对区分所有建筑物进行管理，物业单位是受业主大会及其委员会委托执行管理建筑物事务的单位。业主大会是由全体业主联合组成，管理共有财产和共同事务的自治性组织。业主大会是管理业主事务的最高权力机关，也是全体业主管理共同事务的最高意思决定机构，所有的重大事务都应当由业主大会决定。业主大会在性质上既非国家机关，也非事业单位，更非营利性机构，只是依照法律和规约而由业主组织起来的自治组织。业主大会职权的产生，一方面来自法律法规；另一方面根据意思自治的原则，业主可以通过管理规约授权业主大会享有一定的权利，以弥补法律的不足。业主委员会是受业主大会委托，管理共有财产和共同事务的日常管理机构，是业主大会的执行机构。小区内的业主众多，往往不能充分行使管理权，因而有必要通过业主委员会管理全体业主的共同财产和共同事务。业主委员会本质上只是业主大会的执行机构，因此，其职权应当由法律、行政法规、管理规约和业主大会来决定。通常，业主委员会的职权应当在业主规约中规定。当然，业主大会也可以针对具体事务对业主委员会进行具体的授权。根据《物业管理条例》等有关规定，业主委员会通常应当享有如下职权：业主委员会对于超出自身权限，而又迫切需要作出决定的事宜，有权提请召开业主大会；有权在授权范围内代表业主与业主大会选聘物业服务机构求者其他管理人；有权及时了解业主对物业服务机构的意见和对物业服务的建议，并监督物业服务机构或者其他管理人履行物业服务合同；有权督促业主履行管理规约。[1]

二、房屋共有

★★房屋共有的概念

共有是两个以上的人（公民或法人）对同一项财产享有所有权。民法总则和我国物权法确认了**两种共有形式，即按份共有和共同共有**。共有财产关系的产生，大致有两种原因：一是基于法律直接规定产生的，如婚姻法规定若当事人无特别约定，则夫妻关系存续期间所得的财产归夫妻共有；二是依合同约定产生的，如3人共同出资购买一辆汽车，以合同约定各人享有的权利和承担的义务。

一项房屋所有权可以有一个主体，也可以有多个主体。**房屋共有**是指某一房屋属于两个以上的主体所有。房屋共有的两种形式分为房屋按份共有和房屋共同共有。

★★房屋按份共有

房屋按份共有又称房屋分别共有，是指两个以上的主体对同一房屋按照一定的份额共同享有占有、使用、收益和处分的权利，并承担相应的义务。所谓份额，是指共有人在所有权整体中所享有权利的份量，即所有权份额，其效力及于房屋整体的每一物质构成部分，而不能简单理解为实物份额。例如，甲、乙、丙合资兴建一栋房屋，三方按5∶3∶2的比例出资，形成甲、乙、丙三方对该房屋的5∶3∶2的所有权份额，则各自使用该房屋的面积原则上应按此比例分配，但也可能并非如此。

房屋按份共有，并不是把共有房屋分割成若干份，各享有一份所有权，而是各所有权人按照所有权份额享有权利和承担义务。房屋按份共有人享有的权利包括占有权、使用权、收益权和处分权。占有权既是指有实际占有、支配房屋的权利，还包括以所有权人的名义进行房屋所有权登记。使用权是指房屋共有人有权按自己应占份额、依房屋用途实际使用房屋。收益权是指房屋共有人有按自己所占份额分享利用房屋所得利益的权利，如房屋出租的租金，由按份共有人按所有权份额分享。处分权是指房屋按份共有人有权根据自己的意愿依法转让自己的所有权份

---

〔1〕 龙翼飞：《物权法原理与案例教程》，中国人民大学出版社2008年版，第167～168页。

额。**按份共有人转让自己的所有权份额，其他共有人在同等条件下有优先购买权。** 房屋按份共有人应尽的义务包括两个方面：一是按照所有权份额承担对共有房屋进行管理、修缮等支出的费用；二是行使所有权时不得损害其他共有人的利益。按份共有人在使用和处分房屋时，应当按照协商一致的原则处理，意见不一致时，依占房屋份额过半数的共有人的意见作出决定。各个共有人不得各行其是。在按占房屋所有权过半数的共有人的意见作出决定时，不得损害其他共有人的利益。部份共有人行使权利侵犯其他共有人的利益造成损失时，应当赔偿损失。按份共有人在转让其房屋所有权份额时，不通知其他共有人，不保证其他共有人在同等条件下的优先购买权的，其转让行为无效。

按份共有的房屋可因部分共有人的要求进行分割，分割的方式有四种，共有人可根据具体情况进行选择。

（1）直接分割房屋，这会形成房屋的区分所有。能够区分成彼此独立使用的房屋，按份共有人可对房屋按份额直接进行分割。如一栋三层楼的房屋，为三个所有人等份共有，就可以各分得一层房屋的所有权。但由于整个房屋是连在一起的，有些属于无法分割的部分，仍为各所有人共同所有，因而形成房屋的区分所有。

（2）房屋作价补偿，即房屋由按份共有人中的一人独有，其他共有人的所有权份额折成价款，由独自取得所有权的人补偿。

（3）直接分割房屋与房屋作价补偿相结合，这主要包括两种情况：一是对房屋进行直接分割时，由于房屋结构的原因，各按份共有人无法按各自拥有的所有权份额比例分配，对部分所有权份额作价补偿。如甲、乙按 3∶2 的比例拥有一栋两层楼的房屋，该房屋如分割成各占一层时，则乙占了甲的所有权份额，此时，就应作价由乙补偿甲的所有权份额。二是三个以上的人按份共有房屋时，房屋由两个以上的共有人补偿其他共有人所占份额的价款后，再按比例分割房屋。如甲、乙、丙、丁共有一栋房屋，房屋作价由甲、乙所有，甲、乙在补偿丙、丁应占部份的所有权份额后，再按比例分割房屋。

（4）房屋变价分割。房屋按份共有人都不愿取得房屋所有权时，可把房屋出售，卖得的价款由共有人按所有权份额进行分配。

★★房屋共同共有

房屋共同共有是指两个以上的所有人对于房屋都享有平等的所有权。共同共有是不确定所有权份额的共有。房屋共同共有区别于房屋按份共有，具有以下两个显著特点：（1）房屋的所有权不划分所有权份额，各所有权人享有平等的权利。

这里必须注意，平等的权利不等于平等的份额，共同共有是没有份额区分的。(2)除依法律规定和当事人另有约定外，对房屋的共有关系不能终止，房屋不能分割，只有出现法律规定或当事人约定的事由，导致产生共同共有的共同关系归于消灭时，共有人才能分割共有房屋。**常见的共有房屋所有权类似于民法中共有关系的情形，**即包括夫妻共有、家庭共有以及共同继承的房屋几种情形。

共同共有的房屋在共同共有关系终止时，也可对共同共有的房屋进行分割。分割时，应先确定各共有人的所有权份额，使共同共有转变为按份共有，然后按按份共有的方式进行分割。确定各所有人的份额，应本着协商一致的原则，各所有人均应本着团结和睦、互助互让的精神进行协商，以求达成一致的意见。若法律对此有特殊规定的，应依照法律的规定。如《婚姻法》规定，夫妻离婚时，对夫妻共同财产的分割，应照顾女方和小孩的利益。对于当事人无法协商一致，法律也无特别规定的，一般应当确定相等的所有权份额。

对于共有房屋，无法确定是共同共有还是按份共有时，如果一部分共有人主张按份共有，另一部分共有人主张共同共有，除共有人具有家庭关系等外，视为按份共有。如果共有人不能确定份额(出资额)的，视为等额享有。

法律与规范链接

▲ 必读法条

《物权法》

第70条　业主对建筑物内的住宅、经营性用房等专有部分享有所有权，对专有部分以外的共有部分享有共有和共同管理的权利。

第73条　建筑区划内的道路，属于业主共有，但属于城镇公共道路的除外。建筑区划内的绿地，属于业主共有，但属于城镇公共绿地或者明示属于个人的除外。建筑区划内的其他公共场所、公用设施和物业服务用房，属于业主共有。

第75条　业主可以设立业主大会，选举业主委员会。

地方人民政府有关部门应当对设立业主大会和选举业主委员会给予指导和协助。

第76条　下列事项由业主共同决定：

(一)制定和修改业主大会议事规则；

(二)制定和修改建筑物及其附属设施的管理规约；

(三)选举业主委员会或者更换业主委员会成员；

（四）选聘和解聘物业服务企业或者其他管理人；

（五）筹集和使用建筑物及其附属设施的维修资金；

（六）改建、重建建筑物及其附属设施；

（七）有关共有和共同管理权利的其他重大事项。

决定前款第五项和第六项规定的事项，应当经专有部分占建筑物总面积三分之二以上的业主且占总人数三分之二以上的业主同意。决定前款其他事项，应当经专有部分占建筑物总面积过半数的业主且占总人数过半数的业主同意。

第79条 建筑物及其附属设施的维修资金，属于业主共有。经业主共同决定，可以用于电梯、水箱等共有部分的维修。维修资金的筹集、使用情况应当公布。

第80条 建筑物及其附属设施的费用分摊、收益分配等事项，有约定的，按照约定；没有约定或者约定不清的，按照业主专有部分占建筑物总面积的比例确定。

△ 延伸法条

最高人民法院《关于审理建筑物区分所有权纠纷案件具体应用法律若干问题的解释》（法释〔2009〕7号）

第2条 建筑区划内符合下列条件的房屋，以及车位、摊位等特定空间，应当认定为物权法第六章所称的专有部分：

（一）具有构造上的独立性，能够明确区分；

（二）具有利用上的独立性，可以排他使用；

（三）能够登记成为特定业主所有权的客体。

规划上专属于特定房屋，且建设单位销售时已经根据规划列入该特定房屋买卖合同中的露台等，应当认定为物权法第六章所称专有部分的组成部分。

本条第一款所称房屋，包括整栋建筑物。

典型案例

王某荣诉湖南志高房地产公司侵犯业主建筑物区分所有权案〔1〕

【案情概述】

湖南省志高房地产公司开发建设了某商品房小区，住宅的底部（架空层）均为室内车库或仓储房。商品房销售过程中，湖南省志高房地产公司与小区业主签订

〔1〕 案件来源：《物权法——以案说法》，人民出版社2007年版，第80～81页。

了由国家工商行政管理局、建设部联合制定的标准《商品房购销合同》,并与王某荣及其他十位业主分别签订了《车库使用协议书》,将部分住宅底部(架空层)车库(以下简称系争车库)交由该部分业主使用。业主王某荣对此不解,询问志高房地产公司,对方称,车库是没有计入公摊面积的,没有包括在销售合同的销售面积之内,所以车库应由公司享有所有权,王某荣和其他业主根据《车库使用协议书》享有使用权,当然需要支付一定的租金。王某荣理论了半天,对方仍然是这样的回答,王某荣很不满意,一气之下将志高房地产公司告上法庭。法院审查了双方签订的商品房购销合同,合同的第二条规定了商品房购销合同的标的由两部分构成:其一为套内建筑面积,即专有部分;其二为公共部分与公用房屋分摊面积(以下简称公摊面积),即共有部分。套内建筑面积是非常明确的,即业主住宅内部封闭空间,其中肯定不包括系争车库。而根据相关证明材料,公摊面积仅包括外墙的一半、楼梯间、电梯间和一层门廊,并不包括系争车库的建筑面积。另外,购房时双方专门签订了《车库使用协议书》。

因此法院认为,志高房地产公司与王某荣签订的商品房购销合同并不包括车库在内。也就是说,志高房地产公司与王某荣之间不存在关于移转系争车库所有权的协议,因此车库的所有权并没有发生移转,仍应由建设单位志高房地产公司根据其投资建设而原始取得车库的所有权。

【关键问题】

1. 本案中所系车库是否为业主共有?

2. 住宅底部(架空层)的权利归属如何界定?

【简要评论】

最高人民法院《关于审理建筑物区分所有权纠纷案件具体应用法律若干问题的解释》第2条规定,建筑区划内符合下列条件的房屋,以及车位、摊位等特定空间,应当认定为物权法第六章所称的专有部分:(1)具有构造上的独立性,能够明确区分;(2)具有利用上的独立性,可以排他使用;(3)能够登记成为特定业主所有权的客体。规划上专属于特定房屋,且建设单位销售时已经根据规划列入该特定房屋买卖合同中的露台等,应当认定为物权法第六章所称专有部分的组成部分。

本案中所系车库具有构造上的独立性和利用上的独立性,不属于公摊面积并且买卖双方已经签订了不包括车库在内的《商品房购销合同》,因此车库的所有权并没有发生移转,仍应由建设单位志高房地产公司根据其投资建设而原始取得车库的所有权。

【核心知识】

建筑物区分所有权中的共有部分和专有部分的界定，需要依据《物权法》及《关于审理建筑物区分所有权纠纷案件具体应用法律若干问题的解释》中对专有部分和共有部分的法律规定及解释严格界定。

延伸阅读

1. 陈华彬：《论建筑物区分所有权的构成》，载《清华法学》2008 年第 2 期；
2. 程啸：《论不动产善意取得之构成要件》，载《法商研究》2010 年第 5 期；
3. 黄越钦：《住宅分层所有权之比较法研究》，载郑玉波主编：《民法物权论文选辑》（上），五南图书出版有限公司 1985 年版。

第五节 房地产相邻关系与地役权制度

知识要点

一、相邻关系

☆相邻关系的概念

相邻不动产的所有人或使用人在各自行使自己的合法权利时，都要尊重他方所有人或使用人的权利，相互间应当给予一定的方便或接受一定的限制，法律将这种相邻人间的关系用权利义务的形式确定下来，就是相邻关系。可见，**相邻关系**是指相邻各方对各自所有的或使用的不动产行使所有权或使用权时，因相互间依法应当给予方便或接受限制而发生的权利义务关系[1]。

☆相邻关系的本质和意义

不动产相邻关系，从本质上讲是一方所有人或者使用人的财产权利的延伸，同时又是对他方所有人或者使用人的财产权利的限制，反之亦然。例如，甲、乙都是集体所有的土地的承包经营人，甲承包的土地处于乙承包的土地与公用通道之间，乙如果不通过甲承包的土地就不能到达公用通道，或者虽有其他通道但非常不便，乙就有权通过甲承包的土地到达公用通道或者自己承包的土地。这样，在甲、乙两个

〔1〕 彭万林：《民法学》，中国政法大学出版社 1994 年版，第 323 页。

承包经营人之间就发生了相邻关系。这种相邻关系对于乙来说，是其土地使用权的合理延伸，而对甲来说，是对其土地使用权的必要限制。这种财产权利的合理延伸和必要限制，对于充分发挥财产的效用，促进社会经济的发展，稳定社会秩序，具有重要意义。**以相邻权为核心的相邻关系在房地产经济活动中具有重要意义。**其一，有助房地产开发活动的顺利进行，提高经济效率；其二，有助房地产消费者排除不当妨害，促进生活便利；其三，有助于各方人员团结互助，维护社会安定[1]。相邻关系的功能，在于实现“冲突之际的利害的衡平调整”[2]。

★★相邻关系的特征

不动产相邻关系具有以下特征：

(1)相邻关系发生在两个以上的不动产相邻的所有人或者使用人之间。相邻人可以是自然人，也可以是法人；可以是财产所有人，如集体组织、房屋所有人，也可以是非所有人，如承包经营人、承租人。

(2)相邻关系的客体一般不是不动产和动产本身，而是由行使所有权或者使用权所引起的和邻人有关的经济利益或者其他利益，如噪音影响邻人休息，对于不动产和动产本身的归属并不发生争议。有的相邻关系的客体是物，例如，相邻竹木归属关系。

(3)相邻关系的发生常与不动产的自然条件有关，即两个以上所有人或者使用人的财产应当是相邻的。如上例承包经营人乙不通过承包经营人甲承包的土地不能到达自己承包的土地。如果甲、乙之间的土地一个在河北，一个在西藏，自然就不可能发生这种通行关系。所谓“相邻”，不以不动产的直接相邻为限。例如，甲、乙两村处于同一条河流的上下游，两村虽然不直接相邻，但亦可能因用水、流水、截水与排水关系，而有相邻关系适用的余地。

★相邻关系的法律规定

相邻关系的规则一般应由法律明文规定。但是，由于不动产利用关系的复杂性，法律不可能对所有的相邻关系都作出明确的规定，因此，我国《物权法》第84、85条规定：不动产的相邻权利人应当按照有利生产、方便生活、团结互助、公平合理的原则，正确处理相邻关系。法律、法规对处理相邻关系有规定的，依照其规定；法律、法规没有规定的，可以按照当地习惯。

---

〔1〕 符启林：《房地产法》，法律出版社2009年版，第78～79页。

〔2〕 [日]泽井浴：《德国相邻法的基础理论》，转引自梁慧星：《中国物权法研究》，法律出版社2001年版，第422页。

★相邻关系的内容

相邻关系的范围非常广泛，情况也很复杂，以下根据物权法的规定和实践，讲六类常见的相邻关系。

1. 相邻通行关系

不动产权利人对相邻权利人因通行等必须利用其土地的，应当提供必要便利。相邻一方的建筑物或土地，处于邻人的土地包围之中，非经过邻人的土地不能到达公用通道，或者虽有其他通道但需要较高的成本或十分不便的，可以通过邻人的土地以到达公用通道。但通行人在选择道路时，应当选择最必要、损失最少的路线，如只需小道即可，就不得开辟大道；能够在荒地上开辟道路，就不得在耕地上开辟。通行人应当尽量避免对相邻的不动产权利人造成损害，造成损害的，应当予以赔偿。历史上形成的通道，土地的所有人或者使用人无权任意堵塞或者改道，以免妨碍邻人通行。如果确实需要改道，应征得邻人的同意。

2. 相邻管线安设关系

相邻人因建造、修缮建筑物以及铺设电线、电缆、水管、暖气和燃气管线等必须利用相邻土地、建筑物的，该土地、建筑物的权利人应当提供必要的便利。但相邻人应当选择损害最小的地点及方法安设，相邻人还应对所占土地及施工造成的损失给予补偿，并于事后清理现场。

3. 相邻防险、排污关系

相邻一方在挖掘土地、建造建筑物、铺设管线以及安装设备等，不得危及相邻不动产的安全。不得使邻地的地基受到危害，不得使邻地的建筑物受到危害；相邻一方的建筑物有倾倒的危险，威胁邻人的生命、财产安全时，相邻一方应当采取预防措施，如加固、拆除；相邻一方堆放易燃、易爆、剧毒、放射、恶臭物品时，应当与邻地建筑物保持一定距离，或者采取预防措施和安全装置。相邻他方在对方未尽此义务的情况下，有权要求排除妨害，赔偿损失。

相邻人，尤其是化工企业、事业单位，在生产、研究过程中，不得违反国家规定弃置固体废物，排放大气污染物、水污染物、噪声、光、电磁波辐射等有害物质。相邻他方对超标排放，有权要求相邻人排除妨害，即按国家规定的排放标准排放、治理，而且对造成的损害还有权要求赔偿。

4. 相邻用水、流水、截水、排水关系

相邻人应当尊重水的自然流向，在需要改变流向并影响相邻他方用水时，应征得他方的同意，并对由此造成的损失给予适当补偿。为了灌溉土地，需要提高上游的水位、建筑水坝,必须附着于对岸时,对岸的土地所有人或者使用人应当允许;如果对岸的土地所有人或者使用人也使用水坝及其他设施时,应按受益的大小,分担费用。

自然水流经过地的所有人或者使用人都可以使用流水,但应当共同协商、合理分配使用。如果来自高地段的自然流水,常为低地段的所有人或者使用人使用,即使高地段所有人或者使用人也需要此水,也不得全部堵截、断绝低地段的用水,以免给低地段的所有人或者使用人造成损失。低地段的所有人或者使用人应当允许高地段的自然流水流经其地,不得擅自筑坝堵截,影响高地段的排水。

相邻一方在为房屋设置管、槽或其他装置时,不得使房屋雨水直接注泻于邻人建筑物上或者土地上。

5. 相邻光照、通风、音响、震动关系

相邻人在建造建筑物时,应当与邻人的建筑物留有一定的距离,不得违反国家规定的有关工程建设标准,以免影响邻人建筑物的通风、采光和日照。

相邻各方应当注意环境清洁、舒适,不得以高音、噪音、喧嚣、震动等妨碍邻人的工作、生活和休息。否则,邻人有权请求停止侵害。

6. 相邻竹木归属关系

相邻地界上的竹木、分界墙、分界沟等,如果所有权无法确定时,推定为相邻双方共有财产,其权利义务适用按份共有的原则。

对于相邻他方土地的竹木根枝超越地界,并影响自己对土地的使用,如妨碍自己土地的庄稼采光,相邻人有权请求相邻他方除去越界的竹木根枝。如果他方经过请求不予除去,相邻人可以自行除去。当然,越界竹木根枝如对相邻人的财产使用并无影响,则相邻人无权请求除去。

★相邻关系的处理原则

我国《民法通则》第 83 条以及《物权法》第 84 条、第 85 条以法律条文的形式对相邻关系作出了相应的规定,按照上述规定,并结合司法实践,可以总结出处理相邻关系的原则。

(1)有利生产、方便生活。法律之所以设置相邻关系的规则,即是为了充分发挥相邻不动产的使用效益,因此要最低限度地维护各方的利益。

(2)团结互助、公平合理。团结互助、公平合理是处理相邻关系相辅相成的原则。相邻关系涉及各方不动产权利方面的争议甚至冲突,如果过于强调某一方面的利益而忽视另一方面的利益,就会使社会的共同利益无法实现。若处理不当,就容易酿成比较严重的社会矛盾,危害社会的稳定和团结,所以,处理相邻关系必须遵循团结互助、公平合理的原则,本着互相尊重对方的合法权益、互相协作、友好协商的精神妥善解决。

(3)依据法律法规及尊重历史与习惯。不动产相邻关系往往不是一朝一夕形成的,而是有其历史沿革和当地习惯因素。因此,在处理相邻关系时要特别注意尊重历史和习惯,这也是各国处理相邻关系所普遍遵循的原则。事实上,民事司法原则,就是有法律依法律,无法律依习惯,无习惯依法理。因此,民事习惯在民事纠纷的处理中具有重要的作用,并不只是在相邻关系中要加以强调。

(4)合理损失赔偿原则。《物权法》第92条规定:"不动产权利人因用水、排水、通行、铺设管线等利用相邻不动产的,应当尽量避免对相邻的不动产权利人造成损害;造成损害的,应当给予赔偿。"相邻关系是法律对不动产的一种干预,一般来说,相邻一方为另一方提供通行、通风、采光等便利,属于法定义务,不应要求对方给予补偿。对此,应根据具体情况区分对待。如果是为了满足最低限度的需要,即使造成了损失也不一定必须要给予补偿;但如果超出了满足最低限度的要求,也可能造成损害,因此就要承担赔偿责任。此种责任的构成应包括以下要件:补偿的情况主要限定于因用水、排水、通行、铺设管线等利用相邻不动产的情形;此种损害具有合理性;损害已经实际发生。[1]

二、地役权

☆地役权的概念

地役权是传统民法中的一项重要的物权,其源起于罗马法。法国、意大利、瑞士、日本等国的民法典以及我国台湾地区均规定了地役权。所谓地役权,是指不动产的所有权人或者使用权人利用他人的土地以便有效地使用或者经营自己的土地的权利。我国《物权法》第十四章专章规定了地役权制度,第156条规定:地役权人有权按照合同约定,利用他人的不动产,以提高自己的不动产的效益。前款所称他人的不动产为供役地,自己的不动产为需役地。

★★★【地役权的特征】(2006年卷三第56题、2007年卷三第12题、2013年卷三第56题)

地役权是一种独特的他物权,其法律特征表现为:

---

〔1〕 龙翼飞:《物权法原理与案例教程》,中国人民大学出版社2008年版,第190~192页。

1. 地役权是使用他人土地的权利

地役权的客体是土地，并以该土地属于他人所有或者使用为要素。由于地役权的内容在于以此土地供彼土地之役，因而地役权的成立，必须有两块土地的存在，即供役地和需役地。由于地役权不限于需役地所有人与供役地所有人的关系，供役地的承包经营权人、地上权人、典权人、采矿权人、承租人也应当受地役权的约束，自属当然之理。

2. 地役权是为自己土地的便利的权利

使用供役地的目的，乃是为了需役地的便利。否则，如果供役地不能提供需役地的便利，就不必设定地役权。至于所谓"便利"，泛指开发、利用需役地的各种需要，其内容只要不违反法律的强制性规定，不违背社会公共利益，可以由当事人根据实际情况约定。就一般情况而论，其内容无非是以下几类：(1)以供役地供使用，如通行地役权；(2)以供役地供收益，如用水地役权；(3)避免相邻关系的任意性规范的适用。一般说来，相邻关系规定的是土地所有人间的最主要、最基本的关系，因而也就多是从土地所有人的义务方面加以规定，多属强制性规范。但相邻关系也不乏任意性的规定，当事人可以以特别约定加以改变或排除其适用。例如，有相邻关系的土地或者房屋所有人不得设置管、槽或其他装置使房屋雨水直接注泻于邻人的土地上或建筑物上，因此土地所有人或者使用人即负有不得安装此等装置的义务。如果邻人豁免这一义务，则土地或者房屋所有人就可以设定一个向邻地或者邻地建筑物上直接注泻雨水的地役权；(4)禁止供役地为某种使用，如禁止在邻地建高楼，以免妨碍眺望。

3. 地役权具有从属性和不可分性

其中从属性表现在，地役权的成立必须是需役地与供役地同时存在，因此在法律属性上地役权与其他物权不同。具体包括两个方面：(1)地役权必须与需役地所有权或者使用权一同转移，不能与需役地分离而让与，即需役地所有人或者使用人不得自己保留需役地所有权或者使用权，而单将地役权让与他人，不得自己保留地役权而将需役地所有权或者使用权让与他人，也不得以需役地所有权或者使用权与地役权分别让与两个人。我国物权法规定，地役权不得单独转让。土地承包经营权、建设用地使用权、宅基地使用权等转让的，地役权一并转让，但合同另有约定的除外。(2)地役权不得与需役地分离而为其他权利的标的，如果在需役地上设定其他权利，则地役权亦包括在内，例如，在需役地上设定建设用地使用权，则建设用地使用权人也得行使地役权，不能单独将地役权作为其他权利的标的，如单独以地役权抵押、出租。根据我国物权法的规定,地役权不得单独抵押。土地承包经营权、建设用地使用权等抵押的,在实现抵押权时,地役权一并转让。地役权的不可分性,是指地役权为不可分的权利,即地役权不得被分割为两个以上的权利,也不得使其一部分消灭。在需役地分割时,地役权在分割后的地块的利益仍然存续。例如,甲地在乙地有通行地役权,后来甲地分割为丙、丁两地,则丙、丁两地的所有人或者使用人仍得各自从乙地通行。但如果需役地的地役权的行使,依其性质只关于需役地一部分的,则分割后地役权仅就需役地的该部分存续。我国物权法规定,需役地以及需役地上的土地承包经营权、建设用地使用权部分转让时,转让部分涉及地役权的,受让人同时享有地役权。供役地以及供役地上的土地承包经营权、建设用地使用权部分转让时,转让部分涉及地役权的,地役权对受让人具有约束力。例如,甲地南部的住宅与乙地毗连,在乙地上设有不得建高层建筑的地役权,后来甲地南部分割给丙,北部给丁,那么该项地役权仅能为丙存续而与丁无关。在供役地分割时,地役权仍就分割后的各地块存续。例如,甲地在乙地上设有排水地役权,以后乙地分为丙、丁两块地,甲地仍得对丙、丁两块地行使地役权。但依地役权的性质,其行使只关系供役地一部分的,则地役权仅对该部分存续。例如,甲地在乙地有汲水地役权,以后乙地分割为丙、丁两地,只有丁地有水井,则甲地的地役权只存在于丁地。

★地役权的内容(2010年卷三第9题)

地役权的内容是指在地役权设定以后,有关当事人之间发生的权利义务关系,即地役权人的权利义务和供役地人的权利义务。

1. 地役权人的权利

(1)土地使用。地役权是为自己土地的便利而使用他人土地的权利,在地役权的目的范围内使用供役地,自然是地役权人的最主要的权利。地役权的目的范围应当依设定地役权的行为所限定的目的范围确定。地役权人在目的范围内对供役地的使用,不必是独占性的使用,除了可以与供役地人共同使用外,只要不是性质不相容,同一供役地上,还可设定数个地役权,依其情形同时使用。例如,一是通行地役,二是眺望地役,可以依次使用。

(2)为附属行为。地役权人为行使其权利,在供役地内可以为必要的附属行为,如汲水地役权,可以在供役地上通行;通行地役权,可以开辟道路。

2. 地役权人的义务

(1)地役权人对供役地的使用应当选择损害最小的地点及方法为之,这样使得通过地役权增加需役地价值的同时,不至于过分损害供役地的效用。我国物权法规定,地役权人应当按照合同约定的利用目的和方法利用供役地,尽可能减少对供役地权利人物权的限制。另外,地役权人因其行使地役权的行为对供役地造成变动、损害的,应当在事后恢复原状并补偿损害。

(2)地役权人对于为行使地役权而在供役地修建的设施,如电线、管道、道路,应当注意维修,以免供役地人因其设施损坏而受到损害。另外,地役权人对于上述设施,在不妨碍其地役权行使的限度内,应当允许供役地人使用这些设置。

3. 供役地人的权利

(1)费用请求权。如果地役权的设定是有偿的,则供役地人依约享有请求地役权人支付费用的权利。若地役权人不按时支付费用,则应承担违约责任,地役权人长期拖欠费用的,供役地人可依法终止地役权设定合同。

(2)请求变更利用范围及方式的权利。在地役权设定之后,如果出现某种情事或者条件发生某种变化,能够在实现利用目的的前提下减轻供役地的负担,则供役地人可以请求变更利用范围和方式,以便发挥不动产的整体效益。

4. 供役地人的义务

(1)使用附属设施的权利及费用分担的义务。对于地役权人于供役地上所为的设施,供役地人在不影响地役权行使的范围内,有权使用之,但应当按照其收益的比例,分担附属设施的保养维修费用。当事人有约定的,从其约定。

(2)容忍义务。供役地人须附有一定程度上的容忍或不作为义务。这种义务表现为供役地人须容忍地役权人在其不动产上从事一定行为的义务或供役地人不在其不动产上进行一定利用行为的义务。

★★★相邻关系与地役权制度比较

相邻关系与地役权都为了自己不动产的便利而处置他人不动产,在表现上极为相似。但二者还是有很大区别:

1. 产生原因不同。相邻关系是由法律规定而产生的法定权利,是法定的对不动产利用关系的一种最低限度的调节。地役权则是当事人通过签订合同产生的约定权利,是大于最低限度的调节,是双方当事人通过意思表示而形成的私法自治。例如,我国规定最低标准住宅间距应该保证被遮挡住宅建筑底层向阳的窗户在大寒至冬至日至少有一小时的满窗日照时间,这是法定的相邻关系的体现。但是当事人可以通过意思表示,签订合同,要求向阳的窗户在大寒至冬至日至少有二小时的满窗日照时间,这是双方通过意思表示确定的地役权。

2. 是否需要登记不同。相邻关系不是独立的物权,且不需要登记。而经过登记的地役权则是独立的用益物权，没有经过登记的地役权则是一种债权。

3. 权利义务是否有偿不同。相邻关系是法律规定的，相邻关系的义务人有无偿的容忍义务。地役权是由双方自己协商，签订合同，通常是有偿合同。同样以日照时间为例，法定要求最低1小时的日照时间，相邻关系权利人对此无须履行任何义务，但是通过签订地役权合同，需役地权利人需要依照合同履行一定义务，例如给付义务。

4. 权利义务主体是否特定不同。地役权的发生不要求需役地与供役地相毗邻，但是相邻权一般发生在相邻的不动产之间，因此相邻关系的权利义务主体基于毗邻关系都是特定的。地役权则是对世权，其义务主体是对不特定的人。即使是相距很远的不动产权利人，也可以通过签订地役权合同来满足双方对不动产行使权利的需要。

5. 救济请求权不同。相邻关系是所有权的延伸，受到损害后提起的是所有权受到损害的侵权之诉，属于物权请求权，没有诉讼时效的限制。相邻关系受到损害后权利人可以要求义务人承担“停止侵害、排除妨碍、消除危险、恢复原状”等物权责任，赔偿损失。地役权是合同约定设立的，受到侵害是合同原因，地役权权利人可以追究义务人缔约过失导致的责任，属于债权请求权，可以要求供役地权利人承担“继续履行、采取补救措施、支付违约金、赔偿损失”等责任，有诉讼时效。如果地役权已登记，则属于物权请求权与债权请求权的竞合既可依物权请求权提起侵权之诉要求供役地权利人承担对地役权的物权责任，有损失的还要求赔偿损失；或者依据地役权合同提起违约之诉，要求承担违约责任。

综上所述，相邻关系与地役权在目的上均表现为利用他人不动产以便充分发挥自己不动产的效益，但是从根本性质来讲还是存在较大区别。是否有偿和是否是不动产利用关系的最低限度是相邻关系和地役权最主要的差异之所在。理论上和实践中区分相邻关系和地役权具有十分重要的意义，对二者的区分，将实现相邻关系和地役权最大限度的调整与保护。[1]

法律与规范链接

▲ 必读法条

《民法通则》

第83条 不动产的相邻各方，应当按照有利生产、方便生活、团结互助、公平合

[1] 龙翼飞：《物权法原理与案例教程》，中国人民大学出版社2008年版，第280页。

理的精神，正确处理截水、排水、通行、通风、采光等方面的相邻关系。给相邻方造成妨碍或者损失的，应当停止侵害，排除妨碍，赔偿损失。

《物权法》

第84条　不动产的相邻权利人应当按照有利生产、方便生活、团结互助、公平合理的原则，正确处理相邻关系。

第85条　法律、法规对处理相邻关系有规定的，依照其规定；法律、法规没有规定的，可以按照当地习惯。

第86条　不动产权利人应当为相邻权利人用水、排水提供必要的便利。

对自然流水的利用，应当在不动产的相邻权利人之间合理分配。对自然流水的排放，应当尊重自然流向。

第87条　不动产权利人对相邻权利人因通行等必须利用其土地的，应当提供必要的便利。

第88条　不动产权利人因建造、修缮建筑物以及铺设电线、电缆、水管、暖气和燃气管线等必须利用相邻土地、建筑物的，该土地、建筑物的权利人应当提供必要的便利。

第89条　建造建筑物，不得违反国家有关工程建设标准，妨碍相邻建筑物的通风、采光和日照。

第90条　不动产权利人不得违反国家规定弃置固体废物，排放大气污染物、水污染物、噪声、光、电磁波辐射等有害物质。

第91条　不动产权利人挖掘土地、建造建筑物、铺设管线以及安装设备等，不得危及相邻不动产的安全。

第92条　不动产权利人因用水、排水、通行、铺设管线等利用相邻不动产的，应当尽量避免对相邻的不动产权利人造成损害；造成损害的，应当给予赔偿。

第156条　地役权人有权按照合同约定，利用他人的不动产，以提高自己的不动产的效益。

前款所称他人的不动产为供役地，自己的不动产为需役地。

第157条　设立地役权，当事人应当采取书面形式订立地役权合同。

地役权合同一般包括下列条款：

（一）当事人的姓名或者名称和住所；

（二）供役地和需役地的位置；

（三）利用目的和方法；

（四）利用期限；

（五）费用及其支付方式；

（六）解决争议的方法。

第158条　地役权自地役权合同生效时设立。当事人要求登记的，可以向登记机构申请地役权登记；未经登记，不得对抗善意第三人。

第159条　供役地权利人应当按照合同约定，允许地役权人利用其土地，不得妨害地役权人行使权利。

第160条　地役权人应当按照合同约定的利用目的和方法利用供役地，尽量减少对供役地权利人物权的限制。

第161条　地役权的期限由当事人约定，但不得超过土地承包经营权、建设用地使用权等用益物权的剩余期限。

第162条　土地所有权人享有地役权或者负担地役权的，设立土地承包经营权、宅基地使用权时，该土地承包经营权人、宅基地使用权人继续享有或者负担已设立的地役权。

第163条　土地上已设立土地承包经营权、建设用地使用权、宅基地使用权等权利的，未经用益物权人同意，土地所有权人不得设立地役权。

第164条　地役权不得单独转让。土地承包经营权、建设用地使用权等转让的，地役权一并转让，但合同另有约定的除外。

第165条　地役权不得单独抵押。土地承包经营权、建设用地使用权等抵押的，在实现抵押权时，地役权一并转让。

第166条　需役地以及需役地上的土地承包经营权、建设用地使用权部分转让时，转让部分涉及地役权的，受让人同时享有地役权。

第167条　供役地以及供役地上的土地承包经营权、建设用地使用权部分转让时，转让部分涉及地役权的，地役权对受让人具有约束力。

第168条　地役权人有下列情形之一的，供役地权利人有权解除地役权合同，地役权消灭：

（一）违反法律规定或者合同约定，滥用地役权；

（二）有偿利用供役地，约定的付款期间届满后在合理期限内经两次催告未支付费用。

第169条　已经登记的地役权变更、转让或者消灭的，应当及时办理变更登记或者注销登记。

典型案例

张某诉开发商侵犯相邻权和地役权案[1]

【案情概述】

张某于2007年5月签订房屋买卖合同，买下了当地一处公寓，年底搬进新居。2008年4月，张某发现开发商在原定建足球场的地方建造了一个小区变电站。张某在多次协商要求开发商停止建造变电站未果的情况下，诉诸法院，认为开发商擅自修改设计，与之前广告宣传不符，且日夜施工干扰了其正常生活，侵犯了他们的知情权、眺望权、通风和防噪音污染权，要求开发商立即拆除变电站并赔礼道歉。

【关键问题】

1. 通风和防噪音污染权是否属于相邻权？

2. 眺望权属于相邻权还是地役权？

3. 张某在未与开发商签订地役权合同的情况下可否要求行使眺望权？

【简要评论】

《物权法》第七章为相邻关系，其中第89条规定，建造建筑物，不得违反国家有关工程建设标准，妨碍相邻建筑物的通风、采光和日照；第90条规定，权利人不得违反国家规定弃置固体废物，排放大气污染物、水污染物、噪声、光、电磁波辐射等有害物质。由此可知，通风和防噪音污染权属于相邻权。我国物权法、民法通则及其贯彻意见具体规定了六类相邻关系：(1)相邻用水、流水、截水、排水关系；(2)相邻通行关系；(3)相邻管线安设关系；(4)相邻防险、排污关系；(5)相邻通风、采光关系；(6)相邻竹木归属关系。其中显然没有包括眺望权。眺望权属于地役权，该权利需要由双方当事人通过约定来设定。如果没有事先约定该地役权，张某仅以开发商在其宣传广告中一般性地声称在张某楼前拟建足球场来确定眺望权是不具有法律依据的。

【核心知识】

根据《物权法》，通风和防噪音污染权可被纳入相邻关系制度保护；而眺望权作为一种地役权，需要双方当事人以合同来确定，如没有就此权利在合同中约定，原告无权以侵害眺望权为由要求被告承担责任。

---

[1] 龙翼飞：《物权法原理与案例教程》，中国人民大学出版社2008年版，第280～281页。

延伸阅读

1. 张鹏、曹诗权:《相邻关系的民法调整》,载《法学研究》2000 年第 2 期;

2. 申卫星:《地役权制度的立法价值与模式选择》,载《现代法学》2004 年第 5 期;

3. 耿卓:《我国地役权现代发展的体系解读》,载《中国法学》2013 年第 3 期。

第三章　房地产权属登记制度

教学目标

1. 识记房地产权属制度的概念与功能，并了解其模式。
2. 理解我国现行房地产登记制度的特点；比较学习土地登记与房屋登记制度，理解土地登记与房屋登记的类型与程序。

推荐参考资料

1. 房绍坤：《房地产法》，北京大学出版社 2015 年版；
2. 李延荣、周珂：《房地产法》，中国人民大学出版社 2016 年版；
3. 高旭军、沈晖：《房地产法》，上海财经大学出版社 2004 年版；
4. 符启林：《房地产法》，法律出版社 2009 年版；
5. 刘武元：《房地产交易法律问题研究》，法律出版社 2002 年版。

第一节　房地产权属登记制度概述

知识要点

为了整合不动产登记职责，规范登记行为，方便群众申请登记，保护权利人合法权益，国务院于 2014 年公布了《不动产登记暂行条例》（国务院令第 656 号），明确规定国务院国土资源主管部门负责指导、监督全国不动产登记工作。2016 年国土资源部公布实施了《不动产登记暂行条例实施细则》（国土资源部令第 63 号），对土地、海域以及房屋、林木等不动产登记制度进行了详细规定，进一步规范了不动产登记行为，细化了不动产统一登记制度。目前，2008 年施行的《土地登记办法》

《房屋登记办法》的主要内容已被《不动产登记暂行条例实施细则》的制度规范所替代。为了有效保障不动产登记法律制度体系协调统一，国土资源部《关于修改和废止部分规章的决定》对《土地登记办法》予以废止。

一、房地产权属登记的概念与模式

★房地产权属登记的概念

房地产权属登记，又称房地产登记，是指经权利人申请，由法律规定的房地产管理部门对房地产的权属状况进行持续的登记，并颁发权利证书的行为。房地产权属即房地产权利归属，是指房地产的所有权、使用权及其他权利，如租赁权、抵押权、典当权、地役权等。因此，房地产权属登记有广义与狭义之分。广义的房地产权属登记指房地产的所有权登记以及房地产设定的其他权利的登记，如房地产抵押登记、房地产典当登记、房地产租赁登记；而狭义的房地产权属登记仅指房地产的所有权登记。[1]

由于房地产具有不可移动性的，因此房地产是需要登记才能表征其权利的一种财产。登记的作用就在于公示财产权利状态和范围以使其产生特权的对世效力。由此，各国对房地产的有效管理几乎都通过房地产权属登记来进行，以保障交易安全、促进房地产市场有序发展。

☆房地产权属登记的模式

房地产在世界多数国家被称为不动产或地产。因此在许多国家将房地产登记称为不动产登记或地产登记。根据登记的内容和方式不同，现代各国的房地产权属登记制度可分为：契据登记制度、权利登记制度和托伦斯登记制度。[2]

1. 契据登记制度

契据登记制度，也称登记对抗制度，由于该项制度在法国首先实施，所以又称之为“法国主义登记制度”，采用该制度的国家还有日本、比利时、意大利、西班牙等。

契据登记制度是由房地产所在地的登记机关将房地产权利的变更情况记载于登记簿上的登记模式，权利变更后，如未登记的，则不能对抗善意第三人，至于当事人之间是否生效，则以双方意思表达是否一致为准。例如 A 与 B 签订了房屋买卖合同，房屋所有权从 A 转移给 B，A 不得以未登记为由，主张房屋所有权。但如果 A

---

〔1〕 高旭军、沈晖：《房地产法》，上海财经大学出版社 2004 年版，第 133 页。

〔2〕 符启林：《房地产法》，法律出版社 2009 年版，第 82 ~ 83 页。

又将房屋卖给C,C办理了房屋登记手续,则房屋所有权应该归登记的一方所有。B不得对抗登记的权利人。其主要特点是:登记机关对登记申请采取形式审查主义,即只对契约和登记手续是否完备进行审查,而不对契约的内容是否真实、合法、有效进行审查,因此登记无公信力,登记薄上已记载的权利事项,公众不可信赖其具有确定的效力。如第三人就已登记的权利主张权利时,仍需根据实体法确定该权利的归属,即登记事项在实体法上不成立或者无效时,可以推翻,可以对抗善意第三人。因此,契据登记制度无法起到保护交易安全的作用。[1]

2. 权利登记制度

权利登记制度是由房地产所在地的登记机关将房地产权利的取得、变更过程记载于登记簿上的登记模式,房地产权利的取得,如未经登记,则不产生效力,不仅不能对抗第三人,而且即使当事人双方意思表达一致,在当事人之间也不发生效力。其主要特点为:登记机关对登记申请采取实质审查主义,即登记机关不仅对契约和登记手续是否完备进行审查,而且还对契约的内容是否真实、合法、有效进行审查;登记具有公信力,即登记簿上所记载事项,对善意第三人在法律上有绝对的效力,即使登记事项在实体法上不成立,也可对抗第三人。由于该项制度在德国首先实施,所以又称为"德国主义登记制度"。

3. 托伦斯登记制度

托伦斯登记制度,为澳大利亚人托伦斯所创,在英国及英联邦地区采用。其主要特点是:不强制登记,但是,房地产权利一经登记便具有绝对的法律效力,已经登记的权利如果发生转移,必须在登记簿上加以记载;登记机关设置赔偿基金,因登记机关的原因,致使登记发生错误、虚伪或遗漏,从而损害到登记权利人利益时,登记机关有对损害进行赔偿的责任。

二、房地产登记制度的特点

★★我国登记制度的特点

我国现行的房地产登记制度,类似于德国式登记制,兼采托伦斯登记制,但又有自己的特点,概括起来为综合性、灵活性,主要表现为:

(1)房地产权属登记采取实质审查主义。房地产权属登记时,登记机关对登记申请人提出的登记申请,不仅要审查形式要件,还必须对申请登记的权利的权源证

---

〔1〕 刘武元:《房地产交易法律问题研究》,法律出版社2002年版,第37页。

明是否真实、合法、有效进行严格审查,并要进行实地勘验。只有当形式要件与实地勘验结果相一致时,才能登记。我国《物权法》第12条和《不动产登记暂行条例》第19条都规定了不动产登记机关在必要时应履行"实地勘验"的职责,可见我国房地产权属登记采取的是实质审查主义。〔1〕

(2)房地产权属登记实行强制登记制度。房地产权利初始登记后,涉及权利转移、设定、变更等,权利人必须申请登记,不登记房地产权利得不到法律的保护,且要承担相应的法律责任。例如,我国《物权法》第6条规定:"不动产物权的设立、变更、转让和消灭,应当按照法律规定登记。动产物权的设立和转让,应当依照法律规定交付。"第9条规定:"不动产物权的设立、变更、转让和消灭,经依法登记,发生效力;未经登记,不发生效力,但法律另有规定的除外。"我国《城市房地产管理法》第38条规定,未依法登记领取权属证书的房地产不得转让。〔2〕

(3)**实行房产与地产统一登记制度**。统一登记是指登记机关、登记簿册、登记依据以及信息平台的"四统一"。〔3〕我国《物权法》和《不动产登记暂行条例》规定了统一登记制度,《物权法》第10条规定:"不动产登记,由不动产所在地的登记机构办理。国家对不动产实行统一登记制度。统一登记的范围、登记机构和登记办法,由法律、行政法规规定。"

(4)**实行房产与地产一体登记制度**。一体登记是指房屋等建筑物、构筑物和森林、林木等定着物以土地、海域为基础而进行的一并登记。〔4〕在实行一体登记制度后,房产权属与地产权属不再分别登记在房屋与土地两个簿册,而是统一登记在统一不动产簿册中。

三、房地产登记的功能与管辖

★房地产权属登记的功能

房地产登记主要具有四方面的功能,即确认功能、公示功能、管理功能以及效率功能。

---

〔1〕 李廷荣、周珂:《房地产法》,中国人民大学出版社2016年版,第39页。

〔2〕 2015年3月1日,《不动产登记暂行条例》施行,《不动产登记暂行条例实施细则》则是其配套的规范性文件,对条例的内容进行进一步细化和明确。《不动产登记暂行条例实施细则》称,2018年1月1日前,依法核发的各类不动产权属证书继续有效。同时,不动产权利未发生变更、转移的,不动产登记机构不得强制要求不动产权利人更换不动产权属证书。

〔3〕 李廷荣、周珂:《房地产法》,中国人民大学出版社2016年版,第38页。

〔4〕 同上注,第39页。

确认功能,指房地产权属登记确认房地产权利归属状态,赋予房地产权以法律效力,经登记的房地产权利受国家强制力保护,可以对抗权利人以外任何主体的侵害。国家机关不得对已经确认的房地产权属任意变更,房地产权利人以外的任何单位和个人也不得侵害或剥夺这一权利。纵观世界各国,不论是实行登记要件制度的国家还是实行登记对抗制度的国家或是采取托伦斯制度的国家,多数国家的房地产登记制度均具有产权确认的功能。

公示功能,指房地产权属登记具有向利益关系人与社会公众公开房地产权利变动状况,从而确保房地产交易得以安全进行。在房地产交易中,经常会出现真实的房地产权利人与名义上的房地产权利人不一致的现象。例如,甲与乙已签订房屋买卖合同,但由于某种原因,甲尚未将房屋交付予乙,或者甲已经将房屋交付予乙但并未办理过户登记,如果不将这种权利的变动情况及时向社会公开,此时,若善意第三人丙与甲发生交易,在这种情况下,无论是放弃对乙保护或者取消甲与丙的交易,都会破坏交易的安全。因此,各国立法均采用登记制度对房地产权的变动加以公示。

管理功能,指国家通过房地产权属登记实现对房地产管理的目的。一是通过登记建立产籍资料从而实现产籍管理;二是通过登记审查相关权利设立、变更、终止的合法性,实现对违法行为的惩处。[1]无论是实行登记要件制度的国家还是实行登记对抗制度的国家,各国的房地产登记都对房地产行使了审查权。实行登记要件制度的国家,对房地产登记进行实质性的审查,不仅对申请登记的形式要件(如所提交的登记材料是否充分)进行审查,而且还要对登记的实质要件(如产权设立、变更、终止的合法性等)进行审查。实行登记对抗制度的国家,虽然只对房地产登记进行形式审查,但最终也通过登记建立产籍资料,进行产籍管理,从而实现国家对房地产进行管理的目的。

效率功能,法律确认经过登记的房地产权利,同时国家强制力予以保护之。在交易之前,当事人可以充分信赖登记的内容,从而节省交易费用,并能快捷地完成交易,使交易的效率得以提高,符合市场经济下安全交易、高效交易的特征。

★不动产登记的管辖

1. **土地登记实行属地原则**。根据《不动产登记暂行条例》规定,国务院国土资源主管部门负责指导、监督全国不动产登记工作。

---

〔1〕 符启林:《房地产法》,法律出版社 2009 年版,第 82 页。

县级以上地方人民政府应当确定一个部门为本行政区域的不动产登记机构，负责不动产登记工作，并接受上级人民政府不动产登记主管部门的指导、监督。不动产登记由不动产所在地的县级人民政府不动产登记机构办理；直辖市、设区的市人民政府可以确定本级不动产登记机构统一办理所属各区的不动产登记。

跨县级行政区域的不动产登记，由所跨县级行政区域的不动产登记机构分别办理。不能分别办理的，由所跨县级行政区域的不动产登记机构协商办理；协商不成的，由共同的上一级人民政府不动产登记主管部门指定办理。国务院确定的重点国有林区的森林、林木和林地，国务院批准项目用海、用岛，中央国家机关使用的国有土地等不动产登记，由国务院国土资源主管部门会同有关部门规定。

2. **宗地原则**。所谓宗地，是指土地权属界线封闭的地块或者空间。《不动产登记暂行条例实施细则》第 6 条指出，不动产登记簿以宗地或者宗海为单位编成，一宗地或者一宗海范围内的全部不动产单元编入一个不动产登记簿。

法律与规范链接

▲ 必读法条

《城市房地产管理法》

第 38 条　下列房地产，不得转让：

（一）以出让方式取得土地使用权的，不符合本法第三十九条规定的条件的；

（二）司法机关和行政机关依法裁定、决定查封或者以其他形式限制房地产权利的；

（三）依法收回土地使用权的；

（四）共有房地产，未经其他共有人书面同意的；

（五）权属有争议的；

（六）未依法登记领取权属证书的；

（七）法律、行政法规规定禁止转让的其他情形。

《物权法》

第 6 条　不动产物权的设立、变更、转让和消灭，应当依照法律规定登记。动产物权的设立和转让，应当依照法律规定交付。

第9条　不动产物权的设立、变更、转让和消灭，经依法登记，发生效力；未经登记，不发生效力，但法律另有规定的除外。

《不动产登记暂行条例》

第6条　国务院国土资源主管部门负责指导、监督全国不动产登记工作。

县级以上地方人民政府应当确定一个部门为本行政区域的不动产登记机构，负责不动产登记工作，并接受上级人民政府不动产登记主管部门的指导、监督。

第7条　不动产登记由不动产所在地的县级人民政府不动产登记机构办理；直辖市、设区的市人民政府可以确定本级不动产登记机构统一办理所属各区的不动产登记。

跨县级行政区域的不动产登记，由所跨县级行政区域的不动产登记机构分别办理。不能分别办理的，由所跨县级行政区域的不动产登记机构协商办理；协商不成的，由共同的上一级人民政府不动产登记主管部门指定办理。

国务院确定的重点国有林区的森林、林木和林地，国务院批准项目用海、用岛，中央国家机关使用的国有土地等不动产登记，由国务院国土资源主管部门会同有关部门规定。

第19条　属于下列情形之一的，不动产登记机构可以对申请登记的不动产进行实地查看：

（一）房屋等建筑物、构筑物所有权首次登记；

（二）在建建筑物抵押权登记；

（三）因不动产灭失导致的注销登记；

（四）不动产登记机构认为需要实地查看的其他情形。

对可能存在权属争议，或者可能涉及他人利害关系的登记申请，不动产登记机构可以向申请人、利害关系人或者有关单位进行调查。

不动产登记机构进行实地查看或者调查时，申请人、被调查人应当予以配合。

△ **延伸法条**

国土资源部《在京中央国家机关用地土地登记办法》（国土资源部令第6号，2000年10月23日发布施行）

《不动产登记暂行条例实施细则》（国土资源部令第63号，2016年1月1日起施行）

典型案例

A银行诉B房地产公司偿还借款案

【案情概述】

B公司以出让方式取得土地使用权，将之抵押给A银行贷款，在地面建筑物达到一定进度后，向房屋登记部门申请预售许可，房屋部门经审核符合许可条件，同时要求土地抵押银行出具同意B公司办理预售许可证的书面材料，房管部门办理了预售许可证。后房屋销售完毕，进行了合同备案，现B公司未在规定时间偿还借款，银行起诉，法院判决B公司15日内偿还借款，A银行享有优先受偿权，B公司上诉，最高法院维持原判。

【关键问题】

房地分离背景下被设定抵押权的房屋转让是否需要抵押权人同意？

【简要评论】

只要提供要件齐全，登记部门可以办理初始登记。初始登记后，当事人要件齐备，可以办理所有权登记。办理商品房预售许可时，应当收取土地抵押权人出具的同意公司房屋预售的资料。公司申请初始登记时不需要土地抵押权人出具的同意办理的证明，因为初始登记不存在转让，不影响抵押权人实现自己的债权。

土地抵押权人银行出具的同意预售的证明，表明银行放弃了所销售的房屋范围的抵押土地优先受偿权。在房地产同时转让的情况下，办理商品房转移登记时，有两种模式：一是解除土地抵押权；二是银行出具同意销售的证明。（出具证明后，建立专户，及时将已经销售的售房款进入专户，收回借款。）

【核心知识】

我国房地产权属登记制度采取实质审查主义，为提高对房地产的管理能力，针对房地产权利的设立、转移、变更作出了明确而具体的规定。

延伸阅读

1. 张雪：《房地产权属登记制度的历史沿革》，载《中国房地产》2012年第17期；

2. 钱海玲：《完善我国房地产权属登记法律制度的思考》，载《法律适用》2004年第6期；

3. 尹飞：《房屋登记的概念与基本原则》，载《中国房地产》2008年第4期；

4. 于霄：《英国现代土地登记制度的起源与启示》，载《私法研究》2012年第1期。

第二节　不动产登记的权利范围与登记类型

知识要点

一、不动产登记的权利范围

★不动产登记的权利范围

《不动产登记暂行条例》第5条规定，下列不动产权利，依照本条例的规定办理登记：

(1)集体土地所有权；

(2)房屋等建筑物、构筑物所有权；

(3)森林、林木所有权；

(4)耕地、林地、草地等土地承包经营权；

(5)建设用地使用权；

(6)宅基地使用权；

(7)海域使用权；

(8)地役权；

(9)抵押权；

(10)法律规定需要登记的其他不动产权利。

《不动产登记暂行条例实施细则》，对土地、海域以及房屋、林木等不动产登记的权利范围进行细化的规定，进一步规范了不动产登记行为。

★集体土地所有权登记

集体土地所有权登记，依照下列规定提出申请：

(1)土地属于村农民集体所有的，由村集体经济组织代为申请，没有集体经济组织的，由村民委员会代为申请；

(2)土地分别属于村内两个以上农民集体所有的，由村内各集体经济组织代为申请，没有集体经济组织的，由村民小组代为申请；

(3)土地属于乡(镇)农民集体所有的，由乡(镇)集体经济组织代为申请。

★★国有建设用地使用权及房屋所有权登记

依法取得国有建设用地使用权，可以单独申请国有建设用地使用权登记。依法利用国有建设用地建造房屋的，可以申请国有建设用地使用权及房屋所有权登记。

★宅基地使用权及房屋所有权登记

依法取得宅基地使用权，可以单独申请宅基地使用权登记。依法利用宅基地建造住房及其附属设施的，可以申请宅基地使用权及房屋所有权登记。

★集体建设用地使用权及建筑物、构筑物所有权登记

依法取得集体建设用地使用权，可以单独申请集体建设用地使用权登记。依法利用集体建设用地兴办企业，建设公共设施，从事公益事业等的，可以申请集体建设用地使用权及地上建筑物、构筑物所有权登记。

★土地承包经营权登记

承包农民集体所有的耕地、林地、草地、水域、滩涂以及荒山、荒沟、荒丘、荒滩等农用地，或者国家所有依法由农民集体使用的农用地从事种植业、林业、畜牧业、渔业等农业生产的，可以申请土地承包经营权登记；地上有森林、林木的，应当在申请土地承包经营权登记时一并申请登记。

★海域使用权登记

依法取得海域使用权，可以单独申请海域使用权登记。依法使用海域，在海域上建造建筑物、构筑物的，应当申请海域使用权及建筑物、构筑物所有权登记。申请无居民海岛登记的，参照海域使用权登记有关规定办理。

★★地役权登记

地役权是指权利人按照合同约定，利用他人不动产，以提高自己不动产效益的用益物权，权利人的不动产称为需役地，供权利人利用的不动产称为供役地。按照约定设定地役权，当事人可以持需役地和供役地的不动产权属证书、地役权合同以及其他必要文件，申请地役权首次登记。根据《物权法》的相关规定，这里的供役地和需役地的权利人是指土地的所有权人和承包经营权、建设用地使用权、宅基地使用权等用益物权人。

★★抵押权登记

依法抵押土地使用权的，抵押权人和抵押人应当持土地权利证书、主债权债务合同、抵押合同以及相关证明材料，申请土地使用权抵押登记。同一宗地多次抵押的，以抵押登记申请先后为序办理抵押登记。根据《物权法》和《担保法》的规定，这里的土地使用权的范围应当包括划拨国有土地使用权、出让国有土地使用权、乡村企业已抵押厂房占用范围内的集体建设用地使用权、通过招标、拍卖、公开协商等方式取得的集体农用地使用权。

关于土地抵押权登记的内容，符合抵押登记条件的，国土资源行政主管部门应当将抵押合同约定的有关事项在土地登记簿和土地权利证书上加以加载，并向抵押权人颁发土地他项权利证书。有下列情形之一的，当事人应当持不动产权属证书、不动产登记证明、抵押权变更等必要材料，申请抵押权变更登记：

(1)抵押人、抵押权人的姓名或者名称变更的；

(2)被担保的主债权数额变更的；

(3)债务履行期限变更的；

(4)抵押权顺位变更的；

(5)法律、行政法规规定的其他情形。

申请登记的抵押是最高抵押的，应当记载所担保的最高债权额、最高额抵押的期间等内容。最高额抵押权发生转移的，应当持不动产登记证明、部分债权转移的材料、当事人约定最高额抵押权随同部分债权的转让而转移的材料等必要材料，申请办理最高额抵押权转移登记。

二、不动产登记的类型

《不动产登记暂行条例》第3条规定："不动产首次登记、变更登记、转移登记、注销登记、更正登记、异议登记、预告登记、查封登记等，适用本条例。"可见，我国现行法不动产登记类型有以下八种：首次登记、变更登记、转移登记、注销登记、更正登记、异议登记、预告登记、查封登记。

★★★首次登记

不动产首次登记，主要是指不动产权利第一次记载于不动产登记簿，具体来说主要包括实践中的总登记和初始登记。首次登记作为一种登记类型，是《不动产登记暂行条例》的首创，在《条例》出台之前，存在着土地总登记、土地初始登记和房屋初始登记、设定登记等相关类型，由于不同的部门对初始登记、设定登记的内涵理解不一致，因此《不动产登记暂行条例》将其统一归纳规定为首次登记。集体土地所有权、房屋等建筑物、构筑物所有权，森林、林木所有权，耕地、林地、草地等土地承包经营权，建设用地使用权，宅基地使用权，海域使用权，地役权，抵押权等权利，都存在首次登记的问题。

★★★变更登记

变更登记，是指对已经过初始登记的房地产所有权、使用权和他项权利，由于其他原因发生变动当事人因此进行的登记。按照《不动产登记暂行条例实施细则》第26条规定，如果发生由下列情形之一的，不动产权利人可以向不动产登记机构申请变更登记：(1)权利人的姓名、名称、身份证明类型或者身份证明号码发生变更的；(2)不动产的坐落、界址、用途、面积等状况变更的；(3)不动产权利期限、来源等状况发生变化的；(4)同一权利人分割或者合并不动产的；(5)抵押担保的范围、主债权数额、债务履行期限、抵押权顺位发生变化的；(6)最高额抵押担保的债权范围、最高债权额、债权确定期间等发生变化的；(7)地役权的利用目的、方法等发生变化的；(8)共有性质发生变更的；(9)法律、行政法规规定的其他不涉及不动产权利转移的变更情形。

★★★转移登记

转移登记，是指因房屋买卖、交换、赠与、继承、划拨、转让、分割、合并、裁决等原因致使其权属发生转移后所进行的房地产权属登记。按照《不动产登记暂行条例实施细则》第27条规定，经初始登记的房地产，有下列情形之一的，权利人应自合同或其他法律文件生效之日起三十日内申请办理转移登记：(1)买卖、互换、赠与房地产的；(2)以不动产作价入股的；(3)法人或其他组织因合并、分立等原因致使不动产权利发生转移的；(4)不动产分割、合并导致权利发生转移的；(5)继承、受遗赠导致权利发生转移的；(6)共有人增加或者减少以及共有不动产份额变化的；(7)因人民法院、仲裁委员会的生效法律文书导致不动产权利发生转移的；(8)因主债权转移引起不动产抵押权转移的；(9)因需役地不动产权利转移引起地役权转移的；(10)法律、行政法规规定的其他不动产权利转移情形。

★★★注销登记

注销登记，是指房地产权利发生消灭时应进行的登记。按照《不动产登记暂行条例实施细则》第28条规定，有下列情形之一的，当事人可以申请办理注销登记：(1)不动产灭失的；(2)权利人放弃不动产权利的；(3)不动产被依法没收、征收或者收回的；(4)人民法院、仲裁委员会的生效法律文书导致不动产权利消灭的；(5)法律、行政法规规定的其他情形。不动产上已经设立抵押权、地役权或者已经办理预告登记，所有权人、使用权人因放弃权利申请注销登记的，申请人应当提供抵押权人、地役权人、预告登记权利人同意的书面材料。

★★★更正登记

权利人、利害关系人认为不动产登记簿记载的事项有错误，可以申请更正登记。权利人申请更正登记的，应当提交下列材料：(1)不动产权属证书；(2)证实登记确有错误的材料;(3)其他必要材料。

不动产权利人或者利害关系人申请更正登记,不动产登记机构认为不动产登记簿记载确有错误的,应当予以更正;但在错误登记之后已经办理了涉及不动产权利处分的登记、预告登记和查封登记的除外。

不动产权属证书或者不动产登记证明填制错误以及不动产登记机构在办理更正登记中,需要更正不动产权属证书或者不动产登记证明内容的,应当书面通知权利人换发,并把换发不动产权属证书或者不动产登记证明的事项记载于登记簿。不动产登记簿记载无误的,不动产登记机构不予更正,并书面通知申请人。不动产登记机构发现不动产登记簿记载的事项错误,应当通知当事人在30个工作日内办理更正登记。当事人逾期不办理的,不动产登记机构应当在公告15个工作日后,依法予以更正;但在错误登记之后已经办理了涉及不动产权利处分的登记、预告登记和查封登记的除外。

★★★异议登记

利害关系人认为不动产登记簿记载的事项错误,权利人不同意更正的,利害关系人可以申请异议登记。

利害关系人申请异议登记的,应当提交下列材料:(1)证实对登记的不动产权利有利害关系的材料;(2)证实不动产登记簿记载的事项错误的材料;(3)其他必要材料。

不动产登记机构受理异议登记申请的,应当将异议事项记载于不动产登记簿,并向申请人出具异议登记证明。异议登记申请人应当在异议登记之日起15日内,提交人民法院受理通知书、仲裁委员会受理通知书等提起诉讼、申请仲裁的材料;逾期不提交的,异议登记失效。

异议登记失效后,申请人就同一事项以同一理由再次申请异议登记的,不动产登记机构不予受理。异议登记期间,不动产登记簿上记载的权利人以及第三人因处分权利申请登记的,不动产登记机构应当书面告知申请人该权利已经存在异议登记的有关事项。申请人申请继续办理的,应当予以办理,但申请人应当提供知悉异议登记存在并自担风险的书面承诺。

★★★预告登记

当事人签订土地权利转让的协议后,可以按照约定持转让协议申请预告登记。预告登记生效期间,未经预告登记的权利人书面同意,处分该不动产权利申请登记的,不动产登记机构应当不予办理。

预告登记后,债权未消灭且自能够进行相应的不动产登记之日起3个月内,当事人申请不动产登记的,不动产登记机构应当按照预告登记事项办理相应的登记。预告登记未到期,有下列情形之一的,当事人可以持不动产登记证明、债权消灭或者权利人放弃预告登记的材料,以及法律、行政法规规定的其他必要材料申请注销预告登记:(1)预告登记的权利人放弃预告登记的;(2)债权消灭的;(3)法律、行政法规规定的其他情形。

★★★查封登记

人民法院要求不动产登记机构办理查封登记的,应当提交下列材料:(1)人民法院工作人员的工作证;(2)协助执行通知书;(3)其他必要材料。

两个以上人民法院查封同一不动产的,不动产登记机构应当为先送达协助执行通知书的人民法院办理查封登记,对后送达协助执行通知书的人民法院办理轮候查封登记。

轮候查封登记的顺序按照人民法院协助执行通知书送达不动产登记机构的时间先后进行排列。查封期间,人民法院解除查封的,不动产登记机构应当及时根据人民法院协助执行通知书注销查封登记。不动产查封期限届满,人民法院未续封的,查封登记失效。人民检察院等其他国家有权机关依法要求不动产登记机构办理查封登记的,参照上述规定办理。

法律与规范链接

▲ 必读法条

《不动产登记暂行条例》

第3条 不动产首次登记、变更登记、转移登记、注销登记、更正登记、异议登记、预告登记、查封登记等,适用本条例。

第5条 下列不动产权利,依照本条例的规定办理登记:

(一)集体土地所有权;

(二)房屋等建筑物、构筑物所有权;

(三)森林、林木所有权;

(四)耕地、林地、草地等土地承包经营权;

(五)建设用地使用权;

(六)宅基地使用权;

(七)海域使用权;

(八)地役权;

(九)抵押权;

(十)法律规定需要登记的其他不动产权利。

△ **延伸法条**

国土资源部《在京中央国家机关用地土地登记办法》(国土资源部令第6号,2000年10月23日发布施行)

《不动产登记暂行条例实施细则》(国土资源部令第63号,2016年1月1日起施行)

典型案例

某A诉房屋登记机构撤销其房屋交易行为与产权证案

【案情概述】

1993年5月,甲将一套住房赠与乙,并到房屋登记机构办理了转移登记,领取了所有权证,但乙没有办理土地使用权变更,而是涂改了《国有土地使用权申报证明书》(改甲为乙)。1996年,乙以此房屋抵押贷款75万元,登记机构审核了房产证和涂改的《国有土地使用权申报证明书》,办理了抵押。后乙无力偿还贷款,房屋卖给A,清偿了贷款。A过户领取产权证。后人举报乙涂改土地申报证,登记机构撤销了乙和A的交易及A的产权证。A不服,提起诉讼,并补领了国有土地证。法院判决登记机构撤销决定。

【关键问题】

土地使用权证(证明)是否为办理房屋转移登记的必要条件?

【简要评论】

办理房屋所有权转移,并未要求提供国有土地证,不是房屋转移登记的要件。房屋登记机构因为乙涂改《土地使用权申报证明书》,撤销A的产权证无法可依。初始登记的程序(一手房)是房随地走;存量房(二手房)的转让是地随房走。法院判决登记机构撤销决定是正确的,登记机构依职权只能够注销房产证,而没有权利撤销乙和A之间的交易行为,因其是合法的民事行为,登记机构不应该干预。土地使用权申报证明不是办理房屋登记的必备要件。

延伸阅读

1. 程啸:《我国法上的不动产权利体系与不动产登记能力》,载《中国不动产法研究》2016 年第 1 期;
2. 尹飞:《房屋登记的概念与基本原则》,载《中国房地产》2008 年第 4 期;
3. 高圣平:《动产抵押登记的法理——以〈动产抵押登记办法〉的修改为中心》,载《法学》2016 年第 2 期;
4. 高圣平:《不动产权利的登记能力——评〈不动产登记暂行条例(征求意见稿)〉第 4 条》,载《政治与法律》2014 年第 12 期。

第三节　不动产登记的程序

知识要点

一、申请与受理

★★★申请登记(2015 年卷一第 29 题)

当事人或者其代理人应当到不动产登记机构办公场所申请不动产登记。不动产登记机构将申请登记事项记载于不动产登记簿前,申请人可以撤回登记申请。

因买卖、设定抵押权等申请不动产登记的,应当由当事人双方共同申请。属于下列情形之一的,可以由当事人单方申请:

(1)尚未登记的不动产首次申请登记的;

(2)继承、接受遗赠取得不动产权利的;

(3)人民法院、仲裁委员会生效的法律文书或者人民政府生效的决定等设立、变更、转让、消灭不动产权利的;

(4)权利人姓名、名称或者自然状况发生变化,申请变更登记的;

(5)不动产灭失或者权利人放弃不动产权利,申请注销登记的;

(6)申请更正登记或者异议登记的;

(7)法律、行政法规规定可以由当事人单方申请的其他情形。

申请不动产登记的,申请人应当填写登记申请书,并提交身份证明以及相关申请材料。

申请材料应当提供原件。因特殊情况不能提供原件的,可以提供复印件,复印件应当与原件保持一致。

处分共有不动产申请登记的,应当经占份额2/3以上的按份共有人或者全体共同共有人共同申请,但共有人另有约定的除外。

按份共有人转让其享有的不动产份额,应当与受让人共同申请转移登记。

无民事行为能力人、限制民事行为能力人申请不动产登记的,应当由其监护人代为申请。

监护人代为申请登记的,应当提供监护人与被监护人的身份证或者户口簿、有关监护关系等材料;因处分不动产而申请登记的,还应当提供为被监护人利益的书面保证。

★★★受理

不动产登记机构收到不动产登记申请材料,应当分别按照下列情况办理:

(1)属于登记职责范围,申请材料齐全、符合法定形式,或者申请人按照要求提交全部补正申请材料的,应当受理并书面告知申请人;

(2)申请材料存在可以当场更正的错误的,应当告知申请人当场更正,申请人当场更正后,应当受理并书面告知申请人;

(3)申请材料不齐全或者不符合法定形式的,应当当场书面告知申请人不予受理并一次性告知需要补正的全部内容;

(4)申请登记的不动产不属于本机构登记范围的,应当当场书面告知申请人不予受理并告知申请人向有登记权的机构申请。

不动产登记机构未当场书面告知申请人不予受理的,视为受理。

二、查验、查看与公告

★★★审查并公告

国土资源行政主管部门受理土地登记申请后,认为必要的,可以就有关登记事项向申请人询问,也可以对申请登记的土地进行实地查看。不动产登记机构认为登记事项存在异议的,应当依法向有关机关提出审查建议。

不动产登记机构受理不动产登记申请后,还应当对下列内容进行查验:(1)申请人、委托代理人身份证明材料以及授权委托书与申请主体是否一致;(2)权属来源材料或者登记原因文件与申请登记的内容是否一致;(3)不动产界址、空间界限、面积等权籍调查成果是否完备,权属是否清楚、界址是否清晰、面积是否准确;(4)法律、行政法规规定的完税或者缴费凭证是否齐全。

不动产登记机构进行实地查看,重点查看下列情况:(1)房屋等建筑物、构筑物所有权首次登记，查看房屋坐落及其建造完成等情况；(2)在建建筑物抵押权登记，查看抵押的在建建筑物坐落及其建造等情况；(3)因不动产灭失导致的注销登记，查看不动产灭失等情况。

同时，《不动产登记暂行条例实施细则》明确规定：有下列情形之一的，不动产登记机构应当在登记事项记载于登记簿前进行公告，但涉及国家秘密的除外：(1)政府组织的集体土地所有权登记；(2)宅基地使用权及房屋所有权，集体建设用地使用权及建筑物、构筑物所有权，土地承包经营权等不动产权利的首次登记；(3)依职权更正登记；(4)依职权注销登记；(5)法律、行政法规规定的其他情形。

公告应当在不动产登记机构门户网站以及不动产所在地等指定场所进行，公告期不少于15个工作日。公告所需时间不计算在登记办理期限内。公告期满无异议或者异议不成立的，应当及时记载于不动产登记簿。

不动产登记公告的主要内容包括：(1)拟予登记的不动产权利人的姓名或者名称；(2)拟予登记的不动产坐落、面积、用途、权利类型等；(3)提出异议的期限、方式和受理机构；(4)需要公告的其他事项。

三、核发证书或者证明

★★★填写并核发不动产权属证书或者不动产登记证明

不动产登记机构应当根据不动产登记簿，填写并核发不动产权属证书或者不动产登记证明。

除办理抵押权登记、地役权登记和预告登记、异议登记，向申请人核发不动产登记证明外，不动产登记机构应当依法向权利人核发不动产权属证书。

不动产权属证书和不动产登记证明，应当加盖不动产登记机构登记专用章。

不动产权属证书和不动产登记证明样式，由国土资源部统一规定。申请共有不动产登记的，不动产登记机构向全体共有人合并发放一本不动产权属证书；共有人申请分别持证的，可以为共有人分别发放不动产权属证书。

共有不动产权属证书应当注明共有情况，并列明全体共有人。

不动产权属证书或者不动产登记证明污损、破损的，当事人可以向不动产登记机构申请换发。符合换发条件的，不动产登记机构应当予以换发，并收回原不动产权属证书或者不动产登记证明。

不动产权属证书或者不动产登记证明遗失、灭失，不动产权利人申请补发的，由不动产登记机构在其门户网站上刊发不动产权利人的遗失、灭失声明15个工作日后，予以补发。

不动产登记机构补发不动产权属证书或者不动产登记证明的，应当将补发不动产权属证书或者不动产登记证明的事项记载于不动产登记簿，并在不动产权属证书或者不动产登记证明上注明“补发”字样。

因不动产权利灭失等情形，不动产登记机构需要收回不动产权属证书或者不动产登记证明的，应当在不动产登记簿上将收回不动产权属证书或者不动产登记证明的事项予以注明；确实无法收回的，应当在不动产登记机构门户网站或者当地公开发行的报刊上公告作废。

法律与规范链接

▲ 必读法条

《不动产登记暂行条例》

第4条　国家实行不动产统一登记制度。

不动产登记遵循严格管理、稳定连续、方便群众的原则。

不动产权利人已经依法享有的不动产权利，不因登记机构和登记程序的改变而受到影响。

第6~7条（见本书第103页）

△ 延伸法条

国土资源部《在京中央国家机关用地土地登记办法》（国土资源部令第6号，2000年10月23日发布施行）

《不动产登记暂行条例实施细则》（国土资源部令第63号，2016年1月1日起施行）

典型案例

胡某轩、王某2、谢某群、王某1、王某华、方某柏诉四川省广安市广安区人民政府、四川省广安市国土资源局广安区分局土地行政登记案

【案情概述】

王某2（王某2系王某1之父）等人根据四川省广安市广安区白市镇人民政府

(以下简称白市镇政府)城乡规划建设以及该镇洗马村组的规定,在保留原宅基地前提下,通过补交了相应款项后取得了该村另一处宅基地,即本案争议土地,地段为洗马村5组50号,地号为153,040,514。2008年7月3日王某2等人取得了该宗土地《建设用地规划许可证》。2007年1月19日胡某轩与其女儿胡某翠将户口从四川省广安市广安区肖溪镇漆寨村6组迁到四川省广安市广安区白市镇洗马村5组。2008年至2010年期间,胡某轩与王某2等人利用该宗土地修建了二通五楼商住房屋。2009年10月28日,胡某轩以自己名义就本案诉争土地提出农村居民宅基地登记申请,申请表当中"宅基证编号、继承方式、建设用地规划许可证"等能证明该宗土地权属来源的信息空白,以及该宗土地地籍调查表当中关于土地权属来源的信息也为空白。地籍调查表中广安区国土分局做出审核意见记载为:"经审查,该宗土地权属来源合法,界址清楚,面积准确,无争议,调查结果合格。"审批时间为2009年11月18日。

胡某轩与其女儿胡某翠于2010年12月21日已将户籍从四川省广安市广安区白市镇洗马村5组迁出至四川省广安市广安区白市镇白市村5组35号。2013年3月20日,白市镇政府对讼争土地进行公示;2013年4月1日四川省广安市广安区白市镇洗马村出具了一份证明,证明内容为"胡某轩,家庭人口为2人,因原住房多年失修垮了,2008年建房解决居住,占地面积108平方米,因原宅基证已失,现特此证明,前来办理土地使用证"。2013年4月17日,广安区国土分局与广安区政府对案争的土地登记予以批准;2014年4月15日广安区国土分局与广安区政府颁发了白市集用(2014)第01223号《集体土地使用权证》(以下简称集体土地使用权证)。2015年2月25日,王某2等人向广安区国土分局与广安区政府提出申请撤销该集体土地使用权证。2016年4月11日和4月18日,王某2等人就本案争议事实先后向四川省广安市前锋区人民法院、四川省广安市中级人民法院提起行政诉讼,均因被告诉讼主体资格问题而申请撤回起诉,前述法院均裁定准予撤诉。王某2等人将被告变更为广安区政府和广安区国土分局后,再次于2016年6月7日向四川省广安市中级人民法院提起本案诉讼。请求依法撤销广安区国土分局与广安区政府颁发给胡某轩的《集体土地使用权证》,案件受理费由广安区国土分局与广安区政府负担。四川省广安市中级人民法院认为,广安区国土分局与广安区政府没有要求胡某轩提供原宅基地证编号与建设用地规划许可证,以及农村建房申请书,而是根据一份不客观真实的证明,给胡某轩办理了集体土地使用权证书,属于作出土地确权登记行为所依据的主要证据不足。广安区国土分局与广安区政府作出讼争土地登记的审批、土地登记的公示，均未依据有效的土地权属来源证明，亦属于作出本案行政行为的主要证据不足。据此，该院作出(2016)川16行初11号行政判决，撤销广安区政府、广安区国土分局登记在胡某轩名义下的《集体土地使用权证》。

广安区政府、广安区国土分局以及胡某轩不服上述一审判决，向四川省高级人民法院提起上诉。

四川省高级人民法院二审查明的事实与一审查明的事实基本一致。但一审认定的广安区国土分局于2009年11月18日在地籍调查表中作出审核意见的事实不当，应认定为白市镇政府于2009年11月18日在地籍调查表中作出审核意见。

四川省高级人民法院认为，广安区政府、广安区国土分局在未查明土地权属来源的情况下，就为胡某轩办理了集体土地使用权证，属于土地确权登记行为所依据的主要证据不足。一审判决撤销广安区政府、广安区国土分局向胡某轩颁发的《集体土地使用权证》，并无不当。据此，该院遂判决驳回上诉，维持一审判决。

胡某轩向本院申请再审称，王某2等人不得以其先行取得的《建设用地规划许可证》来对抗胡某轩获得的《集体土地使用权证》，胡某轩取得涉案《集体土地使用权证》程序合法、真实有效，广安区政府、广安区国土分局颁证不存在任何过错。一、二审法院认定事实不清、证据不足，适用法律错误。请求依法撤销二审判决，再审本案。

本院认为，根据《中华人民共和国物权法》第12条第1款的规定，登记机构应当履行查验土地权属证明和其他必要材料，如实、及时登记有关事项等职责。《土地登记办法》第14条第1款规定，国土资源行政主管部门应当对受理的土地登记申请进行审查。本案中，胡某轩与其女儿胡某翠于2007年1月19日才将户籍从四川省广安市广安区肖溪镇漆寨村六组迁到四川省广安市广安区白市镇洗马村五组，后于2008年至2010年期间与王某2等人共同在涉案土地上建房，并于2010年12月21日将其户籍迁至白市镇白市村5组35号。而四川省广安市广安区白市镇洗马村出具的证明却记载胡某轩一户“原住房多年失修垮了”“原宅基证已失”，内容明显与事实不符。广安区政府、广安区国土分局未依法正确履行相应职责，仅依据内容明显不真实的证明为胡某轩颁发涉案《集体土地使用权证》，该行政行为所依据的主要证据不足。一审判决撤销广安区政府、广安区国土分局登记在胡某轩名义下的白市集用(2014)第01223号《集体土地使用权证》，二审维持一审判决，并无不当。最终四川省高级人民法院认为胡某轩的再审申请不符合《中华人民共和国行政诉讼法》第91条规定的情形。依照《中华人民共和国行政诉讼法》第101条、

《中华人民共和国民事诉讼法》第204条第1款之规定，裁定驳回胡某轩的再审申请。

【关键问题】

1.《土地登记办法》失效被废止后，关于土地登记申请是否仍需审查？

2. 审查的事项有哪些？程序如何？

3. 广安区政府、广安区国土分局的做法有无不妥？

【简要评论】

2008年施行的《土地登记办法》虽然已被废止，但是现行《不动产登记暂行条例》第18条规定：不动产登记机构受理不动产登记申请的，应当按照下列要求进行查验：(1)不动产界址、空间界限、面积等材料与申请登记的不动产状况是否一致；(2)有关证明材料、文件与申请登记的内容是否一致；(3)登记申请是否违反法律、行政法规规定。第19条指出，属于下列情形之一的，不动产登记机构可以对申请登记的不动产进行实地查看：(1)房屋等建筑物、构筑物所有权首次登记；(2)在建建筑物抵押权登记；(3)因不动产灭失导致的注销登记；(4)不动产登记机构认为需要实地查看的其他情形。对可能存在权属争议，或者可能涉及他人利害关系的登记申请，不动产登记机构可以向申请人、利害关系人或者有关单位进行调查。不动产登记机构进行实地查看或者调查时，申请人、被调查人应当予以配合。据此，虽然《土地登记办法》失效，但是对于土地登记的申请仍需进行事实审查和程序审查。

《不动产登记暂行条例实施细则》第15条明确规定：不动产登记机构受理不动产登记申请后，还应当对下列内容进行查验：(1)申请人、委托代理人身份证明材料以及授权委托书与申请主体是否一致；(2)权属来源材料或者登记原因文件与申请登记的内容是否一致；(3)不动产界址、空间界限、面积等权籍调查成果是否完备，权属是否清楚、界址是否清晰、面积是否准确；(4)法律、行政法规规定的完税或者缴费凭证是否齐全。依据此条文结合上文所述规定，不动产登记机构在受理土地登记申请之后，应当进行审查，必要时可以进行实地查看，具体审查事项包括：不动产界址、空间界限、面积等材料与申请登记的不动产状况是否一致；有关证明材料、文件与申请登记的内容是否一致；法律、行政法规规定的完税或者缴费凭证是否齐全；权属来源材料或者登记原因文件与申请登记的内容是否一致；登记申请是否违反法律、行政法规规定等。

根据上述分析，本案例中广安区国土分局、广安区政府在在未查明土地权属来源的情况下，就为胡某轩办理了集体土地使用权证，而且仅以“原住房多年失修垮了""原宅基证已失"这一内容明显与事实不符的证明办理涉案集体土地使用权证，事实审查不清，程序有误，做法欠妥。

【核心知识】

不动产登记机构在受理土地登记的申请之后，应当对权属来源、土地面积、证明材料等进行审查，必要时可以进行实地查看。

延伸阅读

1. 尹飞:《论更正登记的申请材料与审查》，载《中国房地产》2009 年第 2 期；
2. 程啸:《论异议登记的法律效力与构成要件》，载《法学家》2011 年第 5 期；
3. 刘万金:《土地部门对土地登记资料的公开职责》，载《人民司法(案例)》2017 年第 5 期。

第四章　房地产开发用地

教学目标

1. 识记房地产开发用地的含义和特征，掌握土地使用权出让制度及协议、招标、拍卖、挂牌四种出让方式。
2. 掌握土地使用权划拨制度，掌握土地使用权转让制度，掌握国有土地租赁制度。

推荐参考资料

1. 陈耀东主编:《房地产法》，复旦大学出版社 2012 年版；
2. 陈耀东主编:《新编房地产法学》，北京大学出版社 2009 年版；
3. 魏海军、于振明、纪凯主编:《城市建设管理法制概述》，东北大学出版社 2012 年版；
4. 温海珍主编:《房地产开发与经营》，浙江大学出版社 2012 年版；
5. 康耀江、刘毅、秦凤伟编著:《房地产法律与制度》，清华大学出版社 2012 年版。

第一节　房地产开发用地概述

知识要点

一、房地产开发用地的概念

☆房地产开发用地的含义

根据《城市房地产管理法》(2009 年修正)第 2 条规定，**房地产开发**是指在依据该法取得国有土地使用权的土地上进行基础设施、房屋建设的行为。**房地产开发用地**是指房地产开发企业依法取得国有土地使用权用以进行投资开发建设基础设施和房屋的国有土地。

★★房地产开发用地的特征

(1)房地产开发用地是建设用地。《土地管理法》第4条根据土地用途,将土地划分为农用地、建设用地和未利用地三类,房地产开发用地,在用途上属于建设用地的一种。

(2)房地产开发用地以国有建设用地为主。根据现行法律、法规的有关规定,房地产开发用地目前限于国有建设用地,集体土地不能作为房地产用地进行开发建设;集体建设用地除非经依法征收为国家所有,否则不得用于经营性房产开发。然而随着近年来农村经济的发展,中共中央第十七届三中全会提出加快形成城乡经济社会发展一体化新格局,集体建设用地用于房地产开发呈现逐渐放开趋势。2017年8月,国土资源部会同住房城乡建设部根据地方自愿,确定第一批在北京、上海、沈阳、南京、杭州、合肥、厦门、郑州、武汉、广州、佛山、肇庆、成都等13个城市开展利用集体建设用地建设租赁住房试点,并制定了《利用集体建设用地建设租赁住房试点方案》。

(3)房地产开发用地的建设用地使用权具有一定期限。《城镇国有土地使用权出让和转让暂行条例》第12条规定:土地使用权出让最高年限按下列用途确定:居住用地70年;工业用地50年;教育、科技、文化、卫生、体育用地50年;商业、旅游、娱乐用地40年;综合或者其他用地50年。

★★★房地产开发用地的种类

房地产开发用地,包括两类用地,即基础设施建设用地和房屋建设用地。基础设施建设用地一般是指供水、排水、污水处理设施建设用地;供电、通信设施建设用地;煤气、热水设施建设用地;道路、桥梁、公共交通设施建设用地;园林绿化、环境卫生建设用地以及消防、路标、路灯等设施建设用地。因而它又被称为土地开发用地。房屋建设用地一般是指住宅建设用地;工业、交通、仓库用房、商业服务用房,文化、娱乐用房,教育、医疗、科研用房以及办公用房等各类房屋建设用地。房屋建设用地又称房屋开发用地。

二、房地产开发用地的取得

★房地产开发用地的取得方式

房地产开发用地的取得方式在一级市场上主要有土地出让和土地划拨两种形式。目前我国房地产开发用地绝大多数通过出让方式取得,只有部分保障性住房项目是通过划拨方式取得土地使用权的。二级市场是建设用地使用权交易市场,主要通过建设用地使用权的转让来取得房地产开发用地。

★★★房地产开发用地的取得原则

1. 保护耕地原则。由于城市国有土地资源有限，为了供应房地产开发用地，国家近年来征收了大量的农村集体土地。在征收集体土地的过程当中应当强调对耕地的保护，必须将保护耕地作为取得房地产开发用地的基本原则。

2. 符合土地相关规划原则。土地相关规划是政府为了其所管理的行政区域实现一定时期内的经济和社会发展的目标，对当地的土地利用和建筑布局进行总体规范和计划的行政行为。取得房地产开发用地，必须符合土地利用总体规划、城市规划和年度建设用地计划。

3. 国有土地有偿取得原则。我国目前的国有土地取得以有偿使用为原则，以无偿使用为例外，严格规定无偿取得国有土地的条件，限制无偿取得国有土地的范围。土地是不可再生的宝贵资源，通过实行国有土地有偿使用，土地资源的价值在经济上得到了体现，土地资源得到了高效和合理的配置。

★★★房地产开发用地与土地储备制度

根据《土地储备管理办法》（国土资规〔2017〕17号），土地储备制度，是指国家按照土地利用总体规划和城市规划，通过征收、收购、换地、转制和到期回收等方式，从分散的土地使用者手中把土地集中起来，对国有土地进行房屋的拆迁、土地的平整等前期开发后将之变为可建设的房地产开发用地并进行储备，再根据城市土地出让计划，通过招标、拍卖等程序，有计划的将土地投入市场的一项制度。土地储备工作统一归口国土资源主管部门管理，土地储备机构承担土地储备的具体实施工作。财政部门负责土地储备资金及形成资产的监管。

土地储备制度是土地供应和管理的一种改革，其有利之处是保障国家成为包括房地产开发用地在内的土地的统一供应者，实现土地的统一征收、统一开发、统一出让和统一管理。

法律与规范链接

▲ 必读法条

《城市房地产管理法》

第2条　在中华人民共和国城市规划区国有土地（以下简称国有土地）范围内取得房地产开发用地的土地使用权，从事房地产开发、房地产交易，实施房地产管理,应当遵守本法。

本法所称房屋,是指土地上的房屋等建筑物及构筑物。

本法所称房地产开发,是指在依据本法取得国有土地使用权的土地上进行基础设施、房屋建设的行为。

本法所称房地产交易,包括房地产转让、房地产抵押和房屋租赁。

《土地管理法》

第3条 十分珍惜、合理利用土地和切实保护耕地是我国的基本国策。各级人民政府应当采取措施,全面规划,严格管理,保护、开发土地资源,制止非法占用土地的行为。

第4条(见本书第44页)

第8条 (见本书第59页)

第9条 国有土地和农民集体所有的土地,可以依法确定给单位或者个人使用。使用土地的单位和个人,有保护、管理和合理利用土地的义务。

第10条 农民集体所有的土地依法属于村农民集体所有的,由村集体经济组织或者村民委员会经营、管理;已经分别属于村内两个以上农村集体经济组织的农民集体所有的,由村内各该农村集体经济组织或者村民小组经营、管理;已经属于乡(镇)农民集体所有的,由乡(镇)农村集体经济组织经营、管理。

第11条 农民集体所有的土地,由县级人民政府登记造册,核发证书,确认所有权。

农民集体所有的土地依法用于非农业建设的,由县级人民政府登记造册,核发证书,确认建设用地使用权。

《土地储备管理办法》(国土资规〔2017〕17号)

(二)土地储备是指县级(含)以上国土资源主管部门为调控土地市场、促进土地资源合理利用,依法取得土地,组织前期开发、储存以备供应的行为。土地储备工作统一归口国土资源主管部门管理,土地储备机构承担土地储备的具体实施工作。财政部门负责土地储备资金及形成资产的监管。

(三)土地储备机构应为县级(含)以上人民政府批准成立、具有独立的法人资格、隶属于所在行政区划的国土资源主管部门、承担本行政辖区内土地储备工作的事业单位。国土资源主管部门对土地储备机构实施名录制管理。市、县级国土资源主管部门应将符合规定的机构信息逐级上报至省级国土资源主管部门,经省级国土资源主管部门审核后报国土资源部,列入全国土地储备机构名录,并定期更新。

△ 延伸法条

《城市房地产开发经营管理条例》

第2条　本条例所称房地产开发经营，是指房地产开发企业在城市规划区内国有土地上进行基础设施建设、房屋建设，并转让房地产开发项目或者销售、出租商品房的行为。

第5条　设立房地产开发企业，除应当符合有关法律、行政法规规定的企业设立条件外，还应当具备下列条件：

（一）有100万元以上的注册资本；

（二）有4名以上持有资格证书的房地产专业、建筑工程专业的专职技术人员，2名以上持有资格证书的专职会计人员。

省、自治区、直辖市人民政府可以根据本地方的实际情况，对设立房地产开发企业的注册资本和专业技术人员的条件作出高于前款的规定。

《城镇国有土地使用权出让和转让暂行条例》

第2条　国家按照所有权与使用权分离的原则，实行城镇国有土地使用权出让、转让制度，但地下资源、埋藏物和市政公用设施除外。

前款所称城镇国有土地是指市、县城、建制镇、工矿区范围内属于全民所有的土地（以下简称土地）。

第3条　中华人民共和国境内外的公司、企业、其他组织和个人，除法律另有规定者外，均可依照本条例的规定取得土地使用权，进行土地开发、利用、经营。

第4条　依照本条例的规定取得土地使用权的土地使用者，其使用权在使用年限内可以转让、出租、抵押或者用于其他经济活动，合法权益受国家法律保护。

典型案例

甲房地产开发有限公司与臧某等建设用地使用权转让合同纠纷案[1]

【案情概述】

甲房地产开发有限公司与臧某等于2009年9月4日，双方签订了《土地使用权

---

[1] 案件来源：北大法宝：http://www. pkulaw. cn/case/pfnl _ a25051f3312b07f39e7bd852954bf846a3a377af8bd743f8bdfb. html? keywords = % E5% 8F% 91% E6% 88% BF% E5% 9C% B0% E4% BA% A7% E5% BC% 80% E5% 8F% 91% E7% 94% A8% E5% 9C% B0&match = Fuzzy，最后访问日期：2018年5月2日。

转让协议》,该协议书约定臧某将位于A市B街道办事处C村的土地使用权转让给甲公司,法院查明一审法院查明和认定的基本事实是:2009年9月4日,双方签订《土地使用权转让协议》,协议约定,臧某转让给甲公司位于C村土地,转让价格720万元。2009年9月9日,甲公司法定代表人张某向臧某支付土地转让款定金100万元,支票号××××;2009年9月11日支付土地转让款200万元,支票号××××;2009年10月14日支付土地转让款220万元,支票号××××;2010年7月12日支付付土地转让款200万元,其中支票24,000元,银行汇款1,976,000元。共计720万元。2010年7月13日,臧某出具证明一份,证明甲公司已付清720全部土地转让款。

2013年10月31日,甲公司与臧某共签订三份《协议书》,时间落款均为2013年10月31日。三份协议书相同部分的约定为:因甲公司拖欠臧某借款500万元,双方于2009年签订的《土地使用权转让协议》解除;土地及地上一切附着物归臧某所有;《土地使用权转让协议》解除后,720万元土地转让款由臧某扣除甲公司所欠的500万本金及利息后,剩余款项待土地转让后付给甲公司;甲公司自2009年9月4日至本协议签订之日所收取的房屋土地租赁费归甲公司所有,本协议签订后土地及房屋租赁费归臧某所有。其中两份协议在同一处手写添加一条内容为"本协议自2013年10月31日至2014年4月30日,按约定付息可提前还款,还清后本协议给甲公司。"该两份协议最后签字捺印为:张某、臧某。其中一份协议内容完整,没有手动改写部分,协议内容增加一条为"如甲公司在2014年4月30日之前将所欠臧某借款付清,臧某必须无条件将上述地产以原件720万元再次转让给甲公司"。该协议最后签字捺印为:张某、臧某。

另查明,涉案土地系C村村集体所有。2014年6月,甲公司与案外人签订债权转让协议,约定甲公司将与臧某签订土地使用权转让协议债权一次性转让给赵某,赵某在本案中不向臧某主张权利。

【关键问题】

1. 甲公司与臧某签订的协议效力如何?

2. 臧某是否有权转让协议中的土地?

3. 甲公司应将涉案土地返还臧某还是村集体?

【简要评论】

首先关于双方签订协议效力,根据业已查明的事实,涉案土地系C村村集体所有土地,臧某与甲公司签订土地使用权转让协议,将农村集体所有土地转让给甲公司,违反了《土地管理法》第 63 条的强制性规定,双方签订的转让协议应认定为无效协议。

此外,双方签订的转让协议的标的物是土地使用权,根据“房随地走”原则,双方在转让土地使用权时地上建筑物亦随之转移。因此,甲公司以地上建筑物不得以已取得房产证为由主张转让协议部分无效。

虽然涉案土地使用权归村集体所有,但甲公司与臧某系转让协议的合同双方当事人,且臧某已取得地上建筑物的房屋所有权证书,根据合同相对性原则,甲公司应当将涉案土地及地上建筑物返还给出让方臧某。

延伸阅读

1. 李建建、戴双兴:《中国城市土地使用制度改革 60 年回顾与展望》,载《经济研究参考》2009 年第 63 期;
2. 刘桂林主编:《房地产法律政策适用指引》,中国法制出版社 2009 年版。

第二节　建设用地使用权出让法律制度

知识要点

一、建设用地使用权出让的概念与特征

根据土地用途的不同,土地可分为:农用地、建设用地和未利用地。**就房地产而言,关注土地的“建设用地”用途才是有意义的,因此,“土地使用权”在房地产范畴内也就意指“建设用地使用权”**,如不作特别说明,本文所称的“建设用地使用权”与“土地使用权”名称通用。

☆建设用地使用权出让的概念

根据《城镇国有土地使用权出让和转让暂行条例》第 8 条的规定,**土地使用权出让**是指国家以土地所有人身份将土地使用权在一定期限内让与使用者,由土地使用者向国家支付土地出让金的行为。《物权法》第 135 条规定:“建设用地使用权人依法对国家所有的土地享有占有、使用和收益的权利,有权利用该土地建造建筑物、构筑物及其附属设施。”因此,建设用地使用权是指建设用地使用权人对国家所有的土地享有占有、使用、收益以及利用该土地建造建筑物、构筑物及其附属设施

的权利。“建设用地使用权出让”一词是国人的创造，为国外所没有，是参考香港“批租”制度并结合我国国情创设[1]。

★**建设用地使用权出让的特征**（2015年卷一第72题）

1. 建设用地使用权出让是一种民事法律行为

建设用地使用权出让的双方，一方为出让人，另一方为受让人。出让人为国家，即国有土地的所有权人，是民法上的特殊民事主体。受让人为自然人和法人。双方当事人法律地位平等，国家行使的并非是行政权而是所有权，不是以政权代表身份出现而是以所有者代表身份出现，在出让行为中国家并不具有法律上的优越地位，双方均应遵循平等自愿原则。出让行为所采取协议、招标、拍卖等方式均是典型的民事法律行为方式，是民法中债的发生形式。出让标的是建设用地使用权，而建设用地使用权是他物权，属于民事权利的一种。出让合同所规定的权利义务具有对等性，一方支付建设用地使用权出让金，另一方需提供出让的土地；如果一方未依合同约定提供出让的土地，另一方有权解除合同并可请求对方承担违约责任。

2. 建设用地使用权出让是一种设权行为

建设用地使用权出让是土地所有者（即国家）为建设用地使用者设定他物权即建设用地使用权的行为。建设用地使用权人可依照法律规定占有、使用土地并获得收益，同时可作一定限度的处分，并可排除他人的妨害。建设用地使用权人享有物上请求权，对于无权占有或侵夺其土地的，可以请求返还土地；对于侵害其行使建设用地使用权的，可以请求停止侵害；对于有妨害其行使建设用地使用权可能的，可以请求排除妨害。

3. 建设用地使用权出让是一种有偿行为

建设用地使用权出让是出让财产的民事法律行为，而财产性民事法律行为须贯彻等价有偿原则，所以建设用地使用者以出让方式取得建设用地使用权须向国家（即土地所有者）支付建设用地使用权出让金。出让金的本质是土地所有者凭借土地所有权而取得的土地的经济利益，是建设用地使用者向土地所有者所支付的货币在法律上的表现，一般以建设用地使用者向土地所有者支付一定数额的货币为表现形式。在实践中，建设用地使用权出让金的构成，除一定年限的地租外，还包括土地出让前国家对土地的开发成本以及有关的征地拆迁补偿安置等

---

[1]　高富平、黄武双：《房地产法新论》，中国法制出版社2002年第2版，第92页。

费用。

★建设用地使用权出让所附随的特殊义务

建设用地使用权的出让附随有特殊的义务，具体如下：

(1)权利的有期性。建设用地使用权出让皆附有期限，并由出让合同具体约定，但最高出让年限不得违反法律的规定，即《城镇国有土地使用权出让和转让暂行条例》中关于出让最高年限的规定。

(2)依据物权法定主义原则，建设用地使用权的设定，其权利义务内容皆由法律规定，当事人不得自行约定，建设用地使用者应在法定限度内行使权利内容，并对土地负有管理、保护和合理利用的义务。

(3)权利客体的特定性。建设用地使用权出让是设立一定期限的建设用地使用权，而不是土地，建设用地使用权的客体仅及于土地，矿藏、埋藏物不是建设用地使用权的客体，"地表或者地下的矿产资源的国家所有权，不因其所依附的土地所有权或者使用权的不同而改变"，建设用地使用者不能以建设用地使用权来对抗矿藏的国家所有权以及埋藏物主人的所有权，建设用地使用权人也不得凭借先占取得无主埋藏物的所有权，无主埋藏物的所有权属于国家。

二、建设用地使用权出让的主体与客体

★★建设用地使用权出让的主体

土地使用权的出让人是特定的，**作为土地所有权人的国家是土地使用权出让的主体**，由县级以上人民政府代表国家出让国有土地使用权，除此之外，其他任何组织、个人均无权对国有土地使用权进行有偿出让。根据《城市房地产管理法》第12条的规定，土地使用权的出让由市、县人民政府土地管理部门实施。但这里的土地管理部门只是国家所有权人的代表人，而不是出让人。

土地使用权的受让人即是欲获得土地使用权的人，《城镇国有土地使用权出让和转让暂行条例》第3条对此作了明确规定："中华人民共和国境内外的公司、企业、其他组织和个人，除法律另有规定者外，均可依照本条例的规定取得土地使用权，进行土地开发、利用、经营。"

★★建设用地使用权出让的客体

土地使用权出让法律关系的**客体是特定的，即有一定期限的土地使用权，而不是土地所有权本身**。尽管出让人要向受让人交付土地，由受让人占有使用，但出让合同并不移转土地所有权。也就是说，出让人转让的不是土地本身，而是对土地一

定期限的使用权。**欲进行出让的土地需要满足如下条件：**

第一，必须为国有土地。《土地管理法》第43条第1款规定："任何单位和个人进行建设，需要使用土地的，必须依法申请使用国有土地；但是，兴办乡镇企业和村民建设住宅经依法批准使用本集体经济组织农民集体所有的土地的，或者乡（镇）村公共设施和公益事业建设经依法批准使用农民集体所有的土地的除外。"一般只有国有土地才可以以出让方式转让土地使用权，农村土地不能以出让方式转让土地使用权。城市规划区内集体所有的土地，也不能直接以出让方式创设国有土地使用权。城市规划区内集体所有的土地，经依法征收转为国有土地后，其国有土地的使用权方可有偿出让。

第二，经政府批准。《土地管理法》第53条规定，经批准的建设项目需要使用国有建设用地的，建设单位应当持法律、行政法规规定的有关文件，向有批准权的县级以上人民政府土地行政主管部门提出建设用地申请，经土地行政主管部门审查，报本级人民政府批准。审批制度的主要目的是保证国家对建设用地实行总量控制和年度建设用地控制。此外，土地使用权出让必须符合土地利用总体规划，城市规划。

★建设用地使用权出让的批准权限

国家对建设用地实行年度建设用地控制和总量控制，建设用地使用权出让的批准权属于国务院及县级以上地方人民政府。《土地管理法》第53条规定："经批准的建设项目需要使用国有建设用地的，建设单位应当持法律、行政法规规定的有关文件，向有批准权的县级以上人民政府土地行政主管部门提出建设用地申请，经土地行政主管部门审查，报本级人民政府批准。"《城市房地产管理法》第12条第1款规定："土地使用权出让，由市、县人民政府有计划、有步骤地进行。出让的每幅地块、用途、年限和其他条件，由市、县人民政府土地管理部门会同城市规划、建设、房产管理部门共同拟订方案，按照国务院规定，报经有批准权的人民政府批准后，由市、县人民政府土地管理部门实施。"

建设用地使用权出让的批准，是一种政府行为、行政行为。但应明确的是，通过行政方式取得的建设用地使用权是民事权利，绝对不能因为建设用地使用权出让是依照行政方式批准而否认其民事权利性质。

三、建设用地使用权出让方式

建设用地使用权出让方式是指国家通过何种方式的民事法律行为将建设用地

使用权出让给土地使用者，**出让方式主要有协议、招标、拍卖和挂牌四种**。依据为《城市房地产管理法》第13条规定："土地使用权出让，可以采取拍卖、招标或者双方协议的方式。商业、旅游、娱乐和豪华住宅用地，有条件的，必须采取拍卖、招标方式；没有条件，不能采取拍卖、招标方式的，可以采取双方协议的方式。采取双方协议方式出让土地使用权的出让金不得低于按国家规定所确定的最低价。"国土资源部2002年7月1日起施行颁布的《招标拍卖挂牌出让国有土地使用权规定》第4条第1款规定："工业、商业、旅游、娱乐和商品住宅等经营性用地以及同一宗用地有两个以上意向用地者的，应当以招标、拍卖或者挂牌方式出让。"该规定现已于2007年被修订为《招标拍卖挂牌出让国有建设用地使用权规定》。

★★★协议出让

协议出让是指出让方和受让方经过协商，就建设用地使用权出让条件以及双方的权利义务达成一致而出让建设用地使用权的民事法律行为。具体而言，首先由建设用地使用者向政府提出用地申请，对符合协议出让条件的，市、县人民政府国土资源行政主管部门会同城市规划等有关部门制定协议出让土地方案，后与意向用地者就土地出让价格等进行充分协商而出让建设用地使用权。相对于其他出让形式，协议出让缺乏公开性和竞争性，人为因素影响较大。

就严格意义而言，协议出让建设用地使用权并无特别程序，而只是遵循一般合同的要约承诺、协商一致规则，但一般而言，建设用地使用权协议出让仍应遵循一定的程序，具体如下：

（1）政策公布阶段。市、县人民政府国土资源行政主管部门应当根据经济社会发展计划、国家产业政策、土地利用总体规划、土地利用年度计划、城市规划和土地市场状况，编制国有土地使用权出让计划，报同级人民政府批准后组织实施。国有土地使用权出让计划经批准后，市、县人民政府国土资源行政主管部门应当在土地有形市场等指定场所，或者通过报纸、互联网等媒介向社会公布。国有土地使用权出让计划应当包括年度土地供应总量、不同用途土地供应面积、地段以及供地时间等内容。

（2）申请阶段。国有土地使用权出让计划公布后，需要使用土地的单位和个人可以根据国有土地使用权出让计划，在市、县人民政府国土资源行政主管部门公布的时限内，向市、县人民政府国土资源行政主管部门提出意向用地申请。在公布的地段上，同一地块只有一个意向用地者的，市、县人民政府国土资源行政主管部门方可按照本规定采取协议方式出让；但商业、旅游、娱乐和商品住宅等经营性用地除外。

(3)协商阶段。亦即出让方和受让方就建设用地使用权出让条件及双方权利义务进行协商并达成一致意见的过程。协商过程应贯彻平等、自愿原则,禁止强迫行为。

(4)签约阶段。出让方与受让方就建设用地使用权出让条件及双方权利义务达成一致意见后与意向用地者签订国有土地使用权出让合同,以书面形式将其一致意见固定下来。

(5)履约阶段。受让方按合同的约定支付建设用地使用权出让金,出让方按合同约定提供出让的建设用地使用权,并将协议出让结果向社会公布且办理登记。《物权法》第139条规定:"设立建设用地使用权的,应当向登记机构申请建设用地使用权登记。建设用地使用权自登记时设立。登记机构应当向建设用地使用权人发放建设用地使用权证书。"合同虽已订立但未办理建设用地使用权出让登记的,不发生建设用地使用权设立的效力,因为登记是建设用地使用权设立生效的要件。需要将土地使用权出让合同约定的土地用途改变为商业、旅游、娱乐和商品住宅等经营性用途的,应当取得出让方和市、县人民政府城市规划部门的同意,签订土地使用权出让合同变更协议或者重新签订土地使用权出让合同,按变更后的土地用途,以变更时的土地市场价格补交相应的土地使用权出让金,并依法办理土地使用权变更登记手续。

★★★★招标出让

招标出让国有建设用地使用权,是指市、县人民政府国土资源行政主管部门(以下简称出让人)发布招标公告,邀请特定或者不特定的自然人、法人和其他组织参加国有建设用地使用权投标,根据投标结果确定国有建设用地使用权人的行为。

通过招标、投标和定标的竞争程序出让建设用地使用权,引入了竞争机制,主要适用于大型或关键性的投资项目,但获得建设用地使用权的并不一定是出价最高者,而是综合考虑投标规划设计方案和企业资信等各种因素。

1. 招标

招标是建设用地使用权出让方向相对人或不特定的人公布订立合同的意思表示,其中建设用地使用权出让方称为招标人,记载招标人意思表示的文书称为标书,标书通常以招标通告的形式表现。招标的性质是要约邀请而不是要约。

招标人应当编制招标文件。招标文件的内容包括以下主要事项:出让土地的位置、面积、出让期限、用地性质、对投标人资格审查的标准、报名截止日期、评标标准以及报名条件等。报名投标人报名后,由招标人对其进行资格审查,资格审查合格者方可参加下一轮的投标程序。

2. 投标

投标是经招标人审查合格的人，接受招标文件提出的实质性要求和条件向招标人发出订立合同的意思表示。该意思表示人称为投标人，记载投标人意思表示的投标文件又称投标书，其性质是投标人向招标人发出的订立合同的要约，投标人要受要约的约束。投标人在投标截止时间前将标书投入标箱。招标公告允许邮寄标书的，投标人可以邮寄，但出让人在投标截止时间前收到的方为有效。标书投入标箱后，不可撤回。投标人应当对标书和有关书面承诺承担责任。

3. 开标

出让人按照招标公告规定的时间、地点开标，邀请所有投标人参加。由投标人或者其推选的代表检查标箱的密封情况，当众开启标箱，点算标书。投标人少于三人的，出让人应当终止招标活动。投标人不少于三人的，应当逐一宣布投标人名称、投标价格和投标文件的主要内容。

4. 评标

评标小组由出让人代表、有关专家组成，成员人数为五人以上的单数。评标小组可以要求投标人对投标文件作出必要的澄清或者说明，但是澄清或者说明不得超出投标文件的范围或者改变投标文件的实质性内容。评标小组应当按照招标文件确定的评标标准和方法，对投标文件进行评审。

5. 中标

招标人根据评标结果，确定中标人。按照价高者得的原则确定中标人的，可以不成立评标小组，由招标主持人根据开标结果，确定中标人。对能够最大限度地满足招标文件中规定的各项综合评价标准，或者能够满足招标文件的实质性要求且价格最高的投标人，应当确定为中标人。

★★★★拍卖出让

拍卖出让国有建设用地使用权，是指出让人发布拍卖公告，由竞买人在指定时间、地点进行公开竞价，根据出价结果确定国有建设用地使用权人的行为。一般来讲，拍卖应由第三方或专业拍卖机构主持，由出价最高者获得土地使用权。

拍卖出让建设用地使用权的一般程序是：

(1)主持人点算竞买人；

(2)主持人介绍拍卖宗地的面积、界址、空间范围、现状、用途、使用年期、规划指标要求、开工和竣工时间以及其他有关事项；

(3)主持人宣布起叫价和增价规则及增价幅度。没有底价的,应当明确提示;

(4)主持人报出起叫价;

(5)竞买人举牌应价或者报价;

(6)主持人确认该应价或者报价后继续竞价;

(7)主持人连续三次宣布同一应价或者报价而没有再应价或者报价的,主持人落槌表示拍卖成交;

(8)主持人宣布最高应价或者报价者为竞得人。

竞买人的最高应价或者报价未达到底价时,主持人应当终止拍卖。

★★★★挂牌出让

挂牌出让土地使用权,是指出让人发布挂牌公告,按公告规定的期限将拟出让宗地的交易条件在指定的土地交易场所挂牌公布,接受竞买人的报价申请并更新挂牌价格,根据挂牌期限截止时的出价结果确定土地使用者的行为。

挂牌依照以下程序进行:

(1)在挂牌公告规定的挂牌起始日,出让人将挂牌宗地的面积、界址、空间范围、现状、用途、使用年期、规划指标要求、开工时间和竣工时间、起始价、增价规则及增价幅度等,在挂牌公告规定的土地交易场所挂牌公布;

(2)符合条件的竞买人填写报价单报价;

(3)挂牌主持人确认该报价后,更新显示挂牌价格;

(4)挂牌主持人在挂牌公告规定的挂牌截止时间确定竞得人。

四、建设用地使用权出让的年限

★★建设用地使用权的出让年限

建设用地使用权的出让年限,是指国家许可受让人在获得的国有土地上使用土地的期限,具体包括三个方面的内容:国家法律规定的建设用地使用权得以出让的最高年限;建设用地使用权出让合同具体约定的受让人得以使用土地的出让年限;建设用地使用权年限届满后的续展。

根据国务院1990年5月19日发布的《城镇国有土地使用权出让和转让暂行条例》第12条规定,建设用地使用权出让最高年限按用途确定为:

(1)居住用地70年;

(2)工业用地50年;

(3)教育、科技、文化、卫生、体育用地50年;

(4)商业、旅游、娱乐用地40年;

(5)综合或者其他用地50年。

合同约定的出让年限,是指出让方与受让方在出让合同中具体约定的受让方得以使用土地的期限。合同约定的建设用地使用权出让年限不得超过法律规定的建设用地使用权出让的最高年限,在法律规定的建设用地使用权出让的最高年限内,出让方和受让方得自由约定建设用地使用权出让的年限。

★★★建设用地使用权的出让年限续展与终止

《物权法》第149条规定,住宅建设用地使用权期间届满的,自动续期。非住宅建设用地使用权期间届满后的续期,依照法律规定办理。《城市房地产管理法》第22条规定,土地使用权出让合同约定的使用年限届满,土地使用者需要继续使用土地的,应当至迟于届满前一年申请续期,除根据社会公共利益需要收回该幅土地的,应当予以批准。经批准准予续期的,应当重新签订土地使用权出让合同,依照规定支付土地使用权出让金。

《物权法》第42条、第148条以及《城市房地产管理法》第20条明确了两个问题:一是国家尊重土地使用权人的权利,除非基于公益目的不得随意收回土地使用权;二是基于公共利益收回土地时,国家应当按照公平原则补偿,以体现主体的平等性。

土地使用权的终止原因包括:第一,非正常原因。如土地灭失导致土地使用权自然终止或者因国家公益需要提前收回。第二,出让合同期满未续展而终止。土地使用权出让合同约定的使用年限届满,土地使用者未申请续期或者虽申请续期但依照前款规定未获批准的,土地使用权由国家无偿收回。第三,因受让人违反规定用途而被国家收回。

关于土地使用权终止后建筑物的归属,《物权法》第149条规定,住宅建设用地使用权期间届满的,自动续期。非住宅建设用地使用权期间届满后的续期,依照法律规定办理。该土地上的房屋及其他不动产的归属,有约定的,按照约定;没有约定或者约定不明确的,依照法律、行政法规的规定办理。以上条款表明,土地使用权终止后,土地使用权的出让方与受让方之间可以就该土地上的房屋及其他不动产的归属作出事先的约定,如没有约定或约定不明的情况下,则依照现行法律、法规的规定办理。

2018年8月,提请全国人大审议的《民法典草案》“物权编”提出:“住宅建设用地使用权期间届满的,自动续期。续期费用的缴纳或者减免,依照法律、行政法规的规定。”

★★★土地使用权出让合同

依照《物权法》第 138 条的规定，建设用地使用权出让合同一般包括下列条款：

(1) 当事人的名称和住所；

(2) 土地界址、面积等；

(3) 建筑物、构筑物及其附属设施占用的空间；

(4) 土地用途；

(5) 使用期限；

(6) 出让金等费用及其支付方式；

(7) 解决争议的方法。

关于出让合同的履行及其相应责任的承担有如下要点：

(1) 主合同义务的履行及其违约责任。

在出让合同关系中，受让人的主要义务是支付出让金，出让人的主要义务是按合同提供土地。《城市房地产管理法》对双方当事人义务的履行及其责任作了明确规定。该法第 16 条规定了受让人的义务和责任：“土地使用者必须按照出让合同约定，支付土地使用权出让金；未按照出让合同约定支付土地使用权出让金的，土地管理部门有权解除合同，并可以请求违约赔偿。”第 17 条则规定了出让人的义务和责任：“土地使用者按照出让合同约定支付土地使用权出让金的，市、县人民政府土地管理部门必须按照出让合同约定，提供出让的土地；未按照出让合同约定提供出让的土地的，土地使用者有权解除合同，由土地管理部门返还土地使用权出让金，土地使用者并可以请求违约赔偿。”《物权法》第 148 条规定，建设用地使用权期间届满前，因公共利益需要提前收回该土地的，应当依照本法第 42 条的规定对该土地上的房屋及其他不动产给予补偿，并退还相应的出让金。

(2) 我国的土地用途管制及相应的行政责任。

土地的用途和使用条件不仅关系土地出让金，而且也是土地利用是否符合城市规划法的一个标准。受让人按照出让合同规定的用途使用土地，不仅是严格履行合同的基本要求，而且也受城市规划部门的行政管制。因此，受让人必须按照土地使用权出让合同的规定和城市规划要求，开发、利用、经营土地，不得随意变更土地使用条件。《物权法》第 140 条规定，建设用地使用权人应当合理利用土地，不得改变土地用途；需要改变土地用途的，应当依法经有关行政主管部门批准。《城镇国有土地使用权出让和转让暂行条例》第 17 条规定，土地使用者未按合同规定的期限和条件开发、利用土地的，市、县人民政府土地管理部门应当予以纠正，并根据情节可以给予警告、罚款直至无偿收回土地使用权的处罚。可见，受让人违反合同利用土地，不仅要承担违约责任，还要受到行政处罚。

法律与规范链接

▲ 必读法条

《城市房地产管理法》

第12～13条（见本书第59页）

第16条（见本书第27页）

第20条 国家对土地使用者依法取得的土地使用权，在出让合同约定的使用年限届满前不收回；在特殊情况下，根据社会公共利益的需要，可以依照法律程序提前收回，并根据土地使用者使用土地的实际年限和开发土地的实际情况给予相应的补偿。

《土地管理法》

第43条 任何单位和个人进行建设，需要使用土地的，必须依法申请使用国有土地；但是，兴办乡镇企业和村民建设住宅经依法批准使用本集体经济组织农民集体所有的土地的，或者乡（镇）村公共设施和公益事业建设经依法批准使用农民集体所有的土地的除外。

前款所称依法申请使用的国有土地包括国家所有的土地和国家征收的原属于农民集体所有的土地。

第53条 经批准的建设项目需要使用国有建设用地的，建设单位应当持法律、行政法规规定的有关文件，向有批准权的县级以上人民政府土地行政主管部门提出建设用地申请，经土地行政主管部门审查，报本级人民政府批准。

《城镇国有土地使用权出让和转让暂行条例》

第3条（见本书第124页）

第8条 土地使用权出让是指国家以土地所有者的身份将土地使用权在一定年限内让与土地使用者，并由土地使用者向国家支付土地使用权出让金的行为。土地使用权出让应当签订出让合同。

第12条 土地使用权出让最高年限按下列用途确定：

（一）居住用地七十年；

（二）工业用地五十年；

（三）教育、科技、文化、卫生、体育用地五十年；

（四）商业、旅游、娱乐用地四十年；

（五）综合或者其他用地五十年。

第17条　土地使用者应当按照土地使用权出让合同的规定和城市规划的要求，开发、利用、经营土地。未按合同规定的期限和条件开发、利用土地的，市、县人民政府土地管理部门应当予以纠正，并根据情节可以给予警告、罚款直至无偿收回土地使用权的处罚。

△ 延伸法条

《物权法》

第135条　建设用地使用权人依法对国家所有的土地享有占有、使用和收益的权利，有权利用该土地建造建筑物、构筑物及其附属设施。

第138条　采取招标、拍卖、协议等出让方式设立建设用地使用权的，当事人应当采取书面形式订立建设用地使用权出让合同。

建设用地使用权出让合同一般包括下列条款：

（一）当事人的名称和住所；

（二）土地界址、面积等；

（三）建筑物、构筑物及其附属设施占用的空间；

（四）土地用途；

（五）使用期限；

（六）出让金等费用及其支付方式；

（七）解决争议的方法。

第139条　设立建设用地使用权的，应当向登记机构申请建设用地使用权登记。建设用地使用权自登记时设立。登记机构应当向建设用地使用权人发放建设用地使用权证书。

第140条　建设用地使用权人应当合理利用土地，不得改变土地用途；需要改变土地用途的，应当依法经有关行政主管部门批准。

第148条　建设用地使用权期间届满前，因公共利益需要提前收回该土地的，应当依照本法第四十二条的规定对该土地上的房屋及其他不动产给予补偿，并退还相应的出让金。

第149条　住宅建设用地使用权期间届满的，自动续期。

非住宅建设用地使用权期间届满后的续期，依照法律规定办理。该土地上的房屋及其他不动产的归属，有约定的，按照约定；没有约定或者约定不明确的，依照法律、行政法规的规定办理。

典型案例

梁某运与霍邱县人民政府国土资源局建设用地使用权出让合同纠纷案〔1〕

【案情概述】

2014年，梁某运通过招投标竞得霍国土出〔2011〕82号国有建设用地使用权，与霍邱县人民政府国土资源局签订的《国有建设用地使用权挂牌成交确认书》《国有建设用地使用权出让合同》约定：霍邱县人民政府国土资源局在2014年9月17日前将出让宗地交付给梁某运，用地使用权出让金为5,953,350元，定金为400万元，定金抵作土地出让价款，自合同签订之日起60日内一次性付清。合同约定出让人未按时提供出让土地超过60日，经催交后仍不能交付土地的，受让人有权解除合同，出让人应当双倍返还定金，并退还已经支付国有建设用地使用权出让价款的其余部分，受让人并可请求出让人赔偿损失。合同签订后，梁某运交纳定金400万元，并交清余下1,953,350元，但霍邱县人民政府国土资源局未依约交付土地。梁某运提起诉讼，请求人民法院判决霍邱县人民政府国土资源局双倍返还定金800万元、退还已支付土地出让金1,953,350元，赔偿损失100万元。

【关键问题】

1. 本案合同约定的定金数额是否合理？在本案中会产生怎样的法律效果？

2. 梁某运的诉讼请求是否可以依法得到人民法院的支持？

【简要评论】

本案《建设用地使用权出让合同》合法有效。根据合同约定，梁某运有权解除合同，要求霍邱县人民政府国土资源局双倍返还定金、返还已交付的土地出让金，

---

〔1〕 案件来源：北大法宝：http://www. pkulaw. cn/case/pfnl _ a25051f3312b07f3fbb98ba10febaf713dc2a68d5bccabb3bdfb. html? keywords =% E5% BB% BA% E8% AE% BE% E7% 94% A8% E5% 9C% B0% E4% BD% BF% E7% 94% A8% E6% 9D% 83% E5% 87% BA% E8% AE% A9&match =Fuzzy，最后访问日期：2018年3月15日。

并承担赔偿责任。但本案合同约定的定金数额明显过高，依法应当调整。梁某运主张的损失无充分证据证实，其虽确实存在运营及融资成本，但考虑双倍返还定金的数额并未过份高于或低于其实际损失，故对其要求另行支付利息及赔偿损失的诉讼请求依法不予支持。判决：(1)解除梁某运与霍邱县人民政府国土资源局签订的《国有建设用地使用权出让合同》；(2)霍邱县人民政府国土资源局双倍返还梁某运定金238.134万元；(3)霍邱县人民政府国土资源局返还梁某运已交纳的土地出让金476.268万元；(4)驳回梁某运的其他诉讼请求。

本案是关于违反国有土地使用权出让合同约定应当承担相应违约责任的典型性案例。实践中，在国有土地使用权出让过程中，由于一些地方政府的不规范行为，造成与非公有制企业签订国有土地使用权出让合同后，不能按约交付土地，侵害了非公有制经济主体的合法权益。在此情况下，依法维护非公有制经济主体的合同权益，是对其民事权利平等保护原则的重要体现。本案中，霍邱县人民政府国土资源局通过公开招投标程序与梁某运签订了土地使用权出让合同，梁某运也按照合同约定交纳了土地出让金，但霍邱县人民政府国土资源局没有依约交付土地构成违约，梁某运根据合同约定要求解除合同、返还土地出让金、双倍返还定金等合理请求，均得到了人民法院的支持。人民法院审理该案件时，平等对待政府机关和非公有制经济主体，准确适用《合同法》相关规定，依法支持梁某运的相关诉讼请求，妥善维护了非公有制经济的合法权益。

延伸阅读

1. 林依标、潘辉、石晨谊：《国有建设用地使用权出让合同法律性质探析》，载《法学杂志》2011年第3期；
2. 白彦锋、阮政卿：《拍卖、招标在国有建设用地使用权出让中的利弊研究》，载《甘肃行政学院学报》2011年第2期；
3. 管洪彦、孔祥智：《集体建设用地使用权出让中的集体成员权体系与实现》，载《河南社会科学》2017年第3期；
4. 白彦锋、阮政卿：《拍卖、招标在国有建设用地使用权出让中的利弊研究》，载《甘肃行政学院学报》2011年第2期。

第三节　建设用地使用权划拨法律制度

知识要点

一、建设用地使用权划拨概述

★建设用地使用权划拨的概念和特征

建设用地使用权划拨，是指县级以上人民政府依法批准，在土地使用者缴纳补偿、安置等费用后将该幅土地交付其使用，或者将土地使用权无偿交付给土地使用者使用的行为。[1]建设用地使用人通过划拨方式取得的建设用地使用权，即是划拨建设用地使用权。

划拨建设用地使用权的法律特征如下：

(1)划拨建设用地使用权的标的限于国有土地。建设用地使用权划拨只针对国有土地而言，集体土地不适用划拨方式，集体土地只有在被征收为国有土地之后才可以划拨。

(2)划拨建设用地使用权的取得具有无偿性。这是划拨建设用地使用权与出让建设用地使用权最关键的不同之处，建设用地使用权出让都是有偿的。建设用地使用权的划拨存在两种形式：一种形式是建设用地使用权划拨经县级以上人民政府依法批准，在建设用地使用者缴纳补偿、安置等费用后，将该幅土地交付给建设用地使用者使用的行为；另一种形式是建设用地使用权的划拨经县级以上人民政府依法批准，建设用地使用者无须缴纳补偿、安置等费用就可取得建设用地使用权的行为。建设用地使用权划拨是一种无偿行为，建设用地使用者取得建设用地使用权无须支付对价，虽然建设用地使用者要缴纳补偿、安置等费用，但不必向国家支付地租性质的费用，补偿、安置等费用不是建设用地使用权的对价，而只是对原先的建设用地使用者的损失和重新安置的补偿。

(3)**划拨建设用地使用权具有无期性**。《城市房地产管理法》第23条第2款规定，依照本法规定以划拨方式取得土地使用权的，除法律、行政法规另有规定外，没有使用期限的限制。

---

〔1〕　参见《城市房地产管理法》第23条第1款。

(4)划拨土地的用途具有特定性。划拨土地一般只用于有关公共利益和国计民生的项目,对于纯商业性目的的项目用地,一般不允许通过划拨方式无偿取得,因为这与我国土地有偿使用的改革方向相悖。

★★建设用地使用权划拨的范围

建设用地使用权划拨的范围,是指国家对何种建设用地在何种条件下,可以采取建设用地使用权划拨的方式提供建设用地的土地使用权。建设用地使用权划拨因其是政府行为、无偿行为,故需具备一定的条件方可划拨建设用地使用权。

建设用地使用权划拨的范围具体包括:

(1)国家机关用地。指国家职能机关用地,包括:国家权力机关用地,指全国人民代表大会及其常务委员会用地以及地方各级人民代表大会及其常务委员会用地;国家行政机关用地,指各级人民政府所属工作部门用地或职能部门用地;国家审判机关用地;国家检察机关用地;国家军事机关用地。

(2)军事用地。指军事机关和军事设施用地,包括军用机场、港口、码头、营区、训练场、试验场、军用仓库、军用公路、铁路专用线等用地。

(3)城市基础设施用地。指城市供水、排水、污水处理、供电、通信、煤气、热力、道路、桥涵、市内公共交通、园林绿化、环境卫生以及消防、路标、路灯等设施用地。

(4)城市公益事业用地。指城市内各种学校、医院、体育场馆、图书馆、文化馆、幼儿园、托儿所、敬老院、戏剧院等文体、卫生、教育、福利事业用地。

(5)国家重点扶持的能源、交通、水利等基础设施用地。指中央投资、中央与地方共同投资和中央、地方共同引进外资以及其他投资者投资的,国家采取各种优惠政策重点扶持的煤炭、石油、天然气、电力等能源项目用地;铁路、港口码头等交通项目用地;水库、防洪和防潮工程项目用地;农田灌溉工程项目用地,水力发电工程项目用地,江河治理工程项目用地以及城市、工业输水工程等水利项目用地。

★土地使用权划拨与土地使用权出让的区别

(1)取得土地使用权的方式和支付的费用不同。以划拨方式取得土地使用权是通过非竞争的方式所取得的,而以出让方式取得土地使用权则是通过竞价的方式所进行的。以划拨方式取得土地使用权,土地使用者需要缴纳补偿、安置等费用,但是不需要向国家支付地租性质的费用。而以出让方式取得土地使用权,土地使用者需要向国家缴纳一定的土地使用权出让金。

(2)使用期限是不同的。《城市房地产管理法》第23条第2款规定:“依照本法规定以划拨方式取得土地使用权的,除法律、法规另有规定外,没有使用期限的限制。”由此可见,划拨方式取得土地使用权一般是没有期限限制的。而以出让方式取得土地使用权是有期限的,该期限约定在土地使用权出让合同之中。期满届满,土地使用者可以申请续期。

(3)所取得的土地使用权是否可以转让、出租、抵押是不同的。以划拨方式取得的土地使用权除法律允许外,不得转让、出租、抵押或者以其他形式转让,例如,《城市房地产管理法》第40条第1款规定:“以划拨方式取得土地使用权的,转让房地产时,应当按照国务院规定,报有批准权的人民政府审批。有批准权的人民政府准予转让的,应当由受让方办理土地使用权出让手续,并依照国家有关规定缴纳土地使用权出让金。”而以出让方式取得的土地使用权是一项独立的财产权,土地使用权人对土地享有处分权,在合同约定的期限内,土地使用权人可以依法进行转让、出租、抵押等。

二、建设用地使用权划拨的程序

★★★取得划拨土地使用权的程序

1. 用地单位提交用地申请

经批准的建设项目,需要使用国有土地的,用地单位应当持法律、法规规定的有关文件,向有批准权的县级以上人民政府土地行政主管部门提出建设用地申请。

2. 土地行政主管部门审查和报批

县以上人民政府土地管理部门对建设用地申请进行审查后,便划定用地范围,并组织建设单位与被征地单位及有关单位,依法商定征用土地的补偿、安置方案。然后,依照土地管理法规定的审批权限报有批准权的人民政府批准。

3. 土地划拨

建设用地申请及土地补偿安置方案经有批准权的人民政府依法批准后,向建设单位颁发建设用地批准书,土地管理机关根据建设用地批准文件和建设进度,一次或分期划拨建设用地,并督促被征地单位和建设单位按时移交土地,尽快落实土地补偿、安置方案。

4. 核发国有土地使用证

建设项目竣工后,建设项目主管部门组织有关部门验收时,县以上人民政府土地管理部门要到现场核查实际用地情况,经核查无误后,用地单位应到不动产登记部门办理土地登记,取得不动产权利证书以确认土地使用权。

★★★划拨土地使用权的终止与收回

划拨土地使用权将因公益目的的实现、无须实现或者使用者终止而终止。划拨土地使用权应当基于公益目的而创设,创设目的的非商业性决定划拨土地只能用于该目的,而不能通过市场交易转移而用于其他目的。正是这种目的的公益性决定了划拨土地的无偿性和无期限限制等基本特征。那么,划拨土地使用权也可能因公益目的的实现或不再需要而终止,或者因使用者终止而终止。

划拨土地使用权的收回是指国家根据划拨土地使用者不再使用土地的事实或者城市建设发展和城市规划的需要,将原划拨的土地收回,并另行支配。一般来说,如果土地使用者因为迁移、破产或其他原因停止使用土地的,市县人民政府应该无偿收回土地使用权,此外,如果是因城市建设发展和城市规划的需要,市县人民政府也可以无偿地收回土地使用权。《城镇国有土地使用权出让和转让暂行条例》第47条规定:"无偿取得划拨土地使用权的土地使用者,因迁移、解散、撤销、破产或者其他原因而停止使用土地的,市、县人民政府应当无偿收回其划拨土地使用权,并可依照本条例的规定予以出让。对划拨土地使用权,市、县人民政府根据城市建设发展需要和城市规划的要求,可以无偿收回,并可依照本条例的规定予以出让。无偿收回划拨土地使用权时,对其地上建筑物、其他附着物,市、县人民政府应当根据实际情况给予适当补偿。"

法律与规范链接

▲ 必读法条

《城市房地产管理法》

第23条(见本书第59页)

第24条　下列建设用地的土地使用权,确属必需的,可以由县级以上人民政府依法批准划拨:

(一)国家机关用地和军事用地;

(二)城市基础设施用地和公益事业用地;

(三)国家重点扶持的能源、交通、水利等项目用地;

(四)法律、行政法规规定的其他用地。

《城镇国有土地使用权出让和转让暂行条例》

第47条　无偿取得划拨土地使用权的土地使用者,因迁移、解散、撤销、破产或者其他原因而停止使用土地的，市、县人民政府应当无偿收回其划拨土地使用权，并可依照本条例的规定予以出让。

对划拨土地使用权，市、县人民政府根据城市建设发展需要和城市规划的要求，可以无偿收回，并可依照本条例的规定予以出让。

无偿收回划拨土地使用权时，对其地上建筑物、其他附着物，市、县人民政府应当根据实际情况给予适当补偿。

△ 延伸法条

《国务院关于深化改革严格土地管理的决定》（国发〔2004〕28号）

（十七）推进土地资源的市场化配置。严格控制划拨用地范围，经营性基础设施用地要逐步实行有偿使用。运用价格机制抑制多占、滥占和浪费土地。除按现行规定必须实行招标、拍卖、挂牌出让的用地外，工业用地也要创造条件逐步实行招标、拍卖、挂牌出让。经依法批准利用原有划拨土地进行经营性开发建设的，应当按照市场价补缴土地出让金。经依法批准转让原划拨土地使用权的，应当在土地有形市场公开交易，按照市场价补缴土地出让金；低于市场价交易的，政府应当行使优先购买权。

典型案例

“南昌大厦”违规用地案〔1〕

【案情概述】

南昌驻南京办事处人员不足10人，将建一座23层的办公大楼“南昌大厦”，消息一出，引发社会多方质疑。但南昌驻宁办事处回应，这块土地是政府划拨的，大楼不光是给办事处用的，还准备给江西驻宁企业用。专家称，政府用地未缴纳土地出让费，不得商用，南昌驻宁办的做法涉嫌违规。

【关键问题】

1. 划拨建设用地使用权的范围以及用途变更的法律效果如何？

2. 根据《城镇国有土地使用权出让和转让暂行条例》的规定，符合哪些条件下划拨土地使用权和地上建筑物、其他附着物所有权可以转让、出租、抵押？

3. “南昌大厦”商用是否合法？

---

〔1〕 摘自2012年3月22日《现代快报》，有删改。

【简要评论】

本案涉及建设用地使用权划拨的范围与划拨建设用地使用权商品化的问题。划拨建设用地使用权的取得具有行政性，划拨不需要征求用地人的意见，用地人只能消极地申请，不能与政府协商或讨价还价，也无须与其他人竞争。划拨建设用地使用权的取得具有无偿性，不需要按照房地产市场价格付出相应代价。划拨建设用地使用权具有无期性，由申请用地单位按照规定的用途永久使用。正因为划拨具有上述特征，因此划拨土地的用途具有特定性，只能用于法律规定的范围。

从以上列举的范围可以看出，划拨土地一般只用于有关政府用地、公共利益和国计民生的项目，其他用地须通过出让方式解决，即对于纯商业性目的的项目用地，只能通过招标、拍卖、挂牌（即"招拍挂"）这些出让方式有偿取得，不允许通过以划拨的方式无偿取得。因此，"南昌大厦"的项目用地属于划拨用地，没有经过"招拍挂"程序，既然是划拨取得的土地，本来是禁止用作商业用途的。

"南昌大厦"属于政府部门的建设项目用地，由行政划拨取得土地使用权没有异议，申请者可以无期限使用该幅土地，也不用缴纳土地出让金。那么，"南昌大厦"能否用于商业用途呢？不能。因为"南昌大厦"项目用地不属于过去划拨的土地，申请者申请划拨"南昌大厦"项目用地的用途只是为了办事处的办公用房，为了政府用地的目的可以通过划拨获得，假如申请的理由存在商用目的，肯定不能得到批准。此外，以办事处的名义申请划拨取得了"南昌大厦"的项目用地，不足10人的办事处却要建23层的大楼，存在超标准申请、浪费城市宝贵土地资源的嫌疑。对于擅自改变划拨土地用途的违规行为，必须加强监管措施，增大处罚力度，纠正违规行为，坚持商用土地有偿出让的"招拍挂"制度。

延伸阅读

1. 毋晓蕾、陈常优、穆松林、李东伟：《国有划拨建设用地使用权权益价格评估研究》，载《国土资源科技管理》2009年第3期；
2. 陈振、欧名豪、姜仁荣、杜茎深：《土地立体化利用过程中建设用地使用权分层设立研究》，载《城市发展研究》2017年第1期；
3. 李孟然：《划拨土地管理谋变》，载《中国土地》2010年第7期；
4. 高波：《划拨土地使用权市场化的博弈分析与制度创新》，载《南京社会科学》2001年第2期。

第四节 国有土地使用权转让制度

知识要点

一、国有土地使用权转让

☆国有土地使用权转让的含义

国有土地使用权转让是指国有土地使用权人在其权利年限有效范围内，将其受让的国有土地使用权依法转移给他人的民事法律行为。具体而言，国有土地使用权转让是国有土地使用权出让后，受让方按照国有土地使用权出让合同约定的期限和条件对土地进行投资开发后，通过出售、赠与或交换等方式，将自己享有的未满期的国有土地使用权转让给受让人，受让人在转让人国有土地使用权有效年限内受让国有土地使用权的民事法律行为。

在国有土地使用权转让法律关系中，原先的国有土地使用权人称为转让人，从转让人手中依法取得国有土地使用权的人称为受让人。国有土地使用权转让属于转移物权的行为，原权利人所享有的权利仅仅是依出让合同取得的一定期限的国有土地使用权，因而受让人享有的只能是原权利人剩余期限的权利。

★国有土地使用权出让与转让的区别与联系

国有土地使用权出让与国有土地使用权转让存在明显的不同，国有土地使用权的出让是土地所有权的权能与土地所有权相分离而成为独立的财产权，国有土地使用权产生是土地所有权人行使土地所有权的结果，方式单一，是有偿的；而国有土地使用权的转让则是国有土地使用权在转让人与受让人之间的移转，是在国有土地使用者之间的横向流动，其产生是国有土地使用权人对国有土地使用权进行法律上处分的结果，转让方式多样，可以是有偿的，也可以是无偿的。

二者的联系在于，国有土地使用权的转让人是原土地出让关系中的受让人，而且，可以转让的国有土地使用权是由国有土地使用权出让合同设立的。[1]

区别在于：

(1)两者所处的环节不同。国有土地使用权出让是国有土地使用权转让的前

〔1〕 高富平、黄武双：《房地产法新论》，中国法制出版社2002年版，第123页。

提和基础;国有土地使用权出让属于土地一级市场,国有土地使用权转让属于土地二级市场;没有国有土地使用权的出让就没有国有土地使用权的转让。

(2)行为的法律性质不同。国有土地使用权出让是创设财产权,而国有土地使用权转让是转移财产权;国有土地使用权的转让必须在国有土地使用权的有效年限范围内。

(3)法律关系主体不同。国有土地使用权出让的一方主体是国家,既国有土地的所有者,另一方是一般的社会经济组织;而国有土地使用权转让的受让方和转让方都是一般的社会经济组织。

(4)出让金与转让费的性质不同。国有土地使用权转让费是在土地转让过程中产生的费用综合,包括营业税、增值税、印花税等,分别缴纳给各相应的税务部门;国有土地使用权出让费是指国家按一定的使用年限将土地提供给土地使用者使用,而土地使用者向国家交付一定的土地使用权出让费,该费用向国土局缴纳。

★国有土地使用权转让的原则

国有土地使用权转让的原则是指法律规定的国有土地使用权转让所必须遵行的规则和准则,是国有土地使用权转让必须遵循的基本规则,转让行为的当事人不得以协议加以变更。它对国有土地使用权转让不仅具有指导作用,而且具有规范效力,具有强制性和不可选择性。依据有关法律规定,**国有土地使用权转让应遵循以下几项原则:**

(1)权利义务同时移转原则。

权利义务同时移转原则又称“认地不认人”原则,是指国有土地使用权转让时,转让人与原国有土地使用权出让人所签订的出让合同以及登记文件中所载明的权利、义务随之移转给受让人,但是双方转让的权利仅限于原土地使用权证上载明的权利,当事人如转让的权利大于其本身所享有的权利,其转让行为无效,其中部分无效不影响其他部分的效力的,其他部分仍然有效。《城镇国有土地使用权出让和转让暂行条例》第21条规定:“土地使用权转让时,土地使用权出让合同和登记文件中所载明的权利、义务随之转移。”《城市房地产管理法》第42条亦规定:“房地产转让时,土地使用权出让合同载明的权利、义务随之转移。”

(2)产权一致原则。

产权一致原则是指国有土地使用权与其地上建筑物所有权的权利人一致,国有土地使用权转让时,其地上建筑物、其他附着物所有权亦随之移转;地上建筑物、其他附着物所有权转让时,其使用范围内的国有土地使用权亦随之转移。《城市房地产管理法》第32条规定:“房地产转让、抵押时,房屋所有权和该房屋占用范围内的土地使用权同时转让、抵押。”《城镇国有土地使用权出让和转让暂行条例》第23条规定:“土地使用权转让时,其地上建筑物、其他附着物所有权随之转让。”第24条规定:“地上建筑物、其他附着物的所有人或者共有人,享有该建筑物、附着物使用范围内的土地使用权。土地使用者转让地上建筑物、其他附着物所有权时,其使用范围内的土地使用权随之转让,但地上建筑物、其他附着物作为动产转让的除外。”

(3)效益不可损原则。

效益不可损原则是指国有土地使用权的转让或地上建筑物、其他附着物所有权的转让,不得损害土地及地上建筑物的经济效益,并须经过政府审批。

国有土地使用权转让时,其地上建筑物或其他附着物应同时转让,反之亦然,一般不允许将国有土地使用权与地上建筑物、其他附着物分开转让。国有土地使用权转让价格明显低于市场价格时,市、县人民政府有优先购买权;国有土地使用权转让价格不合理上涨时,市、县人民政府可以采取必要的措施给予调节。

二、国有土地使用权转让的方式与条件

★★★国有土地使用权转让的方式

国有土地使用权转让主要有出售、交换、赠与、继承、入股等几种方式。

(1)出售:本质是土地使用权的买卖。转让人以获取价金为目的将土地使用权转让给受让人,受让人支付价金并获得土地使用权得一种法律行为。国有土地使用权得以出售方式转让的,出售价格不能明显低于市场价格,如果出售价格明显低于市场价格,则市、县人民政府享有优先购买权。

(2)交换:两个土地使用权人就土地使用权进行互易的法律行为,本质上是一种权利互易。建设用地使用权交换,双方当事人互负对等义务,都负有向对方当事人移转建设用地使用权的义务,并都负有权利瑕疵担保义务。建设用地使用权的交换准用建设用地使用权买卖的规定。

(3)赠与:建设用地使用权赠与是指建设用地使用权人将其权利无偿地移转给他人的行为。赠与行为是一种无偿行为,出赠人负有移转建设用地使用权的义务而受赠人无支付对价的义务;建设用地使用权赠与须待建设用地使用权权属变更登记完成始生权利移转的法律效力。

(4)继承:建设用地使用权继承是指建设用地使用权人死亡后,依法符合继承

条件的人,继承权利人建设用地使用权的行为。继承分法定继承和遗嘱继承两种方式。继承人继承建设用地使用权同时也要承担附随权利的义务。同时,广义的继承还包括企业合并分立的情况,企业合并分立亦发生建设用地使用权的移转。

(5)入股:《公司法》规定,股东可以以土地使用权使用权作价出资,并应当依法办理土地使用权的移转手续。由此可见,建设用地使用权入股亦是建设用地使用权转让的方式之一,亦即建设用地使用权从股东手中转移至公司手中,建设用地使用权入股后,股东取得股权,公司则取得建设用地使用权。

★★★国有土地使用权转让的条件

国有土地使用权转让一般的生效要件如下:

(1)当事人须订立书面转让合同。《物权法》第 144 条规定:"建设用地使用权转让、互换、出资、赠与或者抵押的,当事人应当采取书面形式订立相应的合同。使用期限由当事人约定,但不得超过建设用地使用权的剩余期限。"

(2)须办理建设用地使用权过户登记。《物权法》第 145 条规定:"建设用地使用权转让、互换、出资或者赠与的,应当向登记机构申请变更登记。"受让人必须取得登记,在登记后才能取得建设用地使用权,否则仅仅享有占有土地的债权,无权对抗已经取得登记的第三人。

除上述一般法律行为应该具备的生效要件外,国有土地使用权的转让还应该具备特殊的生效要件:

(1)以出让方式取得土地使用权的,《城市房地产管理法》第 39 条规定,转让以出让方式取得的建设用地使用权应当符合下列条件:已经支付全部建设用地使用权出让金,并取得建设用地使用权证书;属于房屋建设工程的,完成开发投资总额的百分之二十五以上,属于成片开发土地的,形成工业用地或其他建设用地条件;转让建设用地使用权时房屋已建成的,还应当持有房屋所有权证。《城镇国有土地使用权出让和转让暂行条例》第 19 条明确规定:"未按土地使用权出让合同规定的期限和条件投资开发、利用土地的,土地使用权不得转让。"

(2)以划拨方式取得建设用地使用权的,转让房地产时,应当按照国务院的规定,报有批准权的人民政府审批。有批准权的人民政府准予转让的,应当由转让方办理建设用地使用权出让手续,并依照国家有关规定缴纳建设用地使用权出让金。

以划拨方式取得建设用地使用权的,转让房地产报批时,有批准权的人民政府按照国务院的规定决定可以不办理建设用地使用权出让手续的,转让方应当按照国务院规定将转让房地产所获收益中的土地收益上缴国家或者作其他处理。

★★★国有土地使用权禁止转让的情形

法律规定的禁止转让国有土地使用权的情形有：

(1)以出让方式取得的建设用地使用权，不符合《城市房地产管理法》第39条规定的条件的；

(2)司法机关或行政机关依法裁定、决定查封或者以其他形式限制房地产权利的；

(3)依法收回建设用地使用权的；

(4)共有房地产未经其他共有人书面同意的；

(5)权属有争议的；

(6)未依法登记领取权属证书的；

(7)法律、行政法规规定禁止转让的其他情形。

法律与规范链接

▲ 必读法条

《城市房地产管理法》

第38条(见本书第102页)

第39条 以出让方式取得土地使用权的，转让房地产时，应当符合下列条件：

(一)按照出让合同约定已经支付全部土地使用权出让金，并取得土地使用权证书；

(二)按照出让合同约定进行投资开发，属于房屋建设工程的，完成开发投资总额的百分之二十五以上，属于成片开发土地的，形成工业用地或者其他建设用地条件。

转让房地产时房屋已经建成的，还应当持有房屋所有权证书。

第40条(见本书第59～60页)

《城镇国有土地使用权出让和转让暂行条例》

第19条 土地使用权转让是指土地使用者将土地使用权再转移的行为，包括出售、交换和赠与。未按土地使用权出让合同规定的期限和条件投资开发、利用土地的，土地使用权不得转让。

第26条 土地使用权转让价格明显低于市场价格的，市、县人民政府有优先购买权。

土地使用权转让的市场价格不合理上涨时,市、县人民政府可以采取必要的措施。

△ **延伸法条**

《物权法》

第 143 条 建设用地使用权人有权将建设用地使用权转让、互换、出资、赠与或者抵押,但法律另有规定的除外。

典型案例

"国有土地使用权收回"案

【案情概述】

A 县建设委员会(以下简称县建委)就定城人民北路东横街排水和路面建设工程与城东公司签订《工程承包合同》。后因县建委拖欠城东公司工程款 80.472 万元,县政府同意在该县塔岭工业开发区划出 10 亩土地作为补偿。1995 年 10 月 27 日,县政府根据城东公司递交的《关于给人民北路东横街续建工程重新调整补偿用地问题的请示》,作出 A 府函〔1995〕117 号《关于重新调整城东建筑装修工程公司补偿用地的批复》,决定在见龙路旁以每亩 8 万元的价格重新调整 10 亩土地给城东公司。

同年 12 月 8 日,A 县土地管理局(以下简称县土地局)给城东公司颁发第 14 号《建设用地规划许可证》。同月 27 日,县政府作出 A 府〔1995〕299 号《关于出让国有土地使用权给 A 城东建筑装修工程公司的决定》,将位于塔岭开发区东北侧的 6706 平方米土地,以总价款 80.472 万元,出让给城东公司作为建设用地。随后城东公司与县土地局签订《国有土地使用权出让合同》。

1995 年 12 月 28 日,城东公司就出让所得 6706 平方米土地申请登记发证,但其填报申请土地登记时未写明土地用途,县土地局在审核过程中亦未在《地籍调查表》《土地登记审批表》等文书上载明土地用途。1996 年 1 月 22 日,县政府根据城东公司的申请和县土地局的审核,在城东公司缴纳土地登记费后,给该公司颁发了 A 国用〔96〕字第 6 号《国有土地使用证》(以下简称第 6 号国土证)。此后,城东公司在该宗土地上开办了水泥预制厂。2001 年 11 月 9 日,城东公司以该宗土地作为抵押物向 A 支行贷款,并在 A 县建设与国土环境资源局(原县土地局)办理抵押登记。2004 年 1 月 4 日,县政府以城东公司土地闲置为由,在《海南日报》发布公告,拟无偿收回城东公司第6号国土证项下的土地使用权，但县政府并未实施无偿收地行为。

2007年11月5日，县政府为落实塔岭规划新区城市规划用地的需要，作出A府〔2007〕112号《关于有偿收回国有土地使用权的通知》（以下简称112号通知），决定按原登记成本价80.6072万元有偿收回城东公司第6号国土证项下的土地使用权，并于11月8日送达城东公司。同年12月6日，县建设局（原A县建设与国土环境资源局拆分为建设局、国土环境资源局）以海南省政府2007年1月27日已批准将城东公司受让的6706平方米综合公建用地调整为行政办公用地为由，决定撤销第14号《建设用地规划许可证》。同年12月7日，A县国土环境资源局（以下简称县国土资源局）就有偿收回城东公司国有土地使用权事宜通知该公司和A支行于12月11日举行听证会，城东公司没有参加听证。同年12月14日，县政府以城东公司申请土地登记发证未填写土地用途、县土地局在审核过程中亦未在《地籍调查登记表》《土地登记审批表》等有关文书上载明土地用途导致错误登记发证为由，告知城东公司拟撤销第6号国土证。同年12月29日，县政府作出A府〔2007〕150号《关于撤销A国用〔96〕字第6号〈国有土地使用证〉的决定》（以下简称150号撤证决定），撤销第6号国土证。城东公司不服该决定，向原海南省海南中级人民法院（现更名为海南省第一中级人民法院）提起行政诉讼。

【关键问题】

1. 被诉112号通知中收回土地使用权决定的合法性问题。

2. 被诉112号通知中行政补偿决定的合法性问题。

3. 150号撤证决定的合法性问题。

【简要评论】

根据《土地管理法》第58条第1款规定，县政府有偿收回涉案土地使用权，具有法定职权。但县政府在作出被诉112号通知之前，未听取当事人的陈述和申辩意见，事后通知城东公司和A支行举行听证，违反“先听取意见后作决定”的基本程序规则。国务院国发〔2004〕10号《全面推进依法行政实施纲要》明确要求，行政机关实施行政管理要“程序正当”，“除涉及国家秘密和依法受到保护的商业秘密、个人隐私的外，应当公开，注意听取公民、法人和其他组织的意见；要严格遵循法定程序，依法保障行政管理相对人、利害关系人的知情权、参与权和救济权”。县政府作出112号通知前，未听取当事人意见，违反正当程序原则。

根据《土地管理法》第58条第2款规定，因公共利益需要使用土地收回国有土地使用权的,对土地使用权人应当给予适当补偿。县政府根据省政府批准的总体规划要求为建设县政府办公楼需要使用涉案土地,收回城东公司的土地使用权,应当依法给予"适当补偿"。所谓"适当补偿"应当是公平合理的补偿,即按照被收回土地的性质、用途、区位等,以作出收地决定之日的市场评估价予以补偿。县政府按土地原成本价予以补偿于法无据。城东公司以收地决定违法,涉案土地使用权至今仍属于其享有为由,主张应以最终判决时的市场评估价予以补偿,其理由不能成立。

县政府作出112号通知后,并未要求城东公司持有关证明文件到土地管理部门申请注销土地登记,而是以该公司持有的《国有土地使用证》未按《土地登记规则》第11条规定载明土地用途,土地管理部门也未按《土地登记规则》第14条规定全面审核并填写土地登记审批表,造成错误登记发证为由,作出150号撤证决定。当初未填写土地用途,并非城东公司的原因所致,本可以补正方式解决,县政府却以此为由撤销城东公司合法持有的《国有土地使用证》,属于滥用行政职权。

第五节　国有土地租赁制度

知识要点

一、国有土地租赁的概念与分类

☆国有土地租赁制度的概念

国家享有国有土地的所有权,但是通过出让、转让制度,一般的经济组织可以获得国有土地的用益物权,因此可以作出租人将其获得使用权的国有土地出租;出租国有土地的另一种形态是国家作为出租人,将国有土地直接出租给一般的经济组织。

★国有土地租赁的分类

我国**国有土地上的租赁关系有两种形态**:一是建设用地使用权人将其拥有建设用地使用权的土地出租于他人使用,我国法律将其称为建设用地使用权出租[1];二是国家将国有土地直接出租于土地使用权人使用,我国法律将其称为"国

---

〔1〕 参见《城镇国有土地使用权出让和转让暂行条例》第4章。

有土地租赁”〔1〕。

二、建设用地使用权出租

★★建设用地使用权人出租土地

建设用地使用权人出租土地是指建设用地使用权人作为出租人，将建设用地使用权随同地上建筑物、其他定着物出租给承租人使用，承租人向出租人支付租金的双方民事法律行为。我国法律允许建设用地使用权人将其建设用地使用权出租，并采取建设用地使用权和建筑物所有权一致原则，有两种情形导致建设用地使用权出租：一是承租人以承租建设用地使用权为目的订立合同，土地上建筑物随同移转给承租人；二是承租人以使用土地上的建筑物为目的订立合同，建设用地使用权随之出租给承租人。建设用地使用权与土地所有权分离后成为他物权的一种，是一种独立的财产权利，建设用地使用权人有权在其权利之上设置负担，将其享有的建设用地使用权予以出租。

★★建设用地使用权人出租土地与建设用地使用权转让、出让的区别

建设用地使用权人出租土地与建设用地使用权转让不同。建设用地使用权转让是权利的彻底让与，亦即受让人将建设用地使用权买断，取代转让人作为建设用地使用权人的地位而成为新的建设用地使用权人，转让人就此失去建设用地使用权；转让人与国家所签订的建设用地使用权出让合同规定的权利义务随建设用地使用权转让而移转给受让人。

建设用地使用权人出租土地与建设用地使用权出让不同。建设用地使用权出让是处分行为，是建设用地使用权从土地所有权分离而成为独立的财产权利，出让一方永远只能是土地所有权人即国家；建设用地使用权人出租土地则是负担行为，是在保留土地使用权的前提下将土地有偿交给承租人使用。

建设用地使用权人出租土地则是出租人在建设用地使用权期限内将其权利租给承租人使用，出租人虽不直接使用土地，但仍保有物权性质的建设用地使用权，并应继续履行建设用地使用权出让合同；租赁合同届满而建设用地使用权出让合

---

〔1〕 参见国土资源部《关于印发〈规范国有土地租赁若干意见〉的通知》（国土资发〔1999〕222号）。不过法律的这一提法有待进一步斟酌。一是出租本来就是转移标的物的使用权能的行为，再提“使用权出租”不但有重复之嫌，而且易让人联想“所有权出租”“抵押权出租”之类的概念；二是国有土地租赁从词义上看，是指以国有土地为标的物的租赁，而在土地使用权人出租国有土地和国家出租国有土地两种法律关系中，其标的物均为国有土地，法律将“国有土地租赁”单指其一，于逻辑不符，于实务徒生混乱。

同尚未届满时,出租人有权收回土地并由自己直接使用。建设用地使用权转让是处分行为,而建设用地使用权人出租土地则是负担行为。

★★建设用地使用权人出租土地的条件

1. 建设用地使用权人须具备出租条件

以出让方式取得建设用地使用权的,建设用地使用权人须按出让合同约定支付全部建设用地使用权出让金并取得土地使用证,并按建设用地使用权出让合同约定期限投资开发土地。对于房屋建设工程,须完成开发投资总额的百分之二十五以上;属于成片开发用地的须形成工业用地或者其他建设用地条件;土地出租时房屋已经建成的,还应当持有房屋所有权证书。

以划拨方式取得建设用地使用权的,出租土地时,应经市、县人民政府土地管理部门和房产管理部门批准,与政府有关部门签订建设用地使用权出让合同,向当地市、县人民政府补交建设用地使用权出让金或以出租所获收益抵交建设用地使用权出让金。

2. 建设用地使用权的出租应当随同地上建筑物、其他定着物一起出租

《城镇国有土地使用权出让和转让暂行条例》第 28 条第 1 款规定:"土地使用权出租是指土地使用者作为出租人将土地使用权随同地上建筑物、其他附着物租赁给承租人使用,由承租人向出租人支付租金的行为。"根据该条推定,土地上应当有"建筑物、其他附着物",否则如何"随同"?《城市房地产管理法》也只规定了房屋租赁(第 4 章第 4 节),而没有规定建设用地使用权人的土地出租问题。《城镇国有土地使用权出让和转让暂行条例》当初的这一规定主要是为了限制"炒地皮"现象,现在看来似乎失之过严。只要建设用地使用权人投资达到法定要求,即可出租,而不需非有建筑物或其他附着物不可,否则有限制土地流通到最需要者手中之虞。值得注意的是,国家出租土地没有这一限制。

3. 签订土地租赁合同

建设用地使用权人出租土地,出租人与承租人应当签订租赁合同。土地出租合同是出租人将土地交给承租人使用,承租人向出租人支付租金的合意。土地出租合同应当以书面形式订立,《城镇国有土地使用权出让和转让暂行条例》第 29 条也明确规定:"土地使用权出租,出租人与承租人应当签订租赁合同。租赁合同不得违背国家法律、法规和土地使用权出让合同的规定。"

4. 出租人须依法办理登记

一般的租赁合同不需要登记,自合同成立时起生效,而土地和地上建筑物、其

他定着物出租，出租人应当依照规定办理登记。

★★建设用地使用权人出租土地的效力

（1）承租人取得租赁权，可以依照租赁合同对土地进行占有、利用和经营。同时，承租人应向出租人支付租金，并依租赁合同规定的条件使用土地，承租人不得自行转租，于租赁合同届满时应按照规定将土地交还给出租人。

（2）出租人仍继续履行建设用地使用权出让合同，建设用地使用权出让合同规定的权利义务并未随土地的出租而移转给承租人，仍由出租人承担。同时，出租人仍须负担租赁合同义务，即将土地交付给承租人占有使用并承担权利瑕疵担保责任[1]。

（3）在租赁合同有效期间，承租人依其租赁权，可以排斥出租人将土地再次出租。出租人如将建设用地使用权转让给第三人，租赁合同对新的土地使用权人继续有效（即买卖不破租赁），并且在有偿转让的条件下承租人有优先购买权，即在同等条件下优先于第三人而受让建设用地使用权。

（4）出租期限不得超过出租人尚享有的权利年限，超过的部分归于无效。一次租赁期限也不得超过20年，期满可以续订（《合同法》第214条）。另外，我国对建设用地使用权实行用途管制，出租建设用地使用权的用途必须合法并且符合土地所在地段的城市规划。而且，建设用地使用权出租后一般不能改变土地的用途，如果要改变的话，须经原审批机关批准。

三、国家出租土地

★★★国家出租土地的含义

国家出租土地是指国家将国有土地出租给使用者使用，由使用者与县级以上人民政府土地行政主管部门签订一定年期的土地租赁合同，并支付租金的行为。我国实行土地有偿使用制度。国家将国有土地出租是国有土地有偿使用的一种形式，是出让方式的补充。当前在完善国有土地出让的同时，应当稳妥地推行国有土地租赁。

国家出租土地与建设用地使用权人出租土地的最大不同是出租人的不同。国家出租土地的出租人是拥有土地所有权的国家，由县级以上人民政府土地行政主管部门代表国家行使出租人的权利，履行出租人的义务；而建设用地使用权人出租土地

---

〔1〕 参见国土资源部《关于印发〈规范国有土地租赁若干意见〉的通知》（国土资发〔1999〕222号）第6条。

的出租人为建设用地使用权人，其只享有物权性质的土地使用权，而非所有权。

★★★国家出租土地的适用范围

国家应当严格依照《城市房地产管理法》《土地管理法》的有关规定，确定国有土地出租的适用范围。对以下国有土地可以实行租赁：

(1)对因发生土地转让、场地出租、企业改制和改变土地用途后依法应当有偿使用的土地，可以实行租赁。

(2)对于新增建设用地，重点仍应是推行和完善国有土地出让，租赁只作为出让方式的补充。

(3)对原有建设用地，法律规定可以划拨使用的仍维持划拨，不实行有偿使用，也不实行租赁。对于经营性房地产开发用地，无论是利用原有建设用地，还是利用新增建设用地，都必须实行出让，不得实行租赁。

★国家出租土地的方式

国家出租土地，可以采用招标、拍卖或者双方协议的方式，有条件的，必须采取招标、拍卖方式。采用双方协议方式出租国有土地的租金，不得低于出租底价和按国家规定的最低地价折算的最低租金标准，协议出租结果要报上级土地行政主管部门备案，并向社会公开披露，接受上级土地行政主管部门和社会的监督。

★★★国有土地租赁合同

租赁期限6个月以上的国有土地租赁，应当由市、县土地行政主管部门与土地使用者签订租赁合同。租赁合同内容应当包括出租方、承租方、出租宗地的位置、范围、面积、用途、租赁期限、土地使用条件、土地租金标准、支付时间和支付方式、土地租金标准调整的时间和调整幅度，出租方和承租方的权利义务等。国有土地租金由各级土地行政主管部门征收。收取的土地租金应当参照国有土地出让金的管理办法进行管理，按规定纳入当地国有土地有偿使用收入，专项用于城市基础设施建设和土地开发。

租金：国有土地出租的租金标准应与地价标准相均衡。承租人取得建设用地使用权时未支付其他土地费用的，租金标准应按全额地价折算；承租人取得建设用地使用权时支付了征地、拆迁等土地费用的，租金标准应按扣除有关费用的地价余额折算。

采用短期租赁的，一般按年度或季度支付租金；采用长期租赁的，应在国有土地租赁合同中明确约定土地租金支付时间、租金调整的时间间隔和调整方式。

租赁期限：国有土地的出租可以是短期租赁，也可以实行长期租赁，视具体情况而定。对短期使用或用于修建临时建筑物的土地，应实行短期租赁，其年限一般不超过5年;对需要进行地上建筑物、构筑物建设后长期使用的土地,应实行长期租赁,具体租赁期限由租赁合同约定,但最长租赁期限不得超过20年(《合同法》第214条),期满可以续订。

★★★国有土地出租人的权利义务

出租人的权利:(1)按约定收取租金;(2)承租人未按合同约定开发建设、未经土地行政主管部门同意转让、转租或不按合同约定按时交纳土地租金的,土地行政主管部门可以解除合同,依法收回承租建设用地使用权;(3)租赁期满承租人未申请续期或者虽申请续期但未获批准的,承租土地由国家依法无偿收回,并可要求承租人拆除地上建筑物、构筑物,恢复土地原状。

出租人的义务:(1)按约定交付土地;(2)对建设用地使用者依法取得的承租建设用地使用权,在租赁合同约定的使用年限届满前不得收回,因社会公共利益的需要,依照法律程序提前收回的,应对承租人给予合理补偿;(3)承租期满,承租人申请续期的,除根据社会公共利益需要收回该幅土地以外,应予以批准。

★★★承租人的权利义务

承租人的权利:(1)承租人取得承租建设用地使用权;(2)承租人在按规定支付土地租金并完成开发建设后,经土地行政主管部门同意或根据租赁合同约定,可将承租建设用地使用权转租、转让或抵押[1];(3)在使用年期内,承租人有优先受让权;(4)承租期满,承租人可申请续期。

承租人的义务:(1)按约定支付租金;(2)按约定开发建设和使用土地;(3)将承租建设用地使用权转租、转让或抵押时,依法办理登记。

法律与规范链接

▲ 必读法条

《土地管理法》

第58条 有下列情形之一的,由有关人民政府土地行政主管部门报经原批准

---

〔1〕 承租人将承租土地转租或分租给第三人的,承租建设用地使用权仍由原承租人持有,承租人与第三人建立了转租或分租关系;承租人转让土地租赁合同的,租赁合同约定的权利义务随之转给第三人,承租建设用地使用权由第三人取得,租赁合同经更名后继续有效;地上房屋等建筑物、构筑物依法抵押的,承租建设用地使用权可随之抵押,但承租建设用地使用权只能按合同租金与市场租金的差值及租期估价,抵押权实现时土地租赁合同同时转让[国土资源部《关于印发〈规范国有土地租赁若干意见〉的通知》(国土资发〔1999〕222号)第6条]。

用地的人民政府或者有批准权的人民政府批准,可以收回国有土地使用权:

(一)为公共利益需要使用土地的;

(二)为实施城市规划进行旧城区改建,需要调整使用土地的;

(三)土地出让等有偿使用合同约定的使用期限届满,土地使用者未申请续期或者申请续期未获批准的;

(四)因单位撤销、迁移等原因,停止使用原划拨的国有土地的;

(五)公路、铁路、机场、矿场等经核准报废的。

依照前款第(一)项、第(二)项的规定收回国有土地使用权的,对土地使用权人应当给予适当补偿。

《土地登记规则》(〔1995〕国土法字第184号)

第11条 申请土地登记,申请者须向土地管理部门领取土地登记申请书。

土地登记申请书应当载明下列基本事项,并由申请者签名盖章:

(一)申请者名称、地址;

(二)土地座落、面积、用途、等级、价格;

(三)土地所有权、使用权和土地他项权利权属来源证明;

(四)其他事项。

△ 延伸法条

《国有土地上房屋征收与补偿条例》

第8条 为了保障国家安全、促进国民经济和社会发展等公共利益的需要,有下列情形之一,确需征收房屋的,由市、县级人民政府作出房屋征收决定:

(一)国防和外交的需要;

(二)由政府组织实施的能源、交通、水利等基础设施建设的需要;

(三)由政府组织实施的科技、教育、文化、卫生、体育、环境和资源保护、防灾减灾、文物保护、社会福利、市政公用等公共事业的需要;

(四)由政府组织实施的保障性安居工程建设的需要;

(五)由政府依照城乡规划法有关规定组织实施的对危房集中、基础设施落后等地段进行旧城区改建的需要;

(六)法律、行政法规规定的其他公共利益的需要。

典型案例

划拨土地使用权不得随意出租抵押

【案情概述】

某市一国有企业因经营不善,连年亏损,便打算将企业所使用的划拨地使用权分别做如下处理:一是为赊购产品,将1.5亩国有土地使用权抵押给产品供应方;二是想私下将1.2亩国有土地使用权以协议出租、一次性收取租金的方式出租给公司职工张某等4人,协议出租期为50年。张某等4人可以该公司拖欠其本人的工资抵交土地租金。

【关键问题】

1. 该企业抵押划拨土地使用权的行为需要具备哪些条件才可行?

2. 该企业私下将划拨土地使用权出租的行为是否合法?

3. 如果该企业私下抵押和出租划拨土地使用权,将如何处罚?

【简要评论】

本案主要涉及划拨土地使用权抵押和出租的问题。

1. 划拨土地使用权的抵押问题

从设定抵押权的主体来看,《担保法》中并未对设定抵押权的主体做出限制,即企业之间可以设定抵押权。《关于企业间土地使用权抵押有关问题的复函》规定,企业间以土地使用权进行抵押担保的前提是企业之间订立的债权债务主合同必须符合有关法律法规的规定,涉及需要金融监管部门批准的,应首先办理批准手续。由此可见,只要符合要求,企业之间可以土地使用权设定抵押权。

从抵押物来看,划拨土地使用权具有特殊性,以划拨土地使用权设定抵押权需要具备一定的条件。《城镇国有土地使用权出让和转让暂行条例》第45条和《划拨土地使用权管理暂行办法》第6条中均规定划拨土地使用权必须符合下列四个条件才能抵押:一是土地使用者为公司、企业、其他经济组织和个人;二是领有国有土地使用证;三是具有地上建筑物、其他附着物合法的产权证明;四是依照《城镇国有土地使用权出让和转让暂行条例》的规定签订土地使用权出让合同,向当地市、县人民政府补交土地使用权出让金或者以转让、出租、抵押所获收益抵交土地使用权出让金。从以上规定可以看出,没有地上建筑物的划拨土地使用权是不能抵押的。除此之外,土地使用权抵押需要订立抵押合同,并办理抵押登记。《担保法》规定,当事人不办理登记的,不得对抗第三人。《物权法》规定,以建设用地使用权抵押的，应当办理抵押登记，抵押权自登记时设立。

另外，在《关于改革土地估价结果确认和土地资产处置审批办法的通知》中规定，企业改制时，可依据划拨土地的平均取得和开发成本评定划拨土地使用权价格，作为原土地使用者的权益，计入企业资产。在《协议出让国有土地使用权规范（试行）》和《招标拍卖挂牌出让国有土地使用权规范（试行）》中对划拨土地使用权的价格也有类似的规定。由此可见，随着土地价值的日益凸显，划拨土地使用权作为建设用地使用权的一种，也有了评定自身价格的标准，这对于保护划拨土地使用权的合法权益无疑是很大的进步。

综上所述，该企业若以划拨土地使用权抵押，必须具备上述条件，并经过市、县人民政府批准后才能设定合法有效的抵押权，才能在债务到期时保证抵押权的实现。

2. 关于划拨土地使用权的出租问题

由于划拨土地使用权的特殊性，只有在符合法定条件的前提下才能出租划拨土地使用权。《城镇国有土地使用权出让和转让暂行条例》第 45 条和《划拨土地使用权管理暂行办法》第 6 条对划拨土地使用权的出租条件作出了与以划拨土地使用权设定抵押权相同的规定。所以，该企业必须符合这些条件后才可以出租其划拨土地使用权。

3. 关于私下抵押和出租划拨土地使用权的处罚

如果该企业未经批准抵押和出租划拨土地使用权，对其行为应当依法予以处罚。依照《城镇国有土地使用权出让和转让暂行条例》第 46 条规定，对未经批准擅自转让、出租、抵押划拨土地使用权的单位和个人，市、县人民政府土地管理部门应当没收其非法收入，并根据情节处以罚款。

延伸阅读

1. 卓洁辉：《租赁配置：为产业供地另辟蹊径》，载《中国土地》2013 年第 7 期；
2. 张豪：《土地使用权提前收回制度研究》，法律出版社 2011 年版；
3. 李延荣、蒋成华：《国有土地租赁法律问题研究综述》，载《中国土地科学》2001 年第 3 期；
4. 彭朝冰：《我国土地收益分配机制存在的问题及改革建议》，载《国土资源导刊》2013 年第 7 期。

第五章　国有土地上房屋征收与补偿法律制度

教学目标

1. 理解和识记征收与征用的概念与区别；理解国家土地征收制度的概念。
2. 理解集体土地征用制度的概念、主体和客体、法律性质及范围。
3. 理解公共利益的内涵与确认、公平补偿原则；理解和识记征收的主体、征收的目的、征收决定的程序；理解和识记征收补偿的方式、不予征收补偿的情形。
4. 理解房屋价值评估制度、监督与救济制度；理解和识记征收主体和评估单位的法律责任。

推荐参考资料

1. 薛刚凌：《〈国有土地上房屋征收与补偿条例〉理解与运用北京》，中国法制出版社 2011 年版；
2. 王锡锌：《国有土地上房屋征收与补偿条例专家解读与法律适用》，中国法制出版社 2011 年版；
3. 王才亮、王令：《房屋征收与拆迁》，北京大学出版社 2011 年版。

第一节　国家征收制度与集体土地征用制度

知识要点

一、征收

★★征收的含义

"征收"指征收主体国家以公共利益为目的，通过国家行政权力来获取集体或个人财产所有权并给予适当补偿的一种行为。作为一种行政行为，征收的主体只能是国家，并且要遵循公益目的性、合法性和公正补偿原则，即征收必须为满足公共利益的需要，依照法律规定的权限和程序进行，并给予被征收者以公正合理的补偿。

德国关于“征收”的概念经历了“古典征收”到“扩张征收”再到“基本法意义上的征收”的演变其要件的内容也相应变化：征收目的由“满足特定公用事业需要”扩展为“只要为公共利益需要即可”；征收对象由“以土地为主”扩充为土地及其他财产，既可以是所有权等物权，也可以是私有财产权；征收方式由必须依照行政处分而实施发展为可由法律直接规定；征收补偿也由“全额”补偿到“适当”补偿，再到“公正”补偿。在美国，“征收”有更广泛的内涵，美国宪法第五修正案和第十四修正案将征收的对象表述为“生命、自由和财产”，“私有财产非经公正补偿不得因公用而被征收”。这说明美国“征收”的对象不仅包括土地等不动产，也包括动产等其他财产权利。

★★★征收与征用的区别

2004 年十届全国人大通过宪法修正案，明确“征收”主要针对“所有权”的转移，“征用”主要针对“使用权”的改变；“征收”目的为公共利益的需要，“征用”更适用某些特殊公共利益尤其是紧急状态下抢险、救灾等需要；“征收”会带来财产所有人的所有权的转移或消灭，“征用”则在特定公共事业目的完成之后将使用权归还给财产所有人。因此《宪法》第 10 条第 3 款修正为“国家为了公共利益的需要，可以依照法律规定对土地实行征收或者征用并给予补偿”，第 13 条第 3 款修正为“国家为了公共利益的需要，可以依照法律规定对公民的私有财产实行征收或者征用并给予补偿”。由此，可以明确我国“征收”的主体为国家，征收目的为公共利益的需要，征收依据为法律的规定，征收对象是土地或公民财产等的所有权，并给予补偿。

征收与征用的主要区别如下：

(1)适用对象不同。征收的财产主要是不动产，征用的财产既包括不动产也包括动产。

(2)前提条件不同。虽然征收、征用都是强制性的，但前提条件有所不同。征收是为了国防和外交以及由政府组织实施的基础设施建设、公共事业、保障性安居工程建设、旧城区改建等公共利益的需要，征用是因抢险、救灾等紧急需要。

(3)所有权转移不同。征收主要是所有权的改变，是国家将集体所有或者私人所有的财产强制地征归国有，不存在返还的问题，通俗地说是“强买”；征用只是使用权的改变，是国家强制地使用集体所有或者私人所有的财产，被征用的财产使用后，应返还被征用人，通俗地说是“强租”。

(4)补偿内容不同。《物权法》对征收规定了具体的补偿办法，这就是说任何征收都要给予补偿，而且必须依法补偿。征用在财产使用后首先应及时返还被征用人。关于征用补偿，《物权法》只是规定应当给予补偿，此处的补偿主要是指财产因征用而毁损或灭失，应对其征用前的实物状态或价值状态进行复原。究竟如何补偿，可以由双方依据法律规定协商确定。

二、土地征收

★土地征收的含义

“土地征收”是征收的一种，征收对象主要为土地。这里的“土地”包括水陆及其天然附着物。“土地征收”的具体含义为：国家或政府为了公共利益的需要或为实现公共目的，依照法定程序，行使公共权力，强制性地取得原土地所有人的所有权并给予一定补偿的行政行为。

★土地征收的特征

根据我国《宪法》和《土地管理法》以及其他相关法律的规定，**土地征收制度具有以下特征：**

1. 征收主体的唯一性

土地征收作为一种行政行为，其唯一主体是国家。我国根本大法及其他相关法律法规都明确规定了土地征收权的最终归属者为国家；具体使用征收土地的公共企业、单位或个人，都没有土地的征收权，都必须向国家提出申请，由国家征收土地，再交由他们使用，如《土地管理法实施条例》第5条第1款规定，“单位和个人依法使用的国有土地，由土地使用者向土地所在地的县级以上人民政府土地行政主管部门提出土地登记申请，由县级以上人民政府登记造册，核发国有土地使用权证书，确认使用权”。此外，《土地管理法》第43条第1款规定，“任何单位和个人进行建设，需要使用土地的，必须依法申请使用国有土地”，对建设用地性质的规定——必须是国有土地——也从立法上排除了其他征收主体的可能性。

2. 征收对象的单一性

我国实行土地的公有制，包括全民所有制和集体所有制。土地征收则是根据公共利益需要将集体所有土地转为国有土地，征收标的是集体所有土地而非其他任何财产权利。我国与其他土地私有的国家征地制度的不同之处在于：一方面，土地私有的国家征收的土地既可能是个人的土地,也可能是集体的土地,而我国征收的标的只有集体土地;另一方面,在土地私有的国家,土地征收后的所有权既可能转移到另外的个人或集体手中,也可能转移到国家手中,但在我国,土地所有权的转移渠道具有单一性和单向度性,即土地所有权只能从集体所有转为国家所有。

3. 征收目的的公益性

土地征收目的的公益性来自两方面的需求:一方面,土地作为一种稀缺和不可再生的资源,是保障人类生存权、生命权和财产权的基础,土地的任何变动都会对土地所有者产生深刻影响,因而土地征收作为一种强制性的行政行为,其行为动机和目的必须源于公共利益的需要,而不能是源于局部或个体的私利。另一方面,国家和政府是社会公共利益的代表者和维护者,在卢梭的社会契约理论中,政府是人们为避免自然状态下的权利损害而让渡部分权利,通过建立契约而形成的,政府的权力来自人民的"授意",因而必须代表"公共意志",从这一角度来看征收也必须以公共利益为出发点。

4. 征收程序的合法性

为防止土地征收过程中权力的滥用,包括我国在内的世界诸多国家都对土地征收进行了法律规定,并对征收程序进行设置和限定。因此,土地征收行为和程序只有在符合法律法规的规定下才能实行。我国《土地管理法实施条例》第 25 条第 1 款规定了征地过程中的相关程序和环节,如"征收土地方案经依法批准后,由被征收土地所在地的市、县人民政府组织实施,并将批准征地机关、批准文号、征收土地的用途、范围、面积以及征地补偿标准、农业人员安置办法和办理征地补偿的期限等,在被征收土地所在地的乡(镇)、村予以公告"。《土地管理法实施条例》第 25 条第 3 款规定,"市、县人民政府土地行政主管部门根据经批准的征收土地方案,会同有关部门拟订征地补偿、安置方案,在被征收土地所在地的乡(镇)、村予以公告,听取被征收土地的农村集体经济组织和农民的意见。征地补偿、安置方案报市、县人民政府批准后,由市、县人民政府土地行政主管部门组织实施"。这就说明从征地方案的拟定审核到征地行为的实施,都必须依法进行,遵循相关的审批审核、公告、执行等程序。

5. 征收行为的强制性

土地征收作为一种行政行为,是宪法赋予国家和政府的特别权力。它以国家公权力和国家暴力机器为后盾,在相关法律法规规定的范围内,通过强制性的方式而非市场合意的方式进行,无须征得土地所有人的同意。因此,在土地征收法律关系中，征收主体与被征土地所有者的地位不平等。但这也不是说所有的土地征收都是通过强制性的措施实现的，征地法律关系双方可以通过协商的方式达成协议，只有当双方无法达成共识时，征地主体具有强制执行力。

6. 征收的有偿性

土地征收与税收等其他无偿征收不同，具有有偿性，即在土地所有权转移之时，对原土地所有者进行相应的补偿和安置。土地征收的有偿性与其公益目的性和强制性有关。土地征收是通过对土地的强制性征收来达到实现公共利益的目的，是通过对个体利益的损害来实现和保全社会公共利益，个体的这种损失不是其应负的法律义务或责任。因此要维护社会公平，就要保证公共利益与个体利益的平衡，给予原土地所有人以相应的经济等方面的补偿。正如美国法理学家埃德加博登海默所说："在个人权利和社会福利之间创设一种适当的平衡乃是有关正义的主要考虑之一。"我国《土地管理法》第 47 条对土地征收补偿的内容、方式、标准等进行了较为详细的规定，以弥补农民在被征地后的部分损失和保证其基本生活保障。

三、国家征收制度

★国家征收制度的概念

国家征收是针对单位、个人的不动产的征收，其含义为：国家为了公共利益的需要，依照法律规定的程序和权限将公民个人、集体所有的不动产转化为国家所有，并依法给予被征收不动产的个人、集体合理补偿和妥善安置的法律行为。

国家征收涉及利益巨大，影响的社会关系广泛。通过建立健全符合我国国情，适应我国发展的征收制度是有效解决国家与被征收人之间的冲突，规范国家征收程序，限制国家公权力、保障公民利益的有效手段。为规范国有土地上房屋征收与补偿活动，维护公共利益，保障被征收房屋所有权人的合法权益，2011 年 1 月 19 日国务院制定并颁布了《国有土地上房屋征收与补偿条例》并同时废止了《城市房屋拆迁管理条例》。这既表明了我国对于征收补偿工作的日益重视，也体现了我国的征收补偿制度日益完善。

★国家征收制度的特征

(1)强制性，国家征收是一种行政行为，在国家征收法律关系中，由有权的国家机关代表国家来行使，征地方与土地被征收的集体组织的地位是不平等的，在符合法定条件的前提下，行政机关按照法定的权限和程序征收不动产，无须被征收土地的所有人同意。

(2)行政性,国家征收行为并非基于双方的自愿和一致的民事行为,而是有权行政机关行使其职权发生法律效力的行为。

(3)公益性,国家征收是国家为了公共利益的需要。根据《国有土地上房屋征收与补偿条例》第 8 条规定的公共利益的范围包括:"(一)国防和外交的需要;(二)由政府组织实施的能源、交通、水利等基础设施建设的需要;(三)由政府组织实施的科技、教育、文化、卫生、体育、环境和资源保护、防灾减灾、文物保护、社会福利、市政公用等公共事业的需要;(四)由政府组织实施的保障性安居工程建设的需要;(五)由政府依照城乡规划法有关规定组织实施的对危房集中、基础设施落后等地段进行旧城区改建的需要;(六)法律、行政法规规定的其他公共利益的需要。"

(4)程序性,国家征收的方式方法必须遵循相关法律的规定,恪守程序。土地征收一般涉及利益巨大,土地、房屋往往是个人、集体最重要的、最具价值的财产,征收工作往往容易引起冲突。征收机关必须恪守征收程序,遵守相关法律法规。征收程序是规范政府征收行为,维护被征收人合法权益,促使政府做好群众工作的重要保障。

(5)国家征收必须以补偿为必备条件。国家在征个人或集体所有的不动产的同时,应当对被征地的农民集体和享有集体不动产使用权农民进行补偿,应当保障被失地农民基本生活水平不因征地下降。

★对国家征收的救济

根据国家征收的行政性可知,**国家征收行为是一种行政行为,可以对其提出行政复议和行政诉讼。**根据《国有土地上房屋征收与补偿条例》第 14 条的规定,被征收人对市、县级人民政府作出的房屋征收决定不服的,可以依法申请行政复议,也可以依法提起行政诉讼。

对于国家征收补偿不满的也可以进行行政救济和司法救济:

1. 行政补偿的行政程序救济

在实践中,行政补偿的程序有:

(1)通知或公告。通知或公告的目的是及时通知与行政补偿有利害关系的行政相对人参加补偿的协商,使行政相对人能及时维护自己的合法权益。

(2)申请。通常由受到损害或损失的相对人向行政机关提出补偿请求。

(3)补偿登记。被补偿人申请补偿后,由行政机关对行政相对人、人身或财产的损失、补偿数额进行登记。

(4)协商。行政机关接到补偿请求后,与相对人进行协商,尽量达成双方都能接受的补偿协议。

(5)调解。由上一级行政机关或法定主管机关对补偿争议进行调解。

(6)裁决。若补偿协议不成,则由行政机关依法做出裁决。

2. 行政补偿的司法救济

如果被补偿人和补偿义务主体达不成一致协议,行政补偿义务主体所作的补偿决定又不为被补偿人所接受,被补偿人可按照法律规定申请有关机关裁决,对裁决不服的,可以提起行政诉讼。申请人向行政补偿义务主体提出行政补偿请求后,其请求如果被行政机关拒绝,或不能达成协议,申请人可自行政主体拒绝补偿之日或补偿决定送达之日起三个月内向人民法院提起行政诉讼。行政机关应当在接到人民法院的行政补偿协议书、行政补偿决定书或者行政补偿调解书生效后,按法律文书确定的内容对行政相对人给付补偿。

四、集体土地征收与征用

☆集体土地征收的含义

集体土地征收,是指国家为公共利益的需要,通过法定程序,将原属于农民集体所有的土地征为国有的行为。土地征收方案依照法定程序批准后,由被征收土地所在地的市、县级人民政府予以公告并组织实施。被征收土地的所有权人、使用权人应在公告规定的期限内,持土地权属证书到公告指定的人民政府土地行政主管部门办理征地补偿登记。

★集体土地征用的特征

集体土地的征用属于国家征收的一部分,所以集体土地征用具备国家征收的基本特征,即具有强制性、行政性、公益性、程序性、有偿性。同时鉴于征收与征用的区别,**集体土地征用制度也具备以下特征:**

(1)集体土地征用并不永久转移所有权。征用的实质是强制使用,是有条件的使用权的改变,被征用的土地使用完毕,应当及时返还被征用人,这是一种临时使用土地的行为。

(2)补偿的项目不一致。征收土地除土地补偿、青苗及地面附着物补偿外,还包括被征地农民的安置补助费,而征用土地只是补偿原土地使用者在征用期间不能从事农业生产的土地补偿和青苗及地上附着物的补偿,没有安置补助费。

(3)审批权限不一样。征收土地的审批权集中在国务院和省级人民政府两级;征用土地的审批权是县级以上人民政府国土资源管理部门。

(4)土地用途的性质不一样。征收土地主要是将被征收土地变为施工建设用地,可以修建永久性的建(构)筑物;而土地征用主要是将土地用于临时性的施工建设场地,地质勘探、抢险救灾、建设施工材料堆场等,不能修建永久性的建(构)筑物,并在使用期满后要恢复土地原状,交还给土地使用者使用。

★集体土地所有权与国家土地所有权的范围(见表5-1)

表5-1 集体土地所有权与国家土地所有权的范围

	含义	权利主体	权利客体
集体土地所有权	劳动群众集体对属于其所有的土地依法享有的占有、使用、收益和处分权利,是土地集体所有制在法律上的表现	权利主体是村农民集体;农村集体经济组织内的农民集体;乡(镇)农民集体	权利客体由《宪法》《土地管理法》《民法通则》《民法总则》和《土地管理法实施条例》规定。一般来讲,农村和城市郊区的土地,除法律规定属于国家所有的以外,属于农民集体所有,宅基地和自留山、自留地,属于农民集体所有,它与国有土地所有权的权利客体互为界限
国家土地所有权	土地所有权是指土地所有者依法对土地占有、使用、收益、处分的权利。土地所有权人在法律规定的范围内占有,使用和处分土地,并从土地上获得利益的权利	权利主体是国家,但是该权利由国务院和市、县人民政府土地管理部门经中央人民政府授权行使	权利客体由《宪法》《土地管理法》《民法通则》《民法总则》和《土地管理法实施条例》规定。城市市区的土地属于国家所有,由法律规定的农村和城市郊区的土地,属于国家所有,它与集体土地所有权的权利客体互为界限

法律与规范链接

▲ 必读法条

《国有土地上房屋征收与补偿条例》

第1条 为了规范国有土地上房屋征收与补偿活动,维护公共利益,保障被征收房屋所有权人的合法权益,制定本条例。

第2条 为了公共利益的需要,征收国有土地上单位、个人的房屋,应当对被征收房屋所有权人(以下称被征收人)给予公平补偿。

第3条 房屋征收与补偿应当遵循决策民主、程序正当、结果公开的原则。

典型案例

叶某诉扬州市江都区人民政府房屋征收决定案〔1〕

【案情概述】

1. 基本案情

叶某于2008年1月17日经登记取得座落于扬州市江都区仙女镇江淮路59号102室,登记建筑面积为116.96平方米房屋的所有权,登记共有权人为张某(系叶某丈夫)。江都区人民政府于2014年5月28日作出扬江房征字〔2014〕第1号《国有土地上房屋征收决定书》(以下简称房屋征收决定),并于同日作出《扬州市江都区人民政府国有土地上房屋征收决定公告》(扬江房征告字〔2014〕第1号)。叶某的房屋在该征收决定确定的征收范围内。叶某以该项目不是基于公共利益为由向人民法院提起诉讼,要求撤销扬江房征字〔2014〕第1号房屋征收决定。

2. 裁判结果

扬州市中级人民法院经审理认为:(1)根据江都区政府提交的证据可以证明金狮棚户区及周边城中村改造项目确系由政府组织实施的旧城改建项目,旧城区改建与公众生活密切相关,就本案所涉金狮棚户区及周边城中村改造项目而言,这一项目实施既有利于改善金狮棚户区及周边城中村相关区域内居民的居住和工作条件,也有利于改善城市环境,提升城市功能,不能因为其中包含必要的商业服务设施等商业开发,就将其置于公共利益范畴之外。(2)根据江都区政府提交的《江都市国民经济和社会发展第十二个五年规划纲要》《江都市土地利用总体规划》(2006~2020年)、《江都市城市总体规划》(2010~2030年)、《江都市"十二五"重大项目建设规划表》《关于2013年国民经济和社会发展计划执行情况及2014年计划(草案)的报告》,分别可以证实本案所涉金狮棚户区及周边城中村改造项目符合国民经济和社会发展规划、土地利用总体规划,并已纳入江都区国民经济和社会发展2014年度计划。此外,根据江都区政府提交的江都区国土局出具的《情况说明》《扬州市江都区城市规划委员会会议纪要》,该项目详细规划设计方案亦已经江都区规划委原则同意。(3)在江都区政府作出涉案房屋征收决定前,已依照有关规定进行了社会稳定风险评估。本案所涉金狮棚户区及周边城中村改造项目属于旧城区改建和城中村改造项目,且涉及被征收人户数达334户,依照《征收补偿条例》第12条第1款

〔1〕 案件来源:110法律咨询网:http://www.110.com/ziliao/article-133051.html,最后访问日期:2018年3月18日。

和《扬州市国有土地上房屋征收与补偿暂行办法》(以下简称《暂行办法》)第11条第2款的规定,房屋征收补偿方案和涉案房屋征收决定均应由政府常务会议讨论决定,但江都区政府未能提交相应证据证明其已经履行了上述法定程序。故江都区政府作出涉案房屋征收决定构成程序违法。(4)根据查明的事实,江都区政府作出房屋征收决定前,征收补偿费用未能足额到位,不符合《征收补偿条例》第12条的规定。

综上所述,江都区政府作出的房屋征收决定基本符合《征收补偿条例》的相关规定,只是在征收决定和征收补偿方案讨论决定程序以及在作出征收决定前,确保征收补偿资金足额到位方面违反法定程序。但鉴于本案所涉金狮棚户区及周边城中村改造项目系旧城区改建和城中村改造项目,且已经有204户被征收人确定了交房时间,如果撤销涉案房屋征收决定将可能导致多数被征收人与征收实施单位已经签订的征收补偿协议归于无效,引发重大社会不稳定风险,并导致本案所涉金狮棚户区及周边城中村改造项目无法继续正常开展,进而对公共利益造成重大损害。判决:(1)确认江都区政府作出的扬江房征字〔2014〕第1号征收决定违法;(2)责令江都区政府采取相应补救措施,在判决书生效之日起合理期限内,实现金狮棚户区及周边城中村改造项目房屋征收补偿资金足额到位。

江苏省高级人民法院认为:江都区政府作出涉案房屋征收决定基本符合《征收补偿条例》的相关规定。对涉案房屋征收决定中存在的问题,一审判决已予以指出,并责令江都区政府采取相应补偿措施。一审法院考虑到本案所涉金狮棚户区及周边城中村改造项目系旧城区改建和城中村改造项目,已有大多数被征收人签订了安置补偿协议,如果撤销涉案房屋征收决定将可能引发重大社会不稳定风险,并导致本案所涉金狮棚户区及周边城中村改造项目无法继续正常开展,造成公共利益重大损害。故一审法院判决确认江都区政府作出的扬江房征字〔2014〕第1号征收决定违法,并责令江都区政府采取相应补救措施保障房屋征收补偿资金到位并无不当,应予维持。上诉人的上诉理由和请求依法不能成立。

【关键问题】

1. 如何理解国有土地上房屋征收?
2. 何为公共利益的内涵?
3. 国有土地上房屋征收与补偿程序有哪些?

【简要评论】

根据《物权法》第42条规定,为了公共利益的需要,依法可以征收集体所有的土地和单位、个人的房屋及其他不动产，应给予拆迁补偿、维护被征收人的合法权益，征收个人住宅的还应当保障被征收人的居住条件。根据《国有土地上房屋征收与补偿条例》明确列举了公共利益的内涵。公共利益的需要，包括：国防和外交的需要；由政府组织实施的能源、交通、水利等基础设施建设的需要；由政府组织实施的科技、教育、文化、卫生、体育、环境和资源保护、防灾减灾、文物保护、社会福利、市政公用等公共事业的需要；由政府组织实施的保障性安居工程建设的需要；由政府依照城乡规划法有关规定组织实施的对危房集中、基础设施落后等地段进行旧城区改建的需要；法律、行政法规规定的其他公共利益的需要。依照《国有土地上房屋征收与补偿条例》第12条第1款和《扬州市国有土地上房屋征收与补偿暂行办法》（以下简称《暂行办法》）第11条第2款的规定，房屋征收补偿方案和涉案房屋征收决定均应由政府常务会议讨论决定。本案中，政府对于房屋征收的目的是否出于公共利益的目的以及江都区政府征收决定工作程序是否违法产生争议。原告认为，政府对城区规划涉及商业利益，因此违反公共利益。但是根据江都区政府提交的证据可以证明金狮棚户区及周边城中村改造项目确系由政府组织实施的旧城改建项目，旧城区改建与公众生活密切相关，就本案所涉金狮棚户区及周边城中村改造项目而言，这一项目实施既有利于改善金狮棚户区及周边城中村相关区域内居民的居住和工作条件，也有利于改善城市环境，提升城市功能，不能因为其中包含必要的商业服务设施等商业开发，就将其置于公共利益范畴之外。此外，房屋征收补偿方案和涉案房屋征收决定均应由政府常务会议讨论决定，但江都区政府未能提交相应证据证明其已经履行了上述法定程序。故江都区政府作出涉案房屋征收决定构成程序违法。

【核心知识】

为了公共利益的需要，依法可以征收集体所有的土地和单位、个人的房屋及其他不动产，应给予拆迁补偿、维护被征收人的合法权益，征收个人住宅的还应当保障被征收人的居住条件。

《国有土地上房屋征收与补偿条例》明确列举了公共利益的内涵。公共利益的需要，包括：

（1）国防和外交的需要；

（2）由政府组织实施的能源、交通、水利等基础设施建设的需要；

（3）由政府组织实施的科技、教育、文化、卫生、体育、环境和资源保护、防灾减灾、文物保护、社会福利、市政公用等公共事业的需要；

(4)由政府组织实施的保障性安居工程建设的需要；

(5)由政府依照城乡规划法有关规定组织实施的对危房集中、基础设施落后等地段进行旧城区改建的需要；

(6)法律、行政法规规定的其他公共利益的需要。

延伸阅读

1. 王超:《浅议〈国有土地上房屋征收与补偿条例〉》,载《公民与法》2012 年第 5 期;
2. 彭贵才:《论城市房屋拆迁中公民私有财产权的保护》,载《当代法学》2010 年第 6 期;
3. 房绍坤:《国有土地上房屋征收的法律问题与对策》,载《中国法学》2012 年第 1 期。

第二节　国有土地上房屋征收的法律规定

知识要点

一、房屋征收立法

☆《城市房屋拆迁管理条例》的修订

(1)2009 年 12 月 16 日,国务院法制办召开《国有土地上房屋征收与拆迁补偿条例》草案专家研讨座谈会。

(2)修订背景:2007 年 3 月公布的《物权法》规定“为了公共利益的需要,依照法律规定的权限和程序可以征收集体所有的土地和单位、个人的房屋及其他不动产”,而 2001 年的《城市房屋拆迁管理条例》根据《物权法》的精神应当废除,因此“城市房屋拆迁实际上处于无法可依的状态”。国务院法制办与全国人大法工委进行了沟通,建议在有关法律正式出台之前,由全国人大常委会授权国务院制定新的法规,《国有土地上房屋征收与补偿条例》由此出台。

(3)2011 年 1 月 21 日,国务院正式公布实施《国有土地上房屋征收与补偿条例》。

★★★国有土地房屋征收与土地征收的区别

(1)适用范围不同,国家建设征收土地的适用范围是农村集体所有的土地,国有土地上房屋征收的适用范围是城市规划区内的国有土地。

(2)法律后果不同,征收土地导致的法律后果是农村集体土地所有权的消灭,国有土地上房屋征收导致的法律后果是被征收房屋所有权的消灭。

(3)法律依据不同,征收土地依据《土地管理法》及其配套法规中关于国家建设征收土地的规定,城市房屋拆迁依据《国有土地上房屋征收与补偿条例》的规定。

★国有土地上房屋征收与补偿的概念

国有土地上房屋征收与补偿,是指为了公共利益的需要,对国有土地上单位、个人的房屋实行征收以及对被征收房屋的所有权人(以下简称被征收人)给予补偿的行为。

对于国有土地上房屋征收与补偿概念的理解,应把握以下三点:

(1)强调了为公共利益需要方可征收,即非公共利益需要,不得征收单位及个人的房屋;

(2)适用的区域范围明确为国有土地上的房屋;

(3)公平补偿原则。

《物权法》第42条规定:为了公共利益的需要,依法可以征收集体所有的土地和单位、个人的房屋及其他不动产,应给予拆迁补偿、维护被征收人的合法权益,征收个人住宅的还应当保障被征收人的居住条件。

2007年8月,十届全国人大常委会第29次会议通过了《城市房地产管理法修正案》。增加了第6条,其中规定:"为了公共利益需要,国家可以征收国有土地上单位和个人的房屋,并依法给予拆迁补偿,维护被征收人的合法权益;征收个人住宅的,还应当保障被征收人的居住条件。具体办法由国务院规定。"

★★公共利益的内涵

《国有土地上房屋征收与补偿条例》明确列举了公共利益的内涵。公共利益的需要,包括:

- 国防和外交的需要;
- 由政府组织实施的能源、交通、水利等基础设施建设的需要;
- 由政府组织实施的科技、教育、文化、卫生、体育、环境和资源保护、防灾减灾、文物保护、社会福利、市政公用等公共事业的需要;
- 由政府组织实施的保障性安居工程建设的需要;
- 由政府依照城乡规划法有关规定组织实施的对危房集中、基础设施落后等地段进行旧城区改建的需要;
- 法律、行政法规规定的其他公共利益的需要。

除为了以上公共利益之外,不得征收国有土地上单位、个人的房屋。该条规定将政府征收的范围进行了明确规定,这限制了政府滥用职权、强制征收土地、房屋的可能性。

二、管理体制

★国有土地上房屋征收与补偿的管理体制

市、县级人民政府负责本行政区域的房屋征收与补偿工作。市、县级人民政府确定的房屋征收部门(以下简称房屋征收部门)组织实施本行政区域的房屋征收与补偿工作。市、县级人民政府有关部门应当依照本条例的规定和本级人民政府规定的职责分工,互相配合,保障房屋征收与补偿工作的顺利进行。

上级人民政府应当加强对下级人民政府房屋征收与补偿工作的监督。国务院住房城乡建设主管部门和省、自治区、直辖市人民政府住房城乡建设主管部门应当会同同级财政、国土资源、发展改革等有关部门,加强对房屋征收与补偿实施工作的指导。

任何组织和个人对违反本条例规定的行为,都有权向有关人民政府、房屋征收部门和其他有关部门举报。接到举报的有关人民政府、房屋征收部门和其他有关部门对举报应当及时核实、处理。监察机关应当加强对参与房屋征收与补偿工作的政府和有关部门或者单位及其工作人员的监察。

三、房屋征收的法律责任与征收原则

☆房屋征收法律责任的概念

房屋征收法律责任,是指任何单位和个人违反相关法律法规,阻碍房屋征收补偿工作的正常进行所应承担的法律责任。这里包括为确保房屋征收补偿工作的顺利进行房屋征收人所应承担的责任和义务和房屋被征收人所应承担责任和义务。

☆房屋征收法律责任的意义

房屋征收补偿工作关系着城市建设的总体规划和协调发展,是城市发展、现代化建设的重要环节。房屋是人们的基本生产和生活资料,涉及当事人重大的物质经济利益,这之间容易产生矛盾和纠纷。明确房屋征收的法律责任首先可以调和征收人与被征收人之间的矛盾和纠纷,使政府行使职责和公民保障权利有所根据;其次可以规范政府行为,限制政府权力,将权力关进制度的笼子,确保政府合理合法的发挥自己的职责;最后可以保障被征收人的人身财产安全,维护公民权利,这也是我国关注和保障公民基本人权的要求。

明确房屋征收补偿的各项法律责任具有至关重要的意义，《国有土地上房屋征收与补偿条例》对于征收人和被征收人都明确设置了具体的权利和义务，明确了各项法律责任。

★★★房屋征收的原则

《国有土地上房屋征收与补偿条例》第3条规定，“房屋征收与补偿应当遵循决策民主、程序正当、结果公开的原则”。

（1）决策民主原则。所谓决策民主，是指政府在进行房屋征收与补偿的决策前，必须听取、征求公众意见，经过民主程序，最终做出决策。该原则在条例的具体规定中都有体现。第十条、第十一条征求公众意见、召开听证会都是决策民主的体现。

（2）程序正当原则。所谓程序正当，是指政府进行的房屋征收与补偿，程序必须正当合法，有法可依。房屋征收与补偿作为政府的具体行政行为，程序正当是政府依法行政的必然要求。

（3）结果公开原则。所谓结果公开，是指政府的房屋征收与补偿决策做出后，应当将结果向社会公开，包括做出的程序与依据。这是为了保证公众的知情权。实践中，多数政府在征收、补偿时，并没有告知被征收人征收依据、补偿标准制定依据等，无法保证公众的知情权。在以上两个原则的基础上，结果公开原则显得尤为重要。

四、房屋征收主体

★被征收人的权利和义务

1. 被征收人的权利

- 被征收人有公平受偿的权利；
- 被征收人有选择评估机构的权利；
- 被征收人有提起行政复议和诉讼的权利。

2. 被征收人的义务

（1）按时完成搬迁工作。根据具体的规定：

- 作出房屋征收决定的市、县级人民政府对被征收人给予补偿后，被征收人应当在补偿协议约定或者补偿决定确定的搬迁期限内完成搬迁。
- 被征收人在法定期限内不申请行政复议或者不提起行政诉讼，在补偿决定规定的期限内又不搬迁的，由作出房屋征收决定的市、县级人民政府依法申请人民法院强制执行。

• 采取暴力、威胁等方法阻碍依法进行的房屋征收与补偿工作，构成犯罪的，依法追究刑事责任；构成违反治安管理行为的，依法给予治安管理处罚。

(2)确保房屋维持现状。房屋征收范围确定后，不得在房屋征收范围内实施新建、扩建、改建房屋和改变房屋用途等不当增加补偿费用的行为；违反规定实施的，不予补偿。

☆征收人的责任和义务

市、县级人民政府是房屋征收工作的主体，负责组织实施本行政区域内的房屋征收补偿工作，其应负的责任和义务有：

(1)根据《国有土地上房屋征收与补偿条例》的规定积极、妥善的履行本身职责。根据规定市、县级人民政府应该妥善完成自己的本职工作，例如按照要求作出征收补偿决定、对征收补偿决定进行有效的公示公告、组织举办听证会等。

(2)履行监督职责。市、县人民政府及其有关部门应当依法加强对建设活动的监督管理，对违反城乡规划进行建设的，应依法予以处理。房屋征收部门可以委托房屋征收实施单位，承担房屋征收与补偿的具体工作。房屋征收部门对房屋征收实施单位在委托范围内实施的房屋征收与补偿行为负责监督，并对其行为后果承担法律责任。

(3)不得采取暴力、威胁或者违反规定中断供水、供热、供气、供电和道路通行等非法方式迫使被征收人搬迁，造成损失的，依法承担赔偿责任；对直接负责的主管人员和其他直接责任人员，构成犯罪的，依法追究刑事责任；尚不构成犯罪的，依法给予处分；构成违反治安管理行为的，依法给予治安管理处罚。

(4)对于积极搬迁、配合工作的予以奖励。市、县级人民政府应当制定补助和奖励办法，对被征收人给予补助和奖励。

市、县人民政府及房屋征收部门的工作人员在房屋征收与补偿工作中不履行《国有土地上房屋征收与补偿条例》规定的职责，或者滥用职权、徇私舞弊的，由上级人民政府或者本级人民政府责令改正，通报批评；造成损失的，依法承担赔偿责任；对直接负责的主管人员和其他直接责任人员，依法给与处分；构成犯罪的，依法追究刑事责任。

★国有土地上房屋征收工作程序（见图5－1）

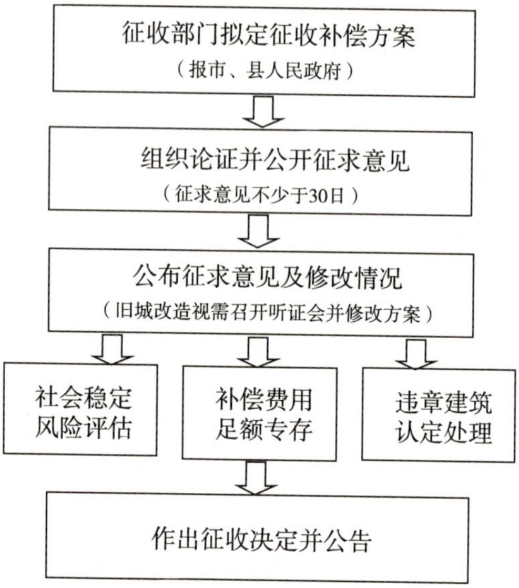

图5－1　国有土地上房屋征收工作程序

法律与规范链接

▲ 必读法条

《国有土地上房屋征收与补偿条例》

第8条（见本书第159页）

△ 延伸法条

《城市房地产管理法》

典型案例

刘某诉武汉市江岸区人民政府房屋征收决定案

【案情概述】

2014年1月15日，江岸区人民政府作出武汉市江岸区人民政府岸政征〔2014〕2号《房屋征收决定书》。次日，将该决定在征收区域内张贴公布。刘某所有的房屋座落在上述房屋征收行政决定的征收范围内。刘某认为江岸区人民政府是假借旧城区改造为名，行商业开发，并非基于公共利益，且其发布的房屋征收决定未按法定程序作出，于2014年2月19日向武汉市人民政府申请行政复议。2014年4月4日，行政复议机关作出武政复决〔2014〕第59号《行政复议决定书》，维持了被告作出的房屋征收决定。刘俊仍不服，遂向武汉市中级人民法院提起行政诉讼。

武汉市中级人民法院审理认为：(1)根据国务院令第590号《国有土地上房屋征收与补偿条例》第4条的规定，江岸区人民政府具有本行政区域的房屋征收与补偿工作的法定职能。(2)本案中，在江岸区人民政府作出本案被诉具体行政行为前，二七沿江区二期(二期－3片)旧城区改建项目已经江岸区人大常委会批准列入国民经济和社会发展计划；建设部门建议对二七沿江片二期用地范围基础设施按照城市规划进行整体改造；房屋征收部门对房屋征收范围内房屋的情况组织了调查登记并公布；拟定房屋征收补偿安置方案征求意见稿并公布，征求被征收人意见，并将征求意见情况和根据公众意见修改的情况、二七沿江片二期(二期－3片)旧城区改建项目房屋征收安置补偿实施方案及时公示；征收补偿费用足额到位、专户存储、专款专用；组织进行了社会稳定风险评估等。被告提供的证据能够证明其依据《征收条例》中关于房屋征收决定的相关规定，履行房屋征收的职能和相关程序。江岸区人民政府据此作出房屋征收决定并依法载明房屋征收补偿方案和被征收人行政复议、行政诉讼权利等事项，其具体行政行为并无不妥。(3)专业机构相关信息的公开和选定房地产价格评估机构是《征收实施办法》第7条和第25条规定的在房屋征收决定作出后房屋征收补偿阶段进行的程序。综上所述，刘某请求撤销江岸区人民政府作出的房屋征收决定的诉讼请求缺乏事实根据和法律依据，法院不予支持。

【关键问题】

1. 哪个国家机关具有作出国有土地上房屋征收决定？

2. 如何判断政府对国有土地上房屋征收是基于公共利益？

3. 国有土地上房屋征收决定的合法程序有哪些？

【简要评论】

为了保障国家安全、促进国民经济和社会发展等公共利益的需要，确需征收房屋的，由市、县级人民政府作出房屋征收决定。本案中，争议的焦点之一是征收房屋是否属于公共利益的需要。本案在江岸区人民政府作出本案被诉具体行政行为前，二七沿江区二期(二期－3片)旧城区改建项目已经江岸区人大常委会批准列入国民经济和社会发展计划；建设部门建议对二七沿江片二期用地范围基础设施按照城市规划进行整体改造；房屋征收部门对房屋征收范围内房屋的情况组织了调查登记并公布；拟定房屋征收补偿安置方案征求意见稿并公布，征求被征收人意见，并将征求意见情况和根据公众意见修改的情况、二七沿江片二期（二期-3片）旧城区改建项目房屋征收安置补偿实施方案及时公示；征收补偿费用足额到位、专户存储、专款专用；组织进行了社会稳定风险评估等。因此，房屋征收符合法律规定的条件。

延伸阅读

1. 陈丛刊、姜晓萍：《论城市房屋征收之被征收人权利保护》，载《理论与改革》2012年第2期；
2. 刘雨婷：《关于申请法院强制拆迁设立听证程序的探讨》，载《改革与开放》2011年第4期；
3. 李成玲：《对城市规划中的房屋征收与损失补偿的规制思考》，载《法治论丛》2011年第5期。

第三节　国有土地上房屋征收的补偿标准

知识要点

一、补偿主体与补偿对象

★征收补偿主体

《国有土地上房屋征收与补偿条例》第4条规定，"市、县级人民政府负责本行政区域的房屋征收与补偿工作"。该条明确规定，政府是房屋征收与补偿的主体，政府可以确定房屋征收部门负责组织进行房屋征收与补偿工作。除此之外，其他单位不进行房屋征收与补偿工作。房屋征收部门可以委托不以营利为目的的房屋征收实施单位承担征收与补偿的具体工作。

☆征收补偿对象

为了保证被征收房屋的所有权人的合法权益，征收人应当对被征收房屋所有权人（被征收人）给予公平补偿。

二、补偿原则与范围

★★国有土地上房屋征收的补偿原则

《国有土地上房屋征收与补偿条例》对于房屋征收补偿的规定体现了以下几个原则：

(1)公平合理补偿原则。被征收人作为利益受损方，理应得到公平合理的补偿。该补偿要在一视同仁的基础上，体现对被征收人的公平与正义；征收补偿标准足以使被征收人保持甚至提高原有的物质和精神生活水平。

(2)公共服务原则。房屋征收补偿作为一项公共政策，其实施过程中政府有效发挥公共服务职能，保护被征收人的合法权益。

(3)遵循市场原则。充分发挥市场和竞争在房屋征收资源配置中的基础性作用，如完善了市场评估机制和评估结果的复核机制，在评估机构的选择上充分尊重被征收人的意见。

(4)公众参与原则。房屋征收工作涉及被征收人的切身利益，因此征收补偿应尊重公众的集体意愿，避免因居民权利模糊导致征收补偿等合法权益受到损害。

(5)尊重差异原则。房屋征收补偿工作要根据住房属性的不同有所差异，这些差异包括不同城市经济社会发展水平、不同建筑物质量和不同地段不同时段的土地使用权价值差异。

★★征收补偿的范围

(1)被征收房屋价值的补偿；

(2)因征收房屋造成的搬迁、临时安置的补偿；

(3)因征收房屋造成的停产停业损失的补偿。

三、补偿方式与标准

★征收补偿的方式与标准

征收补偿的方式：一是货币补偿；二是房屋产权调换。

征收补偿的标准：

(1)对被征收房屋价值的补偿，不得低于房屋征收决定公告之日被征收房屋类似房地产的市场价格。

被征收人选择房屋产权调换的，市、县级人民政府应当提供用于产权调换的房屋，并与被征收人计算、结清被征收房屋价值与用于产权调换房屋价值的差价。

因旧城区改建征收个人住宅，被征收人选择在改建地段进行房屋产权调换的，作出房屋征收决定的市、县级人民政府应当提供改建地段或者就近地段的房屋。

（2）对因征收房屋造成搬迁的，房屋征收部门应当向被征收人支付搬迁费；选择房屋产权调换的，产权调换房屋交付前，房屋征收部门应当向被征收人支付临时安置费或者提供周转用房。

（3）对因征收房屋造成停产停业损失的补偿，根据房屋被征收前的效益、停产停业期限等因素确定。具体办法由省、自治区、直辖市制定。

四、补偿程序

★补偿决定

房屋征收部门与被征收人在补偿方案确定的签约期限内达不成补偿协议，或者被征收房屋所有权人不明确的，由作出房屋征收决定的市、县级人民政府作出补偿决定，并在房屋征收范围内予以公告。

★★★不予补偿的情形

条例规定了两种不予补偿的情形，即在房屋征收范围确定后在范围内实施新建、扩建、改建房屋和改变房屋用途等不当增加补偿费用的行为，不予补偿；被认定为违法建筑的和超过批准期限的临时建筑的，不予补偿。

☆特殊情况的征收补偿

对未经登记的建筑的征收，如果认定为合法建筑和未超过批准期限的临时建筑的，应当给予补偿；如果认定为违法建筑和超过批准期限的临时建筑的，不予补偿。

★估价机构的原则

征收估价应当坚持独立、客观、公正的原则，任何单位和个人不得干预。

☆估价基本事项

（1）估价目的：被征收房屋价值评估目的应当表述为“为确定被征收房屋的补偿金额提供依据，评估被征收房屋的价值”。

（2）估价时点：被征收房屋价值评估时点为房屋征收决定公告之日。

（3）实地查勘：房屋征收部门应当向房地产估价机构提供被征收房屋价值评估所必需的被征收房屋的权属、区位、性质、建筑面积、建筑结构、建成时间等情况和资料，被征收人应当配合提供。

（4）计价货币和精度：房屋征收评估价值应当以人民币为计价的货币单位，精确到元。

★★征收估价机构的选择资质

（1）必须是具有相应资质的房地产价格评估机构。

（2）房地产价格评估机构由被征收人协商选定；协商不成的，可以通过投票、抽签、摇号等多数决定、随机选定等公开、公平、公正方式选定。（具体办法由省、自治区、直辖市制定。）

（3）同一征收范围内的房屋征收评估工作，原则上由一家房地产估价机构承担。房屋征收范围大的，可以由两家或两家以上房地产估价机构共同承担。

（4）房地产价格评估机构应当独立、客观、公正地开展房屋征收评估工作，对出具的估价报告的合法性、真实性和合理性负责。

☆被征收房屋面积和性质的认定

（1）被征收房屋的面积和性质，一般以房屋权属证书和房屋登记簿的记载为准。

（2）房屋权属证书与房屋登记簿的记载不一致的，除有证据证明房屋登记簿确有错误外，以房屋登记簿为准。

法律与规范链接

▲ 必读法条

《国有土地上房屋征收与补偿条例》

第17条　作出房屋征收决定的市、县级人民政府对被征收人给予的补偿包括：

（一）被征收房屋价值的补偿；

（二）因征收房屋造成的搬迁、临时安置的补偿；

（三）因征收房屋造成的停产停业损失的补偿。

市、县级人民政府应当制定补助和奖励办法，对被征收人给予补助和奖励。

第18条　征收个人住宅，被征收人符合住房保障条件的，作出房屋征收决定的市、县级人民政府应当优先给予住房保障。具体办法由省、自治区、直辖市制定。

△ 延伸法条

《国有土地上房屋征收评估办法》

典型案例

马某诉嘉兴市南湖区人民政府房屋征收补偿决定案

【案情概述】

2013年7月29日南湖区人民政府作出《关于火车站片区南北广场地块房屋征收的决定》(南政发〔2013〕81号)并公告,决定对东至勤俭路、西至嘉禾路、南至角里街、北至城东路地块内的房屋进行征收。马某所有的坐落于嘉兴市角里街东风弄2××号的房屋位于征收范围内。经被征收人投票推选,浙江和诚房地产估价有限公司被确定为本次房屋征收项目的房地产评估机构。因马某拒绝进行房屋室内勘查,2013年12月26日评估机构作出外观评估报告,并注明待条件允许后再就室内装修物和附属物做补充评估。次日将评估报告送达马某,马某在规定的期限内没有提出复核申请。因在签约期限内没有达成补偿协议。2013年12月31日,征收部门提请南湖区人民政府对马某户的房屋作出征收补偿决定,2014年1月24日南湖区政府作出房屋征收补偿决定,补偿面积为经房屋产权登记的129平米,并送达马某。马某不服,以自己现居住房屋面积为200平方米,另有70平米因历史原因没有登记为由,向嘉兴市人民政府提起行政复议,2014年5月15日,嘉兴市人民政府作出嘉政复字〔2014〕7号行政复议决定,维持了南湖区人民政府的房屋征收补偿决定。马某仍然不服,随后以嘉兴市南湖区人民政府为被告,向嘉兴市中级人民法院提起行政诉讼,请求撤销房屋征收补偿决定。

嘉兴市中级人民法院一审认为,在国有土地上房屋征收中,征收范围内房屋的权属、区位、用途、建筑面积等情况由房屋征收部门进行调查登记后确定。根据《国有土地上房屋征收评估办法》第9条的规定,对于已经登记的房屋,其性质、用途和建筑面积,一般应以房屋权属证书和房屋登记簿的记载为准。马某所有的角里街东风弄2××号房屋权属证书记载的建筑面积为129平方米,房屋征收部门据此认定房屋建筑面积符合法律规定,南湖区人民政府进行审查后确认这一事实并无不当。1990年马某提出房屋所有权登记申请时,申请登记的建筑面积为116.2平方米,经勘丈调查,房屋登记机关确定房屋建筑面积为129平方米,登记建筑面积已经超过原告当时申报的建筑面积。可见,马某主张的另外约70平方米房屋当时并不存在,因此其要求对约70平方米房屋按照有证房屋面积进行补偿没有事实根据。南湖区人民政府所作征收补偿决定认定事实清楚,适用法律、法规正确,程序合法。马某的诉讼请求依法不予支持。

浙江省高级人民法院二审认为，根据《国有土地上房屋征收和补偿条例》第24条第2款的规定："市、县级人民政府作出房屋征收决定前，应当组织有关部门依法对征收范围内未经登记的建筑进行调查、认定和处理。对认定为合法建筑和未超过批准期限的临时建筑的，应当给予补偿；对认定为违法建筑和超过批准期限的临时建筑的，不予补偿。"本案中，嘉兴市南湖区人民政府在作出被诉房屋征收补偿决定前未对马某涉案未经合法登记70平方米建筑进行调查、认定，在此情形下仅以马全林房产证登记的合法建筑面积为129平方米就认定前述未经登记70平方米建筑不能享受同等补偿，该被诉征收补偿决定事实不清、依据不足。嘉兴市南湖区人民政府及一审判决认为马某所住房屋因有部分面积已经合法登记，故对其余部分未经登记面积可不予认定的理解显然与前述《国有土地上房屋征收和补偿条例》的规定和实践通常理解相违背。另外，因马某不予配合，故评估机构根据涉案房屋产权证的记载情况及其建筑年代实际状况，评估其价值具有现实合理性，但本案评估报告所认定129平方米房屋的建筑年代、建筑质地等均与客观情况不符，在此情况下，被诉征收补偿决定仍以此为依据作出亦属事实不清、依据不足。综上，嘉兴市南湖区人民政府所作的〔2014〕南政房征补字第5号房屋征收补偿决定的事实不清，依据不足。一审判决予以认可并据此驳回马某的诉讼请求亦属于认定事实不清，适用法律有误，依法应予纠正。判决撤销嘉兴市中级人民法院的行政判决；撤销嘉兴市南湖区人民政府所作的〔2014〕南政房征补字第5号房屋征收补偿决定，并就马某涉案房屋重新作出征收补偿决定。

【关键问题】

1. 房屋产权登记面积与房屋实际面积不一致如何选择？

2. 国有土地上房屋征收补偿的范围有哪些？

3. 国有土地上房屋征收补偿不予补偿的范围有哪些？

【简要评论】

在国有土地上房屋征收中，征收范围内房屋的权属、区位、用途、建筑面积等情况由房屋征收部门进行调查登记后确定，被征收人应当予以配合。调查结果应当在房屋征收范围内向被征收人公布。本案中，争议焦点问题之一是关于房屋调查登记和价值评估。本案中，被告组织进行了调查登记，并在房屋征收范围内向被征收人公布入户调查结果。在价值评估方面，因原告不配合，故评估机构根据涉案房屋产权证的记载情况及其建筑年代实际状况，评估其价值具有现实合理性。

【核心知识】

市、县人民政府作出房屋征收决定前,应当组织有关部门依法对征收范围内未经登记的建筑进行调查、认定和处理。对认定为合法建筑和未超过批准期限的临时建筑的,应当给予补偿;对认定为违法建筑和超过批准期限的临时建筑的,不予补偿。

延伸阅读

1. 王霞:《房屋征收评估与补偿的公平性问题探讨》,载《价值工程》2011 年第 23 期;
2. 邓芳:《浅析国有土地上房屋征收评估独立性法律保护的不足及完善》,载《惠州学院学报(社会科学版)》2012 年第 4 期;
3. 吴庆玲:《城市国有土地上房屋征收补偿评估探讨》,载《经济研究参考》2012 年第 11 期。

第四节 国有土地上房屋征收纠纷的处理及法律责任

知识要点

一、国有土地上房屋征收纠纷

☆国有土地上房屋征收纠纷的类型

(1)征收人与被征收人达不成征收补偿安置协议,形成的纠纷。

(2)征收人与被征收人达成征收补偿安置协议后,被征收人在搬迁期限内拒绝搬迁,形成的纠纷。

★★国有土地上房屋征收纠纷的处理方式

1. 达不成征收补偿安置协议征收纠纷处理方式

(1)房屋征收部门与被征收人在征收补偿方案确定的签约期限内达不成补偿协议,或者被征收房屋所有权人不明确的,由房屋征收部门报请作出房屋征收决定的市、县级人民政府按照征收补偿方案作出补偿决定,并在房屋征收范围内予以公告。

(2)被征收人对补偿决定不服的,可以依法申请行政复议,也可以依法提起行政诉讼。

2. 达成征收补偿安置协议后，征收纠纷处理方式

房屋征收部门应当按照经批准的补偿方案，与被征收人就补偿方式、补偿金额和支付期限、用于产权调换房屋的地点和面积、搬迁费、临时安置费或者周转用房、停产停业损失、搬迁期限、过渡方式和过渡期限等事项，订立补偿协议。

补偿协议订立后，一方当事人不履行补偿协议约定的义务的，另一方当事人可以依法提起诉讼。

二、法律责任

★征收主体的违法责任

市、县级人民政府及房屋征收部门的工作人员在房屋征收与补偿工作中不履行本条例规定的职责，或者滥用职权、玩忽职守、徇私舞弊的，由上级人民政府或者本级人民政府责令改正，通报批评；造成损失的，依法承担赔偿责任；对直接负责的主管人员和其他直接责任人员，依法给予处分；构成犯罪的，依法追究刑事责任。

★房地产价格评估机构的法律责任

房地产价格评估机构或者房地产估价师出具虚假或者有重大差错的评估报告的，由发证机关责令限期改正，给予警告，对房地产价格评估机构并处 5 万元以上 20 万元以下罚款，对房地产估价师并处 1 万元以上 3 万元以下罚款，并记入信用档案；情节严重的，吊销资质证书、注册证书；造成损失的，依法承担赔偿责任；构成犯罪的，依法追究刑事责任。

法律与规范链接

▲ 必读法条

《国有土地上房屋征收与补偿条例》

第 25 条 房屋征收部门与被征收人依照本条例的规定，就补偿方式、补偿金额和支付期限、用于产权调换房屋的地点和面积、搬迁费、临时安置费或者周转用房、停产停业损失、搬迁期限、过渡方式和过渡期限等事项，订立补偿协议。

补偿协议订立后，一方当事人不履行补偿协议约定的义务的，另一方当事人可以依法提起诉讼。

第 26 条 房屋征收部门与被征收人在征收补偿方案确定的签约期限内达不成补偿协议，或者被征收房屋所有权人不明确的，由房屋征收部门报请作出房屋征收

决定的市、县级人民政府依照本条例的规定，按照征收补偿方案作出补偿决定，并在房屋征收范围内予以公告。

补偿决定应当公平，包括本条例第二十五条第一款规定的有关补偿协议的事项。

被征收人对补偿决定不服的，可以依法申请行政复议，也可以依法提起行政诉讼。

△ **延伸法条**

《国家赔偿法》

典型案例

张某某诉温州市鹿城区人民政府行政赔偿案

【案情概述】

2013年7月3日，因松台街道旧城区改建需要，鹿城区政府作出温鹿政发〔2012〕129号《关于对鹿城区松台街道温州商贸城北片改造一期工程(C－08、C－09、C－12、C－13、C－24地块)范围内国有土地上房屋实施征收的决定》，张某某所有的座落于温州市鹿城区鹿城路195弄3号房屋在征收范围内。因在规定期限内没有达成征收补偿协议，鹿城区政府作出温鹿政发〔2013〕76号《关于对张某某房屋实施征收补偿的决定》，对张某某的房屋作出征收补偿决定。张某某不服，向温州市中级人民法院提起行政诉讼。2014年4月29日，在法院审理期间，鹿城区人民政府作出温鹿政发〔2014〕24号《关于撤销温鹿政发〔2013〕76号文件的决定》，决定撤销上述补偿决定。张某某收到撤销决定后申请撤诉，温州市中级人民法院裁定予以准许。此后，张某某以上述补偿决定已撤销及鹿城区人民政府在作出补偿决定前对其强行断水断电，导致其服装加工厂被迫停产造成财产损失为由，于2014年6月向鹿城区人民政府提出行政赔偿申请。2014年8月18日，鹿城区人民政府作出温鹿政赔决字〔2014〕1号不予行政赔偿决定，决定不予赔偿。张某某遂提起行政赔偿诉讼。

一审温州市中级人民法院认为，根据《国家赔偿法》第2条规定，行政赔偿是指国家行政机关及其工作人员违法行使职权，侵犯了公民、法人和其他组织的合法权益并造成损害的，由行政机关作为赔偿义务机关对造成的损害承担赔偿义务。张某某提供的上述证据，只证明了温鹿政发〔2013〕76号《关于对张某某房屋实施征收补偿的决定》因自己提起行政诉讼后，已由鹿城区人民政府自行撤销的事实，与财产损失无关，张某某以此主张财产损失及鹿城区人民政府在作出决定前对其强行断水断电，证据不足。且该补偿决定尚未进入行政强制程序，与主张的财产损失亦不存在直接因果关系。因此，鹿城区政府作出的温鹿政发〔2013〕76号《关于对张某某房屋实施征收补偿的决定》虽被撤销，但该决定尚未给其造成直接经济损失，且张某某也未能提供权益受到损害的事实依据，故其要求鹿城区人民政府承担行政赔偿责任，缺乏事实和法律依据，不予支持。判决驳回张某某的赔偿请求。

二审浙江省高级人民法院认为，根据《国家赔偿法》第2条规定，行政赔偿是指国家行政机关及其工作人员违法行使职权，侵犯了公民、法人和其他组织的合法权益并造成损害的，由行政机关作为赔偿义务机关对造成的损害承担赔偿义务。涉及本案，现有证据不能证明温州市鹿城区人民政府及其工作人员存在行政违法行为，且张某某亦未能提供其权益因此受到损害的证据。虽然鹿城区人民政府因程序原因而自行撤销了其温鹿政发〔2013〕76号《关于对张某某房屋实施征收补偿的决定》，但该撤销行为并未导致上述法律规定的应予赔偿事项的发生，并导致上诉人的直接经济损失。另根据被上诉人提供的温州电力局客户服务中心鹿城双屿供电营业所出具的《拆除电表说明》、温州市鹿城区广化雷明服装定型加工场电量电费清单、温州市自来水瓯海分公司用水情况查询清单及温州市鹿城区人民政府松台街道办事处《方乃弟总水表名下的分水表用户的说明》等证据，可以证明其房屋的电表、水表均未被拆除并一直使用的情况。因此，张某某认为鹿城区人民政府对其强行断水断电导致其无法正常生产而蒙受财产损失，证据不足。原审判决认定事实清楚，证据充分，适用法律正确，原审判程序合法，依法应予维持。

【关键问题】

1. 如何认定停产停业补偿？

2. 如何判断停产停业损失是由撤销行为引起还是由房屋征收引起？

【简要评论】

对因征收房屋造成停产停业损失的补偿，根据房屋被征收前的效益、停产停业期限等因素确定。具体办法由省、自治区、直辖市制定。本案中，原告主张决定已撤销及鹿城区人民政府在作出补偿决定前对其强行断水断电，导致其服装加工厂被迫停产造成财产损失。虽然鹿城区人民政府因程序原因而自行撤销了其温鹿政发

〔2013〕76 号《关于对张某某房屋实施征收补偿的决定》,但该撤销行为并未导致上述法律规定的应予赔偿事项的发生,并导致上诉人的直接经济损失。

【核心知识】

对因征收房屋造成停产停业损失的补偿,根据房屋被征收前的效益、停产停业期限等因素确定。具体办法由省、自治区、直辖市制定。

延伸阅读

1. 于敏:《法院在执行强制拆迁案件中应注意的问题》,载《法制与社会》2011 年第 11 期;
2. 王达:《房屋征收中的司法强制执行》,载《城乡建设》2011 年第 3 期;
3. 张志红、张博:《国有土地上房屋征收程序失范与制度构建》,载《丽水学院学报》2012 年第 4 期。

第六章　房地产开发法律制度

教学目标

1. 了解房地产开发的概念、种类、作用，理解房地产开发的原则；了解房地产开发企业的相关法律制度。
2. 理解和识记建设工程项目的招投标制度、建筑工程的施工管理与监理制度；应用房地产开发建设用地的划拨、出让、转让的规划管理制度、涉外房地产开发用地的相关法律制度。

推荐参考资料

1. 符启林：《房地产法》，法律出版社 2009 年版，第四章；
2. 李延荣、周珂：《房地产法》，中国人民大学出版社 2016 年版，第五章；
3. 房绍坤主编：《房地产法》，北京大学出版社 2015 年版，第四章。

第一节　房地产开发概述

知识要点

一、房地产开发的概念与分类

☆房地产开发的概念

关于房地产开发的概念，常见的教材持如下观点：

符启林教授等学者认为：房地产开发是一项以土地开发和房屋建设为投资对象的经济活动。房地产开发的概念有广义和狭义之分。广义的房地产开发，一般是指从工程勘察、规划设计、征地拆迁、土地开发到房屋开发项目建设的全过程;狭义的房地产开发,多是指建设前期的开发工作,即包括工程勘察、规划设计、征地拆迁及土地的“三通一平”或“七通一平”部分。我们通常所说的房地产开发,是指广义的房地产开发。[1]

《城市房地产管理法》第2条对房地产开发作了如下定义:“本法所称房地产开发,是指在依据本法取得国有土地使用权的土地上进行基础设施、房屋建设的行为。”这条规定包含如下含义:

(1)取得建设用地使用权,是房地产开发的前提条件。城市房地产开发用地必须是国有土地,取得建设用地使用权是房地产开发的前提;农村集体土地不能直接用于房地产开发,只有由国家通过征收转为国有土地后,才能成为房地产开发用地。房地产开发的用地主要是城市用地,而不是农村土地。

(2)房地产开发包括如下两种行为:其一是进行基础设施建设,通常称之为土地开发或再开发。土地开发也称“三通一平”或“七通一平”。**“三通一平”**包括实现开发区域以外的道路通、给水排水通、供电线路通和对施工现场上的土地进行平整;**“七通一平”**包括道路通、上下水通、雨污排水通、电力通、通讯通、煤气通、热力通和场地平整。土地开发就是通过“三通一平”或“七通一平”,把自然状态的土地变为可供建造房屋和各类设施的建筑用地,即把生地变为熟地。土地再开发,就是在不增加城区现有土地使用面积的情况下,对城区原有土地进行再开发即改造,通过一定量资金、劳动等的投入,调整用地结构,完善城市基础设施,以提高现有土地的使用功能,提高土地利用效益。其二是进行房屋建设,也称为房屋开发,包括住宅、工业厂房、商业楼宇、办公用房和其他专门用房的开发。实行广义的房地产开发,有助于建设功能完善、结构合理的现代化城市;有助于促进城市基础设施和公用事业的建设和完善;有助于合理安排各个建设项目的工程和周期,提高建设工程的经济效益和社会效益,但也不能因而否定狭义房地产开发的存在。房地产开发涉及面广,是一项高风险的商业活动,投资周期较长,市场波动较大,为了提高房地产开发投资的回报率和安全性,除了从投资经济学角度做好项目评估等工作外,还需法律的严格规制。

李延荣教授认为:房地产开发,是根据城市总体规划和社会经济发展计划的需要,在一定的区域内有计划、有步骤地进行土地开发和建筑物建设的活动。在一个

---

〔1〕 符启林:《房地产法》,法律出版社2009年版,第176页。

开发区域内，房地产开发是指土地和房屋开发一体化的过程，包括规划设计、地址勘察、征地拆迁、土地开发（实现七通一平）、房屋建设、工程验收直至交付使用，它是一项综合性生产活动。[1]

房绍坤教授等学者认为：房地产开发是指在依法取得建设用地使用权的国有土地上进行基础设施、房屋建设的行为。房地产开发具有如下特点：(1)房地产开发是在建设用地上从事的经济活动。即根据法律规定，用于开发房地产的建设用地原则上是指国有建设用地，集体建设用地仅在法定的例外情形下方可用于房地产开发建设。(2)房地产开发的目的是提高土地和房屋的建设适用功能。(3)房地产开发是一项涉及面广的综合性经济活动。房地产开发设计部门众多，包括土地管理、建设管理、房产管理、规划、税收、工商、消防、环保、卫生、园林绿化等多个部门。此外，还需要勘测、设计、施工、监理、银行等单位的配合与合作，所以房地产开发是一项复杂的综合性经济活动。(4)房地产开发是投资量大、回收期长、风险性高的一项经济活动。[2]

☆房地产开发的种类

综合目前《房地产法》各种教材的观点，根据不同的标准，**房地产开发可作如下分类：**

1. 从开发对象角度，房地产开发可以分为新区开发与旧区改造

新区开发是根据土地利用总体规划和城市规划，将农用地和未利用地开发建设成为居住、商用以及其他用途的建设用地。依照《城乡规划法》第30条的规定，城市新区的开发和建设，应当合理确定建设规模和时序，充分利用现有市政基础设施和公共服务设施，严格保护自然资源和生态环境，体现地方特色。在城市总体规划，镇总体规划确定的建设用地范围以外，不得设立各类开发区和城市新区。

旧区改造是根据城市规划的需要，将现有开发利用的旧城区改造翻新、重新建设变成新的建成区。依照《城乡规划法》第31条的规定，旧城区的改建，应当保护历史文化遗产和传统风貌，合理确定拆迁和建设规模，有计划地对危房集中、基础设施落后等地段进行改建。历史文化名城、名镇、名村的保护，以及受保护建筑物的维护和使用，应当遵守有关法律、行政法规和国务院的规定。

2. 从开发方式角度，房地产开发可以分为单项开发、成片开发与小区开发

单向开发通常是指在旧城区改造或新区开发中形成的一个相对独立的开发项

---

〔1〕 李延荣、周珂：《房地产法》，中国人民大学出版社2016年版，第95页。

〔2〕 房绍坤主编：《房地产法》，北京大学出版社2015年版，第53～54页。

目。单向开发规模相对较小、占地少、项目功能和配套设施相对较为单一。

成片开发是指取得建设用地使用权后,依照规划对土地进行综合性的开发建设,建设供排水、供电、供热、道路交通、通信等公用设施,形成工业用地和其他建设用地条件,然后转让建设用地使用权,经营公用事业,或者建设通用工业厂房以及相配套的生产和生活服务设施等地面建筑物,并对这些地面建筑物从事转让或出租的经营活动。

小区开发有两种形式:一种是新城区开发中的一个小区综合房屋开发,要求在开发区范围内,做到基础设施和配套项目齐全,这是目前住宅开发的主要方式;另一种是在旧城区更新改造中的局部改建。

3. 从开发主体角度,房地产开发可以分为政府开发与非政府开发

政府开发一般是指由政府投资并组织人力、物力对土地进行前期开发,然后出让建设用地使用权。

非政府开发主要是由房地产开发企业进行的房地产开发,也包括自然人、法人、其他组织等非房地产开发企业的开发。目前,房地产开发企业进行的房地产开发是最主要的形式。

4. 从开发目的角度,房地产开发可以分为经营性开发与自用性开发

经营性开发是指房地产开发企业以房地产交易为目的所进行的房地产开发。这种房地产开发的目的在于通过开发建设、出售房地产获取利润的回报。

自用性开发是指开发者为了满足自己的办公生产经营或者居住需要所进行的房地产开发。这种房地产开发的目的并不在于将开发的房地产作为商品出售,而是将房地产作为生产资料或生活自用。

在房地产法上,通常所称的房地产开发是指经营性开发。

5. 从开发主体人数角度,房地产开发可以分为单独开发与合作开发

单独开发是指单一的房地产开发主体所进行的房地产开发。这是房地产开发的基本形式。

合作开发是指由两个以上的房地产开发主体,以提供建设用地使用权、资金等作为共同投资、共享利润、共担风险为基本内容的房地产开发。[1]

---

〔1〕 房绍坤主编:《房地产法》,北京大学出版社 2015 年版,第 54 ~ 55 页。

二、房地产开发的内容与原则

★房地产开发的内容

国务院批转的《全国城市规划工作会议纪要》对房地产开发的内容作了原则性的规定。归纳起来，房地产开发的内容主要有：

(1)房地产开发的规划设计。从房地产开发企业的角度讲，规划设计是房地产质量的形成过程，是开发建设所遵循的依据和准则，它的结果是符合规划方案的设计图纸。

(2)房地产开发的征地拆迁。房地产开发的前提条件是取得国家土地使用权，而征地拆迁就是取得国家土地使用权的重要途径。征地拆迁涉及不动产的权属转移，因此必须依法进行。

(3)房地产开发的施工组织。房地产开发既要做好施工前的一切准备工作，又要求在施工阶段严格按设计要求和施工验收规范对工程进行全面监督和检查，以确保工程质量。

(4)房地产开发的竣工验收。房地产开发项目完成后，有关部门应共同组成验收小组，对符合质量要求的工程签字验收，办理移交手续。

(5)房地产开发的经营管理。房地产开发的开发商将验收合格的产品出售或转租给他人使用或所有，并进行售后服务和物业管理，以回收建设资金，加快建设资金的周转。

★★★房地产开发的基本原则

房地产开发的基本原则是从事房地产开发活动及对房地产开发实施管理应遵循的基本准则。《城市房地产管理法》和《城市房地产开发经营管理条例》所确立的房屋开发的基本原则主要有以下几项：

1. 严格执行城市规划的原则

《城乡规划法》(2007 年 10 月 28 日通过)明确了城市建设项目与城市规划的关系，即在城市规划区内进行建设活动必须符合城市规划，服从城市规划管理。合理地确定和执行城市规划，才能合理地利用城市土地，综合部署城市经济、文化、公用事业等各项建设，保证城市有秩序地协调发展。

《城市房地产管理法》第 25 条明确规定："房地产开发必须严格执行城市规划，按照经济效益、社会效益、环境效益相统一的原则，实行全面规划，合理布局、综合开发、配套建设。"这样，就明晰了房地产开发与城市规划的关系，即出让土地的布局、用途必须符合城市规划，土地的使用性质必须根据城市规划来确定，出让的土地必须有规划地控制指标，在房地产开发的实施过程中必须严格执行城市规划。

2. 坚持经济效益、社会效益、环境效益三者相统一的原则

房地产开发必须坚持经济效益、社会效益、环境效益三者相统一的原则。经济效益是基础，社会效益和环境效益也是房地产开发的整体目标之一。只重视经济效益，忽视社会效益和环境效益，房地产开发这项事业不可能长久；如果只重视社会效益和环境效益，不重视经济效益，也不符合房地产开发的客观经济规律。对于开发商来说，往往存在重视经济效益而忽视社会效益和环境效益的倾向，这是不可取的；对于政府来说，也不能只考虑社会效益和环境效益，不让开发商有利可图。三者之间应是互相促进，互相协调，共同发展。

3. 综合开发、配套建设的原则

所谓综合开发、配套建设是指按照城市规划的功能区分，将某一部分地区各类物业的土地开发和建设进行统一规划，同步配套建设。我国《城市房地产开发经营管理条例》第 3 条规定："房地产开发经营应当按照经济效益、社会效益、环境效益相统一的原则，实行全面规划、合理布局、综合开发、配套建设。"该条例第 14 条还明确规定："房地产开发项目的开发建设应当统筹安排配套基础设施，并根据先地下、后地上的原则实施。"房地产开发必须遵循这一法定原则，否则就会给居民生活带来不便，同时会为后继开发造成阻碍，出现反复施工，浪费人力、物力和财力。过去，由于投资来源分散，城市建设采取的是分散建设、"见缝插针"的小生产方式。实践证明，这种建设很难保证住宅建设与基础设施、公共设施的配套建设和同步建设，给群众生活带来诸多不便，也给后继投资开发造成很大阻碍，因此，必须摒弃这种小生产式的零星开发。房屋的购买者也开始重视房屋的配套设施和基础设施的综合情况，而不再单纯考虑房屋的面积。

4. 按约开发土地的原则

按约开发土地是指按出让合同约定的土地用途、动工开发期限开发土地。坚持这一原则目的在于规范房地产开发利用土地的行为，维护土地使用权出让合同的严肃性、权威性。

（1）按合同约定的用途开发土地。合同中约定的土地用途，是严格按照城市规划的要求确定的，它直接反映着作为城市土地所有者的国家和土地使用者之间的经济利益关系，不能任意改变，若要改变需依法履行变更手续。

（2）按合同约定的动工期限开发土地。这一规定是为了克服和避免利用土地

进行投机的行为，即炒卖地皮的行为。1992～1993年“房地产热”，一定程度上是这种行为泛滥的结果，是虚热，造成土地大量闲置、资源极大浪费。《城市房地产管理法》第26条规定，超过出让合同约定的动工开发日期满一年未动工开发的，可以征收相当于土地使用权出让金20%以下的土地闲置费；满两年未动工开发的，可以无偿收回土地使用权。这一规定就是在总结以上教训的基础上制定的。

5. 严格按标准和规范设计、施工，保证开发产品质量合格的原则

为了贯彻保证房地产开发产品质量合格的原则，《城市房地产管理法》第27条规定：“房地产开发项目的设计、施工，必须符合国家的有关标准和规范。房地产开发项目竣工，经验收合格后，方可交付使用。”即以下两项具体规定：

(1)开发项目的设计、施工必须符合标准和规范。按标准和规范设计、施工是指开发建设的房屋的设计和施工必须符合国家或行业的强制性标准，这是一切工程建设都必须遵循的原则，也是保证工程质量的根本措施。一方面是因为房地产项目具有使用期限长，投资量大等特点，如果不按标准和规范来进行设计和施工，所造成的质量问题将直接影响项目的寿命，甚至会带来房毁人亡的悲剧，造成不可估量的经济损失。另一方面任何一个单项工程的设计、施工，如果违反国家有关技术性标准和规范，不仅可能对该项工程的质量和使用功能带来影响，而且还会影响到开发项目的整体功能，造成房地产开发综合效益的低下。

(2)项目竣工验收合格后方可使用。竣工验收是施工建设工程的最后一道程序，是全面检验设计和施工质量的重要环节，也是投资开发成果转入流通和使用阶段的标志。坚持项目竣工验收合格后方可投入使用的原则，目的是阻止质量、使用条件等不合格的房屋基础设施投入使用，以保证使用者、消费者的正当权利。

6. 鼓励开发、建设居民住宅的原则

《城市房地产管理法》将引导房地产开发投资方向、促进住宅建设作为一个重要的原则进行规定。该法总则里就明确规定：“扶持发展居民住宅建设，逐步改善居民的居住条件。”第29条又明确规定：“国家采取税收等方面的优惠措施鼓励和扶持房地产开发企业开发建设居民住宅。”

☆房地产开发的作用

房地产开发是以开发土地和建造房屋开发为内容的一项营利性活动。房地产开发在城市建设以及城市经济、社会发展中有着不可估量的作用。

(1)有利于城市总体规划的顺利实施，加快改变城市的面貌。过去的分散建设、各自为政的做法，既缺乏统一的规划，又妨碍城市的协调发展。综合开发能按照

城市规划统筹安排，合理布局，把城市规划与社会经济的发展紧密联系起来，从而发挥城市的整体功能。

（2）有利于促进城市化的健康发展。在我国，随着经济的持续、高速增长，农村的经济结构正在变化，城市化的过程必然大大加快，新生城市所必需的基础设施和公共设施，只能在加强城市规划的基础上，强化房地产开发，使之逐步完善。没有房地产开发，就不可能有城市化的快速健康发展。

（3）有利于提高建设工程的综合效益，提高劳动生产率。房地产开发可以集中使用人力、物力、财力，合理利用土地，充分发挥投资的效益。房屋建筑与各种配套设施同步建设，可以缩短工期、降低工程造价，也可以大力推行集中供热等，发挥公共服务的规模优势，节约土地和资金，较好地体现社会、经济、环境三者效益的统一。

（4）有利于增加国家财政收入，缓解城市建设资金的不足。过去的住宅建设，主要是靠国家投资，而这种投资是单向流动的，只有投入没有产出。由于建设资金不足，城市基础设施和住宅建设欠账很多，捉襟见肘。在市场经济条件下，进行多元化筹资，开发企业可以自筹资金进行房地产开发，这在一定程度上缓解了城市建设资金不足的问题，而且其经营活动也直接成为地方财政收入的一个重要来源。

（5）有利于培育和发展房地产市场。住房商品化与城市国有土地有偿使用制度，为我国房地产业的发展和房地产市场的发育提供了制度基础。房地产开发投入越大，产出也就越多，房屋商品化和土地使用制度改革的作用也就越大，从而促进了城市土地资源的优化配置，刺激、推动着房地产市场的发育。

（6）有利于引进外资。房地产开发是引进外资的一条重要渠道。我国房地产领域有广阔的市场前景和较高的投资回报率，对外商投资开发房地产有一定的吸引力，而房地产项目投资额大，经营期限长，通过房地产开发经营直接吸引外资的数量一般较大。

法律与规范链接

▲ 必读法条

《城市房地产管理法》

第2条（见本书第122～123页）

第25条（见本书第27～28页）

第26条 以出让方式取得土地使用权进行房地产开发的，必须按照土地使用权出让合同约定的土地用途、动工开发期限开发土地。超过出让合同约定的动工开发日期满一年未动工开发的，可以征收相当于土地使用权出让金百分之二十以下的土地闲置费；满二年未动工开发的，可以无偿收回土地使用权；但是，因不可抗力或者政府、政府有关部门的行为或者动工开发必需的前期工作造成动工开发迟延的除外。

第 27 条　房地产开发项目的设计、施工，必须符合国家的有关标准和规范。

房地产开发项目竣工，经验收合格后，方可交付使用。

第 29 条　国家采取税收等方面的优惠措施鼓励和扶持房地产开发企业开发建设居民住宅。

《城市房地产开发经营管理条例》

第 3 条　房地产开发经营应当按照经济效益、社会效益、环境效益相统一的原则，实行全面规划、合理布局、综合开发、配套建设。

第 14 条　房地产开发项目的开发建设应当统筹安排配套基础设施，并根据先地下、后地上的原则实施。

△ **延伸法条**

《全国城市规划工作会议纪要》

第二节　房地产开发的规划管理与开发企业

知识要点

一、房地产开发的规划管理

★★★土地利用总体规划（2017 年卷一第 74 题）

根据《城市房地产开发经营管理条例》第 10 条的规定，确定房地产开发项目，应当符合土地利用总体规划、年度建设用地计划和城市规划、房地产开发年度计划的要求；按照国家有关规定需要经计划主管部门批准的，还应当报计划主管部门批准，并纳入年度固定资产投资计划。

房地产开发建设过程中对土地的利用，必须严格遵守国家的土地利用总体规划。土地利用总体规划是在一定区域内，根据国家社会经济可持续发展的要求和当地自然、经济、社会条件，对土地的开发、利用、治理、保护在空间上、时间上所作的总体安排和布局,是国家实行土地用途管制的基础。土地利用总体规划是指在各级行政区域内,根据土地资源特点和社会经济发展要求,对今后一段时期内(通常为15年)土地利用的总安排。《土地管理法》还明确规定:国家编制土地利用总体规划,规定土地用途,将土地分为农用地、建设用地和未利用地。严格限制农用地转为建设用地,控制建设用地总量,对耕地实行特殊保护。因此,使用土地的单位和个人必须严格按照土地利用总体规划确定的土地用途使用土地。

★★★建设用地的规划管理(2013年卷一第72题)

根据《土地管理法》和《建设用地计划管理办法》的规定,国家实行建设用地总量控制。土地利用年度计划,根据国民经济和社会发展计划、国家产业政策、土地利用总体规划以及建设用地和土地利用的实际状况编制。土地利用年度计划的编制审批程序与土地利用总体规划的编制审批程序相同,一经审批下达,必须严格执行。用地计划分为国家、省(自治区、直辖市,下同)、省辖市(地区、自治州,下同)、县(县级市、区,下同)四级。县为基层计划单位。各项建设用地必须纳入用地计划,必须严格按用地计划程序和权限报批。凡未纳入年度用地计划的建设项目,不得批准用地,项目不得开工建设。建设项目在可行性研究报告评估和初步设计审查时,须有土地管理部门参加,并提出对项目用地的意见。土地管理部门对不符合土地管理法规和建设用地有关规定,不同意供应土地的建设项目不得批准。

建设用地使用权的取得方式主要为出让取得和划拨取得。出让取得的建设用地使用权人,须向国家支付出让金从而取得建设用地使用权。通过出让取得的建设用地使用权可以转让、互换、出资、赠与、抵押;划拨取得的建设用地使用权法律规定可以无偿获得,但这种建设用地使用权不得转让、互换、出资、赠与、抵押,法律上严格的限定了这类建设用地使用权的范围,即国家机关用地和军事用地,城市基础设施用地和公益事业用地,国家重点扶持的能源、交通、水利等基础设施用地,以及法律、行政法规规定的其他用地。

原则上,通过划拨取得的建设用地使用权没有期限限制。通过出让取得建设用地土地使用权则有相应的期限:住宅用地的土地使用权最高年限为70年;工业、教育、文化、体育、卫生等用地的土地使用权最高年限为50年;商业、旅游、娱乐用地最高使用年限40年;综合或者其他用地最高使用年限50年。根据法律规定,期限届满,国家即收回建设用地使用权。如遇特殊情况,经有关部门批准,可以收回国有土地使用权:(1)为公共利益需要使用土地的;(2)为实施城市规划进行旧城区改建,需要调整使用土地的;(3)土地出让等有偿使用合同约定的使用期限届满,土地使用者未申请续期或者申请续期未获批准的；（4）因单位撤销、迁移等原因，停止使用原划拨的国有土地的；（5）公路、铁路、机场、矿场等经核准报废的。其中前两种情况，国家应予以补偿并退还相应的出让金。如果遭遇地震、海啸、海平面上升等自然因素不可抗力而导致土地灭失，则其建设用地使用权随之终止。

★★★房地产开发用地出让转让的规划管理（2011 年卷一第 70 题；2009 年卷一第 76 题）

房地产开发用地的土地使用权出让是指国家以土地所有者的身份将土地使用权在一定年限内让与土地使用者，并由土地使用者向国家支付土地使用权出让金的行为。根据相关法律法规规定，土地使用者在支付全部土地使用权出让金后，应当依照规定办理登记，领取土地使用证，取得土地使用权。土地使用者需要改变土地使用权出让合同规定的土地用途的，应当征得出让方同意并经土地管理部门和城市规划部门批准，依照本章的有关规定重新签订土地使用权出让合同，调整土地使用权出让金，并办理登记。土地使用者和出让方应签订合同，任何一方违约都有权依法解除合同并须履行违约赔偿责任。

房地产开发用地的土地使用权转让是指土地使用者将土地使用权再转让的行为，包括出售、交换和赠与。土地使用权转让的前提是应当按土地使用权出让合同规定的期限和条件投资开发、利用土地，否则，不得转让。土地使用权转让时，其地上建筑物、其他附着物所有权随之转让。土地使用者转让地上建筑物、其他附着物所有权时，其使用范围内的土地使用权随之转让，但地上建筑物、其他附着物作为动产转让的除外。土地使用权转让价格明显低于市场价格的，市、县人民政府有优先购买权。土地使用权转让的市场价格不合理上涨时，市、县人民政府可以采取必要的措施。土地使用者通过转让方式取得的土地使用权，其使用年限为土地使用权出让合同规定的使用年限减去原土地使用者已使用年限后的剩余年限。

原则上，通过划拨方式取得的土地使用权不得转让、出租和抵押，但是法律规定的条件除外。根据《房地产管理法》和《城镇国有土地使用权出让转让暂行条例》等法律法规的规定：（1）以划拨方式取得的土地使用权，转让房地产时，应当向有批准权的人民政府申请审批。该政府准予转让的，应由受让方办理土地使用权出让手续，并依照国家有关规定缴纳土地使用权出让金。但如果该政府按照国务院规定决定可以不办理土地使用权出让手续的，则由转让方按照国务院规定将转让房地产所获收益中的土地收益上缴国家或者作其他处理。（2）以划拨方式取得的土地使用权，该房地产设定抵押权后依法拍卖，须从拍卖所得价款中缴纳相当于应当缴纳的土地使用权出让金的款额，而后抵押权人方可优先受偿。(3)以划拨方式取得使用权的国有土地，房屋所有权人以营利为目的将上建成的房屋出租的，须将租金中所含土地收益上缴国家。

房地产开发用地的出让和转让都需要严格遵照国家的规划管理：在城市、镇规划区内以出让方式提供国有土地使用权的，在国有土地使用权出让前，城市、县人民政府城乡规划主管部门应当依据控制性详细规划，提出出让地块的位置、使用性质、开发强度等规划条件，作为国有土地使用权出让合同的组成部分。未确定规划条件的地块，不得出让、转让国有土地使用权。以出让方式取得国有土地使用权的建设项目，在签订国有土地使用权出让合同后，建设单位应当持建设项目的批准、核准、备案文件和国有土地使用权出让合同，向城市、县人民政府城乡规划主管部门领取建设用地规划许可证。出让、转让合同必须附有规划条件，规划条件不得擅自更改，如确需变更的，必须经城市规划部门批准后，按程序办理。

二、房地产开发企业

☆房地产开发企业的概念

房地产开发企业是指依法设立、具有法人资格的，以营利为目的，从事房地产开发和经营的企业。

☆房地产开发企业的特征

(1)房地产开发企业是具有法人资格的经济组织。房地产开发企业必须依法成立，有自己的名称、组织机构和经营场所，有独立的资金并对外独立承担责任。

(2)房地产开发企业是以营利为目的的经济组织。房地产开发企业是营利性法人。营利包括如下要素：房地产开发企业的经营目的是获得经济利益，即为了使公司自身的财产增加并获得利润；房地产开发公司的经营具有连续性，即经营不间断，而不是一次性营利行为。

(3)房地产开发企业的业务活动范围主要是对房地产进行开发与经营。法人的权利能力是法律赋予这种经济组织以从事某种行为的资格。在一定意义上说，法人的权利能力就是法人的业务活动范围，房地产开发企业必须在其业务范围内进行活动，超范围经营的行为无效。

(4)房地产开发企业实行行业归口管理。房地产开发企业由国家各地建设主管部门实行行业归口管理，并在城建规划指导下进行房地产开发与经营活动。[1]

☆房地产开发企业的分类

关于房地产开发企业的分类，常见的教材主要有两种分类方式：

一种分类是根据房地产开发企业的所有制性质来划分，可将房地产开发企业分为：

1. 全民所有的房地产开发企业

该种企业主要是在房屋统建的基础上发展起来的或政府各部门组建的房地产开发公司，如"城市建设综合开发公司""房地产开发经营公司"等。[2]这类公司目前占比最大，其建立形成大体分为三类：第一类是由原来的"统建办"演变而来，这类公司目前大都成为当地的骨干开发机构；第二类是政府各部门、各单位组建的开发公司，这类公司往往附属于政府的某一部门；第三类是原来一些土建施工公司根据业务需要而专门成立的房地产开发公司。国家所有的房地产开发公司与政府的联系较为密切，主要任务就是接受当地人民政府的委托或投标中标，承担开发任务，综合开发的协调工作也多由政府出面协调解决。[3]

2. 集体所有的房地产开发企业

这类开发企业一般是指各部门集资合办或者是集体单位独立开办的企业。集体所有房地产开发企业多以有限责任公司的形式注册成立，能够自主经营、自负盈亏、独立核算。由于此类企业规模小、资质低、资金缺乏等先天不足，所以在国家宏观调控下对房地产市场进行整顿之后，此类房地产开发企业日渐减少，目前总体占比不大。

3. 中外合资的房地产开发企业

中外合资经营的房地产开发企业，是由中外双方在合同约定的期限内，以合资或合作的方式进行房地产开发与经营的一类企业。此类企业以有限责任公司的形式设立，属于一种国际性的联合经营的股权式公司。中外合资的房地产开发企业，其合资合作的条件主要是现金、实物和土地使用权。其中，中方借由地理优势，主要提供土地使用权，外方提供资金，合作进行房地产开发建设。此类企业设立之初，双方即协商约定各自的权利、义务和责任，即投资形式、资金回收、利润分配、债务承担、经营管理等相关具体问题，并在合同中载明。中外合资的房地产开发企业应当遵守我国房地产开发相关法律制度和《中外合资经营企业法》的规定。

---

〔1〕 符启林：《房地产法》，法律出版社2009年版，第190页。

〔2〕 李延荣、周珂：《房地产法》，中国人民大学出版社2016年版，第100页。

〔3〕 符启林：《房地产法》，法律出版社2009年版，第191页。

另一种分类是按照经营性质的不同，房地产开发企业可分为：

1. 房地产开发专营企业

房地产开发专营企业，是指长期从事房地产开发经营业务的房地产开发公司或综合开发公司。此类企业均为依法经登记注册成立，在其经营期限之内，可对各项允许开发的房地产项目进行投资建设、经营管理。房地产开发专营企业由于长期从事房地产开发，公司规模较大，资金充足，房地产开发经验丰富，所以此类企业是房地产开发市场的优势力量。

2. 房地产兼营企业

房地产兼营企业，是指主营业务是其他行业的公司，在注册过程中，申请兼营房地产开发经营管理的公司。随着房地产市场的蓬勃发展，越来越多资金实力雄厚的大企业开始向房地产开发领域拓展业务、增加投资。因而，房地产兼营企业逐渐成为房地产开发市场的新生力量。

3. 房地产开发项目企业

房地产开发项目企业，是指从事单项房地产开发经营的公司，此类企业以房地产开发项目为经营对象。房地产开发项目公司能经营的对象只限于批准的项目，其项目开发或经营完毕之后，应向工商行政管理部门办理核减经营范围的变更登记。合资或合作的房地产开发公司多属于此类公司。由于房地产项目公司的经营期限短，方式灵活，因而其风险相对较低，中外合作的房地产开发公司多采用项目公司的经营形式。[1]

★★★房地产开发企业的设立条件

设立房地产开发企业的条件应包括如下几个方面。

1. 有自己的名称和组织机构

根据相关法律规定，房地产开发企业属于法人组织，应有自己的名称和组织机构。房地产开发企业的名称是一种无形资产，其名称必须在企业设立登记时由工商行政主管部门核准。企业名称包括字号、行业和组织形式三方面的内容。如果设立有限责任公司或股份有限公司的，还必须在公司名称中标明“有限责任”或“股份有限”的字样。组织机构是企业设立的必备要素，它是由包括企业的生产、经营、决策、管理、分支和下属等机构组成的组织体系。健全的组织机构是房地产开发企业对内执行法人事务，对外代表法人参加民事活动前提和基础。

---

〔1〕 符启林：《房地产法》，法律出版社 2009 年版，第 192 页。

2. 有固定的经营场所

固定的经营场所是企业对外进行经营联系的主要场所，是企业的主要办事机构所在地，且须在工商管理部门进行登记。因此，房地产开发企业也必须拥有固定的经营场所。固定的经营场所是房地产开发企业的活动中心，便于对外联系和开展房地产开发经营活动。企业登记的住所只能是一个，而不能有两个或更多。

3. 有符合国务院规定的注册资本

注册资本反映的是企业法人经济实力的体现，也是企业对外承担法律责任的基础。房地产开发企业是资金密集型企业，对其注册资金的要求高于一般经营性、劳务性、中介性的企业。房地产开发企业的注册资本必须符合国务院的相关规定。

4. 有足够的专业技术人员

房地产开发的专业性据定了其需要建筑、设计、施工、监理等方面的专业技术人员的同时，还需要经济、法律、统计、财会、人力资源等方面的专业人员。根据《城市房地产开发经营管理条例》的规定，房地产开发企业的设立必须满足法定数量的专业技术人员。

5. 法律、行政法规规定的其他条件

房地产开发企业的设立条件，除了应当满足房地产领域专门性法规规定的条件外，还必须遵守其他相关法律、法规规定的条件：如《公司法》《中外合资经营企业法》《全民所有制企业法》《企业法人登记管理条例》等。

只有同时具备上述全部五项条件，才可设立房地产开发企业。

★★★房地产开发企业设立的程序

1. 设立房地产开发企业须申请登记

《城市房地产管理法》第 30 条第 2 款规定："设立房地产开发企业，应当向工商行政管理部门申请设立登记。工商行政管理部门对符合本法规定条件的，应当予以登记，发给营业执照；对不符合本法规定条件的，不予登记。"《城市房地产开发经营管理条例》第 7 条规定："设立房地产开发企业，应当向县级以上人民政府工商行政管理部门申请登记。工商行政管理部门对符合本条例第五条规定条件的，应当自收到申请之日起 30 日内予以登记；对不符合条件不予登记的，应当说明理由。工商行政管理部门在对设立房地产开发企业申请登记进行审查时，应当听取同级房地产开发主管部门的意见。"

2. 设立房地产开发企业须依法备案

《城市房地产管理法》第 30 条第 4 款规定："房地产开发企业在领取营业执照

后的一个月内,应当到登记机关所在地的县级以上地方人民政府规定的部门备案。"《城市房地产开发经营管理条例》第8条规定:"房地产开发企业应当自领取营业执照之日起30日内,持下列文件到登记机关所在地的房地产开发主管部门备案:(一)营业执照复印件;(二)企业章程;(三)验资证明;(四)企业法定代表人的身份证明;(五)专业技术人员的资格证书和聘用合同。"

此外,房地产开发企业的设立程序还应当遵守《公司登记管理条例》的相关规定。

★★★房地产开发企业的资质管理

《城市房地产开发经营管理条例》第9条规定:"房地产开发主管部门应当根据房地产开发企业的资产、专业技术人员和开发经营业绩等,对备案的房地产开发企业核定资质等级。房地产开发企业应当按照核定的资质等级,承担相应的房地产开发项目。具体办法由国务院建设行政主管部门制定。"法律规定对房地产开发企业进行资质等级审核管理是保障房地产开发市场有序发展的前提。

对此,国家建设部在2000年专门发布了《房地产开发企业资质管理规定》。其中规定了房地产开发企业的资质分为四个等级,每个等级规定了相应的专营年限、工程量、工程质量合格率、必备专业人员的职称级别和人数、完善的质量保证体系,以及未发生过重大工程质量事故等法定条件。满足该等级所有条件,方可核准其资质。值得注意的是,上述规定根据2015年5月4日住房和城乡建设部《关于修改〈房地产开发企业资质管理规定〉等部门规章的决定》进行了修改,**修改后的《房地产开发企业资质管理规定》中,关于资质等级的法定条件取消了对注册资本的规定。**

房地产开发企业的资质等级的审批,根据现行的《房地产开发企业资质管理规定》第11条规定:"房地产开发企业资质等级实行分级审批。一级资质由省、自治区、直辖市人民政府建设行政主管部门初审,报国务院建设行政主管部门审批。二级资质及二级资质以下企业的审批办法由省、自治区、直辖市人民政府建设行政主管部门制定。经资质审查合格的企业,由资质审批部门发给相应等级的资质证书。"

关于资质证书,根据现行的《房地产开发企业资质管理规定》第12条规定:"资质证书由国务院建设行政主管部门统一制作。资质证书分为正本和副本,资质审批部门可以根据需要核发资质证书副本若干份。"第13条规定:"**任何单位和个人不得涂改、出租、出借、转让、出卖资质证书。**企业遗失资质证书,必须在新闻媒体上声明作废后，方可补领。”资质证书是房地产开发企业业务能力和范围的真实体现。从事房地产开发活动的企业不得越级承担业务，否则，原资质审批机关有权对其进行行政处罚。

此外，我国法律规定房地产开发企业的资质实行年检制度。对于不符合原定资质条件或者有不良经营行为的企业，由原资质审批部门予以降级或者注销资质证书。房地产开发企业无正当理由不参加资质年检的，视为年检不合格，由原资质审批部门注销资质证书。房地产开发主管部门应当将房地产开发企业资质年检结果向社会公布。另外，如果房地产开发企业开发建设的项目工程质量低劣、发生重大工程质量事故，原资质审批部门降低资质等级；情节严重的吊销资质证书，并提请工商行政管理部门吊销营业执照。

法律与规范链接

▲ 必读法条

《土地管理法》

第58条（见本书第158～159页）

《城市房地产管理法》

第21条　土地使用权因土地灭失而终止。

第22条　土地使用权出让合同约定的使用年限届满，土地使用者需要继续使用土地的，应当至迟于届满前一年申请续期，除根据社会公共利益需要收回该幅土地的，应当予以批准。经批准准予续期的，应当重新签订土地使用权出让合同，依照规定支付土地使用权出让金。

土地使用权出让合同约定的使用年限届满，土地使用者未申请续期或者虽申请续期但依照前款规定未获批准的，土地使用权由国家无偿收回。

第26条（见本书第198～199页）

第30条　房地产开发企业是以营利为目的，从事房地产开发和经营的企业。设立房地产开发企业，应当具备下列条件：

（一）有自己的名称和组织机构；

（二）有固定的经营场所；

（三）有符合国务院规定的注册资本；

（四）有足够的专业技术人员；

(五)法律、行政法规规定的其他条件。

设立房地产开发企业,应当向工商行政管理部门申请设立登记。工商行政管理部门对符合本法规定条件的,应当予以登记,发给营业执照;对不符合本法规定条件的,不予登记。

设立有限责任公司、股份有限公司,从事房地产开发经营的,还应当执行公司法的有关规定。

房地产开发企业在领取营业执照后的一个月内,应当到登记机关所在地的县级以上地方人民政府规定的部门备案。

《城市房地产开发经营管理条例》

第7条　设立房地产开发企业,应当向县级以上人民政府工商行政管理部门申请登记。工商行政管理部门对符合本条例第五条规定条件的,应当自收到申请之日起30日内予以登记;对不符合条件不予登记的,应当说明理由。

工商行政管理部门在对设立房地产开发企业申请登记进行审查时,应当听取同级房地产开发主管部门的意见。

第8条　房地产开发企业应当自领取营业执照之日起30日内,持下列文件到登记机关所在地的房地产开发主管部门备案:

(一)营业执照复印件;

(二)企业章程;

(三)验资证明;

(四)企业法定代表人的身份证明;

(五)专业技术人员的资格证书和聘用合同。

《城乡规划法》

第39条　规划条件未纳入国有土地使用权出让合同的,该国有土地使用权出让合同无效;对未取得建设用地规划许可证的建设单位批准用地的,由县级以上人民政府撤销有关批准文件;占用土地的,应当及时退回;给当事人造成损失的,应当依法给予赔偿。

第43条　建设单位应当按照规划条件进行建设;确需变更的,必须向城市、县人民政府城乡规划主管部门提出申请。变更内容不符合控制性详细规划的,城乡规划主管部门不得批准。城市、县人民政府城乡规划主管部门应当及时将依法变更后的规划条件通报同级土地主管部门并公示。

建设单位应当及时将依法变更后的规划条件报有关人民政府土地主管部门备案。

第64条　未取得建设工程规划许可证或者未按照建设工程规划许可证的规定进行建设的，由县级以上地方人民政府城乡规划主管部门责令停止建设；尚可采取改正措施消除对规划实施的影响的，限期改正，处建设工程造价百分之五以上百分之十以下的罚款；无法采取改正措施消除影响的，限期拆除，不能拆除的，没收实物或者违法收入，可以并处建设工程造价百分之十以下的罚款。

△ **延伸法条**

《房地产开发企业资质管理规定》

《土地利用年度计划管理办法》

《建设用地审查报批管理办法》

《城镇国有土地使用权出让和转让暂行条例》

典型案例

梁某运与霍邱县人民政府国土资源局建设用地使用权出让合同纠纷案[1]

【案情概述】

2014年，梁某运通过招投标竞得霍国土出〔2011〕82号国有建设用地使用权，与霍邱县人民政府国土资源局签订的《国有建设用地使用权挂牌成交确认书》《国有建设用地使用权出让合同》约定：霍邱县人民政府国土资源局在2014年9月17日前将出让宗地交付给梁某运，用地使用权出让金为5,953,350元，定金为400万元，定金抵作土地出让价款，自合同签订之日起60日内一次性付清。合同约定出让人未按时提供出让土地超过60日，经催交后仍不能交付土地的，受让人有权解除合同，出让人应当双倍返还定金，并退还已经支付国有建设用地使用权出让价款的其余部分，受让人并可请求出让人赔偿损失。合同签订后，梁某运交纳定金400万元，并交清余下1,953,350元，但霍邱县人民政府国土资源局未依约交付土地。梁某运提起诉讼，请求人民法院判决霍邱县人民政府国土资源局双倍返还定金800万元、退还已支付土地出让金1,953,350元，赔偿损失100万元。

---

〔1〕案件来源：最高人民法院2016年4月8日发布十起依法平等保护公有制经济典型案例，载 http://mp.weixin.qq.com/s?__biz = MzUyODQyNzE4NA% 3D% 3D&idx = 2&mid = 2247483694&sn = ced0245e0 a1351191076e7b7dd942b18，最后访问日期：2018年2月1日。

安徽省六安市中级人民法院一审认为，本案《建设用地使用权出让合同》合法有效。梁某运依照合同约定的期限交清了全部土地出让金，霍邱县人民政府国土资源局未在合同约定的期限内交付适合开发的建设用地已构成违约，依法应当承担违约责任。根据合同约定，梁某运有权解除合同，要求霍邱县人民政府国土资源局双倍返还定金、返还已交付的土地出让金，并承担赔偿责任。但本案合同约定的定金数额明显过高，依法应当调整。梁某运主张的损失无充分证据证实，其虽确实存在运营及融资成本，但考虑双倍返还定金的数额并未过份高于或低于其实际损失，故对其要求另行支付利息及赔偿损失的诉讼请求依法不予支持。判决：(1)解除梁某运与霍邱县人民政府国土资源局签订的《国有建设用地使用权出让合同》；(2)霍邱县人民政府国土资源局双倍返还梁某运定金238.134万元；(3)霍邱县人民政府国土资源局返还梁某运已交纳的土地出让金476.268万元；(4)驳回梁某运的其他诉讼请求。一审宣判后，双方当事人均未上诉。

【关键问题】

1. 本案中所涉及的《国有建设用地使用权出让合同》是否有效？

2. 本案中，土地受让人梁某运是否有权解除合同并请求赔偿？

3. 本案中，土地出让方违反了哪些法律规定和合同约定？

【简要评论】

根据《城镇国有土地使用权出让和转让暂行条例》的规定：土地使用者应当在签订土地使用权出让合同后60日内，支付全部土地使用权出让金。逾期未全部支付的，出让方有权解除合同，并可请求违约赔偿。出让方应当按照合同规定，提供出让的土地使用权。未按照合同约定提供土地使用权的，土地使用者有权解除合同，并可请求违约赔偿。但是在实践中，由于一些地方政府的不规范行为，国有土地使用权出让经常出现与非公有制企业签订国有土地使用权出让合同后不能按约交付土地的情形。这种现象的存在，严重侵害了国有土地使用权受让方的合法权益。

本案中，霍邱县人民政府国土资源局通过公开招投标程序与梁某运签订了土地使用权出让合同，因此可以确认该合同真实有效。土地使用权受让人梁某运也按照合同约定的时间和数额交纳了土地出让金，但霍邱县人民政府国土资源局没有依约交付土地构成违约，因此梁某运根据合同约定要求解除合同、返还土地出让金、双倍返还定金等请求既符合法律规定也符合合同约定，应当得到法院的支持。

建设用地土地使用权出让是房地产开发规划管理的基础和重点，必须符合国家法律规定以及相关合同约定，公平保障出让方和受让方的权益，才能确保国有土地的合理开发利用以及房地产开发的有序进行。

【核心知识】

房地产开发建设用地的土地使用权的出让须符合法定程序，出让方和受让方应签订真实有效的土地出让合同。同时，双方应遵守合同约定，在规定期限内履行相关义务。任何一方违约，对方都有权根据法律规定和合同约定解除合同，并提出违约赔偿的请求。

延伸阅读

1. 周珂：《论土地使用权出让制度与可持续发展战略》，载《中国人民大学学报》1999年1月刊；
2. 李延荣、王晓君：《政府对土地开发的宏观调控还需配套措施》，载《中国房地产信息》2006年第1期；
3. 房绍坤：《农村集体经营性建设用地入市的几个法律问题》，载《烟台大学学报（哲学社会科学版）》2015年第3期。

第三节　建筑工程项目的招投标制度

知识要点

一、强制招标制度

★★★必须进行招标的建设工程项目（2007年卷一第71题）

大型基础设施、公用事业等关系社会公共利益、公众安全的项目；全部或者部分使用国有资金投资或者国家融资的项目；使用国际组织或者外国政府贷款、援助资金的项目，其勘察、设计、施工、监理以及与工程有关的重要设备、材料等的采购，必须进行招标，这是**法律明确规定的强制招标制度**。

根据《招标投标法》的相关规定，必须进行招标的项目不招标或者规避招标的，须负相应的法律责任：其中责令限期改正，可以处项目合同金额5‰以上10‰以下的罚款；对全部或者部分使用国有资金的项目，可以暂停项目执行或者暂停资金拨付；对单位直接负责的主管人员和其他直接责任人员依法给予处分。

☆**建设工程项目的招标人**

建设工程项目的招标人，是指依法提出建筑工程招标项目，进行招标的法人或其他组织。房地产行业的招标人主要指开发商。

★**招标的建设工程项目须具备的主要条件**

进行招标的建设工程项目必须具备以下条件：

(1)按照国家有关规定需要履行项目审批手续的招标项目，审批核准后，方可招标。

(2)招标人应确保招标项目资金已经落实，并在招标文件中如实载明。

二、招标

★★★**建设工程项目的招标方式**

根据《招标投标法》第10条第1款的规定："招标分为公开招标和邀请招标。"

公开招标，是指招标人以招标公告的方式邀请不特定的法人或者其他组织投标。这种方式是目前普遍采用的招标方式。这方式适用于规模较大，建设周期长的开发项目。其优势在于选择范围广泛，可选择"性价比"最高的承包商并与之签订合同。但公开招标的方式也存在弊端：因为公开招标的选择范围广泛，所以导致开发商审查投标者资格及其标书的工作量大，费用较高，周期也相对较长。

邀请招标，是指招标人以投标邀请书的方式邀请特定的法人或者其他组织投标。适用邀请招标的情形：国务院发展计划部门确定的国家重点项目和省、自治区、直辖市人民政府确定的地方重点项目不适宜公开招标的，经国务院发展计划部门或者省、自治区、直辖市人民政府批准，可以进行邀请招标。招标人采用邀请招标方式的，应当向三个以上具备承担招标项目的能力、资信良好的特定的法人或者其他组织发出投标邀请书。《招标投标法实施条例》第8条规定："国有资金占控股或者主导地位的依法必须进行招标的项目，应当公开招标；但有下列情形之一的，可以邀请招标：(一)技术复杂、有特殊要求或者受自然环境限制，只有少量潜在投标人可供选择；(二)采用公开招标方式的费用占项目合同金额的比例过大。"

★★**建设工程项目的招标文件**

建设工程项目的招标文件是向投标单位介绍项目基本情况和招标条件、要求的重要文件。编制招标文件，依照法律规定，必须载明：招标项目的技术要求、对投标人资格审查的标准、投标报价要求、评标标准等所有实质性要求和条件以及拟签订合同的主要条款。国家对招标项目的技术、标准有规定的，招标人应当按照其规定在招标文件中提出相应要求。招标项目需要划分标段、确定工期的，招标人应当合理划分标段、确定工期，并在招标文件中载明。与此同时，法律规定对招标文件的内容也有所限制，即招标文件不得要求或者标明特定的生产供应者以及含有倾向或者排斥潜在投标人的其他内容。

招标文件发出之后可以进行修改或澄清，但法律规定有时间限制：招标人对已发出的招标文件进行必要的澄清或者修改的，应当在招标文件要求提交投标文件截止时间至少十五日前，以书面形式通知所有招标文件收受人。该澄清或者修改的内容为招标文件的组成部分。

★★建设工程项目招标的标底

建设工程项目招标的标底，一般是由招标单位委托由建设行政主管部门批准具有与建设工程相应造价资质的中介机构代理编制出的一个反映建设工程的合理预期价格。标底编制的合理性、准确性直接影响工程造价。标底是评标、定标的重要依据，所以是招标单位的绝密资料。每一个招标项目只能编制一个标底。接受委托编制标底的中介机构不得参加受托编制标底项目的投标，也不得为该项目的投标人编制投标文件或者提供咨询。

标底文件一般包括：

(1)标底编制的综合说明；

(2)标底价格，包括标底价格审定书、工程量清单、标底价格计算书、现场因素和施工措施费明细表、工程风险金测算明细表、主要材料用量表等；

(3)主要人工、材料、机械设备用量表；

(4)标底附件，包括各项交底纪要、各种材料及设备的价格来源、现场的地质、水文、地上情况的有关资料、编制标底价格所依据的施工方案和施工组织设计、特殊施工方法等。

三、投标

★★对建设工程项目潜在投标人的资格审查

为确保招标的顺利进行和保证招标结果达到预期目的，招标人可以对建设工程项目潜在投标人的资格审查。即招标人可以在招标公告或投标邀请书中，要求潜在投标人提供有关资质证明文件和业绩情况，对其进行资格审查。

实践中，招标人对潜在投标人的资格审查也成为资格预审，因为这种审查通常在发售招标文件之前进行，以此来限制和排除一些不符合条件的投标单位，通过资格审查的潜在投标人方可购买招标文件,否则不能参加招标。

资格预审的内容一般包括对潜在投标人的财务能力、施工经验、人员,以及设备四个方面的综合考察。通常符合条件的潜在投标人应当具备:

(1)具有独立订立合同的权利;

(2)具有履行合同的能力;

(3)以往承担过类似工程的业绩情况;

(4)财务及商业信誉情况;

(5)法律法规规定的其他资格条件。

★建设工程项目的投标人

建设工程项目的投标人通常是指响应招标、参加投标竞争的法人或者其他组织。但法律规定的特殊情形也允许个人参与投标,即依法招标的科研项目允许个人参加投标的,投标的个人适用《招标投标法》有关投标人的规定。

投标人通常是单一法人和组织,但法律也允许两个以上法人或者其他组织可以组成一个联合体,以一个投标人的身份共同投标。联合体各方均应当具备承担招标项目的相应能力;国家有关规定或者招标文件对投标人资格条件有规定的,联合体各方均应当具备规定的相应资格条件。由同一专业的单位组成的联合体,按照资质等级较低的单位确定资质等级。联合体各方应当签订共同投标协议,明确约定各方拟承担的工作和责任,并将共同投标协议连同投标文件一并提交招标人。联合体中标的,联合体各方应当共同与招标人签订合同,就中标项目向招标人承担连带责任。招标人不得强制投标人组成联合体共同投标,不得限制投标人之间的竞争。

投标无效的情况:一是与招标人存在利害关系可能影响招标公正性的法人、其他组织或者个人,不得参加投标;二是单位负责人为同一人或者存在控股、管理关系的不同单位,不得参加同一标段投标或者未划分标段的同一招标项目投标。

★★建设工程项目的投标文件

投标文件应对招标文件提出的实质性要求和条件作出响应。一般由商务文件、技术文件、报价文件和其他部分组成。

建设工程项目的投标文件一般包含了三部分,即商务部分、价格部分、技术部分。

(1)商务部分包括公司资质,公司情况介绍等一系列内容,同时也是招标文件要求提供的其他文件等相关内容,包括公司的业绩和各种证件、报告等。

(2)价格部分包括投标报价说明,投标总价,主要材料价格表等。

(3)技术部分包括工程的描述、设计和施工方案等技术方案,工程量清单、人员配置、图纸、表格等和技术相关的资料。

按照《招标投标法》的规定,投标人应当在招标文件要求提交投标文件的截止时间之前,将投标文件送达投标地点。投标人少于三个的情况下,招标人应当重新招标。投标文件可以进行补充、修改或撤回,但前提是一定要在在招标文件要求的提交投标文件的截止时间之前进行,并书面通知招标人。

四、建设工程项目的开标、评标与中标

★★开标

招标人应当按照招标文件规定的时间、地点开标。投标人少于3个的,不得开标;招标人应当重新招标。投标人对开标有异议的,应当在开标现场提出,招标人应当当场作出答复,并制作记录。开标后,任何投标人不得更改投标文件的内容。

★★评标

评标,是指招标人依法组建的评标委员会按照规定的评标标准和方法,对各投标人的投标文件进行评价和比较,从而最终确定中标人的过程。评标委员会的专家成员应当从评标专家库内相关专业的专家名单中以随机抽取方式确定。任何单位和个人不得以明示、暗示等任何方式指定或者变相指定参加评标委员会的专家成员。依法必须进行招标的项目的招标人非因招标投标法和本条例规定的事由,不得更换依法确定的评标委员会成员。更换评标委员会的专家成员应当依照前款规定进行。评标委员会成员与投标人有利害关系的,应当主动回避。有关行政监督部门应当按照规定的职责分工,对评标委员会成员的确定方式、评标专家的抽取和评标活动进行监督。行政监督部门的工作人员不得担任本部门负责监督项目的评标委员会成员。评标委员会应当按照招标文件确定的评标标准和方法,客观、公正地对投标文件提出评审意见。招标文件没有规定的评标标准和方法不得作为评标的依据。评标委员会完成评标后,应当向开发商提出书面评标报告,并推荐合格的中标候选人,候选人不得超过3个,并标明顺序。房地产开发商也可授权评标委员会直接确定中标人。

★★中标

根据《招标投标法》的规定,中标人的投标应当符合两个条件:一是能最大限度

地满足招标文件中规定的各项要求和标准；二是能满足投标价格最低，但是投标价格低于成本的除外。中标后，招标人应当向中标人发出中标通知书，并同时将中标结果通知所有未中标的投标人。中标通知书对招标人和中标人具有法律效力。中标通知书发出后，招标人改变中标结果的，或者中标人放弃中标项目的，应当依法承担法律责任。招标人和中标人应当自中标通知书发出之日起30日内，按照招标文件和中标人的投标文件订立书面合同。招标人和中标人不得再行订立背离合同实质性内容的其他协议。招标文件要求中标人提交履约保证金的，中标人应当提交。依法必须进行招标的项目，招标人应当自确定中标人之日起15日内，向有关行政监督部门提交招标投标情况的书面报告。

法律与规范链接

▲ 必读法条

《招标投标法》

第3条 在中华人民共和国境内进行下列工程建设项目包括项目的勘察、设计、施工、监理以及与工程建设有关的重要设备、材料等的采购，必须进行招标：

（一）大型基础设施、公用事业等关系社会公共利益、公众安全的项目；

（二）全部或者部分使用国有资金投资或者国家融资的项目；

（三）使用国际组织或者外国政府贷款、援助资金的项目。

前款所列项目的具体范围和规模标准，由国务院发展计划部门会同国务院有关部门制订，报国务院批准。

法律或者国务院对必须进行招标的其他项目的范围有规定的，依照其规定。

第4条 任何单位和个人不得将依法必须进行招标的项目化整为零或者以其他任何方式规避招标。

第9条 招标项目按照国家有关规定需要履行项目审批手续的，应当先履行审批手续，取得批准。

招标人应当有进行招标项目的相应资金或者资金来源已经落实，并应当在招标文件中如实载明。

第18条 招标人可以根据招标项目本身的要求，在招标公告或者投标邀请书中，要求潜在投标人提供有关资质证明文件和业绩情况，并对潜在投标人进行资格审查；国家对投标人的资格条件有规定的，依照其规定。

招标人不得以不合理的条件限制或者排斥潜在投标人，不得对潜在投标人实行歧视待遇。

第20条　招标文件不得要求或者标明特定的生产供应者以及含有倾向或者排斥潜在投标人的其他内容。

第28条　投标人应当在招标文件要求提交投标文件的截止时间前，将投标文件送达投标地点。招标人收到投标文件后，应当签收保存，不得开启。投标人少于三个的，招标人应当依照本法重新招标。

在招标文件要求提交投标文件的截止时间后送达的投标文件，招标人应当拒收。

第29条　投标人在招标文件要求提交投标文件的截止时间前，可以补充、修改或者撤回已提交的投标文件，并书面通知招标人。补充、修改的内容为投标文件的组成部分。

第31条　两个以上法人或者其他组织可以组成一个联合体，以一个投标人的身份共同投标。

联合体各方均应当具备承担招标项目的相应能力；国家有关规定或者招标文件对投标人资格条件有规定的，联合体各方均应当具备规定的相应资格条件。由同一专业的单位组成的联合体，按照资质等级较低的单位确定资质等级。

联合体各方应当签订共同投标协议，明确约定各方拟承担的工作和责任，并将共同投标协议连同投标文件一并提交招标人。联合体中标的，联合体各方应当共同与招标人签订合同，就中标项目向招标人承担连带责任。

招标人不得强制投标人组成联合体共同投标，不得限制投标人之间的竞争。

第41条　中标人的投标应当符合下列条件之一：

（一）能够最大限度地满足招标文件中规定的各项综合评价标准；

（二）能够满足招标文件的实质性要求，并且经评审的投标价格最低；但是投标价格低于成本的除外。

△ 延伸法条

《招标投标法实施条例》

第四节　建筑工程的施工管理和监理制度

知识要点

一、施工管理

★建筑工程施工许可

根据《建筑法》和《建筑工程施工许可管理办法》相关规定，**建筑工程开工前，建设单位应当依法向工程所在地的县级以上人民政府住房城乡建设主管部门申请领取施工许可证**。但存在以下例外情形：(1)工程投资额在30万元以下或者建筑面积在300平方米以下的建筑工程，可以不申请办理施工许可证；(2)按照国务院规定的权限和程序批准开工报告的建筑工程，不再领取施工许可证。除此之外的建筑工程必须取得施工许可证，否则一律不得开工。

值得注意的是，上述第一种例外情形当中，关于投资额和建筑面积的限额规定，法律允许省、自治区、直辖市人民政府住房城乡建设主管部门可以根据当地的实际情况，对限额进行调整，但须报国务院住房城乡建设主管部门备案。

建筑工程的建设单位申请施工许可证，必须满足法定条件：

(1)依法应当办理用地批准手续的，已经办理该建筑工程用地批准手续。

(2)在城市、镇规划区的建筑工程，已经取得建设工程规划许可证。

(3)施工场地已经基本具备施工条件，需要征收房屋的，其进度符合施工要求。

(4)已经确定施工企业。按照规定应当招标的工程没有招标，应当公开招标的工程没有公开招标，或者肢解发包工程，以及将工程发包给不具备相应资质条件的企业的，所确定的施工企业无效。

(5)有满足施工需要的技术资料，施工图设计文件已按规定审查合格。

(6)有保证工程质量和安全的具体措施。施工企业编制的施工组织设计中有根据建筑工程特点制定的相应质量、安全技术措施。建立工程质量安全责任制并落实到人。专业性较强的工程项目编制了专项质量、安全施工组织设计，并按照规定办理了工程质量、安全监督手续。

(7)按照规定应该委托监理的工程已委托监理。

(8)建设资金已经落实。建设工期不足一年的，到位资金原则上不得少于工程合同价的50%，建设工期超过一年的，到位资金原则上不得少于工程合同价的30%。建设单位应当提供银行出具的到位资金证明，有条件的可以实行银行付款保函或者其他第三方担保。

(9)法律、行政法规规定的其他条件。

建设单位申请施工许可证须向住房城乡建设主管行政部门提供上述证明文件。住房城乡建设主管部门应当自收到申请之日起15日内，对符合条件的申请颁发施工许可证。

★建筑工程企业的从业资质

根据《建筑法》规定，从事建筑活动的建筑施工企业、勘察单位、设计单位和工程监理单位，应当具备下列条件：

(1)符合国家规定的注册资本；

(2)与其从事的建筑活动相适应的具有法定执业资格的专业技术人员；

(3)有从事相关建筑活动所应有的技术装备；

(4)法律、行政法规规定的其他条件。

《建筑业企业资质管理规定》中将建筑业企业资质分为施工总承包、专业承包和劳务分包三个序列，每个序列又根据不同的资质要求分为四个等级，即特级、一级、二级、三级。

建筑业企业资质等级的认定，由其所在地相应的住房城乡建设行政主管部门结合法定资质标准和企业实际情况，对该企业资质等级进行审核。经认定合格的，应向企业颁发《资质等级证书》。建筑业企业资质证书分为正本和副本，正本一份，副本若干份，由国务院建设主管部门统一印制，正、副本具备同等法律效力。资质证书有效期为5年。建筑业企业可以申请一项或多项建筑业企业资质；申请多项建筑业企业资质的，应当选择等级最高的一项资质为企业主项资质。

★★建筑工程安全生产与质量管理

据有关部门统计，建筑行业仅次于交通运输业，是安全事故多发频发的行业。因此，加强建筑工程的安全生产和质量管理是建筑行业的重要任务。

根据《建筑法》的相关规定，建筑施工企业在工程设计阶段就应当根据建筑工程的特点制定相应的安全技术措施。同时，建筑施工企业在施工现场既要采取必要措施保障工地内部安全，又要防止对周围建筑物和环境造成损害。此外，对于施工过程中可能造成的管线、电力等损害或停水、停电、爆破等事项的，建设单位必须向有关行政部门申请批准手续。

法律规定,建筑工程的施工质量必须符合国家有关建筑工程安全标准的要求。建设单位不得以任何理由,要求建筑施工企业在施工作业中,违反法律、行政法规和建筑工程质量、安全标准,降低工程质量。建筑施工企业对工程的施工质量负责。建筑工程实行总承包的,工程质量由工程总承包单位负责,总承包单位将建筑工程分包给其他单位的,应当对分包工程的质量与分包单位承担连带责任。分包单位应当接受总承包单位的质量管理。建筑施工企业必须按照工程设计图纸和施工技术标准施工,不得偷工减料,工程设计的修改由原设计单位负责,建筑施工企业不得擅自修改工程设计。建筑施工企业必须按照工程设计要求,施工技术标准和合同的约定,对建筑材料、建筑构配件和设备进行检验,不合格的不得使用。建筑物在合理使用寿命内,必须确保地基基础工程和主体结构的质量。建筑工程竣工时,屋顶、墙面不得留有渗漏、开裂等质量缺陷;对已经发现的质量缺陷,建筑施工企业应当修复。此外,我国法律还规定了建筑工程实行质量保修制度和质量投诉制度,以确保使用者以及第三方的合法权益。

二、工程监理

☆建筑工程监理的概念和性质

所谓监理,即监督管理之意。**建筑工程的监理**,是指工程监理单位受建设单位委托,根据法律法规、工程建设标准、勘察设计文件及合同,在施工阶段对建设工程质量、造价、进度进行控制,对合同、信息进行管理,对工程建设相关方的关系进行协调,并履行建设工程安全生产管理法定职责的服务活动。建筑工程的监理主体是具有监理资质的民间工程监理单位,因此,建筑工程的监理与行政的工程质量监督管理不同,前者是平等的主体之间签订的合同关系,而后者是一种政府行为,属于国家行使公权力的范畴。

建筑工程的监理具有服务性、科学性、独立性、公平性。

服务性,是指:(1)工程监理人员利用自己的知识、技能和经验以及必要的试验、检测手段,为建设单位提供管理和技术服务。(2)服务对象:建设单位。(3)只能在建设单位授权范围内采用规划、控制、协调等方法,控制建设工程质量、造价和进度。(4)协助建设单位在计划目标内完成工程建设任务,不能完全取代建设单位的管理活动。

科学性,是指:(1)工程监理单位应由组织管理能力强、工程建设经验丰富的人员担任领导;(2)应有足够数量的、有丰富管理经验和较强应变能力的注册监理工程师组成的骨干队伍；(3)要有健全的管理制度、科学的管理方法和手段；(4)应积累丰富的技术、经济资料和数据；(5)应有科学的工作态度和严谨的工作作风，能够创造性地开展工作。

独立性，是指：(1)工程监理单位应公平、独立、诚信、科学地开展建设工程监理与相关服务活动。(2)与被监理工程的承包单位以及建筑材料、建筑构配件和设备供应单位不得有隶属关系或者其他利害关系。

公平性，是指：(1)公平性是工程监理行业能够长期生存和发展的基本职业道德准则。(2)当建设单位与施工单位发生利益冲突或者矛盾时，工程监理单位应以事实为依据，以法律法规和有关合同为准绳，在维护建设单位的合法权益的同时，不能损害施工单位的合法权益。

★★★建筑工程监理的范围与职责

工程监理单位应当在其资质等级许可的监理范围内，承担工程监理业务。工程监理单位应当根据建设单位的委托，客观、公正地执行监理任务。工程监理单位与被监理工程的承包单位以及建筑材料，建筑构配件和设备供应单位不得有隶属关系或者其他利害关系。工程监理单位不得转让工程监理业务。与此同时，法律规定：国家重点建设工程、大中型公用事业工程、成片开发建设的住宅小区工程、利用外国政府或者国际组织贷款、援助资金的工程等必须强制实施监理。实施监理前，建设单位应将委托的工程监理单位、监理内容和监理权限，书面通知被监理的建筑施工企业。

★★★建筑工程监理的主要内容

(1)工程进度监理。建筑工程为确保如期完成，必须有监理单位对工程进度控制进行的监督管理。

(2)工程造价监理。即监理单位在不影响工程、质量和安全施工的条件下，确保工程费用不超过合同规定标准所采取的监督管理。

(3)工程质量监理。即监理单位以合同中规定的质量为目标或以国家的标准、规定为目标对工程项目所进行的监督和管理。

(4)工程安全监理。建筑工程监理单位负有对建筑工程活动的安全生产进行监督管理的职责。法律规定，工程监理单位和监理工程师应当按照法律、法规和工程建设强制性标准实施监理，并对建设工程安全生产承担监理责任。

(5)工程竣工验收。工程监理单位应当严格把关竣工验收这一环节，确保工程项目经过施工和设备安装后真正达到了该项目设计文件规定的要求，具备了投产或使用的条件，经过验收合格，正式移交给建设单位或使用单位。

法律与规范链接

▲ 必读法条

《建筑法》

第7条　建筑工程开工前，建设单位应当按照国家有关规定向工程所在地县级以上人民政府建设行政主管部门申请领取施工许可证；但是，国务院建设行政主管部门确定的限额以下的小型工程除外。

按照国务院规定的权限和程序批准开工报告的建筑工程，不再领取施工许可证。

第12条　从事建筑活动的建筑施工企业、勘察单位、设计单位和工程监理单位，应当具备下列条件：

（一）符合国家规定的注册资本；

（二）与其从事的建筑活动相适应的具有法定执业资格的专业技术人员；

（三）有从事相关建筑活动所应有的技术装备；

（四）法律、行政法规规定的其他条件。

第34条　工程监理单位应当在其资质等级许可的监理范围内，承担工程监理业务。工程监理单位应当根据建设单位的委托，客观、公正地执行监理任务。

工程监理单位与被监理工程的承包单位以及建筑材料，建筑构配件和设备供应单位不得有隶属关系或者其他利害关系。

工程监理单位不得转让工程监理业务。

第42条　有下列情形之一的，建设单位应当按照国家有关规定办理申请批准手续：

（一）需要临时占用规划批准范围以外场地的；

（二）可能损坏道路、管线、电力、邮电通讯等公共设施的；

（三）需要临时停水、停电、中断道路交通的；

（四）需要进行爆破作业的；

（五）法律、法规规定需要办理报批手续的其他情形。

第52条　建筑工程勘察、设计、施工的质量必须符合国家有关建筑工程安全标准的要求，具体管理办法由国务院规定。

有关建筑工程安全的国家标准不能适应确保建筑安全的要求时，应当及时修订。

△ **延伸法条**

《建筑工程施工许可管理办法》

《建筑业企业资质管理规定》

《建筑工程监理范围和规模标准规定》

《建设工程安全生产管理条例》

《建设工程质量管理条例》

第七章　房地产交易法律制度

教学目标

1. 本章房地产交易是房地产法学的重点内容，应予全面掌握。
2. 了解房地产交易的概念和特征；识记和理解房地产转让、商品房现售、商品房预售等交易行为的主要法律要求。
3. 理解房屋买卖、房屋租赁中各方当事人的权利与义务，了解房地产评估制度，识记房地产中介服务制度。

推荐参考资料

1. 张忠野、曾大鹏：《房地产法学》，格致出版社 2010 年版，第九章、第十三章；
2. 卫德佳、欧阳恩钱：《房地产法学》，重庆大学出版社 2011 年版，第七章；
3. 程信和、刘国臻：《房地产法学》（第二版），北京大学出版社 2010 年版，第九章；
4. 杨勤法：《房地产法实务》，北京大学出版社 2017 年版，第四章；
5. 陈文：《房地产诉讼与仲裁案例精解》，法律出版社 2008 年版，第六章、第八章、第十章；
6. 中国法制出版社编：《中华人民共和国房地产法律法规全书》，中国法制出版社 2018 年版；
7. 罗晋京、符启林：《房地产法原理》，中国政法大学出版社 2016 年版；
8. 王忠华、北京市石景山区人民法院：《房地产典型案例评析》，法律出版社 2013 年版。

第一节　房地产交易概述

知识要点

一、房地产交易及分类

★房地产交易的概念及形式

房地产交易是指以房地产为商品而进行的转让、租赁、抵押等各种经营活动的总称。以房产交易为例，房地产开发企业经过立项，获得规划部门颁发的《建设用地规划许可证》，向国土管理部门取得建设用地并获取《国有土地使用证》。之后，再报规划主管部门取得《建设工程规划许可证》，再向建设主管部门申领《施工许可证》，才能正式开工建设，房产经竣工验收合格方能申办《房产证》。一般情况下，只有取得以上合法手续的房产才能作为合格的“商品”推向市场进行交易。**而消费者在购买房产时，只有以上“五证”齐全的商品房，才属于可以放心购买的“商品”**。

房地产交易依其标的物性质可分为地产交易与房产交易两类。

1. 地产交易

地产交易在我国迄今为止仍限于城镇国有土地使用权的出让、转让、抵押等形式。我国宪法明文规定城市土地归国家所有，非城市土地归国家或集体所有，任何组织或个人不得侵占、买卖或者以其他形式非法转让土地。国家实行土地所有权与使用权分离制度，土地使用权可以依照法律规定转让。国家采用国有土地有偿出让及行政划拨两种方式向房地产流通领域提供国有土地使用权；集体所有的土地不得擅自出让、出租、转让、抵押，只能是征收转为国有土地之后方可出让。城镇国有土地使用权的流通形式主要有出让、转让、出租、抵押等，土地使用者通过这些方式得到对土地的占有、使用、有限收益和特殊处分权。

2. 房产交易

房产交易的形式主要有房产买卖、租赁、抵押、交换、典当、信托等方式，既包括了房产使用权的转让，也包括了房产所有权的交易。其中，房地产转让、抵押与租赁由《城市房地产管理法》做出明文规定。然而，房产交易与地产交易虽有其各自独立的标的及交易形式，但是由于二者不可分离的自然属性，即任何房产均不可能离开地产而成为空中楼阁，房产交易与地产交易在很多情况下是结合在一起进行的。

《城市房地产管理法》第32条规定，房地产转让、抵押时，房屋的所有权和该房屋占用范围内的土地使用权同时转让、抵押。

★房地产交易的特性及原则

就其行为性质而言，房地产交易与普通商品交易均为平等主体之间的民事法律行为，交易双方之间的关系是民事法律关系，在交易之中须遵守平等、自愿、公平、等价有偿、诚实信用等民法一般原则，但是，与普通商品交易相比，房地产交易更有下列特征：一是房地产交易对象的特殊性。房地产交易的对象是作为特殊商品的房地产，包括土地使用权、土地上的房屋以及其他建筑物的所有权。二是房地产交易形式的确定性。房地产交易的形式仅包括房地产转让、房地产抵押和房屋租赁，不包括房地产开发。三是房地产交易通过数种典型合同进行。四是房地产交易为要式法律行为。

二、房地产市场

☆房地产市场的概念

房地产市场的概念有广义与狭义之分。广义上房地产市场是房地产商品流通全过程中各种交换关系的总和，具体包括房屋所有权的买卖、租赁、抵押、典当、交换等活动；土地使用权的有偿出让、转让、出租等活动，以及中间商、代理商、金融信用、广告信息等中介服务活动。狭义的房地产交易市场指固定的房地产交易所。

我国房地产市场在内部结构上可分为三级市场。一级市场是土地使用权投入市场，也称土地使用权出让市场，即国家以土地所有者身份，依照城市规划与土地管理法的规定，统一规划，统一征地，将土地使用权出让给经营者与使用者。国家对一级市场实行垄断经营，并通过垄断经营达到对房地产市场的宏观调控。一级市场要在城市总体规划指导下，尽量通过公开挂牌招标、拍卖等方式进行，减少协议出让。房地产**二级市场**即土地使用权出让后的房地产开发经营市场。房地产经营者（即开发公司）按照城市总体规划和工程建设规划要求，对土地进行初次开发（新区开发）及再次开发（旧区改造），然后将开发后的房地产出售给用地、用房单位或个人，这是经营者与消费者之间的交易。**三级市场**即房地产投入使用之后的交易市场，表现为房地产使用者之间的交易，因其目的主要为调剂房产的需求，故又称为房地产调剂市场。这三个市场，一级市场是基础市场、龙头市场，是二级市场与三级市场的导向市场。目前，我国房地产交易市场的策略是垄断一级市场，放开搞活二、三级市场。

☆**房地产交易所**

房地产交易所是狭义上的房地产交易市场,是进行房地产交易的固定场所。随着我国房地产交易的蓬勃发展,全国各大中城市纷纷设立房地产交易所,使得房地产交易场所固定化,从而使房地产交易活动改变了过去私下成交的流动状态,将房地产交易活动吸引到长年固定的场所,给予买卖双方信任感和可靠感,强化了房地产交易的管理,提高了房地产交易的质量。如今,在网络时代,还出现网上申请及交易等,这是适应互联网络广泛应用的要求。

☆**房地产交易管理机构**

国务院建设行政主管部门、土地管理部门依照国务院规定的职权划分,各司其职,密切配合,管理全国房地产工作。县级以上地方人民政府房产管理、土地管理部门的机构设置及其职权由省、自治区、直辖市人民政府确定。

法律与规范链接

▲ **必读法条**

《城市房地产管理法》

第2条(见本书第122~123页)

△ **延伸法条**

住房城乡建设部《关于进一步规范房地产开发企业经营行为维护房地产市场秩序的通知》

最高人民法院印发《〈关于当前形势下进一步做好房地产纠纷案件审判工作的指导意见〉的通知》

延伸阅读

1. 高富平:《论〈房地产管理法〉修订的基本问题》,载《法律科学》2009年第6期;
2. 曾大鹏:《论民法上土地与建筑物的关系——以一元推定注意为中心的理论探索》,载《南京大学法律评论》2008年春秋合卷。

第二节　房地产转让制度

知识要点

一、房地产转让的概念与形式

★★房地产转让的概念

房地产转让是指房地产权利人通过买卖、赠与或者其他合法方式将其房地产转移给他人的行为。可以从以下几方面来理解房地产转让的概念:一是房地产转让的主体是房地产权利人,包括房产所有人及土地使用权人。非房地产权利人无权转让房地产。二是房地产转让的客体是房屋的所有权以及该房屋所占用范围内的土地使用权。除单独设立土地使用权的情况外,由于房与地之间不可分离的特性,房屋的所有权与该房屋所占用范围内的土地使用权须一同转让。三是房地产转让区别于房地产租赁与抵押等其他交易方式的本质特点在于房地产转让是将房产所有权或地产使用权转移给他人的行为,一旦转让行为成立则原产权人的一切权利均由新产权人享有,原产权人丧失原权利。

★房地产转让的形式

房地产转让的形式为房地产买卖、房地产赠与及其他合法方式。其他合法方式如房地产交换、房屋继承等。《城市房地产管理法》第 37 条进行了规定。方式的多样化表明房地产的转让既可能是有偿行为也可能是无偿行为。具体形式如下:

(1)房地产买卖。房地产买卖指出让人将房地产转移给受让人,受让人取得房地产权利并支付相应价款的民事行为。

(2)房地产赠与。房地产赠与是指赠与人将其房地产无偿地转移给受赠人的民事行为。房地产赠与也涉及房地产权属的转移,因而也是一种房地产转让行为。《合同法》第 185 条明确了赠与合同的诺成性。

(3)其他形式。依据《城市房地产转让管理规定》第 3 条的规定,房地产转让其他合法方式包括:以房地产作价入股、与他人成立企业法人,房地产权属发生变更的;一方提供土地使用权,另一方或者多方提供资金,合资、合作开发经营房地产,而使房地产权属发生变更的;因企业被收购、兼并或合并,房地产权属随之转移的;以房地产抵债的;法律、法规规定的其他情形,如互换等。

★★房地产转让的原则

房地产转让行为是平等主体之间的民事法律行为，当事人之间法律地位平等，意思表示自愿。房地产的转让还须遵循下列原则：

(1)**房产与地产一体处分原则**。我国在房产与地产的关系上采取了分别主义，他们分别属于独立的不动产(权利)。但是，基于房产与地产的物理属性，在房地产转让时，应当实行房产与地产一体处分原则，具体表现房地产转让、抵押时，房屋所有权和土地使用权必须同时转让、抵押[1]。

(2)价格管理原则。房地产交易价格由国家实施管理，具体内容包括：一是房地产价格指导制度[2]。国家定期公布基准地价、标定地价和房屋重置价格作为房地产基础价格；二是房地产价格评估制度[3]。房地产价格评估属于一种房地产中介服务，其主要目的在于为交易当事人提供房地产价格的参考标准，并不能取代当事人确定成交价格，不具有强制性。三是房地产成交价格申报制度[4]。房地产转让的成交价格是交易当事人向国家缴纳税费的依据。成交价格明显低于正常市场价格的，以评估价格作为缴纳税费的依据。

(3)登记原则。房地产转让与抵押必须依法办理法定登记手续，房屋的租赁必须向房产管理部门登记备案。我国实行房地产权属登记发证制度。房地产物权的变动除要求具备债权合意之外，还需要到不动产登记管理部门办理产权登记或者变更登记手续，即只有在办理了过户手续后受让人才能取得相应的房地产权利。

二、房地产转让的禁止性规定

★★★禁止转让的房地产

依照《城市房地产管理法》第38条与《城市房地产转让管理规定》第6条的规定，**下列房地产，不得转让**：

(1)以出让方式取得建设用地使用权而不符合转让条件的。必须符合的法定条件是：首先，须按照出让合同的约定已经支付全部土地使用权出让金，并取得了土地使用权证书；其次，按照出让合同的约定进行了投资开发，其中属于房屋建设

---

〔1〕《物权法》第146条、第147条。《城市房地产管理法》第32条规定："房地产转让、抵押时，房屋的所有权和该房屋占用范围内的土地使用权同时转让、抵押。"《城市房地产转让管理规定》(2001年修正)第5条规定："房地产转让时，房屋所有权和该房屋占用范围内的土地使用权同时转让。"

〔2〕《城市房地产管理法》第33条。

〔3〕《城市房地产管理法》第34条。

〔4〕《城市房地产管理法》第35条。

工程的须完成开发投资总额的25%以上;再次,属于成片开发土地的,形成工业用地或者其他建设用地条件;最后,转让时房屋已经建成的,还应当持有房屋所有权证书。

(2)司法机关和行政机关依法裁定、决定查封或者以其他形式限制房地产权利的。此种房地产,其权利转移已被司法权力强行禁止,权利人无权对之予以处分,故不能转让。作为转让对象的房地产权利,必须具有流通性。

(3)依法收回土地使用权的。根据房地一体原则,房产所有权的合法基础就在于合法的土地使用权。土地使用权被国家收回后,房产所有权一般也随土地收归国有,故原权利人已无权转让房地产。在出现法定事由时,国家可以收回建设用地使用权。例如,土地使用者逾期开发土地的,国家有权收回建设用地使用权。在建设用地使用权被依法收回时,土地使用者不再是该项房地产的权利主体,当然无权利再转让该项房地产。

(4)共有房地产,未经其他共有人书面同意的。共有财产的处理对全体共有人都有很大影响,为避免发生争议,保护其他共有人的权利,在转让共有房地产时,必须征得其他共有人的书面同意。

(5)权属有争议的。权属未确定时,真正的权利人并未确定,若擅自予以转让的话,有可能损害真正的权利人的利益。

(6)未依法登记领取权属证书的。房地产属于典型的不动产,权属证书是权利人享有权利的合法证明。未依法登记领取权属证书的房地产,无法确定其合法的权利人,故禁止转让。

(7)法律、行政法规规定禁止转让的其他情形。根据我国有关法律的规定,某些具有特殊情况的房地产也是不能转让的。例如:已列入文物保护范围的房地产、已列入征收范围的房地产等。

三、房地产转让行为的有效条件

★房地产买卖行为的有效条件

房地产转让诸行为中房地产买卖行为是最典型、最重要的形式;房地产赠与行为与房地产买卖行为最主要的区别是权利转移的无偿性;房地产交换行为属于民法原理中的“互易”行为,其与房地产买卖行为最主要的区别在于其转让代价是房地产而非金钱。现以房地产买卖行为为例证,分析其法律行为的有效条件,其要求大部分亦适用于房地产赠与、交换等其他转让行为。

1. 主体具有合法资格

第一,自然人主体。自然人作为房地产买卖行为的主体时,必须具备民事权利能力及完全民事行为能力;无民事行为能力人与限制民事行为能力人不得从事房地产买卖行为,应由其法定代理人代为进行。此外,根据我国《继承法》之规定,遗产分割时必须保留胎儿的继承份额,因此在继承这一房地产转让形式中,胎儿虽因不具有民事权利能力而不能成为权利主体,但仍应据此条规定保障其合法利益。

第二,非自然人主体。企业、事业单位、机关团体作为权利主体进行房地产买卖的,必须具有法人资格,否则行为无效。

另外,还必须注意下列特殊规定:公有房屋买卖中,国有房屋出卖人应是国家授权依法行使经营和管理权利的单位,且须经国有资产管理部门批准同意;集体所有的房屋出卖人必须是集体组织即产权人;私房买卖中,机关团体、部队、企事业单位因特殊需要而购买私房的,必须经县以上人民政府的批准;商品房买卖中,开发公司须持有有关批准手续及营业执照;商品房预售主体还须符合其他法定条件。

2. 客体符合法律要求

不受限制的房地产,均可自由转让。有两种情形不符合客体要求:

(1)不存在上述房地产禁止买卖的情形;

(2)下列房地产属于受到买卖限制的房地产:

- 机关、团体、部队、企事业单位不得购买或变相购买城市私有房屋,如因特殊需要必须购买,须经县以上人民政府批准。
- 根据《经济适用住房管理办法》的相关规定,经济适用住房购房人拥有有限产权。购买经济适用住房不满5年,不得直接上市交易,购房人因特殊原因确需转让经济适用住房的,由政府按照原价格并考虑折旧和物价水平等因素进行回购。购买经济适用住房满5年,购房人上市转让经济适用住房的,应按照届时同地段普通商品住房与经济适用住房差价的一定比例向政府交纳土地收益等相关价款,具体交纳比例由市、县人民政府确定,政府可优先回购;购房人也可以按照政府所定的标准向政府交纳土地收益等相关价款后,取得完全产权。
- 单位集资建房的产权关系按照经济适用住房的有关规定执行。
- 房屋所有人出卖租出的城市私有房屋的,须在合理期限之前通知承租人,在同等条件下,承租人有优先购买权。出租人未按此规定出卖房屋,承租人可以请求人民法院宣告该房屋买卖行为无效。此即为“买卖不破租赁原则”的体现。
- 城市私房共有人出卖共有房屋的,在同等条件下,共有人有优先购买权。
- 公有旧房出售时,原住户有优先购买权。职工购买旧房居住或经营一定时期后(5年),允许其出售,但原出售单位有优先购买权。

3. 形式要件

房地产的转让必须订立书面合同，并须由当事人到房地产管理部门办理权属登记手续，领取房地产权属证书之后，其行为方才有效。

4. 意思表示要件

房地产买卖必须在自愿平等、等价有偿的基础上进行，才能使双方当事人的利益得到保护，因此，双方的意思表示必须真实。

5. 房地产转让不得违反政策、法律和社会公德

☆房地产转让合同的订立过程

房地产买卖合同的订立须经过要约与承诺两个阶段。

1. 要约

要约，是买卖当事人向对方当事人提出签订买卖房地产合同的意思表示。该意思表示须符合如下要求：(1)明确地向对方表明买卖房地产的意图；(2)具体写明房地产的数量、质量、坐落、价格、交付方式及期限等主要内容；(3)表明请对方当事人在规定期限内给予答复的要求；(4)要约必须送达受要约人。

针对实践中出现的争议，2003 年 6 月 1 日起实施的《最高人民法院关于审理商品房买卖合同纠纷案件适用法律若干问题的解释》第 3 条明确规定，商品房的销售广告和宣传资料为要约邀请，但是出卖人就商品房开发规划范围内的房屋及相关设施所作的说明和允诺具体确定，并对商品房买卖合同的订立以及房屋价格的确定有重大影响的，应当视为要约。该说明和允诺即使未载入商品房买卖合同，亦应当视为合同内容，当事人违反的，应当承担违约责任。

2. 承诺

承诺则是买卖当事人一方对另一方所提出的要约或反要约完全同意的意思表示。承诺必须明确表示同意要约人或反要约人的意见，并且全部接受了对方提出的合同内容。双方经过要约与承诺过程之后，签订书面合同，合同即已成立并生效，由于我国实行的是“强制登记原则”，故签订合同之后，当事人还需到不动产登记机关办理房地产产权变更登记手续，领取产权证书，不动产物权才发生转移。

四、房地产转让合同

☆房地产转让合同的概念

房地产转让合同，是指房地产转让人与受让人或者原受让人与新受让人之间签订的转让房地产的协议。房地产转让合同必须采取书面合同，这是房地产转让合同的形式要件。《城市房地产管理法》和《城市房地产转让管理规定》对此都有明

确规定。

★房地产转让合同的主要内容

确定房地产转让合同的主要内容，有利于明确当事人的权利、义务和责任，保证合同的履行，避免纠纷的发生，从而维护房地产交易的正常秩序。《城市房地产转让管理规定》第8条规定了房地产转让合同应当包括下列主要内容：双方当事人的姓名或者名称、住所；房地产权属证书名称和编号；房地产座落位置、面积、四至界限；土地宗地号、土地使用权取得的方式及年限；房地产的用途或使用性质；成交价格及支付方式；房地产交付使用的时间；违约责任；双方约定的其他事项。以上内容并非强行性规定，当事人可以增减某些内容，只要决定合同性质的条款具备，房地产合同就可以成立。

☆房地产转让的程序

依照《城市房地产转让管理规定》第7条的规定，房地产转让，应当按照下列程序办理：

(1)房地产转让当事人签订书面转让合同；

(2)房地产转让当事人在房地产转让合同签订后90日内持房地产权属证书、当事人的合法证明、转让合同等有关文件向房地产所在地的房地产管理部门提出申请，并申报成交价格；

(3)房地产管理部门对提供的有关文件进行审查，并在7日内作出是否受理申请的书面答复，7日内未作书面答复的，视为同意受理；

(4)房地产管理部门核实申报的成交价格，并根据需要对转让的房地产进行现场查勘和评估；

(5)房地产转让当事人按照规定缴纳有关税费；

(6)房地产管理部门办理房屋权属登记手续，核发房地产权属证书。

法律与规范链接

▲ 必读法条

《城市房地产转让管理规定》

第3条 本规定所称房地产转让，是指房地产权利人通过买卖、赠与或者其他合法方式将其房地产转移给他人的行为。

前款所称其他合法方式，主要包括下列行为：

（一）以房地产作价入股、与他人成立企业法人，房地产权属发生变更的；

（二）一方提供土地使用权，另一方或者多方提供资金，合资、合作开发经营房地产，而使房地产权属发生变更的；

（三）因企业被收购、兼并或合并，房地产权属随之转移的；

（四）以房地产抵债的；

（五）法律、法规规定的其他情形。

第5条　房地产转让时，房屋所有权和该房屋占用范围内的土地使用权同时转让。

第6条　下列房地产不得转让：

（一）以出让方式取得土地使用权但不符合本规定第十条规定的条件的；

（二）司法机关和行政机关依法裁定，决定查封或者以其他形式限制房地产权利的；

（三）依法收回土地使用权的；

（四）共有房地产，未经其他共有人书面同意的；

（五）权属有争议的；

（六）未依法登记领取权属证书的；

（七）法律、行政法规规定禁止转让的其他情形。

《城市房地产管理法》

第32条（见本书第65页）

第37条　房地产转让，是指房地产权利人通过买卖、赠与或者其他合法方式将其房地产转移给他人的行为。

第38条（见本书第102页）

《物权法》

第9条（见本书第103页）

最高人民法院《关于审理商品房买卖合同纠纷案件适用法律若干问题的解释》

第3条　商品房的销售广告和宣传资料为要约邀请，但是出卖人就商品房开发规划范围内的房屋及相关设施所作的说明和允诺具体确定，并对商品房买卖合同的订立以及房屋价格的确定有重大影响的，应当视为要约。该说明和允诺即使未载入商品房买卖合同，亦应当视为合同内容，当事人违反的，应当承担违约责任。

△ **延伸法条**

建设部《关于对城市房地产转让有关问题的复函》

《城镇国有土地使用权出让和转让暂行条例》

典型案例

北京市建设委员会与张某房屋所有权登记纠纷上诉案[1]

【案情概述】

张某系案外人刘某、马某夫妇之养子。1998 年，刘某夫妇以马某的名义购买了北京市丰台区方庄芳城园一区 9 楼 1103 号房屋（以下简称 1103 号房屋）。2000 年 1 月，刘某去世。同年 12 月 7 日，北京市建设委员会（以下简称市建委）就 1103 号房屋向马某颁发京房权证丰私成字第 36546 号房屋所有权证（以下简称 36546 号房屋所有权证），该证由张某领取并持有。

2001 年 12 月，马某向法院提起民事诉讼，要求张某返还 36546 号房屋所有权证等财物，法院经审理判决：张某返还马某 36546 号房屋所有权证。因张某未履行上述返还义务，法院向相关行政机关发出协助执行通知书，要求为马某补发 1103 号房屋的所有权证。2002 年 4 月 28 日，马某在北京日报上刊登遗失声明，公告 36546 号房屋所有权证遗失并作废。同年 5 月 10 日，市建委为马某补发了 1103 号房屋的所有权证，证号为京房权证丰私成字第 82979 号。

其间，张某与马某因 1103 号房屋的归属问题再次诉至法院。2002 年 5 月 14 日，法院经审理判决：1103 号房屋由张某、马某共同享有所有权。马某不服提起上诉，并在二审诉讼期间将 1103 号房屋卖予满某。2002 年 12 月 20 日，二审法院判决驳回马某的上诉，维持原判。

另查明，张某在一审法院作出民事判决当日，即告知市建委其与马某就 1103 号房屋产权存在争议及法院对此争议的判决结果，并要求暂停办理 1103 号房屋的权属转移登记。此后，马某与满某持房屋买卖合同等证件申请办理 1103 号房屋的权属转移登记。2002 年 6 月 18 日，市建委向满某颁发京房权证丰私字第 10525 号房屋所有权证（以下简称 10525 号房屋所有权证），确认 1103 号房屋属于满某所有。张某对此不服，向北京市人民政府（以下简称市政府）提起行政复议。2004 年 2 月

[1] 案件来源：中国裁判文书网：http://wenshu.court.gov.cn/，最后访问日期：2018 年 4 月 5 日。

14日，市政府作出京政复决字〔2003〕189号行政复议决定书，维持了市建委颁发10525号房屋所有权证的具体行政行为。张某遂诉至法院，提起行政诉讼，认为市建委作为房屋权属登记主管机关侵犯了自己的合法权益。

【关键问题】

该案中的房屋所有权是否可以转让？

【简要评论】

本案中，市建委作为房屋权属登记主管机关，在办理房屋权属登记过程中应依法行政，严格履行审查职责，对产权来源清楚、证件齐全、没有争议、符合有关法律规定等具备登记条件的申请，方可予以登记并颁发房屋所有权证书。《城市房地产管理法》第37条第（5）项和《城市房地产转让管理规定》第6条第（5）项均规定，权属有争议的房地产不得转让。据此，房屋权属登记机关对权属有争议的房地产不应办理权属登记或暂缓办理。在马某出卖1103号房屋前，双方已就该房权属发生争议，对此法院判决文书足以证实。市建委明知1103号房屋权属存有争议，仍为满某和马某办理房屋权属转移登记，并向满某颁发房屋权属证书，违反上述规定，亦侵犯了张某的合法权益。

最后法院一审依照《行政诉讼法》第54条第（2）项第1目，判决撤销10525号房屋所有权证。市建委不服一审判决，提起上诉。二审法院经审理认为，一审法院判决认定事实清楚，适用法律正确，审判程序合法，应予维持。故依照《行政诉讼法》第61条第（1）项的规定判决：驳回上诉，维持原判。

【核心知识】

禁止转让的房地产情形。

延伸阅读

1. 高富平：《土地使用权和用益物权——我国不动产物权体系研究》，法律出版社2001年版；
2. 刘仁海：《不动产案件行政与民事合并审判机制的构建》，载《法律适用》2017年第2期。

第三节 商品房预售制度

知识要点

一、商品房预售的概念与条件

★商品房预售的概念

商品房是指由房地产开发公司综合开发,建成后出售的住宅、商业用房以及其他建筑物。**商品房预售**是指房地产开发经营单位将建设中的商品房预先出售给买受人,由买受人根据预售合同支付房款并在房屋竣工验收合格后取得房屋所有权的房屋买卖形式。**商品房预售又被称为“卖楼花”。**

商品房预售对于房地产开发商来说,是十分必要的。房地产开发不仅所需资金巨大,而且开发周期长。房地产开发商不仅要投入巨额的资金——而这是很多实力不那么雄厚的开发商所无法做到的,而且还要承担房屋竣工后房地产市场行情下跌的风险。实行商品房预售,不仅使房地产开发商可以在施工过程中获得一部分建设资金,加快了资金的回笼过程,减轻了借贷压力,而且大大推动了楼宇的销售,把房产市场行情变化的风险部分地转嫁出去。商品房预售对于买受人也有好处。从房地产开发商发售楼花到楼宇的正式竣工交付之间尚有一段较长的时间,房地产业的行情处于变动状态,买楼花时的房价与正式竣工时的房价之间可能形成差价,该差价促使买受人愿意进入房地产市场,成为商品房预售合同的买方。

★★商品房预售的条件

商品房预售虽然是一种比较可行的销售方式,但如果管理不善,极易导致投机行为,损害消费者的正当权益。因此,必须通过立法明确商品房预售的条件。依照《城市商品房预售管理办法》(2004 年修订)、《城市房地产管理法》的规定,**商品房预售应当符合下列条件:**(1)已交付全部土地使用权出让金,取得土地使用权证书;(2)持有建设工程规划许可证;(3)按提供预售的商品房计算,投入开发建设的资金达到工程建设总投资的25%以上,并已经确定施工进度和竣工交付日期;(4)向县级以上人民政府房产管理部门办理预售登记,取得商品房预售许可证明。

二、商品房预售合同

★商品房预售合同的概念

商品房预售合同，又称期房买卖合同，是指房地产开发经营单位与预购方签订的，就承购方交付定金或预购款，开发商在未来的一定期日交付现房的交易行为达成的协议。

★商品房预售合同的主要条款

（1）主体。即预售人和预购人。预售人应当满足的条件，前已述及。对于预购人，我国法律、法规均无限制性规定。

（2）标的。即订约时尚在施工中的商品房。为了预防纠纷，合同中应载明预售商品房的基本情况，具体包括：房屋坐落位置、建筑面积（及其分摊面积）、土地使用权证号、土地使用权取得方式（出让或是划拨）、土地使用性质、商品房预售许可证号、建筑工程规划许可证号、房屋结构、房屋竣工交付日期、房屋装修标准、所购房屋平面图等。

（3）价款。这是商品房预售合同的必备条款，应载明双方约定的金额及币种。实践中，当事人的定价模式主要有三种：

- 国家定价，适用于“微利房”“限价房”等必须执行国家定价的期房，以及双方当事人约定价格以有关部门的核定价格为准的期房；
- 确定价格，即一次性定价，即由合同明确约定所售期房每平方米的售价数额；
- 暂定价格，即预售房屋时先按某个价格支付部分房款，待商品房成交时再按交付时的市场价格计算。

（4）履约方式。包括价款的交付方式及房地产的交付方式，前者可采取一次性付款或是分期付款的方式，还可以采取按揭贷款分期付款的方式。后者应明确商品房的验收、接管。

（5）违约责任。商品房预售合同适用合同法关于违约责任的规定。当事人一方不履行合同义务或履行合同义务不符合约定的，应当承担继续履行、采取补救措施或者赔偿损失等违约责任。此外，合同中约定定金条款的还要执行定金罚则。除不可抗力导致延期外，预售人不能如期交付商品房，预购人可选择解除合同并要求预售人偿还已交付的价金及利息，还可选择继续等待交付商品房，并要求预售人偿付商品房延期交付期间已付商品房价金的利息。预购人如不能按合同规定的期限交付商品房价金，预售人可选择解除合同，并将有关商品房另行出售，要求预购人赔偿其经济损失，还可于商品房竣工前选择继续等待预购人支付商品房价金，并要求预购人偿付逾期滞付款项的滞纳金。

以上这些条款是一般商品房预售合同应该具备的条款。除此之外，当事人还可以约定逾期履行的免责条件、纠纷的解决方式等条款。

★商品房预售人的义务

（1）于合同约定的将来某个期日交付房屋并转移房屋所有权的义务。预售双方签订合同后，预购人享有于将来取得房屋的权利，预售人则相应承担交付房屋的义务。同时，由于房地产的转让需要办理相关权属登记手续，因此，对于预售人而言，其义务应当包含办理房地产过户等权属登记手续。《城市商品房预售管理办法》第12条明确规定，预售的商品房交付使用之日起90日内，承购人应当依法到房地产管理部门和市、县人民政府土地管理部门办理权属登记手续。开发企业应当予以协助，并提供必要的证明文件。由于开发企业的原因，承购人未能在房屋交付使用之日起90日内取得房屋权属证书的，除开发企业和承购人有特殊约定外，开发企业应当承担违约责任。

（2）瑕疵担保义务。预售人的该项义务包括质量担保及权利担保。质量担保指预售人向预购人交付房屋的质量，应当符合预售合同的约定和国家对于建筑工程质量的强制性规定。房屋质量与预购人的生命财产联系非常紧密，所以国家对建筑工程的质量有明确的规定，并要求只有在工程经过验收合格后，开发企业才能向预购人交付。同时，商品房预售合同中对于房屋质量的约定对预售人同样具有约束力，预售人应当予以遵守。权利担保则是指预售人应当保证预购人对房屋的所有权应当是完整的，不应当因第三人对该房屋享有权利而遭受任何阻碍。若第三人对房屋享有的权利对预购人的房屋所有权造成损害，预售人应当承担责任。现实中，开发企业为获得工程资金，往往将在建的房屋抵押给银行，以获得贷款，这就给预购人的房屋所有权埋下了隐患，一旦开发企业无法偿还贷款，银行有权将房屋拍卖并优先受偿。对于预购人而言，购买房屋的目的会遭受毁灭性的打击。因此，预售人应当保证房屋上不存在第三人的权利，以保证预购人的所有权不受任何阻碍。

针对实践中经常出现的开发商将已预售的商品房再抵押、再出售而损害预购人利益的情况，最高人民法院《关于审理商品房买卖合同纠纷案件适用法律若干问题的解释》第8条规定，如果商品房买卖合同订立后，出卖人未告知买受人又将该房屋抵押或出卖给第三人，导致商品房买卖合同目的不能实现的，无法取得房屋的买受人可以请求解除合同、返还已付购房款及利息、赔偿损失，并可以请求出卖人承担不超过已付购房款一倍的赔偿责任。

(3)专款专用义务。我国法律、法规明确规定了商品房预售中的专款专用制度，即预售方通过预售商品房获得资金，必须全部用于商品房的建设，不能挪作他用。法律法规做此规定的目的十分明显，即为保证商品房能够拥有充足的资金，并按期交付给预购人，但是，由于缺乏监督机制，导致该规定并不能真正实现。预售人通过预售获得资金后，并没有任何机构对资金的用途进行监督，这就导致预售人可以任意使用该款项。因此，有必要确定一个监督机构，对预售所得资金的使用进行监督，真正实现专款专用。

(4)缴纳、代收房地产有关税费的义务。根据我国有关税法的规定，销售商品房应缴纳的税费。有：印花税、营业税、城市维护建设税、教育费附加、土地增值税、房屋买卖过户手续费等。预售人有代预购人交纳有关税费的义务。

★商品房预购人的义务

(1)支付房价款的义务。预购人应当按照商品房预售合同约定时间、方式支付房价款，否则应当承担违约责任。

(2)缴纳有关税费的义务。预购人承担的有关税费主要包括：契税、印花税、房地产权登记费、房屋过户手续费等。

三、预售商品房的转移

★★预售商品房的所有权的转移

依据《城市商品房预售管理办法》第10条的规定，商品房的预售人应当在签约之日起30天内持商品房预售合同向县级以上人民政府房产管理部门和土地管理部门办理登记备案手续。《合同法》第133条的规定，买卖合同的标的物的所有权自标的物交付时起转移，但法律另有规定或者当事人另有约定的除外。依据现行有关不动产的法律规定，不动产的所有权应当从办理过户登记时转移，即不动产所有权转移的时间属于“法律上另有规定”的情形，因而不允许当事人约定其他的时间为不动产所有权转移的时间。不动产所有权的转移充分体现了物权变动的公示原则，即以登记为不动产所有权变动的生效要件。

★★预售商品房的风险责任的转移

风险责任，是指因不可抗力或者意外事故而非因合同当事人的原因导致标的物损毁、灭失时，由谁来承担该损失。一般而言，风险负担是随着标的物的所有权转移而转移的。我国《合同法》第142条规定：“标的物毁损、灭失的风险，在标的物交付之前由出卖人承担,交付之后由买受人承担,但法律另有规定或者当事人另有约定的除外。”该条规定的风险转移时间和所有权转移时间是一致的,均以交付为界限。但是,由于不动产物权的转移时间和标的物的交付时间存在差异,在买受人已接收标的物但尚未办理登记手续之前这段时间标的物意外灭失的风险,应当由谁来承担,是值得讨论的问题。在“法律另有规定”之前,不动产买卖的转移风险可适用于《合同法》第142条的一般性规定,即自不动产交付之后,应当由买受人承担风险。

☆商品房预售的程序

房地产开发经营单位取得商品房预售许可证后方可正式进入商品房预售程序,因此,申请许可证是商品房预售行为的第一步。具体而言,**商品房预售的程序**是:

(1)房地产开发商向房地产管理部门提出商品房预售许可证申请。商品房预售主管部门在接到开发经营企业申请后,应当详细查验各项证件和资料,在10日内作出审核结论,核发商品房预售许可证,并向社会公告。开发经营企业进行商品房预售,应当向承购人出示《商品房预售许可证》。售楼广告和说明书必须载明《商品房预售许可证》的批准文号。未取得《商品房预售许可证》的,不得进行商品房预售。

(2)申请获得批准之后,预售单位方可将楼盘向社会出售,方可与承购者签订商品房预售合同。

(3)办理商品房预售合同登记备案手续。商品房预售人须将合同依国家法律规定报县级以上人民政府房产管理部门和土地管理部门登记备案。对此,我国《城市房地产管理法》及《城市商品房预售管理办法》均有明确规定。

(4)房地产交付。房地产开发商须在房屋竣工后,按商品房预售合同的要求及时办理房屋交付手续,承购人凭合同及房屋交付凭证办理相关的房地产过户手续,并交纳有关费用。

法律与规范链接

▲ 必读法条

《城市商品房预售管理办法》

第2条　本办法所称商品房预售是指房地产开发企业(以下简称开发企业)将正在建设中的房屋预先出售给承购人,由承购人支付定金或房价款的行为。

第4条 国务院建设行政主管部门归口管理全国城市商品房预售管理；

省、自治区建设行政主管部门归口管理本行政区域内城市商品房预售管理；

市、县人民政府建设行政主管部门或房地产行政主管部门（以下简称房地产管理部门）负责本行政区域内城市商品房预售管理。

第5条 商品房预售应当符合下列条件：

（一）已交付全部土地使用权出让金，取得土地使用权证书；

（二）持有建设工程规划许可证和施工许可证；

（三）按提供预售的商品房计算，投入开发建设的资金达到工程建设总投资的25%以上，并已经确定施工进度和竣工交付日期。

第6条 商品房预售实行许可制度。开发企业进行商品房预售，应当向房地产管理部门申请预售许可，取得《商品房预售许可证》。

未取得《商品房预售许可证》的，不得进行商品房预售。

第9条 开发企业进行商品房预售，应当向承购人出示《商品房预售许可证》。售楼广告和说明书应当载明《商品房预售许可证》的批准文号。

第10条 商品房预售，开发企业应当与承购人签订商品房预售合同。开发企业应当自签约之日起30日内，向房地产管理部门和市、县人民政府土地管理部门办理商品房预售合同登记备案手续。

房地产管理部门应当积极应用网络信息技术，逐步推行商品房预售合同网上登记备案。

商品房预售合同登记备案手续可以委托代理人办理。委托代理人办理的，应当有书面委托书。

第12条 预售的商品房交付使用之日起90日内，承购人应当依法到房地产管理部门和市、县人民政府土地管理部门办理权属登记手续。开发企业应当予以协助，并提供必要的证明文件。

由于开发企业的原因，承购人未能在房屋交付使用之日起90日内取得房屋权属证书的，除开发企业和承购人有特殊约定外，开发企业应当承担违约责任。

第13条 开发企业未取得《商品房预售许可证》预售商品房的，依照《城市房地产开发经营管理条例》第三十九条的规定处罚。

第14条 开发企业不按规定使用商品房预售款项的，由房地产管理部门责令限期纠正，并可处以违法所得3倍以下但不超过3万元的罚款。

《城市房地产开发经营管理条例》

第36条 违反本条例规定,擅自预售商品房的,由县级以上人民政府房地产开发主管部门责令停止违法行为,没收违法所得,可以并处已收取的预付款1%以下的罚款。

最高人民法院《关于审理商品房买卖合同纠纷案件适用法律若干问题的解释》

第8条 具有下列情形之一,导致商品房买卖合同目的不能实现的,无法取得房屋的买受人可以请求解除合同、返还已付购房款及利息、赔偿损失,并可以请求出卖人承担不超过已付购房款一倍的赔偿责任:

(一)商品房买卖合同订立后,出卖人未告知买受人又将该房屋抵押给第三人;

(二)商品房买卖合同订立后,出卖人又将该房屋出卖给第三人。

△ **延伸法条**

《城市房地产管理法》第45条

《商品房销售管理办法》

典型案例

刘某诉A房地产开发商预售商品房合同无效案[1]

【案情概述】

2001年春天,A房地产开发有限责任公司在一则销售广告中称:A公司在呼和浩特市赛罕区中专路开发的商业用房已取得了《商品房预售许可证》,而且各项手续合法、完备。市民刘某看了广告后,于2001年9月18日与A公司签订了商品房预售合同。合同约定:刘某以32.81万元购买A公司位于赛罕区中专路3栋2号的商用门脸房,2001年12月30日前交付使用。

为保险起见,同时为了证实A公司广告中所称各种证照的真实合法性,在刘某的提议下,双方于2001年9月21日在公证处对商品房预售合同进行了公证。刘某于公证当日交付A房地产公司购房款26万元,同年9月23日交付2万元,9月24日交付48,100元。至此,刘向A公司付清了全部32.81万元购房款。

然而,2001年12月30日,房屋交付期届满后,A公司不仅不能按时交付房屋,

---

〔1〕 案件来源:新华社:http://china.findlaw.cn/fangdichan/fcjfal/fcal/48584.html,最后访问日期:2018年6月20日。

而且以种种借口推托，拒不交房。直至2003年5月，刘某才从呼和浩特市房产局了解到，A公司根本没有办理《商品房预售许可证》，在广告中所称和向其出示的《商品房预售许可证》是伪造的证明文件。之后，刘某多次与A公司交涉，要求双倍返还房款并承担利息，遭到拒绝。无奈之下，刘某于2003年7月31日将A公司诉至呼和浩特市赛罕区人民法院。

最终赛罕区人民法院依据最高人民法院《关于审理商品房买卖合同纠纷案件适用法律若干问题的解释》第9条规定，出卖人订立商品房买卖合同时，导致合同无效或被撤销、解除的，买受人可以请求返还已付购房款及利息、赔偿损失，并可以请求出卖人承担不超过已付购房款一倍的赔偿责任，故意隐瞒没有取得商品房预售许可证明的事实或者提供虚假商品房预售许可证明，再审判决A公司返还刘某购房款32.81万元及利息2779元，并支付赔偿金32.81万元，诉讼费由A公司承担。

【关键问题】

1. A房地产开发有限责任公司与刘某订立的合同是否有效？

2. A房地产开发有限责任公司故意提供虚假《商品房预售许可证》应当承担什么法律责任？

【简要评论】

第一，根据我国相关法律的规定，商品房预售必须取得预售许可证明，否则商品预售合同无效。《合同法》第58条规定："合同无效或者被撤消后，因该合同取得的财产，应当予以返还；不能返还或者没有必要返还的，应当折价补偿。有过错的一方应当赔偿对方因此所受到的损失，双方都有过错的，应当各自承担相应的责任。"因此，本案中，双方当事人签订的商品房预售合同无效，买受人可要求开发商返还购房款，并赔偿损失。

第二，本案中，开发商故意提供虚假《商品房预售许可证》，其主观恶意明显。无论是从维护买受人的个人利益出发，还是从保护国家利益、维护社会诚信体系的目的出发，均应对出卖人的这种主观恶意行为予以严厉制裁。最高人民法院《关于审理商品房买卖合同纠纷案件适用法律若干问题的解释》第9条规定："出卖人订立商品房买卖合同时，具有下列情形之一，导致合同无效或者被撤销、解除的，买受人可以请求返还已付购房款及利息、赔偿损失，并可以请求出卖人承担不超过已付购房款一倍的赔偿责任：

（一）故意隐瞒没有取得商品房预售许可证明的事实或者提供虚假商品房预售许可证明；

(二)故意隐瞒所售房屋已经抵押的事实;

(三)故意隐瞒所售房屋已经出卖给第三人或者为拆迁补偿安置房屋的事实。”

正因如此,本案中,法院不仅判决A公司返还刘某购房款32.81万元及利息2779元而且判决其支付赔偿金32.81万元。

【核心知识】

出卖人行为导致商品房预售合同无效或被撤销、解除的赔偿责任。

延伸阅读

1. 耿林:《论商品房预售合同的效力》,载《法学家》2017年第2期;
2. 宋安成:《商品房预售中解除权除斥期间相关问题》,载《上海房地》2016年第10期。

第四节　房屋租赁制度

知识要点

一、房屋租赁

★房屋租赁的概念及法律特征

房屋租赁是指房屋所有权人作为出租人将房屋出租给承租人使用,由承租人向出租人支付租金的行为。房屋租赁可以看作是出租人有期限地出让房屋的使用权、占有权、收益权,换回承租人支付的代价即租金。作为房地产交易的重要方式,**房屋租赁具有以下法律特征**:第一,出租人必须对房屋具有处分权。一般情况下,出租人为房屋所有人,其当然可以处分房屋。第二,所谓的“出租”,一方面是指承租人不取得房屋的所有权,只享有对房屋的占有与使用权等,并且必须以支付租金为对价。另一方面,房屋所有人不丧失所有权,他只向承租人转移了一定时间内的房屋使用权与占有权。房屋的所有权与使用权、占有权等权能发生分离。第三,房屋租赁是双务、有偿、要式的民事法律行为。根据我国《城市房地产管理法》第54条规定,房屋租赁当事人应当在签订房屋租赁合同之后30日内,到房屋所在地房地产管理部门办理登记备案手续。第四,出租行为是有期限即受租期限制的。承租人对房屋的占有、使用与收益权利只在租期内有效。根据我国《合同法》的规定,租赁期限最长不能超过20年,超过20年的部分无效。第五,房屋租赁的标的物具有特定性。租赁房屋属于特定物，而不是种类物。出租人应按照合同约定向承租人交付房屋，该房屋必须符合合同约定，出租人不能以其他房屋代替。租期届满，承租人须返还原房，不得以他房替代。

★房屋租赁的分类

1. 按租赁房屋的所有权性质分类，可将房屋租赁分为公房租赁与私房租赁两类

公房即公有房屋，又可分为自管公房与直管公房。自管公房是国家授权的单位自行管理的房屋，主要是全民所有制单位管理的房屋；直管房屋是指由国家授权的部门，主要指各级人民政府的房地产行政主管部门，直接管理的公有房屋。而私房租赁则是指出租人为公民个人的房屋出租形式。私房主要指位于城镇的私有房屋。对于农村的私房出租，我国没有特别法方面的规定，主要通过民法、合同法等进行调整。对于公房租赁与私房租赁，我国法律对之规定有所不同。首先，两者都要适用《城市房地产管理法》以及《合同法》中有关房屋租赁的规定；其次，在与前述法律法规不相抵触的情况下，两者又都要适用建设部《城市房屋租赁管理办法》的具体规定。但总的来说，公房租赁尤其是公房住宅租赁具有较强的社会福利性，国家法律和政策对其干预较多。

2. 房屋租赁按住房的使用性质可分为：住宅用房租赁与非住宅用房即从事生产经营活动的房屋租赁两类

住宅用房租赁，指以居住生活为目的的房屋租赁，《城市房地产管理法》第55条规定：住宅用房的租赁，应当执行国家和房屋所在城市人民政府规定的租赁政策。从事生产、经营活动的房屋租赁，由租赁双方协商议定租金和其他租赁条款，并且，以营利为目的、房屋所有权人将划拨方式取得使用权的国有土地上建成的房屋出租的，应当将租金中所含土地收益上缴国家。

区分住宅用房租赁与非住宅用房租赁的主要意义在于，法律的调整原则有所不同。同时，对于房屋修缮而言，依照《城市房屋租赁管理办法》第21条的规定，出租住宅用房的自然损坏或者合同约定由出租人修缮的，由出租人负责修复；租用房屋从事生产、经营活动的，修缮责任由双方当事人在房屋租赁合同中约定。

3. 根据房屋租赁是否有固定的期限，可以分为定期房屋租赁与不定期房屋租赁

定期房屋租赁是指约定有固定的租赁期限的房屋租赁；不定期房屋租赁是指对租赁期限没有约定或约定不明的房屋租赁：一是当事人在租赁合同中约定的租

赁期限6个月以上的,又未采用书面形式的,视为不定期租赁[1]。二是租赁期间届满,承租人继续使用租赁物,出租人没有提出异议的,原租赁合同继续有效,但租赁期限为不定期[2]。

区分定期房屋租赁与不定期房屋租赁的主要意义在于,在不定期租赁中,除法律另有规定外,出租人与承租人均可随时解除合同,但出租人解除合同时,应当在合理期限之前通知承租人。

二、房屋租赁合同

★房屋租赁合同的内容

房屋租赁合同是指出租人将房屋交付承租人使用、收益,承租人支付租金的合同。房屋租赁合同的主要内容包括:(1)当事人姓名或者名称及住所;(2)房屋的坐落、面积、装修及设施状况;(3)房屋租赁的用途;(4)租赁的期限;(5)租金及交付方式;(6)房屋修缮责任;(7)转租的约定;(8)变更和解除合同的条件;(9)违约责任;(10)当事人约定的其他条款。

★★房屋租赁合同的形式

依照《城市房地产管理法》第54条、《城市房屋租赁管理办法》第9条的规定,房屋租赁,当事人应签订书面租赁合同。虽然法律规定房屋租赁当事人应当签订书面合同,房屋租赁合同应为要式合同,但是,当事人只有口头合同并不当然无效。我国《合同法》第36条规定:"法律、行政法规规定或者当事人约定采用书面形式订立合同,当事人未采用书面形式但一方已经履行主要义务,对方接受的,该合同成立。"同时,《合同法》第215条也规定:"**租赁期限六个月以上的,应当采用书面形式。当事人未采用书面形式的,视为不定期租赁**。"故若出租人采取口头方式订立房屋租赁合同,承租人亦履行主要合同义务,则房屋租赁合同可以成立。只是,对于没有约定租期且长于6个月的,为不定期租赁。可见,依照《合同法》的规定,租赁合同应为不要式合同。

---

[1] 《合同法》第215条规定:"租赁期限六个月以上的,应当采用书面形式。当事人未采用书面形式的,视为不定期租赁。"

[2] 《合同法》第236条规定:"租赁期间届满,承租人继续使用租赁物,出租人没有提出异议的,原租赁合同继续有效,但租赁期限为不定期。"

三、房屋租赁登记

☆申请房屋租赁登记备案

房屋租赁双方签订房屋租赁合同之后,应向房地产管理部门登记备案。房屋租赁当事人应当在租赁合同签订后30日内,持有关规定的文件到直辖市、市、县人民政府房地产管理部门办理登记备案手续。

申请房屋租赁登记备案应当提交下列文件:(1)书面租赁合同;(2)房屋所有权证书;(3)当事人的合法证件;(4)城市人民政府规定的其他文件。出租共有房屋,还须提交其他共有人同意出租的证明;出租委托代管房屋,还须提交委托代管人授权出租的证明。

★★★房屋租赁登记的效力

关于登记备案的效力是一个有争议的问题,学者们对此有不同的观点。第一种观点认为,房地产租赁行为具有诺成性,"只要双方当事人就合同主要内容达成一致,无须由出租人将租赁物交给承租人,或由承租人将租金交给出租人才算成立,交付房屋或者租金已经是实际履行合同的行为"〔1〕。第二种观点认为,登记备案是房屋租赁关系成立的必要条件,"房屋租赁书面合同签订之后,还须向房地产管理部门登记备案,房屋租赁法律关系才能成立"。〔2〕第三种观点认为,登记备案是房屋租赁合同当事人对抗第三人的要件〔3〕。

综观我国房地产租赁方面的法律规定,均没有明确表示房屋租赁合同的登记备案手续为房屋租赁关系成立的必要条件。首先,我国《城市房屋租赁管理办法》规定了房屋租赁合同应当进行登记,但登记之目的是为了备案。其次,《城市房屋租赁管理办法》第17条明确规定,《房屋租赁证》是租赁行为合法有效的凭证,即表明登记之后颁发《房屋租赁证》的行为,只是在侧面证明了房屋租赁关系的合法有效,但并构成房屋租赁关系成立的必要条件。最后,从房屋租赁合同的法律特征来看,作为债权的一种,民法始终将其视为诺成性合同,只要双方当事人意思表示一致,合同即告成立。因此,第二种观点为本书所不取。至于第三种观点,正如有学者指出,租赁合同中承租人所享有的对抗第三人的效力包括:(1)对抗租赁房屋的新

〔1〕 梁书文主编:《最新房地产实用全书》,人民法院出版社1996年版,第403~405页。

〔2〕 金俭:《房地产法的理论与实务》,南京大学出版社1995年版,第219页。

〔3〕 《上海市房地产登记条例》第32条规定,"……房地产租赁合同及其变更合同……当事人未办理登记的,不得对抗第三人"。《上海市房屋租赁条例》第15条规定,"房屋租赁合同及其变更合同由租赁当事人到房屋所在地的区、县房地产登记机构办理登记备案手续。房屋租赁合同未经登记备案的,不得对抗第三人"。

所有人(受让人),此即“买卖不破租赁”原则。(2)对抗后设定的抵押权之权利人。在房屋租赁合同关系建立后,在该房屋上又设定抵押权的,即使抵押权的实现因租赁关系的存在而受影响,先成立的租赁合同之承租人的权利不受影响,即承租人享有对抗抵押权人的权利。(3)实际占有房屋之承租人对抗未实际占有房屋之承租人[1]。

由于房屋租赁关系属于债权,而债权是没有优先性的,所以在后顺序的承租人,并不能以租赁合同登记为由对抗顺序在前且以实际占有承租房屋的承租人。因此,不宜将房屋租赁合同的登记视为对抗第三人的要件。

四、出租人

★出租人的权利

1. 依照合同约定向承租人收取租金。出租人有权按照合同约定的时间和方式收取租金。承租人不按约定支付租金的,出租人有权向其加收违约金,承租人无正当理由拖欠租金累计 6 个月以上或违反租赁合同约定的租金缴纳条款的,出租人有权解除合同。

2. 对承租人用房情况进行监督。出租人监督的内容主要包括:(1)监督承租人是否按合同约定的用途和方式使用房屋,如果合同对此未约定,则有权监督承租人的使用是否符合合同目的或房屋性质;(2)监督承租人是否将承租的房屋擅自转租、转让、转借或擅自调换使用;(3)监督承租人是否利用承租房屋进行违法活动;(4)监督承租人是否有故意损坏承租房屋的行为,如是否乱搭乱盖违章建筑,是否损坏房屋的附属设备。出租人发现承租人有上述行为的,有权依法制止,要求其将房屋恢复原状,并有权终止合同,收回房屋。若因此遭受损失的,则有权要求承租人给予赔偿。

3. 法定解约权。依据《合同法》和《商品房租赁管理办法》出租人在下列情况下享有法定合同解除权,遭受损失的,还有赔偿损失请求权:(1)承租人擅自将承租的房屋转租的;承租人未经出租人同意转租的,出租人可以解除合同[2]。(2)承租人未正当使用租赁物的。承租人未按照约定的方法或者租赁物的性质使用租赁物,

---

〔1〕 高富平、黄武双:《房地产法新论》,中国法制出版社 2002 年版,第 321 页。

〔2〕 《合同法》第 224 条规定:“承租人经出租人同意,可以将租赁物转租给第三人。承租人转租的,承租人与出租人之间的租赁合同继续有效,第三人对租赁物造成损失的,承租人应当赔偿损失。承租人未经出租人同意转租的,出租人可以解除合同。”

致使租赁物受到损失的，出租人可以解除合同并要求赔偿损失[1]。(3)承租人租金的未支付、迟延支付和逾期不支付超过合理期限的[2]。(4)法律、法规规定的其他情形。如对不定期租赁合同，出租人有随时解除权[3]。

4. 期满收回原房的权利。

★★出租人主要义务

1. 按约交付房屋，并使之达到合同约定的使用状况。出租人的该项义务包括以下三个方面：(1)出租人必须按租赁合同约定的期限将房屋的占有、使用权现实地转移给承租人。如合同对交房期限没有约定或约定不明，依《合同法》第62条规定，出租人可以随时交付房屋，承租人也可以随时要求其交付房屋，但都应当给对方必要的准备时间。(2)出租人交付的房屋应当符合合同约定的使用要求。如合同对房屋的坐落、面积、结构、装修及设施状况或者租赁用途作了明确约定，则交付的房屋应当符合该要求或适于该用途。例如合同约定租赁房屋目的是从事生产经营，则出租人就不能交付仅适合于居住的房屋。(3)出租人交付房屋后，仍应使房屋在租赁期限内处于适合使用的状态[4]。一方面，不得妨碍承租人对房屋的正常、合法使用；另一方面，遇有他人侵害房屋时，出租人有义务要求其停止侵害、排除妨碍。

2. 修缮房屋的义务。出租人承担修缮义务的情况下，承租人在租赁物需要修缮时可以要求出租人在合理期限内修缮。出租人未修缮的，承租人可以自行修缮，修缮费由出租人负担。出租人确实无力修缮的，可以和承租人合修，承租人付出的修缮费可以折抵租金或由出租人分期偿还。修缮标准应是房屋回复至符合合同约定状态、承租人能够正常使用为止。无论谁实际修缮，因修缮房屋影响承租人使用的，应相应减少租金或延长租期。

3. **瑕疵担保义务**。出租人的该项义务包括质量担保义务和权利担保义务。质量担保义务是指出租人应向承租人保证其提供的房屋在物理上符合合同约定的要

---

[1] 《合同法》第219条规定："承租人未按照约定的方法或者租赁物的性质使用租赁物，致使租赁物受到损失的，出租人可以解除合同并要求赔偿损失。"

[2] 《合同法》第227条规定："承租人无正当理由未支付或者迟延支付租金的，出租人可以要求承租人在合理期限内支付。承租人逾期不支付的，出租人可以解除合同。"

[3] 《合同法》第232条当事人对租赁期限没有约定或者约定不明确，依照本法第61条的规定仍不能确定的，视为不定期租赁。当事人可以随时解除合同，但出租人解除合同应当在合理期限之前通知承租人。

[4] 《合同法》第216条规定："出租人应当按照约定将租赁物交付承租人，并在租赁期间保持租赁物符合约定的用途。"

求。即使瑕疵是在房屋交付后才发生的，出租人仍然不能免责；另外，即使承租人在合同成立时已经知道存在瑕疵，只要房屋瑕疵危及承租人的安全和健康，承租人就有权随时解除合同。权利担保义务是指若承租人所承租的房屋被第三者主张权利，影响了承租权的，承租人有权要求解约并要求赔偿损失。

4. 纳税义务。在没有特殊约定的情况下，出租人应当承担依法纳税的义务。纵然双方约定由承租人承担该项义务，出租人亦不能据此对抗相关主管机关的权力。当征收税费的机构如税务部门、土地管理部门、保险公司等向出租人征收有关税费时，出租人不得以合同约定由承租人负担为由拒缴[1]。

五、承租人

★★承租人的权利

1. 在合同约定租期内占有、使用房屋，并取得合法收益。

2. **优先购买权，即租期未满时，出租人出卖房屋，承租人有权在同等条件下优先购买**。对于承租人的优先购买权，我国《民法通则》与《合同法》均有规定，但二者规定并不完全相同。《民通意见》第118条规定："出租人出卖出租房屋应提前3个月通知承租人，承租人在同等条件下，享有优先购买权；出租人未按此规定出卖房屋的，承租人可以请求人民法院宣告该房屋买卖无效。"《合同法》中对出租人通知的期限则表示为"合理期限"。鉴于《民法通则》与《合同法》均为全国人大颁布实施的法律，二者阶位相同，故应采取后法优于前法的原则，即应当适用《合同法》的规定，而《民法通则》中关于3个月期限的规定已经无效。[2]

3. **优先承租权**，即租期届满时，出租人继续租房的，承租人在同等条件下有权优先承租。需要注意的是，对于该权利，我国法律法规并没有明文规定，因此，承租人享有优先承租权的先决条件是双方对此有明确的约定。

4. 催告房主修缮房屋的权利。若租赁合同中没有特殊约定，则房屋的修缮责任归于出租人。当房屋出现质量瑕疵，影响承租人的使用时，出租人应当予以修缮。承租人的该项权利正是相对于此而言的。

5. **法定解约权**。一是租赁物部分或者全部毁损、灭失，致使不能实现合同目的

[1] 乔燕主编：《租赁合同》，人民法院出版社2000年版，第136～137页。

[2] 2008年《最高人民法院关于废止2007年底以前发布的有关司法解释（第七批）的决定》第24条已废止该条。

的，承租人可以解除合同[1]。二是租期不明的，当事人可以随时解除合同，但出租人解除合同应当在合理期限之前通知承租人[2]。三是租赁物危及承租人的安全或者健康的，承租人仍然可以随时解除合同[3]。

★承租人的主要义务

1. 依约交纳租金。承租人应当按照租赁合同约定的租金数额以及支付期限和支付方法向出租人支付租金，以实现出租人的收益权；如果合同对支付期限没有约定或约定不明，依据《合同法》第 226 条规定，租赁期间不满一年的，应当在租赁期间届满时支付；租赁期间一年以上的，应当在每届满一年时支付，剩余期间不满一年的，应当在租赁期间届满时支付。承租人未按期交纳租金的，应当支付违约金；承租人无正当理由拖欠租金累计达 6 个月的，或经出租人催告后在合理的期限内不支付租金的，出租人有权解除合同。

2. 依约使用房屋。房屋租赁合同约定了房屋使用方式或房屋用途的，承租人应当严格按照该方式或符合该用途的方式使用房屋[4]；若合同对此没有约定或约定不明确，承租人应当按照房屋的性质使用房屋。在依约或正当使用房屋的情况下致使房屋损耗的，承租人不承担损害赔偿责任，使用不符合约定或不当致房屋受损的，出租人可以解除合同并要求赔偿。

3. 保管房地产，即合理地利用房屋。在租赁期间，作为租赁房屋的合法占有人，承租人负有依法妥善保管房屋的义务，使房屋免受自然力或第三人的不当影响。这里对承租人的要求是尽到一个善良管理人的注意义务，并且，遇有第三人对房屋主张权利，或房屋有修缮的必要，承租人应及时通知出租人，并采取措施防止损失的扩大，否则应承担相应的赔偿责任。如《合同法》第 222 条规定："承租人应当妥善保管租赁物，因保管不善造成租赁物毁损、灭失的，应当承担损害赔偿责任。"

4. 非经出租人许可不得转租。

---

〔1〕《合同法》第 231 条规定："因不可归责于承租人的事由，致使租赁物部分或者全部毁损、灭失的，承租人可以要求减少租金或者不支付租金；因租赁物部分或者全部毁损、灭失，致使不能实现合同目的的，承租人可以解除合同。"

〔2〕《合同法》第 232 条规定："当事人对租赁期限没有约定或者约定不明确，依照本法第六十一条的规定仍不能确定的，视为不定期租赁。当事人可以随时解除合同，但出租人解除合同应当在合理期限之前通知承租人。"

〔3〕《合同法》第 233 条规定："租赁物危及承租人的安全或者健康的，即使承租人订立合同时明知该租赁物质量不合格，承租人仍然可以随时解除合同。"

〔4〕《合同法》第 217 条规定："承租人应当按照约定的方法使用租赁物。对租赁物的使用方法没有约定或者约定不明确，依照本法第六十一条的规定仍不能确定的，应当按照租赁物的性质使用。"

5. 租赁终止后返还原房。《合同法》第235条规定："租赁期间届满，承租人应当返还租赁物。返还的租赁物应当符合按照约定或者租赁物的性质使用后的状态。"

六、房屋租金

☆房屋租金的概念

房屋租金是房屋承租人为取得一定时期内房屋的占有、使用、收益权利而向出租人支付的对价。现代社会，房屋租金的表现形式是货币，并且在市场经济条件下主要以市场机制调节为主。

☆房屋租金的构成

房屋租金的构成[1]，应包括生产和流通过程的全部费用和盈利，其构成一般应包括折旧费、维修费、管理费、税金、保险费、利息、利润和地租八项因素。

1. 折旧费。所谓折旧费，从房屋的价值形态而言，就是按房屋的耐用年限，计算逐渐收回建房的投资。因为房屋的长期使用，由于自然耗损和人为耗损等原因会使房屋的价值逐渐减少，而承租人依约对房屋行使占有使用权，必然应给予价值的补偿。

2. 维修费。维修费就其性质而言，应属于生产性流通费用，因为这项费用的投入发生在房屋进入流通领域之后，是由于房屋使用价值的运动过程所耗费的劳动所引起的，是生产过程之后在流通领域继续追加的投资。这是房屋租金必需的、不可缺少的组成部分，只有这样，才能延长和维持房屋的使用价值。维修费又包括房屋的经常维修和正常大修所需的费用。

3. 管理费。管理费就其性质来说，也是房屋流通过程中的一种费用，包括对出租房屋进行必要的经营管理的费用，为住户服务的工作人员的工资及办公业务开支等费用。

4. 税金。这是房屋经营管理部门向社会提供积累的方式和义务。城市房管部门出租的公房，大部分是以租征税，即按租金收入的一定比例计征。

5. 保险费。这是房屋所有者为了使自己的房产免受意外损失，而向房屋承保单位支付的费用，这也是为了保证承租人更好地使用房屋，因而作为房租的构成

---

[1] 《城市房地产管理法》第55条对房屋租金的构成作了原则性的规定："住宅用房的租赁，应当执行国家和房屋所在城市人民政府规定的租赁政策。租用房屋从事生产、经营活动的，由租赁双方协商议定租金和其他租赁条款。"

因素。

6. 利息。利息是国民收入再分配的一种形式，城市房屋经营管理的租金中，除逐年收回其房屋建造投资外，还应在租金中收取建造和经营管理投资的利息。

7. 利润。这是在流通过程中，房产经营收入减去支出部分，它是房屋建筑工人和房管工人在房屋流通过程中所创造的纯收入的一部分，是通过房产经营活动所获取的经济价值。房租中的利润部分，应大体相当于社会上的平均利润水平，这有利于加强企业的经济核算，改进经营管理，提高经济效益。

8. 地租。这是土地使用者向土地所有者提供的土地使用报酬。这是实行土地有偿使用制度、土地所有权和使用权分离的必然结果。同时，还应该按房屋建筑的地段位置，征收级差地租，级差地租是由于土地生产力决定的，由土地使用者交给土地所有者的一笔超额利润。也要考虑在建造房屋的过程中所支付的征地补偿费用等。

根据上述房屋租金构成，如果按八项因素计算，即能获得社会平均利润的价格，其价格等于价值，称理论价格或商品租金。商品租金能准确反映房屋价值构成，能维持房产经营部门住宅的简单再生产和扩大再生产，保证资金的正常循环和周转。

如果按折旧费、修缮费、管理费和税金四项因素计算，即能构成成本价格或成本租金，这也能维持住宅原规模的简单再生产，也不失是稳定住宅价格的基本措施。如果国家规定的房租价格低于价值，不足部分由政府给予补贴，则称为决策价格或福利租金。我国传统的公有房产住宅租金标准，基本上仅包括修缮费和管理费，修缮费不足部分由政府给予补贴，这种体制弊端较多。所以，一般的房屋租金应该以市场调节为基础，而低收入群体的住房问题由廉租住房制度来解决。

七、买卖不破租赁

★★★买卖不破租赁规则

租赁房屋所有权在租赁期间内发生转移的，不影响承租人的权利，原房屋租赁合同对租赁房屋的新的所有人仍然有效，租赁房屋的新的所有人不得解除租赁合同。具体规定在《合同法》第229条："租赁物在租赁期间发生所有权变动的，不影响租赁合同的效力。"此条所确立的**"买卖不破租赁"原则，又称"租赁权的物权化"**。这一原则突破了合同相对性原理，使租赁权具有对抗第三人的效力。

★★★承租人的优先购买权

承租人的优先购买权，是指在房屋租赁合同存续期间，房屋所有人出卖租赁房屋时，在同等条件下，承租人享有优先购买租赁房屋的权利。《合同法》第230条规定："出租人出卖租赁房屋的，应当在出卖之前的合理期限内通知承租人，承租人享有以同等条件优先购买的权利。"

承租人优先购买权属于形成权，其适用应当具备以下三个条件：

(1)租赁合同合法有效。承租人的优先购买权产生的前提是合法有效的租赁合同，如果租赁合同违反国家法律的强制性规定导致无效，承租人优先购买权就失去存在的基础。且须出租人在租赁期间内出卖租赁房屋。

(2)优先购买权必须在同等条件下行使。所谓"同等条件"，主要是承租人与其他购买人在购买租赁房屋的价格、付款期限和方式等方面的条件相同。但也包括法律法规或者司法解释规定的其他条件，如《最高人民法院关于审理城镇房屋租赁合同纠纷案件具体应用法律若干问题的解释》第24条规定，出租人将房屋出卖给近亲属，包括配偶、父母、子女、兄弟姐妹、祖父母、外祖父母、孙子女、外孙子女的，承租人主张优先购买房屋的，人民法院不予支持。这里的"近亲属"就是司法解释规定的其他条件。

(3)须在合理期间内行使。承租人优先购买权只能在合理期限内行使，超过合理期限，则承租人优先购买权消灭。合理期限不同国家和地区规定不同。《关于审理城镇房屋租赁合同纠纷案件具体应用法律若干问题的解释》则规定为15日。

★★房屋承租人的共同居住人的继续租赁权

在房屋租赁合同中，与承租人共同居住的人享有在租赁房中居住的权利。但租赁权是与承租人人身有关的专属性权利，是不能继承的。因此，为保护特定人的利益，法律允许与承租人生前共同居住的人按照原租赁合同租赁该房屋[1]。

★房屋租赁合同的终止

具有下列情形之一的，房屋租赁合同终止：

(1)租赁期限届满。房屋租赁合同定有期限的，在租赁期届满时，合同终止。承租人需要继续租用的，应当在租赁期限届满前3个月提出，并经出租人同意，重新签订租赁合同。

(2)房屋灭失。在房屋因不可抗力、拆迁、意外事故、人为因素而灭失，租赁合

---

〔1〕 参见《合同法》第234条。

同终止。

(3)当事人协议解约。

(4)出现法定解约事实,当事人一方解除合同。

(5)其他情况,如房屋被征用以及公房租赁中承租人死亡而无同居亲属继承等。

法律与规范链接

▲ 必读法条

《商品房屋租赁管理办法》

第6条　有下列情形之一的房屋不得出租:

(一)属于违法建筑的;

(二)不符合安全、防灾等工程建设强制性标准的;

(三)违反规定改变房屋使用性质的;

(四)法律、法规规定禁止出租的其他情形。

第9条　出租人应当按照合同约定履行房屋的维修义务并确保房屋和室内设施安全。未及时修复损坏的房屋,影响承租人正常使用的,应当按照约定承担赔偿责任或者减少租金。

房屋租赁合同期内,出租人不得单方面随意提高租金水平。

第11条　承租人转租房屋的,应当经出租人书面同意。

承租人未经出租人书面同意转租的,出租人可以解除租赁合同,收回房屋并要求承租人赔偿损失。

第12条　房屋租赁期间内,因赠与、析产、继承或者买卖转让房屋的,原房屋租赁合同继续有效。

承租人在房屋租赁期间死亡的,与其生前共同居住的人可以按照原租赁合同租赁该房屋。

第13条　房屋租赁期间出租人出售租赁房屋的,应当在出售前合理期限内通知承租人,承租人在同等条件下有优先购买权。

《城市房地产管理法》

第53条　房屋租赁,是指房屋所有权人作为出租人将其房屋出租给承租人使用,由承租人向出租人支付租金的行为。

第54条　房屋租赁,出租人和承租人应当签订书面租赁合同,约定租赁期限、租赁用途、租赁价格、修缮责任等条款,以及双方的其他权利和义务,并向房产管理部门登记备案。

第55条　住宅用房的租赁,应当执行国家和房屋所在城市人民政府规定的租赁政策。租用房屋从事生产、经营活动的,由租赁双方协商议定租金和其他租赁条款。

《合同法》

第212条　租赁合同是出租人将租赁物交付承租人使用、收益,承租人支付租金的合同。

第213条　租赁合同的内容包括租赁物的名称、数量、用途、租赁期限、租金及其支付期限和方式、租赁物维修等条款。

第214条　租赁期限不得超过二十年。超过二十年的,超过部分无效。

租赁期间届满,当事人可以续订租赁合同,但约定的租赁期限自续订之日起不得超过二十年。

第215条　租赁期限六个月以上的,应当采用书面形式。当事人未采用书面形式的,视为不定期租赁。

第216条　出租人应当按照约定将租赁物交付承租人,并在租赁期间保持租赁物符合约定的用途。

第217条　承租人应当按照约定的方法使用租赁物。对租赁物的使用方法没有约定或者约定不明确,依照本法第六十一条的规定仍不能确定的,应当按照租赁物的性质使用。

第218条　承租人按照约定的方法或者租赁物的性质使用租赁物,致使租赁物受到损耗的,不承担损害赔偿责任。

第219条　承租人未按照约定的方法或者租赁物的性质使用租赁物,致使租赁物受到损失的,出租人可以解除合同并要求赔偿损失。

第220条　出租人应当履行租赁物的维修义务,但当事人另有约定的除外。

第221条　承租人在租赁物需要维修时可以要求出租人在合理期限内维修。出租人未履行维修义务的,承租人可以自行维修,维修费用由出租人负担。因维修租赁物影响承租人使用的,应当相应减少租金或者延长租期。

第222条　承租人应当妥善保管租赁物,因保管不善造成租赁物毁损、灭失的,应当承担损害赔偿责任。

第223条　承租人经出租人同意,可以对租赁物进行改善或者增设他物。

承租人未经出租人同意，对租赁物进行改善或者增设他物的，出租人可以要求承租人恢复原状或者赔偿损失。

第224条 承租人经出租人同意，可以将租赁物转租给第三人。承租人转租的，承租人与出租人之间的租赁合同继续有效，第三人对租赁物造成损失的，承租人应当赔偿损失。

承租人未经出租人同意转租的，出租人可以解除合同。

第225条 在租赁期间因占有、使用租赁物获得的收益，归承租人所有，但当事人另有约定的除外。

第226条 承租人应当按照约定的期限支付租金。对支付期限没有约定或者约定不明确，依照本法第六十一条的规定仍不能确定，租赁期间不满一年的，应当在租赁期间届满时支付；租赁期间一年以上的，应当在每届满一年时支付，剩余期间不满一年的，应当在租赁期间届满时支付。

第227条 承租人无正当理由未支付或者迟延支付租金的，出租人可以要求承租人在合理期限内支付。承租人逾期不支付的，出租人可以解除合同。

第228条 因第三人主张权利，致使承租人不能对租赁物使用、收益的，承租人可以要求减少租金或者不支付租金。

第三人主张权利的，承租人应当及时通知出租人。

第229条 租赁物在租赁期间发生所有权变动的，不影响租赁合同的效力。

第230条 出租人出卖租赁房屋的，应当在出卖之前的合理期限内通知承租人，承租人享有以同等条件优先购买的权利。

第231条 因不可归责于承租人的事由，致使租赁物部分或者全部毁损、灭失的，承租人可以要求减少租金或者不支付租金；因租赁物部分或者全部毁损、灭失，致使不能实现合同目的的，承租人可以解除合同。

第232条 当事人对租赁期限没有约定或者约定不明确，依照本法第六十一条的规定仍不能确定的，视为不定期租赁。当事人可以随时解除合同，但出租人解除合同应当在合理期限之前通知承租人。

第233条 租赁物危及承租人的安全或者健康的，即使承租人订立合同时明知该租赁物质量不合格，承租人仍然可以随时解除合同。

第234条 承租人在房屋租赁期间死亡的，与其生前共同居住的人可以按照原租赁合同租赁该房屋。

第235条 租赁期间届满，承租人应当返还租赁物。返还的租赁物应当符合按照约定或者租赁物的性质使用后的状态。

第236条　租赁期间届满，承租人继续使用租赁物，出租人没有提出异议的，原租赁合同继续有效，但租赁期限为不定期。

最高人民法院《关于审理城镇房屋租赁合同纠纷案件具体应用法律若干问题的解释》

第4条　当事人以房屋租赁合同未按照法律、行政法规规定办理登记备案手续为由，请求确认合同无效的，人民法院不予支持。

第8条　因下列情形之一，导致租赁房屋无法使用，承租人请求解除合同的，人民法院应予支持：

（一）租赁房屋被司法机关或者行政机关依法查封的；

（二）租赁房屋权属有争议的；

（三）租赁房屋具有违反法律、行政法规关于房屋使用条件强制性规定情况的。

第15条　承租人经出租人同意将租赁房屋转租给第三人时，转租期限超过承租人剩余租赁期限的，人民法院应当认定超过部分的约定无效。但出租人与承租人另有约定的除外。

第16条　出租人知道或者应当知道承租人转租，但在六个月内未提出异议，其以承租人未经同意为由请求解除合同或者认定转租合同无效的，人民法院不予支持。

因租赁合同产生的纠纷案件，人民法院可以通知次承租人作为第三人参加诉讼。

第20条　租赁房屋在租赁期间发生所有权变动，承租人请求房屋受让人继续履行原租赁合同的，人民法院应予支持。但租赁房屋具有下列情形或者当事人另有约定的除外：

（一）房屋在出租前已设立抵押权，因抵押权人实现抵押权发生所有权变动的；

（二）房屋在出租前已被人民法院依法查封的。

第21条　出租人出卖租赁房屋未在合理期限内通知承租人或者存在其他侵害承租人优先购买权情形，承租人请求出租人承担赔偿责任的，人民法院应予支持。但请求确认出租人与第三人签订的房屋买卖合同无效的，人民法院不予支持。

第24条　具有下列情形之一，承租人主张优先购买房屋的，人民法院不予支持：

（一）房屋共有人行使优先购买权的；

（二）出租人将房屋出卖给近亲属，包括配偶、父母、子女、兄弟姐妹、祖父母、外祖父母、孙子女、外孙子女的；

（三）出租人履行通知义务后，承租人在十五日内未明确表示购买的；

（四）第三人善意购买租赁房屋并已经办理登记手续的。

△ **延伸法条**

《公共租赁住房管理办法》

国务院办公厅《关于加快培育和发展住房租赁市场的若干意见》

最高人民法院《关于审理城镇房屋租赁合同纠纷案件具体应用法律若干问题的解释》

典型案例

A公司诉吴某租赁合同纠纷案[1]

【案情概述】

原告A公司与被告吴某房屋租赁合同纠纷一案中，原告A公司诉称，2012年12月，原告向某房屋原权利人李某购买了该房屋，取得房地产权证。本着买卖不破租赁的原则，原告继续让原承租人租赁上述房屋。但被告一直拖欠原告租金，现租赁期限届满，原告要求被告：(1)给付2012年12月15日至2013年6月14日的租金12,420元；并按合同约定的每日千分之三向原告支付违约金，直至付清房屋租金为止；(2)要求被告自2013年6月15日起按照原《商铺租赁合同》中约定的每月租金2070元的标准向原告支付房屋占用使用费至搬离为止；(3)判决生效后搬离承租的房屋并交付给原告；(4)诉讼费由被告负担。

被告吴某辩称，被告清楚原告购买了被告承租的房屋，但是被告要求优先购买，被告已向原房屋出租人李某交纳了2012年12月15日前的租金。不同意原告的诉讼请求。

经审理查明，2011年6月8日，被告吴某与某房屋原权利人李某订立商铺租赁合同一份。合同约定，租赁期限从2011年6月15日至2012年6月14日；租金价格为每月1935元，按季度进行预付结算。被告交纳保证金4000元。同时约定如被告未能按期交纳租金，自应付清之次日起，按每天千分之三支付滞纳金。2012年6月

---

〔1〕 案件来源：(2013)沙法民初子弟08711号民事判决书。

14日，被告吴某与原权利人李某订立商铺租赁合同一份。合同约定，租赁期限从2012年6月15日至2013年6月14日；租金价格为每月2070元，按季度进行预付结算。被告交纳保证金6210元。同时约定如被告未能按期交纳租金，自应付清之次日起，按每天千分之三支付滞纳金。被告向李某支付了2012年12月14日前的租金。2012年11月2日，B公司客户中心向被告发《告知函》，载明：B公司商业门面整体销售，按租赁合同所签订，租赁户享有购买门面的优先权。现我管理处代业主正式通知您，请在五日内以书面形式回复我司，是否购买门面，若五天我司未得到书面回复，我司将视为您自动放弃购买权。2012年11月5日，被告回复要求保留购买某房屋的优先购买权。2012年12月7日，原告与李某订立房屋买卖合同一份，李某将上述房屋出售给原告。原告于2012年12月11日取得上述房屋的房地产权证。2013年4月2日，原告向被告发出《商铺租金催收函》，告知被告商铺产权变更，并催收2012年12月12日之后的2013年第一、二季度的租金12,420元。2013年6月5日，原告向被告发《告知函》，告知被告原租赁合同约定的期限将到期，要求重新签订租赁合同；若不签订租赁合同，合同到期后要求被告搬离。之后被告仍使用租赁房屋，但未向原告交纳房屋租金和与原告签订新的租赁合同。

上述事实，有原告提交的租赁合同、买卖合同，被告提供的收据、《商铺租金催收函》《告知函》等书证，双方当事人的陈述等证据在案证明，这些证据的真实性、合法性、关联性已经开庭质证和本院审查，可以作为认定本案事实的根据。

被告认可原告在购买某房屋后已及时将受让租赁物的事实告知被告，故法院认为被告按租赁合同约定向原告支付2012年12月15日至2013年6月14日期间的租金12,420元，原告自愿用被告向原权利人李某交纳的保证金6210元抵偿未交纳的租金，即被告应支付租金6210元，应准许；被告未能按期支付租金，应承担迟延支付租金的违约责任，理应按照租赁合同支付违约金。

商铺租赁合同的期限已届满，被告继续使用租赁物，应当依照支付商铺的占用使用费，支持原告要求被告按照原《商铺租赁合同》约定的每月租金支付商铺的占用使用费理由正当，最终法院依照《中华人民共和国合同法》第229条，《中华人民共和国物权法》第34、39条之规定，判决如下：(1)被告吴某于本判决发生法律效力后立即给付原告重庆吉先商贸有限公司2012年12月15日至2013年6月14日的房屋租金6210元。(2)被告吴某于本判决发生法律效力后立即给付原告重庆吉先商贸有限公司房屋占用使用费，该房屋占用使用费以原《商铺租赁合同》约定的每月租金2070元计算,从2013年6月15日至搬离为止。(3)被告吴某于本判决发生法律效力后七日内从原告A公司所有的某房屋内搬出并交付给原告A公司。

如果未按法院判决指定的期间履行给付金钱义务,应当依照《中华人民共和国民事诉讼法》第253条之规定,加倍支付迟延履行期间的债务利息。

【关键问题】

1. 租赁物在租赁期间发生所有权变动的是否影响租赁合同的效力?

2. 如何理解承租人购买优先权?

【简要评论】

租赁物在租赁期间发生所有权变动的,不影响租赁合同的效力,故被告与李某订立的商铺租赁合同,对作为租赁物受让人的原告具有法律约束力。双方当事人均应按合同的约定履行义务。现商铺租赁合同的期限已届满,双方未能就继续使用租赁物达成协议,原告有权要求被告搬离租赁物。

被告使用的租赁物在产权变更给原告后,被告应当依照合同的约定向原告支付租金。买卖不破租赁不影响承租人按时支付租金的义务。

本案中还涉及承租人的优先购买权问题。需要注意的是,承租人享有的优先购买权是需要符合一定条件才能行使的。《合同法》第230条规定:“出租人出卖租赁房屋的,应当在出卖之前的合理期限内通知承租人,承租人享有以同等条件优先购买的权利。”

承租人优先购买权属于形成权,其适用应当具备三个条件:

(1)租赁合同合法有效。承租人的优先购买权产生的前提是合法有效的租赁合同,且须出租人在租赁期间内出卖租赁房屋。(2)优先购买权必须在同等条件下行使。所谓“同等条件”,主要是承租人与其他购买人在购买租赁房屋的价格、付款期限和方式等方面的条件相同。(3)须在合理期间内行驶。承租人优先购买权只能在合理期限内行驶,超过合理期限,则承租人优先购买权消灭。

【核心知识】

买卖不破租赁及承租人的优先购买权的适用。

延伸阅读

1. 刘言浩:《不动产租赁法律制度研究》,载蔡耀忠主编:《中国法地产法研究》(第1卷),法律出版社2001年版,第252页;

2. 张双根:《谈“买卖不破租赁”规则的客体适用范围问题》,载王洪亮等主编:《中德私法研

究(第 1 卷),北京大学出版社 2006 年版;
3. 冉浩:《论“中间型权利”与财产法二元架构——兼论分类的方法论意义》,载《中国法学》2005 年第 6 期;
4. 祝建军:《房屋租赁权物权化研究——以不动产物权公示公信原则引入的必要性为视角》,载《法律适用》2006 年第 1 期。

第五节　房地产评估制度

知识要点

一、房地产评估

★房地产评估的概念

房地产评估,是指房地产专业估价人员,根据估价目的,遵循估价原则,按照估价程序,采取科学的估价方法,结合估价经验,通过对影响房地产价格因素的分析,对房地产最可能实现的房地产价格所作出的推测与判断。《城市房地产管理法》第 34 条对我国房地产评估制度作出了框架性规定:“国家实行房地产价格评估制度。房地产价格评估,应当遵循公正、公平、公开的原则,按照国家规定的技术标准和评估程序,以基准地价、标定地价和各类房屋的重置价格为基础,参照当地的市场价格进行评估。”房地产评估在房地产经营及相关经纪领域均发挥着重要作用,从房地产的买卖、拍卖、租赁、交换、抵押、信托、保险到以房地产为标的的合资、合作、企业破产与兼并、债务重组与企业的股份制改造,均离不开房地产的价格评估。房地产价格评估也是国家对房地产业实施宏观调控和计收房地产税费的重要依据。

☆房地产评估的价格确定

依据《城市房地产管理法》第 34 条规定,房地产价格评估应当遵循公正、公平、公开的原则,按照国家规定的技术标准和评估程序,以基准地价、标定地价和各类房屋的重置价格为基础,参照当地的市场价格进行评估。这说明,房地产评估制度中价格分两步形成:一是确定价格基础,即由基准地价、标定地价及各类房屋的重置价格构成的评估基础;二是在基础价格确定之后,参考当地市场价格最终确定房地产评估价格。

二、评估价格

☆房地产评估的价格基础的构成

1. 基准地价

基准地价是指城市国有土地使用权的基本标准价格，是按照土地的不同级别与区域分别评估与测算出商业、工业、住宅等各类不同用途土地的使用权的平均价格。**基准地价由三个因素构成**：(1)一定期限，如一年内的平均地价；(2)一定区域，如一个大城市内的级别平均地价；(3)不同用途分别测算的平均地价，如工业区、商业区等不同用途的土地有不同地价。因此，基准地价是一定时间内的、平均的、针对不同用途而有不同价格的、区域性的地价。基础地价是由政府部门组织的专家委员会在土地定级的基础上，根据土地的收益、市场交易资料等情况综合评定的，它反映了一定区域一定用途的土地地价总体的变化趋势，是国家对土地价格乃至整个房地产市场进行宏观调控的根据。

2. 标定地价

标定地价是将要出让、转让、抵押的具体的地块土地使用权进行评估而提出的价格。标定地价要依据基准地价，考虑市场行情、地块大小、形状、容积率等各种因素来测算。标定地价相对于基准地价的区域性而言，是某一块地块在某一时点上的价格。标定地价接近了市场价格。

3. 房屋重置价格

房屋重置价格是按照评估时的建筑水平、工艺水平、建筑材料价、人工和运费等条件，重新建造同类结构、式样、质量标准、设备、装修条件的新房所需要的费用。重置价格是同一类房屋的重置价格，而不是个别房屋的重置价格。

重置价格的计算要参考房屋的成本价格。以住宅商品房为例，其成本价格主要包括：

(1)征地费及拆迁安置补偿费：按国家有关规定执行；

(2)勘察设计及前期工程费：依据批准的设计概算计算；

(3)住宅建筑、安装费：依据施工图预算计算；

(4)住宅小区基础建设费和住宅小区级非营业性配套公共建筑的建设费：依据批准的详细规划和施工图预算计算；住宅小区的基础设施和配套建设项目按照国家和省、自治区、直辖市人民政府颁发的城市规划定额指标执行；

(5)管理费：以(1)到(4)项之和为基数的1%~3%计算；

(6)贷款利息：计入成本的贷款的利息，根据当地建设银行提供的本地区商品住宅建设占用贷款的平均周期、平均比例、平均利率和开发项目具体情况而定。

上述三种价格，应当由房地产管理机关定期确定并公布。

★房地产评估的价格的最终构成

基准地价、标定地价及重置房价构成了房地产价格评估的基础价格，但房地产评估价格的最终形成，还要参考市场价格来确定。市场价格主要由市场供求关系来确定，市场价格一般会高于房地产开发的成本（含各种成本和税费）。

一般而言，市场价格的构成因素包括如下各项：(1)征地补偿费，包括土地补偿费、青苗补偿费、菜田基金、劳动力安置补助费等；(2)拆迁安置补偿费，包括房屋及其他地上物补偿费、搬家费、拆房费、周转房费、单位拆迁费等；(3)其他土地开发费，包括"七通一平"费、勘察设计费等；(4)住宅建筑安装工程费；(5)附属工程费，包括煤气站费、热力点费、变电室费等；(6)室外工程费，包括上下水、电力、电信、庭院、围墙等建设费用；(7)公共建筑配套工程费，包括建设幼儿园、文化站、中小学、卫生所、副食店、居委会、派出所等费用；(8)环卫绿化工程费；(9)"四源"费，即煤气、热力、自来水、污水等建设费用；(10)大市政费；(11)"两税一费"，包括营业税、城市建设维护税、教育费附加；(12)管理费；(13)利润。以上各项收费，有些应属政府开支，比如治安、教育、卫生等项目费用，但都包括到房地产费用里去了。

三、评估管理

☆房地产评估工作的管理机关

国务院住房城乡建设主管部门负责全国房地产估价机构的监督管理工作。省、自治区人民政府住房城乡建设主管部门、直辖市人民政府房地产主管部门负责本行政区域内房地产估价机构的监督管理工作。市、县人民政府房地产主管部门负责本行政区域内房地产估价机构的监督管理工作。

☆房地产价格评估人员的概念

注册房地产估价师，是指通过全国房地产估价师执业资格考试或者资格认定、资格互认，取得中华人民共和国房地产估价师执业资格，并按照《注册房地产估价师管理办法》注册，取得中华人民共和国房地产估价师注册证书，从事房地产估价活动的人员。

注册房地产估价师实行注册执业管理制度。取得执业资格的人员，经过注册方能以注册房地产估价师的名义执业。

★★注册房地产估价师权利义务

依照《注册房地产估价师管理办法》的规定，注册房地产估价师享有下列权利：

(1)使用注册房地产估价师名称;(2)在规定范围内执行房地产估价及相关业务;(3)签署房地产估价报告;(4)发起设立房地产估价机构;(5)保管和使用本人的注册证书;(6)对本人执业活动进行解释和辩护;(7)参加继续教育;(8)获得相应的劳动报酬;(9)对侵犯本人权利的行为进行申诉。

依照《注册房地产估价师管理办法》的规定,注册房地产估价师应当履行下列义务:(1)遵守法律、法规、行业管理规定和职业道德规范;(2)执行房地产估价技术规范和标准;(3)保证估价结果的客观公正,并承担相应责任;(4)保守在执业中知悉的国家秘密和他人的商业、技术秘密;(5)与当事人有利害关系的,应当主动回避;(6)接受继续教育,努力提高执业水准;(7)协助注册管理机构完成相关工作。

★★注册房地产估价师行为限制

依照《注册房地产估价师管理办法》的规定注册房地产估价师不得有下列行为:(1)不履行注册房地产估价师义务;(2)在执业过程中,索贿、受贿或者谋取合同约定费用外的其他利益;(3)在执业过程中实施商业贿赂;(4)签署有虚假记载、误导性陈述或者重大遗漏的估价报告;(5)在估价报告中隐瞒或者歪曲事实;(6)允许他人以自己的名义从事房地产估价业务;(7)同时在2个或者2个以上房地产估价机构执业;(8)以个人名义承揽房地产估价业务;(9)涂改、出租、出借或者以其他形式非法转让注册证书;(10)超出聘用单位业务范围从事房地产估价活动;(11)严重损害他人利益、名誉的行为;(12)法律、法规禁止的其他行为。

★房地产评估的类型

目前的房地产评估机构可分为两类:(1)城市房地产行政主管部门设立的房地产估价机构;(2)非房地产市场估价职能机构性质的房地产估价事务所。

城市人民政府房地产行政主管部门设立的房地产估价机构,是房地产市场估价的职能机构,是房地产市场管理机构的组成部分,承办本行政区域内涉及政府税费收入及由政府给予当事人补偿或赔偿费用的房地产估价业务以及受当事人委托的其他房地产估价业务。

其他要求从事房地产市场估价业务的单位,应向当地城市人民政府房地产行政主管部门提出申请,经资质审查同意,并经工商行政管理部门核发营业执照,方可营业。房地产估价事务所的资质审查条件和批准办法,由省、自治区、直辖市人民政府房地产行政主管部门规定并报国务院建设行政主管部门备案。

★房地产价格评估程序

1. 申请估价。当事人应当依照规定向估价机构或估价事务所递交估价申请书。

估价申请书应当载明下列内容:(1)当事人的姓名(法人代表)、职业、地址;(2)标的物的名称、面积、坐落;(3)申请估价的理由、项目和要求;(4)当事人认为其他需要说明的内容。估价申请书应当附有标的物的产权证书和有关的图纸、资料或影印件。

2. 估价受理。估价机构或估价事务所收到估价申请书后,应当对当事人的身份证件、标的物的产权证书及估价申请书进行审查。对符合条件者,交由估价人员承办,每个估价项目的承办,不得少于两名估价人员。

3. 现场勘估。承办人员应当制订估价方案,到标的物所在地进行实地勘丈测估,核对各项数据和有关资料,调查标的物所处环境状况,并做好详细记录。

4. 综合作业。承办人员应综合各种因素进行全面分析,提出估价结果。书面估价结果应包括如下内容:一是估价的原因,标的物名称、面积、结构、地理位置、环境条件、使用情况,所处区域城市规划现状及发展前景,房地产市场行情;二是标的物及附着物质量等级评定;三是估价的原则、方法、分析过程和估价结果;四是必要的附件,包括估价过程中作为估价依据的有关图纸、照片、背景材料、原始资料及实际勘测数据等;五是其他需要说明的问题。

法律与规范链接

▲ 必读法条

《城市房地产管理法》

第33条　国家实行房地产价格评估制度。

房地产价格评估应当遵循公正、公平、公开的原则,按照国家规定的技术标准和评估程序,以基准地价、标定地价和各类房屋的重置价格为基础,参照当地的市场价格进行评估。

《注册房地产估价师管理办法》

第2条　中华人民共和国境内注册房地产估价师的注册、执业、继续教育和监督管理,适用本办法。

第3条　本办法所称注册房地产估价师,是指通过全国房地产估价师执业资格考试或者资格认定、资格互认,取得中华人民共和国房地产估价师执业资格(以下简称执业资格),并按照本办法注册,取得中华人民共和国房地产估价师注册证书(以下简称注册证书),从事房地产估价活动的人员。

第4条 注册房地产估价师实行注册执业管理制度。

取得执业资格的人员，经过注册方能以注册房地产估价师的名义执业。

第7条 注册房地产估价师的注册条件为：

（一）取得执业资格；

（二）达到继续教育合格标准；

（三）受聘于具有资质的房地产估价机构；

（四）无本办法第十四条规定不予注册的情形。

第14条 申请人有下列情形之一的，不予注册：

（一）不具有完全民事行为能力的；

（二）刑事处罚尚未执行完毕的；

（三）因房地产估价及相关业务活动受刑事处罚，自刑事处罚执行完毕之日起至申请注册之日止不满5年的；

（四）因前项规定以外原因受刑事处罚，自刑事处罚执行完毕之日起至申请注册之日止不满3年的；

（五）被吊销注册证书，自被处罚之日起至申请注册之日止不满3年的；

（六）以欺骗、贿赂等不正当手段获准的房地产估价师注册被撤销，自被撤销注册之日起至申请注册之日止不满3年的；

（七）申请在2个或者2个以上房地产估价机构执业的；

（八）为现职公务员的；

（九）年龄超过65周岁的；

（十）法律、行政法规规定不予注册的其他情形。

△ 延伸法条

《房地产估价机构管理办法》

住房城乡建设部《关于进一步规范房地产估价机构管理工作的通知》

延伸阅读

1. 柴强：《房地产估价》，首都经济贸易大学出版社2016年版；
2. 张丽：《房地产评估中存在的主要问题及其对策探析》，载《住宅与房地产》2017年第1期。

第六节　房地产中介服务制度

知识要点

一、房地产中介服务

★★房地产中介服务的概念

广义的房地产中介服务涉及房地产投资、经营、管理、消费活动的各环节和各方面。**狭义的房地产中介服务**，按照《城市房地产管理法》第57条的规定，是指为房地产开发和交易提供各种媒介性服务活动的总称。它包括房地产咨询、房地产价格评估、房地产经纪等业务项目。

★房地产中介服务的类型

目前，国内存在的房地产服务中介机构狭义上讲即为《城市房地产管理法》规定的三种类型，即房地产咨询机构、房地产评估机构、房地产经纪机构，其中房地产咨询机构是专门为房地产交易当事人提供信息、法律知识及其他交易情况的房地产中介组织，房地产评估机构是为房地产交易提供评估价格的服务机构，房地产经纪机构是为房地产交易提供洽谈协议、交流信息、展示行情等咨询和代理服务的中介服务机构。广义上讲，房地产中介服务机构还可包括房地产律师事务所、公证机构等在房地产市场中起中介作用的机构。

二、房地产中介机构的设立

★房地产中介机构设立的条件

根据《城市房地产管理法》第58条规定，设立房地产中介服务机构应当具备下列要件：(1)有自己的名称和组织机构；(2)有固定的服务场所；(3)有必要的财产和经费；(4)有足够数量的专业人员；(5)法律、行政法规规定的其他条件。

☆房地产中介机构设立的程序

根据《城市房地产管理法》第58条的规定："设立房地产中介服务机构，应当向工商行政管理部门申请设立登记，领取营业执照后，方可开业。"这说明我国房地产中介机构成立，同样采用的是"准则主义"，即指被审查主体只要达到准则所规定的资格，登记机关即应予以登记，而不对被审查主体进行资质审查。立法采取准则主义，符合市场经济情况下微观放开的要求。

三、中介服务管理

☆中介服务人员资格管理

目前我国房地产中介服务人员资格管理的主要方式是统一考试，职业资格认证和注册登记。通过考试合格，颁发统一的从业人员资格证书。

☆中介服务价格法律规定

房地产中介服务收费由当事人依据服务内容、服务成本、服务质量和市场供求状况协商确定。中介机构应当严格遵守《价格法》《关于商品和服务实行明码标价的规定》及《商品房销售明码标价规定》等法律法规，在经营场所醒目位置标识全部服务项目、服务内容、计费方式和收费标准，各项服务均须单独标价。提供代办产权过户、贷款等服务的，应当由委托人自愿选择，并在房地产中介服务合同中约定。中介机构不得实施违反《价格法》《反垄断法》规定的价格违法行为。

★★★房地产中介机构和房地产经纪人员的行为限制

房地产经纪机构和房地产经纪人员不得有下列行为：(1)捏造散布涨价信息，或者与房地产开发经营单位串通捂盘惜售、炒卖房号，操纵市场价格；(2)对交易当事人隐瞒真实的房屋交易信息，低价收进高价卖(租)出房屋赚取差价；(3)以隐瞒、欺诈、胁迫、贿赂等不正当手段招揽业务，诱骗消费者交易或者强制交易；(4)泄露或者不当使用委托人的个人信息或者商业秘密，谋取不正当利益；(5)为交易当事人规避房屋交易税费等非法目的，就同一房屋签订不同交易价款的合同提供便利；(6)改变房屋内部结构分割出租；(7)侵占、挪用房地产交易资金；(8)承购、承租自己提供经纪服务的房屋；(9)为不符合交易条件的保障性住房和禁止交易的房屋提供经纪服务；(10)法律、法规禁止的其他行为。

另外，房地产中介活动中实行回避制度和赔偿责任制度。房地产中介服务人员与委托人有利害关系的，应当回避。委托人有权要求其回避。因房地产中介服务人员过失，给当事人造成经济损失的，由所在中介服务机构承担赔偿责任。所在中介服务机构可以对有关人员追偿。

法律与规范链接

▲ 必读法条

《城市房地产管理法》

第57条　房地产中介服务机构包括房地产咨询机构、房地产价格评估机构、房地产经纪机构等。

第58条 房地产中介服务机构应当具备下列条件：

（一）有自己的名称和组织机构；

（二）有固定的服务场所；

（三）有必要的财产和经费；

（四）有足够数量的专业人员；

（五）法律、行政法规规定的其他条件。

设立房地产中介服务机构，应当向工商行政管理部门申请设立登记，领取营业执照后，方可开业。

《房地产经纪管理办法》

第3条 本办法所称房地产经纪，是指房地产经纪机构和房地产经纪人员为促成房地产交易，向委托人提供房地产居间、代理等服务并收取佣金的行为。

第4条 从事房地产经纪活动应当遵循自愿、平等、公平和诚实信用的原则，遵守职业规范，恪守职业道德。

第10条 房地产经纪人协理和房地产经纪人职业资格实行全国统一大纲、统一命题、统一组织的考试制度，由房地产经纪行业组织负责管理和实施考试工作，原则上每年举行一次考试。国务院住房城乡建设主管部门、人力资源社会保障部门负责对房地产经纪人协理和房地产经纪人职业资格考试进行指导、监督和检查。

第25条 房地产经纪机构和房地产经纪人员不得有下列行为：

（一）捏造散布涨价信息，或者与房地产开发经营单位串通捂盘惜售、炒卖房号，操纵市场价格；

（二）对交易当事人隐瞒真实的房屋交易信息，低价收进高价卖（租）出房屋赚取差价；

（三）以隐瞒、欺诈、胁迫、贿赂等不正当手段招揽业务，诱骗消费者交易或者强制交易；

（四）泄露或者不当使用委托人的个人信息或者商业秘密，谋取不正当利益；

（五）为交易当事人规避房屋交易税费等非法目的，就同一房屋签订不同交易价款的合同提供便利；

（六）改变房屋内部结构分割出租；

（七）侵占、挪用房地产交易资金；

（八）承购、承租自己提供经纪服务的房屋；

（九）为不符合交易条件的保障性住房和禁止交易的房屋提供经纪服务；

（十）法律、法规禁止的其他行为。

△ **延伸法条**

住房城乡建设部等部门《关于加强房地产中介管理促进行业健康发展的意见》

住房和城乡建设部、国家发展和改革委员会《关于加强房地产经纪管理进一步规范房地产交易秩序的通知》

国家发展改革委、住房城乡建设部《关于放开房地产咨询收费和下放房地产经纪收费管理的通知》

典型案例

杨某诉A中介公司合同纠纷案[1]

【案情概述】

原告杨某称2014年10月到A中介公司处购买房屋，当时A中介公司的经理王某推荐其租一套公租房，所以收了15,000元的中介费，之后王某给原告开了收据，说第二天将材料递交后就要将收据退还给她，过了两天原告的手机收到短信说申请正在办理，但是之后原告了解到公租房并不需要支付申请费用，之后原告找到王某要求其退还一半的中介费，A中介公司以各种理由不退还，原告觉得受了欺骗，向一审法院起诉请求：被告归还原告中介费15,000元，本案诉讼费由被告承担。

经一审法院认定事实：2014年10月，原告杨某与被告A中介公司达成口头协议，约定由被告代原告办理申请昆明市公租房事宜。2014年11月20日，原告向被告交付款项15,000元，被告向原告出具《收条》一份，内容为"今收到杨某交到办理公租房申请费用人民币15,000元整（大写：壹万伍仟元整），A中介公司负责杨某接到由《昆明市城镇保障性住房业务受理告知单》，如申请人在两个月之内接不到受理告知单。扣除已购买的医保、社保费用，剩余款项则在七日之内如数退还。"本案庭审中，原、被告共同确认原告已于2015年1月实际向昆明市公有房屋管理中心申请租住"官渡区子君村馨和园1幢2单元1203号房屋"。

一审法院认为，住房和城乡建设部《公共租赁住房管理办法》第3条规定，"本

---

[1] 案件来源：昆明市官渡区人民法院（2016）云0111民初1819号民事判决书。

办法所称公共租赁住房,是指限定建设标准和租金水平,面向符合规定条件的城镇中等偏下收入住房困难家庭、新就业无房职工和在城镇稳定就业的外来务工人员出租的保障性住房”。第32条规定,“房地产经纪机构及其经纪人员不得提供公共租赁住房出租、转租、出售等经纪业务”。住房和城乡建设部、国家发展和改革委员会、人力资源和社会保障部《房地产经纪管理办法》第25条规定,“房地产经纪机构和房地产经纪人员不得有下列行为……(九)为不符合交易条件的保障性住房和禁止交易的房屋提供经纪服务……”上述部门规章针对房地产经纪机构及其经纪人员从事不符合交易条件的保障性住房做了相应禁止性规定。本案中,被告与原告达成由其代原告办理申请公租房事宜的口头协议并收取服务费用,相应约定属于经纪活动的范畴。公共租赁住房系为保障特定社会群体住房条件而建设,须按法定程序分配、运营、使用、退出、管理,关涉社会公共利益。被告作为从事房地产经纪活动的中介服务机构,在上述规章做出明确禁止性规定的情形下,针对不属于市场交易范围的保障性住房租赁申请事项提供经纪服务,相应行为存在扰乱保障性住房管理秩序的可能,有损社会公共利益。根据《中华人民共和国合同法》第52条“有下列情形之一的,合同无效……(四)损害社会公共利益……”之规定,双方所达成由被告代原告办理申请公租房事宜的口头协议依法无效。进而,根据《中华人民共和国合同法》第58条“合同无效或者被撤销后,因该合同取得的财产,应当予以返还;不能返还或者没有必要返还的,应当折价补偿。有过错的一方应当赔偿对方因此所受到的损失,双方都有过错的,应当各自承担相应的责任”。之规定,被告应当返还原告所收取的相应中介服务费用。原告要求被告返还“中介费”15,000元的诉请有相应法律依据,一审法院予以支持。据此,依照《中华人民共和国合同法》第52条第4项、第58条之规定,判决:由被告昆明市A中介公司于本判决生效之日起十日内返还原告杨某服务费用15,000元。

【关键问题】

中介公司是否可以为不符合交易条件的保障性住房和禁止交易的房屋提供经纪服务?

【简要评论】

对于本案A公司所代理租赁的保障性住房系保障特定社会群体住房条件而建设的房屋,该保障性住房须按法定程序进行分配和使用,明令禁止任何人进行代理或销售,以及收取任何机关费用,A公司作为中介机构超出其经营范围,针对不属于市场交易范围的保障性住房租赁申请事项提供相应服务,扰乱社会管理秩序,有损社会公共利益，双方所建立的服务合同应为无效合同，A公司所收取的服务费15,000元应当予以返还。

【核心知识】

房地产经纪机构和房地产经纪人员的行为限制。

延伸阅读

1. 薛峰、李玉斌:《房屋买卖中介服务合同的若干法律问题——从司法角度考察》，载《苏州大学学报(哲学社会科学版)》2014年第6期；
2. 张永岳、刘道桐:《房地产经纪人基础教程》，上海三联书店2000年版。

第八章　房地产金融和税费法律制度

教学目标

1. 了解房地产金融和税费法律制度的基本概念特征。
2. 掌握房地产抵押权的设定、效力、实现和消灭，房地产的抵押范围、房地产抵押当事人的权利义务、房地产按揭合同的法律实务以及与房地产有关的城镇土地使用税、土地增值税、增值税、权证费、城市基础设施配套费和房地产交易手续费等具体税费的基本内容。

推荐参考资料

1. 高富平、黄武双：《房地产法学》，高等教育出版社 2016 年版，第十一至十四章；
2. 洪艳蓉：《房地产金融》，北京大学出版社 2011 年版，第七至十八章；
3. 朱大旗：《税法》，中国人民大学出版社 2016 年版。

第一节　房地产金融与税费制度概述

知识要点

一、房地产金融

☆房地产金融的概念

房地产金融，是指在房地产开发、建设、经营、流通和消费过程中，以产权或产权人的信誉为信用基础，房地产企业和金融机构组织通过货币流通和信用渠道所进行的筹资、融资、风险担保等一系列金融活动的总称。由于房地产业属于资金密集型产业，其对金融和资金流具有较高的依赖性，因而房地产金融就是房地产资金的融通，成为房地产业与金融业相互渗透、相互融合的一个新经济领域。

房地产金融有狭义与广义之分。狭义的房地产金融主要是指金融机构以不动产担保为信用基础，为不动产持有者、房地产企业和第三人提供资金融通的行为，具体表现为房地产交易过程中的按揭和抵押制度，以及房地产信贷制度。本文所讨论的房地产金融就是指狭义的房地产金融。而广义的房地产金融，是与房地产活动有关的所有金融活动。其不仅包括不动产担保金融，还包括房地产产业金融看，即为房地产行业及其相关部门筹集、融通、结算或清算资金并提供风险担保或保险服务的金融活动。如房地产的保险和信托，房地产银行发行债券，成立住房储蓄机构，安排房地产企业和基金上市，成立按揭类的证券公司，抵押贷款证券化。由此可见，广义的房地产金融概念更多的涉及了金融学领域。

★房地产金融的特征

房地产金融作为直接服务于房地产业的一种业务形式，其业务客体是房地产商品，故与一般金融业务相比，具有其内在的特殊性。

1. 以不动产为抵押物保证贷款的偿还

银行或非银行金融机构在从事信贷业务时，首先考虑其信贷资金的安全性，能否保证按时收回贷款，或预防因不良信贷所致银行呆账的产生。而房地产属于不动产，一是安全性高，不易转移或消灭；二是内在价值高，且升值空间大，具有价值集中、保值增值的特点。因而以其作为房地产金融的抵押担保物，相对于其他物品而言，具有较高可靠性与安全性的特点。为确保履行贷款合同的各项条款，金融机构一般要求借款人以其土地及土地上的建筑物作为抵押。如果借款人违反约定未按期归还借款，贷款者有权行使抵押财产并将其出售以弥补贷款损失。

2. 较长的资金周转期保障了现金流的稳定性

房地产开发建设需要经历从取得土地并进行开发，到施工建设、装修、竣工验收等一系列长期复杂的过程。相对于其他商品的生产周期而言，房地产商品在开发阶段所需时间较长，短则一至两年，长则数年。而且在此后的房屋流通领域，房屋的市场价格较高，鲜见购买者一次付清房款，往往采用分期付款的方式购房。因而房地产资金从投入到产出需要经历较长的时间方能收回，如此也延长了房地产资金的周转期，导致房地产信贷业务和证券业务的偿还期较长。与之相对应的利息来源稳定可靠，每年可以为金融机构或投资者提供相对固定的利息收益和稳定的投资回报。

3. 长期融资的风险性

房地产金融活动在实现资金融通的同时，也要遵循客观的市场规律，承担相应的市场风险。总会存在无法预测或虽能预测但难以避免的诸多因素，产生风险，可能导致预期的房地产金融收益与实际的房地产金融收益发生偏离，造成损失。由于房地产金融的中长期特点，房地产资金从投入到收回的期限较长，如果在此期间所投入的资金难以收回，房地产金融风险便会产生。比如因国家宏观政策（如货币政策、财政政策、行业政策、地区发展政策等）发生变化而导致市场价格波动的政策风险，房地产投资判断失误的决策风险，地震、洪水、火灾等自然风险以及债务人不能偿还贷款本金利息的财务风险。

★★房地产金融的分类

1. 按经营性质可分为自营性房地产金融和政策性房地产金融

自营性房地产金融是指银行等金融机构依照法律规定，在国家政策允许的范围内，自主进行的与房地产资金筹集、融通和结算有关的金融活动。而政策性房地产金融是指依照现行政策规定进行的与房地产资金筹集、融通和结算有关的一系列金融活动。目前，我国政策性房地产金融是依照与保障性住房制度改革的相关政策开展业务。具体包括住房公积金的存贷款业务，合作建房与集资建房贷款业务，以及限价商品住房、经济适用住房和公租廉租住房的开发贷款业务等。可见，自营性房地产金融更多的是遵循市场规律开展信贷业务的市场竞争，而政策性房地产金融则更多受到国家宏观调控政策的影响。

2. 按资金来源可划分为房地产直接金融和房地产间接金融

房地产直接金融是指资金供给者直接与房地产资金需求者协商借贷融资，无须金融机构作中间媒介。房地产直接金融的方式主要有：政府发行的住房建设债券和住房公债，房地产公司发行的股票和债券等。房地产间接金融是指房地产资金供给者与需求者通过金融机构的媒介间接实现资金的筹集和融通。房地产间接金融的方式主要有：银行吸收各种存款，向房地产开发企业发放的土地开发贷款、房地产企业与商业银行、信托合作、资产证券化、商品房开发贷款和住房消费贷款等。

3. 按信用基础可划分为房地产信誉金融和房地产担保金融

房地产信誉金融是指根据借款人的个人信誉或商业名誉，在不提供任何担保的情况下实现房地产筹融资的金融活动。房地产担保金融则是指借款人在提供第三人保证或财产担保实现房地产筹融资的金融活动。其中的担保包含人和物的担保。人的担保就是保证；物的担保主要有抵押、质押、按揭等方式。

★★我国房地产金融的现状

我国房地产市场的真正发展始于1998年国务院颁布的《关于进一步深化城镇住房制度改革加快住房建设的通知》。这一住房体制改革的纲领性文件首次明确取消单位福利分房，实行住房商品化，引导居民通过个人按揭贷款进行住房的商品化购置。此后国内的房地产业得到飞速发展，并一跃成为带动国民经济发展的重要动力。而随着市场经济体制改革的深化和金融市场的逐步完善，房地产金融在国民经济和人们日常生活中发挥着越来越重要的作用，其地位也日益突出。房地产金融行为对个人住房、房地产企业经营和经济市场的有效性有着直接的影响，为房地产开发经营提供了资金保障，同时也提高了居民住房的消费能力。

针对房地产市场价格不断攀升并有形成泡沫之趋势，2016年年底的中央经济工作会议首次提出，“房子是用来住的，不是用来炒的”。此后，与房地产相关的部门陆续出台了与之相配套的政策，涉及房企融资、购房者信贷等方面。我国目前的自营性房地产金融体系相对成熟，也承担着各种收入结构居民的住宅融资需求，但商业性金融机构作为市场主体，无法承载保障性住房的融资任务，政策性房地产金融体系相对滞后很多，建立针对中低收入群体的限购房、公租房、共有产权房等政策性房地产金融是今后亟待解决的课题。因此，加强推动房地产金融法律问题的研究，将有利于深化住房体制和土地使用制度改革，推动房地产业的健康发展。

二、房地产税收

★房地产税收的概念及特征

税收，是指国家实现向全体社会成员提供公共产品的职能，凭借其政治权力，基于法律规定，强制、无偿地参与国民收入分配并取得财政收入的一种手段。税收具有无偿性、强制性和固定性的形式特征。**房地产税是一个综合性概念**，是指国家在房地产开发、流转和管理过程中，以房地产或与房地产有关的特定行为为纳税依据，依法强制无偿地向纳税义务人征收的税种。合理征收房地产税，不仅能够保障国家获得稳定的财政收入，还能够加强国家对国民经济的宏观调控，抑制房地产市场的过度投机，合理引导资金流向，促进产业结构的调整，协调经济健康发展。房地产税除了具有税收的强制性、无偿性和固定性外，还具有如下特征：

（1）纳税主体的多元性。房地产税的纳税主体不仅包括房地产的所有人和使用人，还包括房地产开发经营机构和金融机构。比如房地产公司、房地产置业者、提供房地产信贷业务的银行等。

（2）课税对象的多样性。房地产税不仅对房屋和土地的存量课税，还对在房地产开发、流转和管理过程中出现的特定行为以及相应的财产增值收益进行课税。

(3)税收征管的地方性。由于房地产的不动产性质,房地产税源充足、收入稳定。其所涉及的各个税种基本都属于地方税,由不动产所在地的地方税务部门负责征缴。

★我国房地产税收制度的发展历程

中华人民共和国成立后,经过土地改革和社会主义改造,我国的土地制度发生深刻变化,封建土地私有制被社会主义土地公有制所取代,土地税制也发生根本性变化。1950 年,政务院发布《全国税政实施要则》,明确将房产税和地产税列入建国开征的 14 个税种之中。1951 年 8 月因税制调整,政务院颁发《中华人民共和国城市房地产税暂行条例》,将房产税与地产税合并为房地产税。此后的 1973 年,为进一步加强对工商税种的统一征收,把对国营企业和集体企业征收的城市房地产税并入工商税,所保留的税种仅对房管部门、公民个人、外国华侨和外商投资企业征收。

改革开放以后,国家加紧建立和完善具有中国特色的税收体系和税收法律制度。1984 年国家决定改革工商税制,恢复房地产税的征收,并将房地产税划分为房产税和城镇土地使用税两个税种。1986 年 9 月 15 日,国务院颁行《中华人民共和国房产税暂行条例》,明确规定了房产税的征收范围和计税办法,标志着房产税正式成为独立税种。此后我国相继开征了耕地占用税、城镇土地使用税、土地增值税、契税、印花税、营业税等税种,房地产税制逐渐健全。2016 年全面推行“营改增”后,财政部、国家税务总局发布了《关于全面推开营业税改征增值税试点的通知》(财税〔2016〕36 号)等税收政策文件,将原本征收营业税的不动产课税行为纳入增值税的征收范围。其中,国家税务总局 2016 年第 14 号公告《纳税人转让不动产增值税征收管理暂行办法》对纳税人转让以直接购买、接受捐赠、接受投资入股、自建以及抵债等各种形式取得的不动产如何缴纳增值税作了具体规定。总而言之,这些税种的开征,推动了我国房地产税收制度的发展与完善,并使之成为我国税法体系中重要的组成部分。

三、房地产收费

★★房地产收费制度

房地产费,是指在房地产开发、流转、管理过程中产生的除税以外的其他收费项目的总称。其一般由国家行政机关、事业单位根据法律法规向房地产开发企业、房地产交易各方、房地产产权人等提供管理服务时收取,或者在国家授权开发利用国家土地资源时收取。房地产费也属于国家获取财政收入的一种手段，实践中通常表现为土地使用费用、房地产行政性收费和房地产事业性收费。**房地产费与房地产税两者的区别**主要表现在如下三方面。

(1)课征依据不同。征收房地产税要遵循税收法定原则，必须依据国家税收法律法规的规定课征，全国人大及其常委会和国务院掌握房产税的立法权。而收取房地产行业的各项费用的依据不限于全国人大及其常委会制定的法律，还包括部门规章、地方性法规或政府规章等规范性法律文件。

(2)征收主体不同。房地产税仅能由国家征税机关征收，主要由地方政府负责课征，具体则交由当地税务机关征管或委托行政管理机关代为征收；而房地产费是由相关行政管理机关、事业单位等直接收取。

(3)征收目的不同。征收房地产税的目的在于增加财政收入，加强国民经济和房地产行业的宏观经济调控，调节市场资源配置。而收取房地产费主要是为了弥补行政机关、事业单位的基本开支，或者作为提供相关管理服务的成本和补偿。

法律与规范链接

▲ 必读法条

《土地管理法》

第2条 中华人民共和国实行土地的社会主义公有制，即全民所有制和劳动群众集体所有制。

全民所有，即国家所有土地的所有权由国务院代表国家行使。

任何单位和个人不得侵占、买卖或者以其他形式非法转让土地。土地使用权可以依法转让。

国家为了公共利益的需要，可以依法对土地实行征收或者征用并给予补偿。

国家依法实行国有土地有偿使用制度。但是，国家在法律规定的范围内划发国有土地使用权的除外。

《城市房地产管理法》

第2条(见本书第122~123页)

第3条 国家依法实行国有土地有偿、有限期使用制度。但是，国家在本法规定的范围内划拨国有土地使用权的除外。

△ **延伸法条**

最高人民法院《关于当前形势下进一步做好房地产纠纷案件审判工作的指导意见》

典型案例

房产抵押引起的房屋买卖合同纠纷案

【案情概述】

2017 年 4 月 12 日，吕某取得涉案房屋的房地产证。2017 年 4 月 24 日，涉案房屋抵押给第三人中国银行深圳某支行。2017 年 3 月 28 日，被告吕某与原告周某签订一份《房地产买卖合同》，约定吕某将涉案房屋出售给周某，转让成交价 179.5 万元。合同签订后，周某按合同约定于当日向卖方支付定金 3.5 万元，并由吕某出具相应的《收款收据》；买卖双方共同向中国工商银行深圳某支行办理二手楼交易资金监管手续，并且买方于 2017 年 4 月 24 日、28 日分两笔将 51 万元资金存入中国工商银行二手楼资金监管账户。之后，由于被告拒绝提供收款账户、单方撤销担保公司赎楼授权，原告向法院提起诉讼，要求被告继续履行合同。法院审理过程中的一个法律问题是，被告房屋上设定的抵押权负担是否构成继续履行的障碍。第三人中国银行深圳某支行向法院提交答辩称，根据第三人的银行操作规程，只要其抵押债权得到清偿，抵押关系就已经解除，第三人有义务配合办理抵押的注销登记手续。但如需要被告作为房产所有人来配合领取房产证原件及签署相关文件，需被告亲自办理或者授权第三方进行办理，否则很难配合办理完毕。

【关键问题】

房产抵押行为是否影响合同继续履行？

【简要评论】

法院经审理认为，虽然涉案房地产存在抵押负担，但根据《物权法》第 191 条第 2 款的规定，抵押期间，抵押人未经抵押权人同意，不得转让抵押财产，但受让人代为清偿债务消灭抵押权的除外。本案中，原告愿意代为清偿涉案房地产所负抵押债务涤除抵押权，因此涉案房产继续履行的障碍可消除。

关于抵押物的转让，《物权法》对原《担保法》和最高人民法院的《担保法解释》做了修改。按照原《担保法》第 49 条的规定，抵押期间，抵押人转让已办理登记的抵押物的，应当通知抵押权人并告知受让人转让物已经抵押的情况。换言之，抵押物在转让时,可以连同其上设定的抵押权一并转让,只需抵押人在转让抵押物时通知抵押权人并将抵押情况告知受让人即可;抵押人未通知抵押权人或者未告知受让人的,转让行为无效。最高人民法院的《担保法解释》则将抵押细分为已经登记的抵押和未经登记的抵押,并对两种情况下的抵押物转让分别进行不同的处理。按照《担保法解释》第67条的规定,"抵押权存续期间,抵押人转让抵押物未通知抵押权人或者未告知受让人的,如果抵押物已经登记的,抵押权人仍可以行使抵押权;取得抵押物所有权的受让人,可以代替债务人清偿其全部债务,使抵押权消灭。受让人清偿债务后可以向抵押人追偿。如果抵押物未经登记的,抵押权不得对抗受让人,因此给抵押权人造成损失的,由抵押人承担赔偿责任"。

《物权法》第191条规定,"抵押期间,抵押人经抵押权人同意转让抵押财产的,应当将转让所得的价款向抵押权人提前清偿债务或者提存。转让的价款超过债权数额的部分归抵押人所有,不足部分由债务人清偿。抵押期间,抵押人未经抵押权人同意,不得转让抵押财产,但受让人代为清偿债务消灭抵押权的除外"。这一规定对原《担保法》进行了两个方面的修改:一是抵押期间,抵押人转让抵押财产的,应当经抵押权人同意,同时,要将转让所得的价款向抵押权人提前清偿债权或者提存,而不是仅仅通知抵押权人并告知受让人;二是抵押期间,未经抵押权人同意,不得转让抵押财产,除非受让人替抵押人向抵押权人偿还了债务消灭了抵押权。根据《物权法》第191条的制度设计,转让抵押财产,必须消除该财产上的抵押权;既然买受人取得的是没有物上负担的财产,也就不再有物上追及的问题。按照全国人大常委会法工委主编的《物权法释义》的解释,以交换所得的价款偿还债务,消灭抵押权,可以减少抵押物流转过程中的风险,避免抵押人利用制度设计的漏洞取得不当利益,更好地保护抵押权人和买受人的合法权益。

【核心知识】

房地产金融是指在房地产开发、建设、经营、流通和消费过程中,以产权或产权人的信誉为信用基础,房地产企业和金融机构组织通过货币流通和信用渠道所进行的筹资、融资、风险担保等一系列金融活动的总称。

房地产税是一个综合性概念,是指国家在房地产开发、流转和管理过程中,以房地产或与房地产有关的特定行为为纳税依据,依法强制无偿地向纳税义务人征收的税种。

延伸阅读

1. 李智、彭科科:《经济适用房 REITs 的路径依赖与法律构建》,载《中国青年政治学院学报》2014 年第 2 期;
2. 俞光远:《推进我国房地产税改革与立法的建议》,载《税务研究》2018 年第 5 期。

第二节　房地产按揭制度

知识要点

一、房地产按揭

★房地产按揭的概念

房地产按揭制度最早起源于英国,后由中国香港地区传入内地。"按揭"一词是英文"Mortgage"的粤语音译,是英国普通法中的一种以转移担保物所有权于债权人为特定物的担保制度。按揭是指按揭人将房产产权转让按揭权人作为还款保证,按揭人在还清贷款后,受益人立即将所涉及的房屋产权转让按揭人,在此过程中,按揭人享有房产的使用权。简言之,**房地产按揭**是指购房者向银行贷款支付房款,并就所购房屋为贷款设定担保的行为。按揭一词并非法律术语,而是被作为商业术语使用,因而在法律实务中一般用"个人住房担保贷款"或"住房抵押贷款"等称谓代替"按揭"。

房地产按揭业务是国内外广泛开展的一种房地产业务,虽由香港传入内地,但由于我国香港地区与内地施行两套不同的法律体系,加上我国此前尚无明确规范的房地产按揭法律制度。按揭在被内地法律吸纳时发生部分变化,与香港地区的按揭制度并不完全等同。简言之,香港的按揭仅指期房按揭,我国内地的房地产按揭实际上包含期房按揭和现房按揭。

★房地产按揭的特征

首先,按揭的实现不得取得标的物的所有权。在实践中,一旦发生按揭合同纠纷,按揭权人并不以取得标的物所有权实现按揭权,而是通过类似于抵押权实现方式的方法来保障债权的最终实现。

其次,按揭的标的不仅包括土地使用权和房屋所有权,还包括与预售房屋有关的权益,即对正在形成的不动产物权的期待权。

★★房地产按揭与房地产抵押的比较(2017年卷三第10题)

房地产按揭与房地产抵押有些相似,都是为了保证债权实现而设定担保的行为,但实质上,二者存在很多差异。

1. 主体不同

房地产按揭主要适用于房地产买卖,其主体为售房人(即房地产开放商)、购房人和获准开展按揭贷款业务的商业银行。而房地产抵押适用所有形式的债务担保,该法律关系的主体为债权人或抵押权人、债务人和抵押人。其中,抵押的债权人可以是包含银行和非银行金融机构在内的所有享有债权的人,而按揭的债权人或按揭权人只能是开展按揭贷款业务的商业银行。

2. 设立条件不同

房地产按揭和抵押均必须依照法律规定经法定登记机关登记方能生效。但除此以外,就按揭而言,如果按揭物是现房,很多情况下,按揭人必须将房屋产权证交付给按揭权人保管;若按揭物是期房,则往往要求将《商品房预售合同》交付给按揭权人保管。而房地产抵押权人在办理抵押登记后,取得他项权利证书,并不转移房地产产权证书。

3. 标的物范围不同

按揭和抵押权的标的虽然都可以是房屋和土地使用权,但抵押权的标的原则上应为有体物。虽然传统民法上也允许对权利设定抵押权,如我国《物权法》规定的可以对国有土地使用权设定抵押,但抵押物必须直接指向现存的具有一定交换价值的财产或者一种能即时物化的权利,这就排除了以期待权作为设定抵押的可能。而在房地产按揭中,按揭的标的物不仅包括现房,还有在建的工程和期房,后两者用来设定担保的是尚未建成的建筑物,用作设定担保的是一种正在形成不动产物权的期待权。

★二、现房按揭

现房按揭,是指购房人(借款人)以所购房屋为抵押,从贷款人获得一定数额的借款用以支付房款,而贷款人取得房屋抵押权确保债权实现的融资购房方式。

一般情况下,现房按揭的房屋买卖需要经过以下步骤:

- 售房人和购房人签订房屋买卖合同;
- 购房人向银行提出贷款申请,约定由银行代为交付房屋买卖合同所约定的全部房款或部分房款;
- 售房人与购房人到房地产管理部门办理房屋产权过户登记,银行与购房人申请办理抵押登记手续。该房产证经背书记载抵押事项后，交由银行保管；

- 银行对购房人发放贷款，并根据购房人的授权，将贷款划到售房人开立的账户上。

在现房按揭的房屋买卖过程中，购房人是以其拥有所有权的现有房产作为其债务的担保，实质上就是我国《物权法》所规定的抵押行为。在现房按揭中，存在三种法律关系：一是购房人与银行之间的借贷法律关系，二是购房人与售房人之间的房屋买卖法律关系，三是购房人与贷款银行之间的担保法律关系。这三种法律关系既各自独立又相互联系，三者的共同存续促成了房地产交易的安全实现。

以房屋为标的物设定担保物权的还有传统的房地产抵押，但两者并非完全等同。首先，现房按揭只发生于房屋买卖关系之中，其所担保的是购房人获得的银行贷款债权，贷款债权的产生时间先于债务人拥有房屋产权。传统的房地产抵押所担保的债权的发生时间一般与债务人取得房屋产权的行为无关，债务人在债权发生之前就已取得房屋的所有权。其次，我国目前开展住房按揭贷款业务的机构只有商业银行，因而按揭权人仅限于商业银行，其他组织或个人不得成为按揭权人。但传统的房地产抵押权人不在此限，自然人、法人或其他社会组织皆可成为抵押权人。最后，按揭业务中，必须由银行作为按揭人在其所购买的房屋上设定按揭权，而在传统的房地产抵押关系中，可由债务人以外的第三人提供房地产设定抵押，保障债权人债权的实现。[1]

三、期房按揭

★期房按揭的概念和特征

人们习惯上把在建的、尚未完成建设的、不能交付使用的房屋称为**期房**。期房在香港地区定义为楼花，在台湾地区则称为预售屋。**期房按揭，也称楼花按揭，**是指银行、预购人和房地产开放商在预售商品房中共同参加的一种融资行为，即由预购人依约向开发商支付部分房款，其余房款以银行贷款垫付，同时预购人以所购房屋所有权的请求权设定担保，并在房屋建成后设定房屋抵押权而代替原担保的融资购房活动。期房按揭是房地产业和金融业的交叉领域。从房地产业而言，期房按揭是一种新型房屋买卖方式；而从金融业而言，期房按揭是以预售商品房设定担保的一种贷款方式。从本质上讲，期房按揭也是一种房地产担保措施，但较其他房地产抵押方式更具灵活性，因而具有更深一层的经济作用和社会意义。与此同时，由于

---

〔1〕 符启林：《房地产法》，法律出版社 2009 年版，第 263 页。

作为担保标的物的期房所具有的特殊性和由此给按揭权带来的巨大风险，还需要对该种融资方式加以规范和管制。

期房按揭具有如下法律特征：

(1)期房按揭是要式法律行为。期房按揭中涉及的法律关系较为复杂，法律要求应当以书面合同的形式明确各方当事人之间的权利义务关系，并报县级以上民政房产管理部门和土地行政部门登记备案。

(2)期房按揭涉及三个合同关系和三方当事人。三个合同关系是指开发商与预购人之间的房屋买卖关系，预购人与银行间的借贷法律关系和预购人与银行之间的贷款担保关系。三方当事人包括房地产开发商、预购人和贷款银行。

(3)期房按揭的标的物是一种期待性利益。在英美法国家，期房按揭被视为一种不动产抵押。但由于期房并非一种现实存在的不动产，在设定期房按揭时，按揭人尚未取得所购房屋的所有权，其向贷款银行提供的还款保证只是在将来某一时间取得所购房屋的所有权，即一种不动产物权的“期待权”。

★★期房按揭的法律属性

对期房按揭的法律性质，学界目前还存在争议，归纳起来有如下几种见解：

(1)抵押权说。此观点认为商品房按揭属于不动产抵押，设定抵押权是为了担保债务的清偿，抵押权人有权对抵押人和抵押物进行监督和检查，在必要时可直接参与对抵押物的管理。由于银行对按揭的楼花享有监督权和处分权，无论从按揭设定的目的还是从法律效力方面，楼花按揭与抵押是基本相同的。在实务中也基本是将商品房按揭按照不动产抵押来处理的。

(2)权利质押说。此观点认为楼花预售合同中的预购人在与银行签订按揭合同时，事实上对作为担保标的物的楼花并不享有任何物权，而仅仅是一种债权或获得将来权益的期待权。此时购房人向银行提供的贷款担保不是楼花所有权，而是对开发商享有的债权。由于抵押属于物权法领域，根据物权法定原则，其类型、内容、取得和变更方式等均由法律直接规定，禁止任何人创设法律无规定的物权。所以楼花按揭明显不属于不动产抵押的法定范围，而更符合权利质押的特征。

(3)准抵押说。此观点认为楼花按揭与抵押相比而言，首先与抵押相同的是，作为抵押物的房地产不为按揭权人银行占有、使用；其次，按揭权的实现方式与抵押权的实现方式相同，银行作为第一受益人，在按揭人不履行债务时，以该财产折价或以拍卖、变卖该财产的价款优先受偿以实现按揭权；最后，按揭人是以其在预购商品房合同中的全部权益作为抵押，即以权利为抵押标的而成立的抵押，有别于以现存的实物作为抵押标的的抵押,故应属准抵押。

(4)让与担保说。该观点认为商品房按揭属于购房人将其对于楼花或现楼的财产权或所有权转让于银行的贷款担保方式,完全符合让与担保的特征,所以实质上是一种让与担保。

通过以上对期房按揭与抵押、权利质押、让与担保的比较和分析论证,我国商品房期房按揭担保的性质逐步清晰。其一,期房按揭显然不是不动产抵押。因为不动产抵押权是以不动产所有权为标的物而设立的抵押权。但期房按揭中,按揭人对用以按揭的标的物是尚未形成房屋产权的期房,是以享有请求开发商依约交付房屋并转移所有权的期待权为担保,因此期房按揭不属于不动产抵押。其二,期房按揭也不属于权利质押。虽然房屋在建时的按揭属于以期待权为担保的权利质押,但在房屋建成后会设定房屋抵押权以代替原担保,此后的按揭显然演化为房地产抵押。其三,期房按揭也不属于准抵押。准抵押权是以准物权为标的物而设立的抵押权。其四,期房按揭也不是让与担保。让与担保是指债务人或者第三人以移转担保物权利的担保债权实现的非典型担保,权利让与是让与担保的基本特征。但在期房按揭中,按揭人并未将其享有的期待权或房屋建成后的所有权让渡给按揭权人,因而楼花按揭不是让与担保。

我们认为,期房按揭属于一种新型的物权形式,是权利质押与房产抵押的结合体。在期房按揭中,可以认为以房屋产权移转为界限,此前设定的权利质押担保,此后设定的是房屋抵押担保。这也就使得按揭这种由香港传入的房地产融资方式,在我国现行法律体系下能够合理存在。而在司法实践中,法院在处理期房按揭纠纷时,可以分别使用《物权法》和《担保法》中有关质押和抵押的规定。

★四、房地产按揭合同

房地产按揭合同,可以是一个独立的合同文本,作为从属于购房借款合同的法律文件;也可以是一些相对独立的合同条款,作为购房借款合同的一部分。在房地产按揭合同中,涉及三方当事人的权利义务关系。

★★贷款银行的权利(2015 年卷三第 86 ~ 88 题)

(1)优先受偿权。无论按揭合同的标的是合同权益,还是不动产物权,按揭权人在实现按揭权时均享有优先受偿权。同时在房屋发生毁损或灭失而获得赔偿时,按揭权人依据物上代位性对所获赔偿仍旧享有优先受偿权。

(2)对按揭人的处分权的监督限制权。作为按揭物的房屋关系到银行贷款债权的实现,因而按揭权人十分关注房屋价值的保值。按揭权人不仅可依据按揭权限制按揭人的转让和抛弃行为,也可合理监督检查房屋使用的物理状况,并采取措施及时保全按揭物的价值。

(3)依约按期收回贷款本息的权利。

★★购房人的权利(2015年卷三第86~88题)

(1)有权了解、咨询、知悉按揭贷款的有关事项;

(2)有权要求贷款银行按合同约定的时间、金额、方式发放贷款;

(3)借款清偿前后,均有权占有、使用所购房产;

(4)征得贷款银行同意后,有权将抵押房产出租、转让赠与或以其他方式处分;

(5)因房屋买卖合同无效、被撤销导致贷款目的无法实现时,有权要求解除借款合同(借款合同另有约定除外);

(6)偿还全部贷款本息后,有权要求贷款银行返还房地产权证或其他有关文件,并办理抵押登记注消手续。

★★开发商的权利

(1)依约收取所售房屋价款的权利。该项价款包括购房人支付的首期房款以及按揭银行转入开发商专用账户的贷款。

(2)回购权。如果按揭人无法按时支付按揭款,除按揭权人可行使按揭权以外,开发商也可选择代替按揭人支付余下按揭款,继而代替按揭人取得对按揭房屋的相关权益。此时,开发商应对按揭人已经支付的按揭款予以返还。

(3)追偿权。实践中,按揭银行通常会要求开发商对购房人的贷款独立承担第三方保证责任。房屋竣工后,银行债权上存在两种形式的担保,即人保(保证)和物保(抵押)。一旦发生购房人严重违约的情形,开发商在对物保以外的债权承担保证责任后,有权就责任承担数额向购房人追偿。

法律与规范链接

▲ 必读法条

《城市房地产管理法》

第45条 商品房预售,应当符合下列条件:

(一)已交付全部土地使用权出让金,取得土地使用权证书;

(二)持有建设工程规划许可证;

(三)按提供预售的商品房计算,投入开发建设的资金达到工程建设总投资的

百分之二十五以上,并已经确定施工进度和竣工交付日期;

(四)向县级以上人民政府房产管理部门办理预售登记,取得商品房预售许可证明。

商品房预售人应当按照国家有关规定将预售合同报县级以上人民政府房产管理部门和土地管理部门登记备案。

商品房预售所得款项,必须用于有关的工程建设。

△ **延伸法条**

《城市商品房预售管理办法》

《商品房销售管理办法》

典型案例

按揭房转让案

【案情概述】

2017年9月,张某与李某签订一份《房屋买卖协议》,约定:李某将其所有的金融花园A房出让给张某,双方约定的出让价格为12万元,办理产权证及土地证费用由李某承担;付款方式为协议签订后,张某向李某支付房款120,841元并承担李某的银行按揭。房屋交付为协议签订后,李某在三个月内清空房屋,并向张某交接有关房屋的相关文件等。合同签订后,张某于当日向李某支付房款12万元,李某依约履行了交房的义务,并停止承担余下的银行按揭贷款。然而张某并没有履行为李某付清所欠的银行按揭贷款或与银行重新办理银行按揭手续的约定。按揭银行发现李某按揭贷款没有按期归还,但按揭房屋已经易主,遂诉至法院以保障自身权益。

【关键问题】

1. 按揭房作为抵押物能否转让?

2. 按揭房转让合同未经银行同意是否有效?

【简要评论】

本案中的涉案房屋已办理了按揭抵押贷款业务,并在房屋建成后设置了抵押权,买卖双方在未经得抵押权人(贷款银行)同意的情形下擅自转让抵押物,违反了《物权法》第191条第2款"抵押期间,抵押人未经抵押权人同意,不得转让抵押财产,但受让人代为清偿债务消灭抵押权除外"和《合同法》第52条第5款"违反法律、行政法规的强制性规定的合同无效”之规定。故双方所签订的《房地产买卖协议》属于无效合同。无效的合同自始无法律约束力，李某收取12万元的行为丧失了合法依据，属于不当得利，李四应返还购房款人民币12万元及利息。

【核心知识】

按揭是指按揭人将房产产权转让按揭权人作为还款保证，按揭人在还清贷款后，受益人立即将所涉及的房屋产权转让按揭人，在此过程中，按揭人享有房产的使用权。简言之，房地产按揭是指购房者向银行贷款支付房款，并就所购房屋为贷款设定担保的行为。房地产按揭与房地产抵押有些相似，都是为了保证债权实现而设定担保的行为，但实质上，二者存在很多差异。

延伸阅读

1. 李秋林：《银行按揭贷款合同回购条款的法律分析》，载《南方金融》2017年第1期；
2. 孟祥沛：《论中国式按揭》，载《政治与法律》2013年第5期；
3. 李建华、王国柱：《商品房假按揭司法处理的法律适用及规则完善》，载《山东社会科学》2013年第10期。

第三节 房地产抵押制度

知识要点

一、房地产抵押

★房地产抵押概述（2017年卷三第83题，2015年卷三第5题）

房地产抵押是伴随我国土地使用权制度改革和房地产业的发展而产生的一种房地产利用方式，同时也是一种防范融资风险的有效措施。房地产价值巨大，由其作为债权担保之标的物，对于债权的实现十分有利。根据我国《城市房地产管理法》第47条和《城市房地产抵押管理办法》第3条的规定，**房地产抵押**是指抵押人以其合法的房地产以不转移占有的方式向抵押权人提供债务履行担保的行为。债务人不履行债务时，抵押权人有权依法以抵押的房地产拍卖所得的价款优先受偿。抵押是为担保债权实现而设立的法律制度，其以成立于抵押之前的债权为存在基础，抵押权是担保主债权实现的从权利。其中，抵押人是指以房地产作为本人或第三人履行债务担保的债务人，抵押权人则是指接受房地产抵押作为履行债务担保责任的债权人。债权人依法享有的抵押权属于担保物权的范畴，因此**房地产抵押具有如下特点：**

(1)房地产抵押具有从属性。房地产抵押与其所担保的债权形成权利上的主从关系，抵押权所担保的债权为主权利，房地产抵押权为从权利，房地产抵押权从属于其所担保的债权。设立房地产抵押权的目的就是保证债权的实现，房地产抵押权从设立到消灭均与主债权相依存。其一，设立房地产抵押权，必须有主债权的存在。除最高额抵押以外，房地产抵押的设立以主债权的存在或者同时设立为前提条件。其二，房地产抵押权的转让依附于主债权，二者必须同时转让。根据《物权法》第192条的规定，"抵押权不得与债权分离而为单独转让或者作为其他债权的担保。债权转让的，担保该债权的抵押权一并转让，但法律另有规定或者当事人另有约定的除外"。抵押权人不得将主债权与房地产抵押权分离而转让于不同的第三人，除法律另有规定或者当事人约定的，房地产抵押权应当附随主债权同时转让。其三，主债权消灭，房地产抵押权同时亦归于消灭。根据《担保法》第52条规定："抵押权与其担保的债权同时存在，债权消灭的，抵押权也消灭。"

(2)房地产抵押不转移标的物的占有。债务人或第三人以其所有的或有权处分的房地产作为抵押物设立抵押权后，抵押物并不转移到抵押权人的占有之下，抵押人仍可以对抵押物进行占有、使用和收益。可见，房地产抵押权作为担保物权时，其核心内容在于取得担保物的交换价值而非使用价值。[1] 房地产抵押权的设定没有影响房地产使用价值的实现，这不仅是房地产抵押权的基本特征，也是区别于质押权的重要方面。

(3)房地产抵押具有特定性。房地产抵押的特定性表现为客体和担保债权的特定性，即房地产抵押的客体和其所担保的债权必须是特定的。一方面，房地产抵押的客体必须是房屋所有权或土地使用权；另一方面，房地产抵押所担保的债权必须是已经确定的合法债权。抵押物和所担保的债权特定，才能更好的明确房地产抵押担保的债权范围，才能更好的保护交易安全。

(4)房地产抵押具有要式性。根据我国《土地管理法》《担保法》《物权法》的相关规定，房地产抵押的要式性体现为两个方面：一是抵押权的设立应当采用书面合同的形式，二是房地产抵押权的设立以登记为生效要件。抵押人可以和抵押权人

---

〔1〕 李延荣：《房地产管理法》，中国人民大学出版社2011年版，第104页。

单独签订抵押合同,也可以在原债权合同中写明,但无论何种方式,均必须采取书面形式并办理登记。

★房地产抵押所担保债权的范围

根据我国《担保法》第 46 条规定,"抵押担保的范围包括主债权及利息、违约金、损害赔偿金和实现抵押权的费用。抵押合同另行约定的,按照约定"。房地产抵押所担保的债权范围包括以下几种:

- 主债权。主债权是主债务合同中约定的,债权人要求债务人履行特定给付义务的权利。在房地产抵押中,主债权通常表现为银行贷款或其他金钱债权。
- 利息。利息是指债权存续期间主债权产生的法定孳息。
- 违约金。违约金是指按照当事人的约定或者法律直接规定,一方当事人违约的,应向另一方支付的金钱。
- 损害赔偿金。损害赔偿金是指债务人因不履行或不完全履行合同义务而给债权人造成损失时,应给予债权人的赔偿金。其中因违约造成的损失一般包括实际发生的损失和可期待利益的损失。
- 实现抵押权的费用。实现抵押权的费用是指债务人到期不履行债务,债权人为清偿债权而在实现抵押权时所支付的费用,一般包括诉讼费、仲裁费、申请费、评估费、拍卖费、保全费和执行费等。

★★房地产抵押物的范围

房地产抵押物具有一定的特殊性,并非在任何房地产之上均可设定抵押权,而是必须符合法定的范围和条件。根据我国《物权法》《担保法》《城市房地产抵押管理办法》等相关法律法规和司法解释的规定,房地产抵押物主要包括土地使用权和房屋产权,具体可分为可以设定抵押权的房地产和禁止设定抵押权的房地产。

1. 可以设定抵押权的范围

对于何种房地产可以设定抵押权,我国 1995 年实施的《担保法》第 34 条就曾规定,抵押人所有的房屋和其他地上定着物、抵押人依法有权处分的国有土地使用权、房屋和其他地上定着物、抵押人依法承包并经发包方同意抵押的荒山、荒沟、荒丘、荒滩等荒地的土地使用权可以抵押。但我国 2007 年颁布的《物权法》第 180 条增加了可抵押房地产的范围,一是将抵押人依法承包抵押的荒山、荒沟、荒丘、荒滩等荒地的土地使用权时"须经发包方同意"变更为以招标、拍卖、公开协商等方式;二是确立法不禁止即可抵押的原则,吸收《担保法司法解释》第 47 条之规定,明确在建房产亦可抵押。总之,根据《物权法》第 180 条的规定,**可以设定抵押权的房地**

产包括以下几种：(1)抵押人所有的房屋和其他地上定着物。(2)建设用地使用权；(3)以招标、拍卖、公开协商等方式取得的荒地等土地承包经营权；(4)正在建造的建筑物、船舶、航空器；(5)法律、行政法规未禁止抵押的其他财产。抵押人也可以将上述所列财产一并抵押。

2. 禁止设定抵押权的范围

根据我国《物权法》第184条和《城市房地产抵押管理办法》第8条的规定，**下列房地产不得设立抵押权**：(1)土地所有权；(2)耕地、宅基地、自留地、自留山等集体所有的土地使用权(但法律规定可以抵押的除外)；(3)学校、幼儿园、医院等以公益为目的的事业单位、社会团体和其他社会公益性的房地产；(4)所有权、使用权不明或者有争议的房地产；(5)列入文物保护的建筑物和有重要纪念意义的其他建筑物；(6)已依法公告列入拆迁范围的房地产；(6)依法被查封、扣押、监管或者以其他形式限制的房地产；(7)法律、行政法规规定不得抵押的其他房地产。

二、房地产抵押权与房地产抵押合同

★房地产抵押权的设定方式

房地产抵押权的设定方式分为意定抵押和法定抵押两种方式。**意定抵押**是指双方当事人协商一致达成合意，签订抵押合同并办理抵押物登记而设立抵押权。**法定抵押**则是依据法律的特殊规定而在当事人之间直接产生的抵押权。一般情况下，实践中所设立的抵押权大多为意定抵押权，只要具备有效的抵押合同并依法办理登记即可设立意定抵押权。但在特殊情况下，法律为保障债权人的利益而直接规定设立法定抵押权。目前，我国法律所规定的法定抵押权主要体现在如下两种情形。

1. 建设工程承包人的优先受偿权

我国《合同法》第286条规定："发包人未按照约定支付价款的，承包人可以催告发包人在合理期限内支付价款。发包人逾期不支付的，除按照建设工程的性质不宜折价、拍卖的以外，承包人可以与发包人协议将该工程折价，也可以申请人民法院将该工程依法拍卖。建设工程的价款就该工程折价或者拍卖的价款优先受偿。"该法所规定的优先受偿权在性质上是否属于法定抵押权仍存有争议，但承包人的优先受偿权既不是不动产留置权，也不是不动产优先权，其符合抵押权的基本特征，并且与一般抵押权的区别仅在于设立的原因：建设工程承包人优先受偿权因具备法定要件而直接设立；而一般的抵押权为意定担保物权，由各方当事人通过订立抵押合同并办理登记的方式自由设定。所以，承包人优先受偿权符合法定抵押权的理论,可定性为由法律直接规定而产生的抵押权。

2. 房地产抵押的"房随地走"和"地随房走"原则

我国《物权法》第182条规定:"以建筑物抵押的,该建筑物占用范围内的建设用地使用权一并抵押。以建设用地使用权抵押的,该土地上的建筑物一并抵押。抵押人未依照前款规定一并抵押的,未抵押的财产视为一并抵押。"该条款确立了我国房地产抵押的"房随地走""地随房走"的土地使用权和房屋所有权"连动"原则。以建筑物单独抵押的,该建筑物范围内的土地使用权一并抵押;而以土地使用权抵押的,该土地上的建筑物一并抵押。总之,抵押权人可依法对相应的未抵押的房地产享有法定抵押权。

★房地产抵押合同及其内容

房地产抵押合同,是指抵押人与抵押权人签订的、约定以特定的房地产担保债务但不移转房地产的占有,在债务人不履行债务时,抵押权人享有就该房地产的变价优先受偿权利的协议。房地产抵押合同为要式合同,不仅要采用书面形式还需载明法律规定的内容。

根据《城市房地产抵押管理办法》第26条的规定,房地产抵押合同一般应当载明下列主要内容:(1)抵押人、抵押权人的名称或者个人姓名、住所;(2)主债权的种类、数额;(3)抵押房地产的处所、名称、状况、建筑面积、用地面积以及四至等;(4)抵押房地产的价值;(5)抵押房地产的占用管理人、占用管理方式、占用管理责任以及意外损毁、灭失的责任;(6)债务人履行债务的期限;(7)抵押权灭失的条件;(8)违约责任;(9)争议解决方式;(10)抵押合同订立的时间与地点;(11)双方约定的其他事项。

除此以外,《城市房地产抵押管理办法》第28条对在建工程抵押合同的规定更为严格,还要求抵押合同应当载明以下内容:(1)《国有土地使用权证》、《建设用地规划许可证》和《建设工程规划许可证》编号;(2)已交纳的土地使用权出让金或需交纳的相当于土地使用权出让金的款额;(3)已投入在建工程的工程款;(4)施工进度及工程竣工日期;(5)已完成的工作量和工程量。

★房地产抵押登记程序(2017年卷三第66题,2016年卷三第5题,2015年卷一第29题)

我国法律规定,房地产抵押合同自签订之日起30日内,抵押当事人应当到房地产所在地的房地产管理部门办理房地产抵押登记。设立房地产抵押权应当履行法定的登记程序。

1. 递交申请材料

办理房地产抵押登记,应当向登记机关交验下列文件:(1)抵押当事人的身份证明或法人资格证明;(2)抵押登记申请书;(3)抵押合同;(4)《国有土地使用权证》、《房屋所有权证》或《房地产权证》,共有的房屋还必须提交《房屋共有权证》和其他共有人同意抵押的证明;(5)可以证明抵押人有权设定抵押权的文件与证明材料;(6)可以证明抵押房地产价值的资料;(7)登记机关认为必要的其他文件。

2. 登记机关受理审核

登记机关应当对申请人的申请进行审核。凡权属清楚、证明材料齐全的,应当在受理登记之日起7日内决定是否予以登记,对不予登记的,应当书面通知申请人。

3. 颁发权利证书

登记机关对申请书和有关证明文件逐项审核后无误的,填写审批表,对抵押权人填发房地产他项权利证书。以依法取得的房屋所有权证书的房地产抵押的,登记机关应当在原《房屋所有权证》上作他项权利记载后,由抵押人收执。并向抵押权人颁发《房屋他项权证》。以预售商品房或者在建工程抵押的,登记机关应当在抵押合同上作记载。

★★房地产抵押人的权利(**2017年卷三第8题,2015年卷三第13题**)

1. 对抵押物的占有权

房地产抵押是以不转移抵押物的占有为主要特征,这也是区别质押的主要因素。抵押权设立后,抵押人仍然有权占有、使用抵押物,支配抵押物的使用价值。此外,抵押人还可允许他人占有抵押物,有权收取抵押物产生的孳息。

2. 对抵押物的处分权

抵押权设定后,抵押人对抵押物仍享有一定的处分权,即出租和转让的权利。其一,抵押人有权占有抵押物,并将抵押物出租给第三人使用,获取租金收益。抵押物的出租对房地产抵押权并未产生影响,抵押权人在债权逾期未清偿时仍能够就抵押物的变价所得优先受偿。其二,抵押权设定后,抵押人仍然享有对抵押物的所有权、使用权和收益权,抵押人可以将抵押物转让给第三人。但为了保护抵押权人的利益,维护交易安全,法律对抵押物的转让施加了部分限制。

我国《物权法》第191条规定:“抵押期间,抵押人经抵押权人同意转让抵押财产的,应当将转让所得的价款向抵押权人提前清偿债务或者提存。转让的价款超过债权数额的部分归抵押人所有,不足部分由债务人清偿。抵押期间,抵押人未经抵押权人同意,不得转让抵押财产,但受让人代为清偿债务消灭抵押权的除外。”房地产抵押的受让人,可以代替债务人清偿其全部债务,使抵押权消失。但在清偿债务后,受让人可以向抵押人追偿。此外,依照最高人民法院《关于适用〈中华人民共和国担保法〉若干问题的解释》的有关规定,如果抵押人在抵押权存续期间,转让抵押的房地产时未通知抵押权人或者未告知受让人的,并不影响抵押权人行使抵押权。

3. 对抵押物设定数个担保权

抵押物设定数个担保权,是指抵押人可在同一房地产抵押物之上设定数个担保物权。抵押人仅当抵押物的担保价值高于所担保的债权数额时,方可就抵押物的余额再次设定担保物权。但若抵押物的担保价值与所担保的债权数额相等时,抵押人就不得在同一房地产再次设定担保物权,否则其行为无效。此举是为了保护房地产抵押人的利益,更大限度地发挥房地产的经济效益,以法律手段实现对房地产资源的有效利用。

★★★抵押权人的权利(2017 年卷三第 55、89 ~ 91 题,2017 年卷三第 55 题,2015 年卷三第 11、53 题)

1. 优先受偿权

优先受偿权是房地产抵押权的核心内容,也是抵押权人享有的最根本的权利。债务人不履行到期债务或者发生当事人约定的实现抵押权的情形,抵押权人可以与抵押人协议以抵押财产折价或者以拍卖、变卖该抵押财产所得的价款优先受偿。抵押权人与抵押人未就抵押权实现方式达成协议的,抵押权人可以请求人民法院拍卖、变卖抵押财产。抵押权人的优先受偿权主要体现在以下三个方面:

(1)抵押权人优先于无担保的一般债权人受偿。一般债权人仅以房地产抵押物的变现价值清偿抵押权人债权后的剩余部分获得清偿。

(2)抵押权人的优先受偿权还优先于执行权,即已经设定抵押的财产被采取查封、扣押等财产保全或者执行措施的,不影响抵押权的效力。

(3)抵押权人享有别除权。在抵押人被宣告破产时,房地产抵押物不列入破产财产,抵押权人享有别除权,即债权人因债权设有担保物而就债务人特定房地产在破产程序中享有的单独、优先受偿权利。

2. 抵押权的保全权

抵押权的保全权是指在抵押期间发生抵押物的价值受到侵害时,抵押权人有权采取措施以保全抵押房地产价值不被减少的权利。对此,我国《物权法》第 193 条规定:“抵押人的行为足以使抵押财产价值减少的,抵押权人有权要求抵押人停止其行为。抵押财产价值减少的,抵押权人有权要求恢复抵押财产的价值,或者提供与减少的价值相应的担保。抵押人不恢复抵押财产的价值也不提供担保的，抵押权人有权要求债务人提前清偿债务。”

3. 抵押权的处分权

房地产抵押权是一种非专属性的财产权利，原则上允许抵押权人自由处分。但抵押权作为主债权的从权利，在转让处分时具有一定的附随性。我国《物权法》第 192 条对房地产抵押权的处分权就有明确规定：“抵押权不得与债权分离而单独转让或者作为其他债权的担保。债权转让的，担保该债权的抵押权一并转让，但法律另有规定或者当事人另有约定的除外。”

★三、房地产抵押权的实现

房地产抵押权的实现，又称房地产抵押权的实行，是指当债务人不履行债务时，房地产抵押权人行使其抵押权将抵押的房地产变价以满足其债权得到优先受偿的过程。房地产抵押权的实现是特定条件下实现债权的一种方式，是房地产抵押权担保功能实现的最后环节。最终，房地产抵押权因实现而归于消灭。

★★房地产抵押权实现的条件

房地产抵押权是为将来抵押权人实现债权而设定的权利，并不是需要立刻行使的权利，只有符合一定的法定条件，抵押权人才能行使。**房地产抵押权实现的条件**包括以下三个方面：

(1)房地产抵押权的有效存在。房地产抵押权的实现首先应以房地产抵押权的存在为前提。房地产抵押权的存在是指当事人已经就特定的债权设定房地产抵押权，并且该房地产抵押权尚未因未成立(如未办理登记)、被认定为无效或被撤销的法定的原因而消灭。房地产抵押权若不存在，则无法实现抵押权。

(2)债权已届清偿期而未受清偿。债权已届清偿期而抵押权人未受清偿时，抵押权人才能行使抵押权。如果债务未到清偿期，或者债务人已经履行了债务，或者债务已经被免除，则抵押权人均不得行使抵押权。

(3)未超过除斥期间。除斥期间是指民法对形成权行使的时间限制，即法律规定某种民事实体权利存在的期间。关于抵押权的除斥期间，我国《物权法》第 202 条就有明确规定，“抵押权人应当在主债权诉讼时效期间行使抵押权；未行使的，人民法院不予保护”。

★房地产抵押权实现的方式

一般情形下，房地产抵押权的实现方式有折价、变卖和拍卖三种方式。我国《物权法》第 195 条规定：“债务人不履行到期债务或者发生当事人约定的实现抵押权的情形，抵押权人可以与抵押人协议以抵押财产折价或者以拍卖、变卖该抵押财产所得的价款优先受偿。协议损害其他债权人利益的，其他债权人可以在知道或者应当知道撤销事由之日起一年内请求人民法院撤销该协议。抵押权人与抵押人未就抵押权实现方式达成协议的，抵押权人可以请求人民法院拍卖、变卖抵押财产。抵押财产折价或者变卖的，应当参照市场价格。"

★★房地产抵押权实现的程序

房地产抵押权的实现一般有两种程序：一是协议实现，二是诉讼实现。债务履行期届满债权未获清偿的，抵押权人可以与抵押人协议以抵押的房地产拍卖所得的价款受偿，协议不成的，抵押权人可以向人民法院起诉，请求实现抵押权。2012年修订的新《民事诉讼法》增加了"实现担保物权案件"的特别程序，极大的提高了有担保物权的债权人实现债权的效率（审限30天，且一审终审），对于实现房地产抵押权具有重要意义。

但对在划拨的国有土地使用权上设定抵押，实现抵押权时，还必须经过两个特殊程序：一是拍卖该土地使用权时，必须经有批准权的人民政府审批；二是拍卖所得价款必须首先缴纳应缴的土地使用权出让金，然后抵押权人才能优先受偿。

★房地产抵押权实现的顺序

根据《物权法》第199条规定，同一宗房地产向两个以上债权人抵押的，拍卖、变卖抵押财产所得的价款依照下列规定清偿：

- 抵押权已登记的，按照登记的先后顺序清偿；顺序相同的，按照债权比例清偿。
- 抵押权已登记的先于未登记的受偿。
- 抵押权均未登记的，按照债权比例清偿。

★房地产抵押权的消灭（2016年卷三第73题）

（1）因抵押的房地产灭失且无替代物而消灭。房地产抵押权作为一项担保物权，若房地产抵押物因自然灾害、公用征收等原因而灭失时，房地产抵押权消灭。同时，房地产抵押权具有物上代位性，房地产虽已灭失，但如果有赔偿金、保险金或补偿金，则房地产抵押权人可对该赔偿金、保险金或补偿金享有优先受偿权。

（2）因被担保的债权消灭而消灭。房地产抵押权相对于主债权而言，具有绝对的附随性。房地产抵押权与被担保债权同时存在，债权消灭，房地产抵押权也消灭。

（3）因房地产抵押权实现而消灭。如前所述，房地产抵押权实现是房地产抵押权担保功能实现的最后环节。房地产抵押权实现，房地产抵押担保法律关系消灭，房地产抵押权自然消灭。

法律与规范链接

▲ 必读法条

《物权法》

第179条　为担保债务的履行，债务人或者第三人不转移财产的占有，将该财产抵押给债权人的，债务人不履行到期债务或者发生当事人约定的实现抵押权的情形，债权人有权就该财产优先受偿。

前款规定的债务人或者第三人为抵押人，债权人为抵押权人，提供担保的财产为抵押财产。

第180条　债务人或者第三人有权处分的下列财产可以抵押：

（一）建筑物和其他土地附着物；

（二）建设用地使用权……

△ 延伸法条

住房和城乡建设部、中国人民银行、银监会《关于规范购房融资和加强反洗钱工作的通知》

《城市房地产抵押管理办法》

典型案例

房地产抵押案

【案情概述】

柳桥公司为引进一批国外先进流水线，急需一笔资金，为此向某商业银行申请贷款。银行要求柳桥公司提供担保，该公司遂以其所有的办公大楼作为抵押，并与银行签订了抵押合同，向房地产主管部门办理了抵押权设立登记手续。合同约定公司以其办公大楼作抵押向银行贷款50万元，办公大楼估价80万元，抵押期限为2年。此后银行也与该公司签订了借款合同，合同约定银行借款50万元给柳桥公司用途为购买生产设备，贷款期限为2年。后银行依约履行了放款义务。但该公司因资金周转陷入困境没有按期还款，银行多次催款未果只好请求法院拍卖抵押物偿还贷款。

【关键问题】

1. 房地产抵押合同与贷款合同的关系？

2. 房地产抵押合同能否先于主债权成立?

【简要评论】

本案虽然发生抵押合同先于借款合同签订的情况,但不能因为抵押权的成立以主债权的存在为前提而否定抵押合同的效力。本案的抵押权设置在前,主债权发生在后,但在抵押有效期间主债权始终合法存在,现代物权法已经不再恪守担保物权的从属性理论,现实生活中存在大量为担保未来债权而设定抵押权的事例,最高额抵押就是典型一例,这也是当事人为了保障交易安全的正常做法。故本案的抵押合同有效,公司未按期还款,银行有权就所抵押的办公大楼拍卖价款优先受偿。

【核心知识】

房地产抵押权的设定方式分为意定抵押和法定抵押两种方式。意定抵押是指双方当事人协商一致达成合意,签订抵押合同并办理抵押物登记而设立抵押权。法定抵押则是依据法律的特殊规定而在当事人之间直接产生的抵押权。一般情况下,实践中所设立的抵押权大多为意定抵押权,只要具备有效的抵押合同并依法办理登记即可设立意定抵押权。

延伸阅读

1. 朱大旗、李蕊:《论我国土地银行制度的构建》,载《法学杂志》2016 年第 7 期;
2. 王欣新、乔博娟:《论破产程序中未到期不动产租赁合同的处理方式》,载《法学杂志》2015 年第 3 期;
3. 刘佳:《农民住房抵押贷款中金融机构债权实现的困境与出路》,载《农村金融研究》2016 年第 11 期。

第四节 房地产税收制度

知识要点

房地产税是一个综合性概念,是指国家在房地产开发、流转和管理过程中,以房地产或与房地产有关的特定行为为纳税依据,依法、强制、无偿地向纳税人征收的税种。**房地产税收不是一个独立的税种,而是房地产领域中诸多相关税种的总**

称。由于税法一般针对纳税人特定的应税行为或劳务征税，因此依照房地产开发、保有和交易三个环节，房地产税具体包括增值税、城市维护建设税、土地增值税、印花税、所得税、契税、房产税等若干税种。

随着我国财税体制改革的逐步加深，2018年3月5日的政府工作报告提出，要“健全地方税体系，稳妥推进房地产税立法”。这也是自2013年中央提出对房地产税进行立法后，“房地产税”第二次进入政府工作报告。房地产税的作用主要是调节收入分配，特别是个人财富的集聚，起到促进社会公平的作用。同时，筹集财政收入，用来满足政府提供公共服务的需求。当前，我国房地产税实施的总体思路是“立法先行、充分授权、分步推进”。全国人大常委会预算工作委员会、财政部以及其他有关方面正在以房产税为税制基础，抓紧起草和完善房地产税法律草案。以下是未来房地产税与当前房地产税收制度的关系图见图8－1。

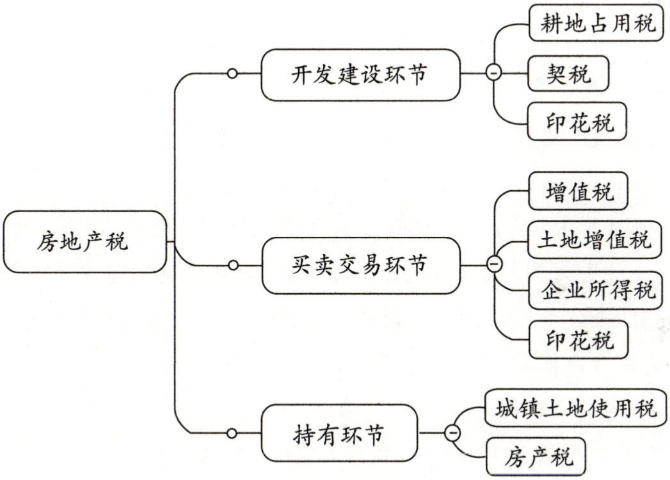

图8－1　房地产税收制度关系

★一、土地增值税

土地增值税，是指对有偿转让国有土地使用权、地上建筑物及其附着物的单位和个人，就其取得的收入的增值部分征收的一种税。它是为了规范房地产市场交易秩序，适当调节土地增值收益而征收的一种税收。土地增值税法，是调整土地增值税征纳关系的法律规范的总称。我国关于土地增值税的法规主要是1993年12月13日国务院颁布的《土地增值税暂行条例》（后于2011年1月8日修订），以及1995年1月27日财政部颁布的《土地增值税暂行条例实施细则》。

★土地增值税的纳税主体

土地增值税的纳税人，为以出售或者其他方式有偿转让国有土地使用权、地上建筑物及其附着物并取得收入的国有企业、集体企业、私营企业、外商投资企业、外国企业、股份制企业、其他企业，以及行政单位、事业单位、社会团体、其他单位、个体经营者和其他个人。

★土地增值税的计税依据

土地增值税的计税依据为纳税人转让房地产所取得的增值额。所谓增值额，是纳税人转让房地产取得的收入减除规定扣除项目金额之后的余额。

纳税人取得的收入包括转让房地产而取得的货币形态、实物形态及其他形态的全部价款及有关的经济收益。

上述规定的扣除项目包括：(1)取得土地使用权所支付的地价款和按照国家统一规定交纳的有关费用。(2)房地产开发的成本、费用。房地产开发成本主要包括土地征用及拆迁补偿费、前期工程费、建筑安装工程费、基础设施费、公共配套设施费、开发间接费用等。房地产开发费用是指与房地产开发项目有关的销售费用、管理费用和财务费用。上述土地征用及拆迁补偿费，包括土地征用费、耕地占用税、劳动力安置费，有关地上、地下附着物拆迁补偿的净支出，安置动迁用房支出等。上述前期工程费，包括规划、设计、项目可行性研究和水文、地质、勘察、测绘、“三通一平”等支出。上述开发间接费用，是指直接组织、管理开发项目发生的费用，包括工资、职工福利费、办公费、水电费、折旧费等。(3)经过当地主管税务机关确认的旧房和建筑物的评估价格。评估价格须经当地税务机关确认。(4)与转让房地产有关的税金，包括纳税人在转让房地产时缴纳的增值税、城市维护建设税和印花税。转让时交纳的教育费附加可以视同税金扣除。(5)财政部规定的其他扣除项目。依据规定，从事房地产开发的纳税人可以按取得土地使用权所支付的金额与房地产开发成本之和，加计20%的扣除额。

纳税人有下列情形之一的，按照房地产评估价格计算征收：(1)隐瞒、虚报房地产成交价格的；(2)供扣除项目金额不实的；(3)转让房地产成交价格低于房地产评估价格，又无正当理由的。

★★土地增值税的税率与应纳税额计算

土地增值税实行4级超率累进税率：

- 增值额未超过扣除项目金额50%的部分，税率为30%。
- 增值额超过扣除项目金额50%、未超过100%的部分，税率为40%。

● 增值额超过扣除项目金额100%、未超过200%的部分,税率为50%。

● 增值额超过扣除项目金额200%的部分,税率为60%。

在实际征收时,计算土地增值税应纳税额可以采用增值额乘以适用税率再减去扣除项目金额与速算扣除系数的乘积的方法,具体如下:

● 增值额未超过扣除项目金额50%的,土地增值税应纳税额 = 土地增值额 × 30%。

● 增值额超过扣除项目金额50%、未超过100%的,土地增值税应纳税额 = 增值额 ×40% － 扣除项目金额 ×5%。

● 增值额超过扣除项目金额100%、未超过200%的,土地增值税应纳税额 = 增值额 ×50% － 扣除项目金额 ×15%。

● 增值额超过扣除项目金额200%的,土地增值税应纳税额 = 增值额 ×60% － 扣除项目金额 ×35%。

★★土地增值税法规定的税收优惠

下列项目可以免征土地增值税:

● 建造普通标准住宅出售,增值额未超过各项规定扣除项目金额20%的。

● 由于城市实施规划、国家建设需要而依法征收、收回的房地产。

● 由于城市实施规划、国家建设需要而搬迁,由纳税人自行转让的房地产。

● 个人之间互换自有居住房地产的。

● 个人因工作调动或者改善居住条件而转让原自用住房,经过主管税务机关批准,在原住房居住满5年的,可以免征土地增值税;居住满3年不满5年的,可以减半征税。

☆土地增值税的纳税期限和地点

纳税人应当自转让房地产合同签订之日起7日内向房地产所在地主管税务机关办理纳税申报,并在税务机关核定的期限内缴纳土地增值税。

土地增值税由税务机关负责征收。土地管理部门、房产管理部门应当向税务机关提供有关资料,并协助税务机关依法征收土地增值税。

如果纳税人没有按照规定缴纳土地增值税,土地管理部门和房产管理部门不得办理有关的权属变更手续。

★二、耕地占用税

耕地占用税,是指对占用耕地建房或者从事其他非农业建设的单位和个人,按其实际占用耕地面积实行从量定额征收的一种税。它是为了加强土地管理,合理利用土地资源,保护农用耕地而征收的一种税收。耕地占用税法是调整耕地占用税征纳关系的法律规范系统。国务院于1987年4月1日发布的《中华人民共和国耕地占用税暂行条例》实施以来,对于保护耕地、促进合理利用土地资源起到了积极的作用。但随着经济的发展,该条例越来越不适应新形势的需要,保护耕地的作用日益弱化。因此,2007年12月1日,国务院令第511号发布了《中华人民共和国耕地占用税暂行条例》(以下简称《耕地占用税暂行条例》),自2008年1月1日起施行,1987年4月1日国务院发布的《中华人民共和国耕地占用税暂行条例》同时废止。

★耕地占用税的纳税主体与征税范围

耕地占用税的纳税人,即占用耕地建房或者从事非农业建设的单位或者个人。其中,"单位"包括国有企业、集体企业、私营企业、股份制企业、外商投资企业、外国企业以及其他企业,事业单位、社会团体、国家机关、部队以及其他单位;"个人"包括个体工商户以及其他个人。

耕地占用税的征税范围,包括属于国家所有和集体所有的耕地。上述耕地,是指用于种植农作物的土地,具体包括:(1)种植粮食作物、经济作物的土地;(2)菜地;(3)园地;(4)新开荒地、休闲地、轮歇地、鱼塘、草田轮作地等。

理解耕地占用税的征税范围时,还需要注意以下三点:(1)纳税人临时占用耕地,应当依照《耕地占用税暂行条例》的规定缴纳耕地占用税。纳税人在批准临时占用耕地的期限内恢复所占用耕地原状的,全额退还已经缴纳的耕地占用税。(2)占用林地、牧草地、农田水利用地、养殖水面以及渔业水域滩涂等其他农用地建房或者从事非农业建设的,比照《耕地占用税暂行条例》的规定征收耕地占用税。(3)建设直接为农业生产服务的生产设施占用前述规定的农用地的,不征收耕地占用税。

★耕地占用税的税率

耕地占用税以纳税人实际占用的耕地面积为计税依据,按照规定的适用税额一次性征收。根据《耕地占用税暂行条例》的规定,耕地占用税的税额规定如下:(1)人均耕地不超过1亩的地区(以县级行政区域为单位,下同),每平方米为10元至50元;(2)人均耕地超过1亩但不超过2亩的地区,每平方米为8元至40元;(3)人均耕地超过2亩但不超过3亩的地区,每平方米为6元至30元;(4)人均耕地超过3亩的地区,每平方米为5元至25元。

国务院财政、税务主管部门根据人均耕地面积和经济发展情况,确定各省、自治区、直辖市的平均税额。至于各地适用税额，由省、自治区、直辖市人民政府在上述规定的税额幅度内，根据本地区情况核定。各省、自治区、直辖市人民政府核定的适用税额的平均水平，不得低于国务院财政、税务主管部门确定的平均税额。

此外，经济特区、经济技术开发区和经济发达且人均耕地特别少的地区，适用税额可以适当提高，但是提高的部分最高不得超过各省级政府核定的当地适用税额的50%。占用基本农田的，适用税额应当在《耕地占用税暂行条例》第5条第3款、第6条规定的当地适用税额的基础上提高50%。

★耕地占用税法规定的税收优惠

根据《耕地占用税暂行条例》，下列情形免征耕地占用税：(1)军事设施占用耕地；(2)学校、幼儿园、养老院、医院占用耕地。下列情形可以依法减征或者经批准后免征、减征耕地占用税：(1)铁路线路、公路线路、飞机场跑道、停机坪、港口、航道占用耕地，减按每平方米2元的税额征收耕地占用税。根据实际需要，国务院财政、税务主管部门商国务院有关部门并报国务院批准后，可以对前述规定的情形免征或者减征耕地占用税。(2)农村居民占用耕地新建住宅，按照当地适用税额减半征收耕地占用税。农村烈士家属、残疾军人、鳏寡孤独以及革命老根据地、少数民族聚居区和边远贫困山区生活困难的农村居民，在规定用地标准以内新建住宅，缴纳耕地占用税确有困难的，经所在地乡（镇）人民政府审核，报经县级人民政府批准后，可以免征或者减征耕地占用税。

此外，依照《耕地占用税暂行条例》第8条、第9条的规定免征或者减征耕地占用税后，纳税人改变原占地用途，不再属于免征或者减征耕地占用税情形的，应当按照当地适用税额补缴耕地占用税。

★耕地占用税的征管

土地管理部门在通知单位或者个人办理占用耕地手续时，应当同时通知耕地所在地同级地方税务机关。获准占用耕地的单位或者个人应当在收到土地管理部门的通知之日起30日内缴纳耕地占用税。土地管理部门凭耕地占用税完税凭证或者免税凭证和其他有关文件发放建设用地批准书。

耕地占用税由地方税务机关负责征收。耕地占用税的征收、管理，依照《税收征收管理法》和《耕地占用税暂行条例》有关规定执行。

★三、城镇土地使用税

城镇土地使用税是为了促进合理使用城镇土地，适当调节城镇土地级差收入而征收的税收。现行的《中华人民共和国城镇土地使用税暂行条例》（以下简称《城镇土地使用税暂行条例》）是国务院于 1988 年 9 月 27 日发布，于当年 11 月 1 日起施行的。2006 年 12 月 30 日国务院第 163 次常务会议通过了《关于修改〈中华人民共和国城镇土地使用税暂行条例〉的决定》，自 2007 年 1 月 1 日起施行。该条例的实施办法由省、自治区、直辖市人民政府制定。

★城镇土地使用税的纳税主体与征税范围

城镇土地使用税的纳税人，为在城市、县城、建制镇、工矿区范围内使用土地的单位和个人。其中，“单位”包括国有企业、集体企业、私营企业、股份制企业、外商投资企业、外国企业，以及其他企业和事业单位、社会团体、国家机关、军队以及其他单位；“个人”包括个体工商户以及其他个人。

城镇土地使用税一般由土地使用权拥有者缴纳。拥有土地使用权的纳税人不在土地所在地的，由代管人或者实际使用人纳税；土地使用权未确定或者权属纠纷未解决的，由实际使用人纳税；土地使用权共有的，由共有各方按其实际使用的土地面积占总面积的比例，分别纳税。

城镇土地使用税的征税范围是：城市为市区和郊区；县城为县人民政府所在地的城镇；建制镇为镇人民政府所在地；工矿区为工商业比较发达，人口比较集中，符合建制镇标准，但是尚未设镇的大中型工矿企业所在地。应税土地包括在规定的征税范围内属于国家所有和集体所有的土地。

★城镇土地使用税的计税依据和税率

城镇土地使用税以纳税人实际占用的土地面积为计税依据，按照规定的适用税额标准计算缴纳应纳税额。纳税人实际占用的土地面积，是指由省、自治区、直辖市人民政府确定的单位组织测定的土地面积；尚未组织测量，但是纳税人持有政府部门核发的土地使用证书的，以证书确定的土地面积为准；尚未核发土地使用证书的，以纳税人据实申报使用的土地面积为准。应纳税额的计算公式为：应纳税额 = 纳税人实际占用的土地面积 × 适用税额标准。

城镇土地使用税根据各地经济发展状况实行等级幅度税额标准，以每平方米为计税单位，按大、中、小城市和县城、建制镇、工矿区及农村分别确定幅度差别税额。根据现行法律规定，城镇土地使用税每平方米年税额如下：（1）大城市 1.5 元至 30 元；（2）中等城市 1.2 元至 24 元；（3）小城市 0.9 元至 18 元；（4）县城、建制镇、工矿区 0.6 元至 12 元。

省、自治区、直辖市人民政府应当在上述规定的税额幅度内，根据市政建设状况、经济繁荣程度等条件，确定所辖地区的适用税额幅度。市、县人民政府应当根据实际情况，将本地区土地划分为若干等级，在省、自治区、直辖市人民政府确定的税额幅度内，制定相应的适用税额标准，报省、自治区、直辖市人民政府批准执行。

经省、自治区、直辖市人民政府批准，经济落后地区土地使用税的适用税额标准可以适当降低，但降低额不得超过《城镇土地使用税暂行条例》第4条规定的最低税额的30%。经济发达地区土地使用税的适用税额标准可以适当提高，但须报经财政部批准。

★城镇土地使用税法规定的税收优惠

根据税法规定，下列土地可以免征城镇土地使用税：(1)国家机关、人民团体、军队自用的土地；(2)由国家财政部门拨付事业经费的单位自用的土地；(3)宗教寺庙、公园、名胜古迹自用的土地；(4)市政街道、广场、绿化地带等公共用地；(5)直接用于农、林、牧、渔业的生产用地；(6)经批准开山填海整治的土地和改造的废弃土地，从使用的月份起，可以免征城镇土地使用税5年至10年；(7)由财政部另行规定免税的能源、交通、水利设施用地和其他用地。

目前，免征城镇土地使用税的项目还包括：(1)非营利性医疗机构、疾病控制机构、妇幼保健机构等医疗、卫生机构自用的土地；(2)政府部门和企业、事业单位、社会团体、个人投资兴办的福利性、非营利性老年服务机构自用的土地；(3)非营利性科研机构自用的土地。

此外，省级地方税务局有权对以下土地确定是否予以税收减免：(1)个人所有的居住房屋及院落用地；(2)免税单位职工家属的宿舍用地；(3)民政部门举办的安置残疾人占一定比例的福利工厂用地；(4)集体和个人举办的各类学校、医院、托儿所、幼儿园用地。

除上述规定外，纳税人缴纳城镇土地使用税确有困难，需要定期免税、减税的，经省、自治区、直辖市税务机关审核后，由省、自治区、直辖市税务机关批准，根据国家税务局《关于下放城镇土地使用税困难减免审批项目管理层级后有关问题的通知》，不再报国家税务总局批准。

对免税单位无偿使用纳税单位的土地，免征城镇土地使用税；对纳税单位无偿使用免税单位的土地，纳税单位应照章缴纳城镇土地使用税。纳税单位与免税单位共同使用共有使用权土地上的多层建筑的，对纳税单位可按其占用的建筑面积占建筑总面积的比例计征城镇土地使用税。

★城镇土地使用税的纳税期限和地点

城镇土地使用税按年计算,分期缴纳,具体缴纳期限由各省、自治区、直辖市人民政府确定。目前,各地一般规定为每个季度缴纳一次或者半年缴纳一次,每次征期15日或者1个月。

纳税人新征用的土地,属于耕地的,自批准征用之日起满1年的时候开始缴纳城镇土地使用税;新征用的土地属于非耕地的,自批准征用的次月起纳税。

城镇土地使用税一般应当向土地所在地的主管税务机关缴纳。纳税人使用的土地属于不同省(自治区、直辖市)管辖范围的,分别向当地的主管税务机关纳税。在同一省(自治区、直辖市)管辖范围内,纳税人跨地区使用土地的,纳税地点由省级税务局确定。

★四、房产税

房产税是以房产为征税对象,按房产的计税余值或房产的租金收入为计税依据,向房产的所有人或使用人征收的一种财产税。对房产征税是为了运用税收杠杆,调节房产所有人和使用人的收入,有利于积累建设资金,加强房产管理,提高房屋的使用效率。此外,房产税税源稳定,易于控制管理,是地方财政收入的重要来源之一。

房产税法是指调整房产税关系的法律规范系统。我国房产税的主要法律依据是1986年9月15日国务院颁布的《房产税暂行条例》(以下简称《房产税暂行条例》)。

★★房产税的纳税主体与征税范围

房产税应由在征税范围内的房屋的产权所有人缴纳。产权属于全民所有的,由经营管理的单位缴纳;产权属于集体和个人所有的,由集体单位和个人缴纳。产权出典的,由承典人缴纳。产权所有人、承典人不在房产所在地的,或者产权未确定及租典纠纷未解决的,由房产代管人或使用人缴纳。上述产权所有人、经营管理单位、承典人、房产代管人或者使用人,统称为房产税的纳税人。

长期以来,外商投资企业、外国企业和组织以及外籍个人不适用《房产税暂行条例》,而是按照1951年8月8日政务院公布的《城市房地产税暂行条例》缴纳城市房地产税。为了改变这种内外资有别的不公平现状,促进房地产市场健康发展,国务院于2008年12月31日下令废止了1951年的《城市房地产税暂行条例》,自2009年1月1日起,外商投资企业、外国企业和组织以及外籍个人依照1986年的《房产税暂行条例》缴纳房产税。

房产税以在我国境内用于生产经营的房屋为征税对象，与房屋不可分割的各种附属设备或一般不单独计算价值的配套设施，也应作为房屋一并征税。《房产税暂行条例》规定的征税范围是城市、县城、建制镇和工矿区，其中，城市是指国务院批准设立的市，具体区域为市区、郊区和市辖县县城；县城是指未设立建制镇的县人民政府所在地；建制镇是指经省、自治区、直辖市人民政府批准设立的建制镇；工矿区是指工商业比较发达，人口比较集中，符合国务院规定的建制镇标准，但尚未设立建制镇的大中型工矿企业所在地。

★★房产税的应纳税额计算

1. 计税依据

房产税的计税依据是房产的计税余值或房产的租金收入。按照房产计税余值征税的，称为从价计征；按照房产的租金收入（包括货币收入和实物收入）计征的，称为从租计征。我国现行房产税采用的是比例税率，从价计征的税率为1.2%，从租计征的税率为12%。同时，现行政策规定，对个人出租住房和企事业单位、社会团体以及其他组织按市场价格向个人出租用于居住的住房，减按4%的税率征收房产税。

2. 应纳税额的计算

从价计征的具体计算公式为：

应纳税额 = 计税余值 × 适用税率（1.2%）

= 应税房产原值 ×（1 − 扣除比例）× 适用税率（1.2%）

从租计价的具体计算公式为：

应纳税额 = 租金收入 × 适用税率（12%或4%）

★★房产税的税收优惠规定

根据《房产税暂行条例》及相关政策，下列项目免征房产税：

- 国家机关、人民团体、军队自用的房产免征房产税。但上述免税单位的出租房产以及非自身业务使用的生产、营业用房产，不属于免税范围。此处所称“人民团体”是指经国务院授权的政府部门批准设立或登记备案，并由国家拨付行政事业费的各种社会团体。

- 由国家财政部门拨付事业经费的单位自用的房产，如学校、医疗卫生单位、托儿所、幼儿园、文化、体育、艺术等实行全额或差额预算管理的事业单位所有的，本身业务范围内使用的房产免征房产税。为鼓励事业单位经济自立，对由国家财政部门拨付事业经费的单位，其经费来源实行自收自支后，从事业单位经费实行自收自支的年度起，免征房产税3年。

• 企业所办的学校、托儿所、幼儿园自用的房产。

• 非营利性医疗机构、疾病控制机构、妇幼保健机构等医疗、卫生机构自用的房产。营利性医疗机构取得的收入直接用于改善医疗卫生条件的，自其取得执业登记之日起3年内，自用的房产也可以免征房产税。

• 非营利性科研机构自用的房产。

• 符合规定的科学研究机构转为企业和进入企业，可以从转制注册之日起，5年以内免征科研开发自用房产的房产税。

• 宗教寺庙、公园、名胜古迹自用的房产免征房产税。但宗教寺庙、公园、名胜古迹出租的房产及其附设的营业单位（如影剧院、饮食部、照相馆）所使用的房产，不属于免税范围，应依法纳税。

• 个人所有非营业用的房产免征房产税。这里主要指居民居住用房，对个人拥有的营业用房或者出租的房产，不属于免税房产，应照章纳税。

• 经财政部批准免税的其他房产。这类规定较多，如地下人防设施、临时性房屋、危险房屋、非营利性老年服务机构、非营利性医疗卫生机构、非营利性科研机构、高校后勤实体等的房产免征房产税。

除上述可以免纳房产税的情况以外，如纳税人纳税确有困难的，可由省、自治区、直辖市人民政府确定，定期减征或者免征房产税。

★房产税的税收征管

纳税义务发生时间，可分为以下七种具体情形：(1)纳税人将原有房产用于生产经营，从生产经营之月起缴纳房产税。(2)纳税人自行新建房屋用于生产经营，从建成之次月起缴纳房产税。(3)纳税人委托施工企业建设的房屋，从办理验收手续之次月起，缴纳房产税。纳税人在办理手续前，即已使用或出租、出借的新建房屋，应从使用或出租、出借的当月起缴纳房产税。(4)购置新建商品房，自房屋交付使用之次月起，缴纳房产税。(5)购置存量房，自办理房屋权属转移、变更登记手续，房地产权属登记机关签发房屋权属证书之次月起缴纳房产税。(6)出租、出借房产，自交付出租、出借房产之次月起缴纳房产税。(7)房地产开发企业自用、出租、出借本企业建造的商品房，自房屋使用或交付之次月起缴纳房产税。

房产税实行按年计算、分期缴纳的征收方法，具体纳税期限由省、自治区、直辖市人民政府确定。

房产税在房产所在地缴纳。所拥有的房产不在同一地方的纳税人，应按房产的坐落地点分别向房产所在地的税务机关纳税。

★★房产税试点改革的内容与评述

为了更好地应对国际金融危机、保持经济平稳较快发展，平抑房价过快上涨，加强房地产市场的宏观调控力度，国务院2010年同意国家发展与改革委员会递交的《关于2010年深化经济体制改革重点工作的意见》。该《意见》明确指出逐步推进房产税改革。此后，房地产改革先后在沪、渝两市进入试点阶段。

1. 上海市房产税改革试点方案内容

2011年1月27日，上海市人民政府印发《上海市开展对部分个人住房征收房产税试点的暂行办法》，明确对居民家庭给予人均60平方米的免税住房面积（指住房建筑面积）扣除。即对居民家庭新购且属于第二套及以上住房的，合并计算的家庭全部住房面积人均不超过60平方米（含）的，其新购的住房暂免征收房产税；人均超60平方米的，对属新购住房超出部分的面积计算征收房产税。同时实行差别化的比例税率，即适用税率暂定为0.6%，但对应税住房每平方米市场交易价格低于上年度新建商品住房平均销售价格2倍（含2倍）的，税率可暂减为0.4%。应税住房的计税依据为参照应税住房的房地产市场价格确定的评估值。试点初期，暂以应税住房的市场交易价格作为房产税的计税依据，房产税暂按应税住房市场交易价格的70%计算缴纳。《办法》中还规定了几类可以退还房产税的情况。

2. 重庆市房产税改革试点方案内容

2011年1月27日，重庆市政府召开新闻发布会宣布，重庆作为个人住房房产税改革试点，从1月28日开始向个人房产征收房产税。首先，明确税收征收对象为独栋商品住宅和个人新购高档住房。其中高档住房是指比主城新建商品住房建筑面积成交均价高两倍房屋。个人在重庆无户籍、无工作和企业在重庆购买房，首套购房不征收房产税，从第二套住房（即使是普通房）开始征收。其次，确定房产税的税率，涉税房产的价格处于城市房屋均价3倍以下的，按0.5%征收；3～4倍的，按1%征收；4倍以上的按1.2%征收。最后，设定了房产税的计算办法。如无存量商品住宅，购置首套独栋商品住宅和高档住房允许部分抵扣。即存量独栋商品住宅允许抵扣180平方米，高档住房允许抵扣100平方米。若以户计算，每户仅允许抵扣100平方米。

3. 对房产税试点改革的简要评述

从发达国家的经验来看，无论出于完善税制的角度考虑，还是仅为达到促进房地产价格稳定的目的，以房地产税整合房产税是大势所趋。不过就我国国情而言，整合房产税的房地产税开征应是一项系统性的立法工程，尚有许多问题需要解决。

首先，关于房地产税改革，需要确立两个基本的认识：一是房地产税改革不应以调控房地产市场价格为主要目标；二是房地产税改革应成为解决地方政府财政困境的根本出路。房地产税是财产税的主体内容，其本质属性决定了其功能主要是筹集收入而非调控经济，而房地产税在税制结构中的地位也决定了它应成为理顺政府间财政关系的根本手段。关于房地产税的改革，需要统筹考虑现有房地产领域各项税费的整合问题，应当在遵循税收法定的原则之下，通过合法的程序予以进行。〔1〕

其次，在现有试点实践中，存在一些需要进一步研究的技术问题。一是征收范围问题。重庆的房产税改革方案中，难点在于怎样界定高档房。而上海的方案仅针对新增房地产，无形中增加新购房人群的负担。因此房地产税的征收范围成为应予解决的首要问题。可以考虑将人均面积作为征税的衡量标准。按即规定人均居住面积的标准，凡超过平均居住面积的产权人就应当缴纳房产税。二是税率问题。房地产税率的高低直接关系到立法目的的实现。过高则有碍于房地产行业的发展，过低则难以呈现征税之效果。我们建议，可考虑在平均住房面积的基础上实行累进税率制度，并辅以相应的税收减免政策。

★五、契税

契税是以所有权发生转移、变动的不动产为征税对象，向产权承受人征收的一种财产税。在我国，契税是在国有土地使用权出让、转让，房屋买卖、赠与或交换而发生产权转移或变动，订立契约时，向产权承受人征收的一种税。中华人民共和国成立以后，政务院曾于1950年3月发布《契税暂行条例》，该条例沿用了四十多年，已不能适应经济发展的需要。为此，国务院于1997年7月7日发布了新的《中华人民共和国契税暂行条例》（以下简称《契税暂行条例》），该条例自1997年10月1日起开始施行。此后，财政部又于同年10月发布了《契税暂行条例实施细则》（以下简称《实施细则》）。《契税暂行条例》和《实施细则》确立了我国新的契税制度，成为我国目前契税征收的主要法律依据。

★契税的纳税主体

契税的纳税人是在我国境内转移土地、房屋权属的承受单位和个人。土地、房屋权属是指土地使用权和房屋所有权。承受，是指以受让、购买、受赠、交换等方式

---

〔1〕 徐阳光：《房地产税制改革的立法考量》，载《税务研究》2011年第4期。

取得土地、房屋权属的行为。国有土地使用权出让或转让中的受让人、房屋的买主、房屋的赠与承受人、房屋交换的双方是具体的纳税人。

前述所称单位，是指企业单位、事业单位、国家机关、军事单位和社会团体以及其他组织。前述所称个人，是指个体经营者及其他个人，包括中国公民和外籍人员。

★契税的征税对象

契税的征税对象是在境内转移土地、房屋权属的行为。具体征收范围包括：

(1)国有土地使用权出让。国有土地使用权出让是指土地使用者向国家交付土地使用权出让金，国家将国有土地使用权在一定年限内让与土地使用者的行为。

(2)土地使用权转让。土地使用权的转让是指土地使用者以出售、赠与、交换或者其他方式将土地使用权转移给其他单位和个人的行为，但不包括农村集体土地承包经营权转移给其他单位和个人的行为。

(3)房屋的买卖、赠与或交换。

土地、房屋权属以下列方式转移的，视同土地使用权转让、房屋买卖或者房屋赠与而征税：以土地、房屋权属作价投资入股；以土地、房屋权属抵债；以获奖方式承受土地、房屋权属；以预购方式或者预付集资建房款方式承受土地、房屋权属。另外，对于承受与房屋相关的附属设施(包括停车位、汽车库、自行车库、顶层阁楼以及储藏室，下同)所有权或土地使用权的行为，按照契税法律、法规的规定征收契税；对于不涉及土地使用权和房屋所有权转移变动的，不征收契税。

此外，随着我国市场经济的深入发展，财政部、国家税务总局还就公司制改造，企业合并、分立，股权重组，企业破产等特殊情况下的权属转移是否属于契税的征税范围作了进一步的规定。

★★契税的税率与应纳税额的计算

1. 税率

契税的税率为3% ~5%。契税的适用税率，由省、自治区、直辖市人民政府在前述幅度内按照本地区的实际情况确定，并报财政部和国家税务总局备案。

2010年10月1日起，对个人购买90平方米及以下且属于家庭唯一住房的普通住房，减按1%税率征收契税。

2. 计税依据

第一，国有土地使用权出让、土地使用权出售、房屋买卖，为成交价格。

第二，土地使用权赠与、房屋赠与，由征收机关参照土地使用权出售、房屋买卖的市场价格核定。

第三，土地使用权交换、房屋交换，为所交换的土地使用权、房屋的价格的差额。

上述成交价格明显低于市场价格并且无正当理由的，或者所交换的土地使用权、房屋的价格的差额明显不合理并且无正当理由的，由征收机关参照市场价格核定。

3. 应纳税额的计算

契税应纳税额的计算公式为：

应纳税额 = 计税依据 × 税率

应纳税额以人民币计算。转移土地、房屋权属以外汇结算的，按照纳税义务发生之日中国人民银行公布的人民币市场汇率中间价折合成人民币计算。

★契税的税收优惠

有下列情形之一的，减征或者免征契税：

（1）国家机关、事业单位、社会团体、军事单位承受土地、房屋用于办公、教学、医疗、科研和军事设施的，免征契税。事业单位撤并过程中，若所发生的房地产权属转移属于政府主管部门对国有资产进行的行政性调整和划转，不征收契税。

（2）城镇职工按规定第一次购买公有住房，免征契税。所谓城镇职工按规定第一次购买公有住房，是指经县以上人民政府批准，在国家规定标准面积以内购买的公有住房。城镇职工享受免征契税，仅限于第一次购买的公有住房。超过国家规定标准面积的部分，仍应按照规定缴纳契税。

（3）因不可抗力灭失住房而重新购买住房的，酌情减免。

（4）财政部规定的其他减征、免征契税的项目。目前主要包括：①土地、房屋被县级以上人民政府征用、占用后，重新承受土地、房屋权属的，是否减征或者免征契税，由省、自治区、直辖市人民政府确定。②纳税人承受荒山、荒沟、荒丘、荒滩土地使用权，用于农、林、牧、渔业生产的，免征契税。③依照我国有关法律规定以及我国缔结或参加的双边和多边条约或协定的规定，应当予以免税的外国驻华使馆、领事馆、联合国驻华机构及其外交代表、领事官员和其他外交人员承受土地、房屋权属的，经外交部确认，可以免征契税。④对县级以上人民政府教育行政主管部门或劳动行政主管部门批准并核发“社会力量办学许可证”，由企业事业组织、社会团体及其他社会组织和公民个人利用非国家财政性教育经费而向社会举办的教育机构，其承受的土地、房屋权属用于教学的，免征契税。

纳税人符合减征或者免征契税规定的，应当在签订土地、房屋权属转移合同后10日内，向土地、房屋所在地的契税征收机关办理减征或者免征契税手续。

以上经批准减免契税的纳税人改变有关土地、房屋的用途，不再属于规定的减免范围的，应当补缴已经减征、免征的契税税款。

★契税的征收管理（2017 年卷一第 71 题）

1. 纳税义务发生时间

契税的纳税义务发生时间是纳税人签订土地、房屋权属转移合同的当天，或者纳税人取得其他具有土地、房屋权属转移合同性质凭证的当天。

2. 纳税期限

纳税人应当自纳税义务发生之日起 10 日内，向土地、房屋所在地的契税征收机关办理纳税申报，并在契税征收机关核定的纳税期限内缴纳税款。

3. 纳税地点

契税在土地、房屋所在地的税收机关缴纳。

4. 征收管理

办理纳税事宜后，契税征收机关应当向纳税人开具契税完税凭证。纳税人应当持契税完税凭证和其他规定的文件材料，依法向土地管理部门、房产管理部门办理有关土地、房屋的权属变更登记手续。纳税人未出具契税完税凭证的，上述部门不予办理有关土地、房屋的权属变更登记手续。

土地管理部门、房产管理部门应当配合税收征收机关向其提供有关资料，包括有关土地、房屋权属与土地出让费用、成交价格以及其他权属变更方面的资料，协助契税征收机关依法征收契税。

契税征收机关为土地、房屋所在地的财政机关或者地方税务机关，具体征收机关由省、自治区、直辖市人民政府确定。契税征收应当以征收机关自征为主。自征确有困难的地区，经上一级征收机关批准，可以委托当地房屋管理部门、土地管理部门或者其他有关单位代征。但是，由于征管实践证明征收机关直接征收契税，更有利于掌握税源情况，强化税收管理，国家税务总局已于 2004 年 10 月 18 日发出通知，要求各地契税征收机关要在 2004 年 12 月 31 日前停止代征委托，直接征收契税。

★六、印花税

印花税是指国家对纳税主体在经济活动中书立、领受应税凭证的行为征收的一种税收。征税依据为国务院 1988 年 8 月发布的《中华人民共和国印花税暂行条例》（以下简称《印花税暂行条例》），后于 2011 年 1 月 8 日进行修订。

印花税主要通过纳税人“三自” 纳税的方式完税，即纳税人通过自行计算、自行购花、贴花并自行销花的方式完成印花税的缴纳义务。纳税人在发生书立、领受应税凭证行为时，应先依据应税凭证所载计税金额和应适用的税目税率，自行计算其应纳税额；再由纳税人自行购买印花税票，并一次足额粘贴在应税凭证上，最后由纳税人按《中华人民共和国印花税暂行条例》的规定对已粘贴的印花税票自行注销或者画销。至此，纳税人的纳税义务才算履行完毕。

★印花税的纳税主体

印花税的纳税人是在中国境内书立、使用、领受印花税法所列举的凭证并应依法履行纳税义务的单位和个人。所称单位指国内各类企业、事业、机关、团体、部队以及中外合资企业、中外合作企业、外资企业、外国公司和其他经济组织以及在华机构等单位和个人。按照上述单位和个人书立、使用、领受应税凭证的不同，纳税人可具体划分为以下五种：(1)立合同人。(2)立据人，是指书立产权转移书据的单位和个人。(3)立账簿人，是指开立并使用营业账簿的单位和个人。(4)领受人，是指领取并持有权利许可证照的单位和个人。(5)使用人，是指在国外书立或领受，在国内使用应税凭证的单位和个人。

需要注意的是，应税凭证凡由两方或两方以上当事人共同书立的，其当事人各方均为印花税的纳税人，应各就其所持凭证的计税金额履行纳税义务。

★★印花税的税目

印花税的税目是指印花税法明确规定的应当纳税的项目，它具体划定了印花税的征税范围。一般而言，列入税目的就要征税，未列入税目的就不征税。其具体征税范围如下：(1)购销合同；(2)加工承揽合同；(3)建设工程勘察设计合同；(4)建筑安装工程承包合同；(5)财产租赁合同；(6)货物运输合同；(7)仓储保管合同；(8)借款合同；(9)财产保险合同；(10)技术合同；(11)产权转移书据；(12)营业账簿；(13)权利、许可证照；(14)经财政部确定征税的其他凭证。

此外，根据国务院的专门规定，股份制企业向社会公开发行的股票，因买卖、继承、赠与所书立的股权转让书据，均按照书据书立的时候证券市场当日实际成交价格计算的金额缴纳印花税，即证券(股票)交易印花税。

★印花税的税率

印花税的税率有两种形式，即比例税率和定额税率。各类合同以及合同性质的凭证、产权转移书据、营业账簿中记载金额的账簿，适用比例税率，税率为万分之零点五(借款合同)、万分之三(购销合同、建筑安装工程承包合同、技术合同)、万分之五(加工承揽合同、建筑工程勘察设计合同、货物运输合同、产权转移书据、营业账簿税目中记载资金的账簿)、千分之一(财产租赁合同、仓储保管合同、财产保险合同)。对于权利、许可证照和营业账簿中的其他账簿,适用定额税率,均为按件贴花,税额为5元。

根据税法的规定,适用比例税率的应税凭证,以凭证所记载金额为计税依据。同一凭证因载有两个或两个以上经济事项而适用不同的税目税率时,如果分别记载金额的,应分别计算应纳税额,相加后按合计税额贴花;如果未分别记载金额的,按税率高的计税贴花。适用定额税率的应税凭证,以应税凭证的件数为计税依据,按件定额贴花5元。

★印花税的税收优惠

根据现行有关印花税的法律、法规、政策,下列凭证免纳印花税:

(1)已缴纳印花税的凭证的副本或者抄本,但是视同正本使用者除外。

(2)财产所有人将财产赠与政府、社会福利单位(指抚养孤老伤残的社会福利单位)和学校等三类单位所立的书据。

(3)经财政部批准免税的其他凭证。

★印花税的征收管理

印花税实行由纳税人根据税法规定自行计算应纳税额,购买并一次贴足印花税票的缴纳方法。印花税应当在书立或领受时贴花,即在合同签订时、账簿启用时和证照领受时贴花。如果合同是在国外签订,并且不便在国外贴花的,应在将合同带入境时办理贴花纳税手续。

印花税一般实行就地纳税,其征收管理由税务机关负责。纳税人应按照税法的规定纳税,如有违法行为,税务机关有权根据行为性质和情节轻重,给予适当的行政处罚;构成犯罪的,由税务机关提请司法机关追究刑事责任。

★七、增值税

房地产法语境下的增值税是指对在中国境内销售不动产的单位和个人征收的一种税。现行增值税的法律依据是国务院于2017年10月30日修订的《中华人民共和国增值税暂行条例》,和财政部、国家税务总局联合发布的《中华人民共和国增值税暂行条例实施细则》。

★不动产销售增值税的纳税义务人

在我国境内提供销售不动产的单位和个人,为增值税的纳税义务人。单位或个人无偿赠送不动产,或者自行新建后销售的,视为销售行为,其中的赠与人和自建人也是增值税的纳税义务人。

★不动产销售增值税的计税依据

不动产销售增值税的计税依据是销售不动产的营业收入金额，包括纳税人从对方收取的全部价款和所有价外费用（包括收取的手续费、补贴、集锦、集资费、返还利润、奖励金、违约金、滞纳金、延期付款利息、赔偿金、代收款项、代垫款项、罚息及其他各种性质的价外收费）。但当纳税人转让不动产价格明显偏低而又无任何正当理由，或者将不动产赠与他人、或者自己新建建筑物后销售的，按照税务机关核定的销售额。

★不动产销售增值税的税率

不动产销售增值税实行比例税率，税率为10%。

★不动产销售增值税的税收优惠

个人将购买不足5年的住房对外销售的，全额征收增值税；个人将购买超过5年（含5年）的非普通住房对外销售的，按其销售收入减去购买房屋的价款后的差额征收增值税；个人将购买超过5年（含5年）的普通住房对外销售的，免征增值税。

★不动产销售增值税的征收办法

纳税人销售不动产，应当向不动产所在地主管税务机关申报纳税。纳税时间一般为纳税人收讫营业收入款项或者取得索取营业收入款项凭据的当天。但同时还有下列特殊规定：(1)纳税人转让土地使用权或者销售不动产，采用预收款方式的，其纳税义务发生时间为收到预收款的当天。(2)自建行为的纳税义务发生时间，为纳税人销售自建建筑物并收讫营业额或者取得索取营业额凭据的当天。(3)纳税人将不动产无偿赠予他人的，其纳税义务发生时间为不动产所有权发生转移的当天。

★八、城市维护建设税

城市维护建设税（以下简称城建税），是指国家对缴纳增值税、消费税（以下简称“两税”）的单位和个人就其实际缴纳的“两税”税额为计税依据而征收的一种税。它属于特定目的税，是国家为加强城市的维护建设，扩大和稳定城市维护建设资金来源而采取的一种税法措施。2017年我国征收城市维护建设税4362亿元，对组织财政收入、加强城市维护建设发挥了重要作用。

城市维护建设税法是调整城建税征纳关系的法律规范总称。我国现行的《中华人民共和国城市维护建设税暂行条例》（以下简称《城建税暂行条例》）颁布施行于1985年，目前我国正在制定《中华人民共和国城市维护建设税法》，并已于2018

年10月19日进入公开征求意见阶段，预计2019年审议通过。制定城市维护建设税法作为落实税收法定原则的举措，有利于完善城市维护建设税法律制度，增强科学性、稳定性和权威性，有利于构建适应社会主义市场经济需要的现代财税制度，有利于深化改革开放和推进国家治理体系和治理能力现代化。我国的城建税具有以下两个显著特征：首先，具有附加税性质。城建税以纳税人实际缴纳的"两税"税额为计税依据，附加于"两税"税额，本身并没有特定的、独立的征税对象。其次，具有特定目的。城建税税款专门用于城市的公用事业和公共设施维护建设。

★城市维护建设税的纳税主体

城建税的纳税人，是指负有缴纳"两税"义务的单位和个人，包括国有企业、集体企业、私营企业、股份制企业、其他企业、行政单位、事业单位、军事单位、社会团体、其他单位、个体经营者和其他个人。自2010年12月1日起，外商投资企业、外国企业及外籍个人也适用《城建税暂行条例》。"两税"的扣缴义务人也是城建税的扣缴义务人。

★城市维护建设税的税率

《城建税暂行条例》对城建税按纳税人所在地的不同，设置了三档地区差别比例税率，即：

(1)纳税人所在地在市区的，税率为7%；

(2)纳税人所在地在县城、镇的，税率为5%；

(3)纳税人所在地不在市区、县城或镇的，税率为1%。

注意：《中华人民共和国城市维护建设税法》(公开征求意见稿)(以下简称《城建税法征求意见稿》)将城建税的税率拟修改为：

(1)纳税人所在地在市区的，税率为7%；

(2)纳税人所在地不在市区的，税率为5%。

可见，《城建税法征求意见稿》取消了"纳税人所在地不在市区、县城或镇的，税率为1%"的规定。主要理由是：适用1%税率的纳税人中，许多注册登记在非城镇地区，但其生产经营地在城镇，造成企业税负不公平。为促进公平竞争，避免产生税收洼地，不再设置1%的税率。考虑到适用1%税率的企业户数少且纳税规模很小，取消该档税率对企业负担影响不大。

★城市维护建设税的计税依据

城建税的计税依据即纳税人实际缴纳的"两税"税额。具体为纳税人实际缴纳的增值税、消费税税额，以及出口货物、劳务或者跨境销售服务、无形资产增值税免抵税额。纳税人违反“两税”有关法律规定而被加收的滞纳金和罚款，不作为城建税的计税依据，但纳税人在被查补“两税”和被处以罚款时，应同时对其偷漏的城建税进行补税和罚款。

★城市维护建设税的税收优惠

（1）城市维护建设税的免税、减税项目由国务院规定。

（2）城建税随同“两税”征收或者减免，但由于“两税”享受税收优惠而发生退税时，不退还已缴纳的城建税。对实行增值税期末留抵退税的纳税人，则允许其从城市维护建设税的计税依据中扣除退还的增值税税额。

（3）海关对对进口货物或者境外单位和个人向境内销售劳务、服务、无形资产缴纳的增值税、消费税税额，不征收城建税；对出口产品退还消费税、增值税的时候，不退还已纳的城建税。

（4）符合规定的安置下岗事业人员的新办服务型企业和商业零售企业，下岗人员从事个体经营并且符合规定项目的，3 年以内可以免征城建税。

★九、所得税

所得税并非具体的税种，而是与流转税、行为税、资源税并列的综合税种。所得税是对取得房地产交易所得的单位和个人征收的一种税。其中以公司法人所得为课税对象的称作企业所得税，以个人收入所得课税的称作个人所得税。我国征收所得税的法律依据分别是《企业所得税法》和《个人所得税法》。

★所得税的纳税义务人

在我国境内因房地产交易取得收入的单位和个人为所得税的纳税义务人，其中企业所得税的纳税人分为居民企业和非居民企业。居民企业是指依法在中国境内成立，或者依照外国（地区）法律成立但实际管理机构在中国境内的企业。非居民企业是指依照外国（地区）法律成立且实际管理机构不在中国境内，但在中国境内设立机构、场所的，或者在中国境内未设立机构、场所，但有来源于中国境内所得的企业。个人所得税的纳税人分为居民纳税人和非居民纳税人。在中国境内有住所，或者无住所而在境内居住满 1 年的个人，是居民纳税义务人。在中国境内无住所又不居住或者无住所而在境内居住不满一年的个人，是非居民纳税义务人。此外，个人独资企业和合伙企业不缴纳企业所得税，其投资个人或合伙人应依法缴纳个人所得税。

★所得税的征税范围

企业所得税的征税范围包括居民企业的所得和非居民企业来源中国的所得。

居民企业应当就其来源于中国境内、境外的所得缴纳企业所得税。非居民企业在中国境内设立机构、场所的,应当就其所设机构、场所取得的来源于中国境内的所得,以及发生在中国境外但与其所设机构、场所有实际联系的所得,缴纳企业所得税。

个人所得税的征税范围包括居民所得和非居民来源于中国的所得。居民纳税义务人,应当承担无限纳税义务,即就其在中国境内和境外取得的所得,依法缴纳个人所得税。非居民纳税义务人,承担有限纳税义务,仅就其从中国境内取得的所得,依法缴纳个人所得税。

★所得税的税率

企业所得税实行税率为25%的比例税率。而个人就不动产租赁所得,不动产转让所得,按次计征个人所得税,适用20%的比例税率。

★所得税的征收办法

企业所得税由纳税人在其所在地主管税务机关就地缴纳。企业所得税按年计算,但为了保证税款及时、均衡入库,对企业所得税采取分期(按月或季)预缴、年终汇算清缴的办法。纳税人预缴所得税时,应当按纳税期限的实际数预缴,按实际数预缴有困难的,可以按上一年度应纳税所得额的1/12或1/4,或者经当地税务机关认可的预缴方法一经确定,不得随意改变。

个人所得税的征收方式实行源泉扣缴与自行申报并用法,注重源泉扣缴。个人所得税的征收方式可分为按月计征和按年计征。个体工商户的不动产经营所得,实行按年计征应纳税额,其他所得应纳税额实行按月计征。

法律与规范链接

▲ 必读法条

《房产税暂行条例》

第2条 房产税由产权所有人缴纳。产权属于全民所有的,由经营管理的单位缴纳。产权出典的,由承典人缴纳。产权所有人、承典人不在房产所在地的,或者产权未确定及租典纠纷未解决的,由房产代管人或者使用人缴纳。

前款列举的产权所有人、经营管理单位、承典人、房产代管人或者使用人,统称为纳税义务人(以下简称纳税人)。

第3条 房产税依照房产原值一次减除10%至30%后的余值计算缴纳。具体减除幅度，由省、自治区、直辖市人民政府规定。

没有房产原值作为依据的，由房产所在地税务机关参考同类房产核定。

房产出租的，以房产租金收入为房产税的计税依据。

△ **延伸法条**

《土地增值税暂行条例实施细则》

典型案例

郭某、李某与杨某二手房预约买卖合同纠纷案[1]

【案情概述】

某年某月某日，买方郭某、李某与卖方杨某签订《深圳市二手房预约买卖合同》，约定卖方以122万元的总价款将涉案房屋转让给买方。随后，买方郭某、李某与卖方杨某的代理人李某乙签订《深圳市二手房买卖合同》，其中第四条约定："（附着于该房地产的户口）该房地产所附的户口，杨某保证于收到房地产转让总价款之日起30日内迁出，逾期则以该房地产转让总价款为基数按日万分之四向郭某、李某支付违约金。"另外，该合同附件一中载明"该物业符合免税条件，卖方附有配合买方办理申请减免相关税费的义务，因卖方及其家庭成员拒不配合导致应免而未免的税费由卖方承担"。之后，因双方在履行过程中发生争议，买方向法院提起诉讼，要求杨某继续履行《深圳市二手房买卖合同》，将涉案房产过户至郭某、李某名下，并按期交房。杨某提出抗辩称，《深圳市二手房买卖合同》中的两个条款即迁户义务条款（第四条）、配合申请免税义务条款（附件一）非杨某真实意思表示，就此两个条款，郭某、李某与杨某并未达成一致意见，该合同系代理人李某乙滥用代理权与郭某、李某恶意串通所签，损害了杨某的利益，因此，杨某不予追认。

一审法院审理后认为，合同中的迁户义务条款和配合申请免税义务条款并未损害杨某的利益，理由在于虽然双方在签订的《深圳市二手房预约买卖合同》中对杨某的迁户义务和配合申请免税义务未作明确约定，但根据合同法的相关规定，杨某作为合同交易方应当遵循诚实信用原则，根据二手房买卖合同的性质、目的和交易惯例，迁户义务和配合申请免税义务正是杨某应当履行的附随义务，故在《深圳市二手房买卖合同》中予以明确并未损害杨某的利益。杨某在向深圳中院提出上

---

[1] (2017)深中法房终字第1409号民事判决书。

诉后,二审法院经审理支持了一审法院关于配合申请税费减免和迁户属于二手房卖方应当履行的附随义务的观点。

【关键问题】

合同未明确约定的情况下,卖方是否有配合买方申请减免税费并迁出房屋上户口登记的义务?

【简要评论】

在民法理论上,合同义务可以分为给付义务、附随义务和不真正义务。其中,给付义务是指合同关系所必备的、决定合同类型的基本义务;附随义务是指为履行给付义务或保护当事人的人身或财产利益,在合同订立和履行过程中基于诚实信用原则而产生的义务;不真正义务则是指债权人对自己利益的照顾义务,它是一种性质较弱的义务,相对人通常不能请求履行,违反该义务仅是债权人遭受权利受损或丧失的不利后果。根据《合同法》第60条的规定,当事人应当不仅应当全面履行合同中约定的给付义务,而且应当遵守诚实信用原则,根据合同的性质、目的和交易习惯履行通知、协助、保密等附随义务。

在二手房买卖中,常常会发生卖方将房屋转移给买方之后,没有将原登记在该住房上的户口及时迁出而发生的纠纷。由于户口迁移问题属于公安户籍部门的管辖范围,不属于民事案件的受理范围,故对于买房人起诉要求卖房人迁出户口的诉讼请求,法院通常不会受理。但是,如果买卖双方在签订二手房买卖合同时能够就卖方未按约定及时迁出户口应承担的违约责任作出明确约定,发生争议后,买方依据合同约定要求卖方承担违约责任的,一般可以得到法院的支持。

对于卖方拒绝迁出户口的情形,买方一般应向当地的公安户籍部门申请协调解决。不少地方公安户籍部门可以采取措施将卖方原登记在被转让住房上的户口强制迁出。例如,南京市公安局《关于加强房屋买卖户口管理工作的实施意见(试行)》(宁公人〔2017〕52号)规定:“房屋买卖双方已经合法完成房屋产权交易,买房人已经取得《房屋所有权证》、《土地使用权证》或《南京市公有住房租赁契约》,并实际居住。卖房人未将户口迁出原住房,导致买房人户口无法迁入的(买卖双方有其他户口迁移约定的除外)。经买房人申请,户口所在地公安派出所履行告知后,卖房人仍拒绝办理户口迁出的,经县级公安机关审核批准,将卖房人户口整户迁移至现户口所在地的社区(村)托管户临时管理。”

深圳市公安局《深圳市居民市内移居和户的管理工作规范(试行)》也规定:“实际居住条件消失后(即房产被拆迁、查封、扣押、收回、转让或搬离的等情形),原户口在该址的人员应当主动向辖区派出所户籍民警申报办理迁出手续，无迁入（自立）家庭户、集体户条件的，迁入本所代管户。”“移入时因居住在自有合法房产内，要求在该址落户的，而该址内已落有他人户口的（指房产转让等情形），应当给予办理，使用同样的住址、门牌，同时在两次动员（15 天后）可将原户迁入本所代管户；如无法通知，可当场迁入代管户。在通知期间或迁入代管户后，要求在底册“备注”栏及系统人口信息“记事”栏中注明录入相关情况。”

【核心知识】

房产税是以房产为征税对象，按房产的计税余值或房产的租金收入为计税依据，向房产的所有人或使用人征收的一种财产税。对房产征税是为了运用税收杠杆，调节房产所有人和使用人的收入，有利于积累建设资金，加强房产管理，提高房屋的使用效率。此外，房产税税源稳定，易于控制管理，是地方财政收入的重要来源之一。

延伸阅读

1. 乔博娟：《税制改革中纳税人权利救济体系的反思与重构——以税务行政复议与税务诉讼的自由选择为中心》，载《现代经济探讨》2016 年第 9 期；
2. 刘剑文：《论房地产税法的功能定位》，载《广东社会科学》2015 年第 5 期；
3. 刘佳：《房产税法的演进及其功能定位与制度设计》，载《求索》2014 年第 5 期。

第五节 房地产收费制度

知识要点

房地产收费是指在房地产开发、流转、管理过程中产生的除税以外的其他收费项目的总称。房地产收费的种类很多，性质和目的也各异。由于房地产市场分为三种市场级别，因而在不同房地产市场收取不同的房地产费用。房地产一级市场又称土地一级市场，是土地使用权出让的市场，即国家通过其指定的政府部门将城镇国有土地或将农村集体土地征用为国有土地后出让给使用者的市场。一级市场内主要由国家向土地使用者收取土地出让金。房地产二级市场，是土地使用者经过开发建设，将新建成的房地产进行出售和出租的市场；而房地产三级市场，是购买房地产的单位和个人，再次将房地产转让或租赁的市场。也就是房地产再次进入流通领域进行交易而形成的市场，也包括房屋的交换。在房地产二级和三级市场内，主要由行政机关、事业单位向房地产市场的当事人收取各种管理费用和服务费用。

一、土地出让金

★★土地出让金的概念及功能（2017 年卷一第 73 题，2015 年卷一第 72 题）

土地出让金，是指依据法定标准取得国有土地使用权的单位和个人，按照规定向国家支付的土地使用费用。土地出让金的收费对象是一切使用国有土地的单位和个人，但对于经济适用房、廉租房等社会保障型住房，划拨用地，以及开发园区等工业项目，一般减少或免予缴纳土地出让金。土地出让金，实际上就是土地所有者（国家）出让土地使用权若干年限的土地使用费用的总和。

土地出让金的功能主要有二：一是土地出让金已成为我国各级地方政府预算外收入的主要来源，在一定程度上能够保障政府的财政收入。但我国《土地管理法》对土地出让金的使用范围亦做出了明确的规定，即土地出让收入主要用于征地和拆迁补偿支出、土地开发支出、支农支出和城市建设支出等。二是土地出让金肩负社会主义宏观调控双重功能。不仅调节土地的利用，引导和调整产业结构，制约或促进经济发展，还作为调整市场经济关系的经济杠杆，通过分配土地出让金的方式调控在国家、土地所有者和土地使用者之间合理分配土地收益，调节市场竞争关系等。比如，国土部要求开发商必须在 1 年或 2 年内开发，如囤积土地要加倍收取土地出让金、行政罚款或无偿收回土地使用权。

土地出让金的计算标准和缴纳期限

我国国有土地使用权出让的方式有四种：协议、招标、拍卖、挂牌。在这几种方式中，招标和拍卖具有公开性、竞争性，一般以最终成交价出让国有土地使用权；协议出让由于没有引入竞争机制，土地出让金的确定一般以基准地价参照市场价格确定。**土地出让金的价格构成**一般包括：（1）土地使用者向国家支付的土地收益，即一定时期内的地租。（2）国家对土地的开发成本，即国家进行基础设施建设所耗费的成本。（3）征收耕地的补偿费用。包括土地补偿费、安置补助费以及地上附着物和青苗的补偿费。其中征收耕地的土地补偿费，为该耕地被征收前三年平均年产值的六至十倍。征收耕地的安置补助费，按照需要安置的农业人口数计算。需要安置的农业人口数，按照被征收的耕地数量除以征地前被征收单位平均每人占有耕地的数量计算。每一个需要安置的农业人口的安置补助费标准，为该耕地被征收前三年平均年产值的四至六倍。但是,每公顷被征收耕地的安置补助费,最高不得超过被征收前三年平均年产值的十五倍。

关于土地出让金的缴纳期限和比例,2009 年财政部、国土资源部、中国人民银行、监察部、审计署联合下发《关于进一步加强土地出让收支管理的通知》,明确要求市县国土资源管理部门与土地受让人在土地出让合同中依法约定的分期缴纳全部土地出让价款的期限原则上不超过一年。经当地土地出让协调决策机构集体认定,特殊项目可以约定在两年内全部缴清。首次缴纳比例不得低于全部土地出让价款的 50%。土地租赁合同约定的当期应缴土地价款(租金)应当一次全部缴清,不得分期缴纳。

二、房地产收费的主要内容

★城市基础设施配套费用

城市基础设施配套费是指按城市总体规划要求,为筹集城市市政公用基础设施建设资金所收取的费用,它按建设项目的建筑面积计征,其专项用于城市基础设施和城市共用设施建设,包括城市道路、桥梁、公共交通、供水、燃气、污水处理、集中供热、园林、绿化、路灯、环境卫生等设施的建设。其中,主要的城市基础设施配套费有四种:(1)综合开发市政费,按商品房销售收入的 15% 计收。(2)分散建设市政费,住宅建设项目按纯住宅建筑面积每平方米价格的 15% 计收,并与开工前一次缴清。(3)四源费,用以兴建自来水、污水、煤气、供热四项基础服务设施。(4)其他费用,包括城建综合开发项目管理费、防洪费、绿化建设费等。

★房地产交易费用

房地产交易费用是指在房地产交易过程中发生的收费项目,是房地产行政管理机关或其授权单位在房地产交易过程中对房地产业或房地产市场行使管理权所收取的费用。房地产交易时交易双方需要缴纳如下几种费用:

1. 房地产登记费

房地产登记费分为房屋登记费和房地产产权登记费。其中房屋登记费按土地实际面积和房屋建筑面积计收,财政拨款的行政事业单位和商品住房减半计收。凡办理房地产买卖、租赁登记,买卖、租赁各方分别还需按件数缴纳登记费。而房地产产权登记费属于换证手续费,因买卖、赠与、继承、交换等发生房屋产权移转的,由房地产权利的受让人交付登记费。

2. 房地产交易手续费

房地产交易手续费是指房地产主管部门依法设立的房地产交易机构为房屋权

利人提供交易场所、信息服务和代办房屋产权审查、登记等所发生费用的合理补偿费用。凡经过房地产交易机构办理房屋买卖、租赁、抵押、分割、交换、赠与、继承等各种房地产交易活动，房屋权利人应按规定向房地产交易机构交纳一定的交易手续费。

应国家发展计划委员会和财政部2001年4月发布的《关于全面整顿住房建设收费取消部分收费项目的通知》的要求，国家发展计划委员会和建设部于2002年1月联合发布《关于规范住房交易手续费有关问题的通知》，规定了经批准依法成立的房地产交易中心办理房地产交易手续时所收取住房交易手续费的标准。综合房地产登记管理法律法规，房地产交易手续费的计收标准如下：

- 住房转让手续费。按住房建筑面积收取。收费标准为：新建商品住房每平米3元，存量住房每平方米6元。新建商品房转让手续费由转让方承担，经济适用房减半计收；存量住房转让手续费由转让双方各承担50%。
- 住房租赁手续费。按套收取，收费标准为每套100元，由出租人承担。
- 出租生产经营性用房，按年租金总额的3%交纳，出租非生产经营性用房按年租金总额的2%交纳，租赁双方各负担一半。
- 房地产抵押，按抵押额0.2%~0.4%交纳，由抵押人负担。

以上收费标准为最高限额。省、自治区、直辖市价格主管部门可根据本地区住房交易量及经济发展状况确定具体收费标准。

3. 权证费

在房地产交易过程中，依法领取房屋所有权证书的房屋所有权人，应当按件交纳权证费，领取房屋共有权证的房屋共有权人也需按件交纳权证费。

4. 房地产价格评估费

房地产价格评估费是房地产主管部门或其授权的房地产估价机构对房屋进行估价，依照规定向产权人或委托人收取的报酬费用。具体分为房屋价格评估费和土地价格评估费。

依照国家计委和建设部发布的《关于房地产中介服务收费的通知》，以房地产为主的房地产价格评估费，区别不同情况，按照房地产的价格总额采取差额定率分档累进计收。

★★三、房地产收费制度存在的主要问题

我国现行的各种房地产收费并非基于国家权力而产生，大部分是由地方政府及其部门规定的，且主要为了弥补政府机构对房地产业实行管理和提供服务时，向

被管理者或被服务者收取的成本。我国房地产收费制度庞杂而无序，存在很多问题，亟须立法机关和政府部门采取措施加以整治。

（1）收费名目繁杂

我国房地产收费制度现状的繁杂无序主要表现为收费部门众多、收费项目繁多、收费标准不一，缺乏应有的规范性。不仅包括经物价部门核准的、经合法审批程序设立的部分收费项目，现实中还存在大量的非法收费项目和“隐性收费”。这些无疑加重了房地产开发企业、房地产业务经营公司和房地产销售者的经济负担，这些额外的负担最终都会转嫁到购房者的身上，从而加重房地产买受人的负担。如据江西省统计数据，房地产开发前期准备阶段，有51种税费，其中立项环节2种，规划设计审批环节10种，征地环节10种，另有施工许可证、绿化手续费等；施工阶段有20种，其中仅道路管理环节就有6种；销售阶段16种。[1] 如此繁杂无序的房地产收费成为造就全国大部分地区的商品房价格居高不下的因素之一，扰乱了目前国家对房地产市场的宏观调控战略，有碍于房地产业和房地产市场的健康发展。

（2）收费机关多元

房地产业的行政管理机构涉及政府的住房和城乡建设委员会、国土资源局、房地产管理局、工商局、国家发展和改革委员会等多个部门，政出多门势必造成房地产业的行政性收费机关繁多。不仅有关的行政机关向房地产开发企业和房地产交易各方收取费用，而且某些非行政机关的事业单位或社会组织，也巧立名目以行政机关的名义收费，极大混乱了房地产业的行政性收费。此外许多行政机关收费后没有向上级主管部门汇报或上交，转而据为己有，造成国家财政收入的大量流失。

★★四、我国房地产收费制度的完善

造成房地产收费制度繁杂现状的核心因素在于行政收费的立法层级偏低，具体表现为房地产收费项目有的是经省级政府及有关部门批准收取，有的则是各级地方政府自行确定。如此导致许多收费项目的收取缺乏应有的科学性论证和规范性管理，更缺乏行之有效的监督保障措施，导致房地产交易的收费过多，阻碍房地产市场健康有序的发展。

近年来，国家计委、财政部、住房和城乡建设部、国土资源部等中央部委多次联合发文，三令五申取消未按规定程序批准收取和明显不合理的房地产费。鉴于目前我国房地产收费的繁杂状况和症结所在，当务之急是简化房地产收费项目，将房

---

〔1〕 符启林：《房地产法》，法律出版社2009年版，第313页。

地产行政性收费限制在法律法规的明确规定之中。同时加大执法监督力度对没有以法律法规为依据的乱收费、乱摊派的行政机关或其他单位,不仅责令其向当事人返还所收款项、立即停止非法收费,还要对情节严重的直接责任人员予以行政警告、降级和撤职的处分,构成刑事犯罪的,依法移交司法机关严惩不贷。

法律与规范链接

▲ 必读法条

《土地管理法》

第47条 买卖、出租或者以其他形式非法转让土地的,没收非法所得,限期拆除或者没收在买卖、出租或者以其他形式非法转让的土地上新建的建筑物和其他设施,并可以对当事人处以罚款;对主管人员由其所在单位或者上级机关给予行政处分。

第48条 无权批准征用、使用土地的单位或者个人非法批准占用土地的,超越批准权限非法批准占用土地的,批准文件无效,对非法批准占用土地的单位主管人员或者个人由其所在单位或者上级机关给予行政处分;收受贿赂的,依照《刑法》有关规定追究刑事责任。非法批准占用的土地按照非法占用土地处理。

第49条 上级单位或者其他单位非法占用被征地单位的补偿费和安置补助费的,责令退赔,可以并处罚款,对主管人员由其所在单位或者上级机关给予行政处分;个人非法占用的,以贪污论处。

△ 延伸法条

国家发展改革委、财政部《关于不动产登记收费标准等有关问题的通知》

典型案例

土地出让金纠纷案[1]

【案情概述】

1. 2003年9月,全威公司、超凡公司与桂馨源公司签订《土地开发合同》,约定:全威公司、超凡公司将某出让土地转让给桂馨源公司,土地转让价款为2860万元;桂馨源公司于9月30日前将200万元转入全威公司账户作为定金;全威公司、

---

〔1〕 最高人民法院民事判决书(2004)民终字第46号。

超凡公司在两个月内将该宗土地过户给桂馨源公司指定的公司。

2. 因全威公司、超凡公司未按合同约定办理过户手续，桂馨源公司向广西高院提起诉讼，请求判令全威公司与超凡公司继续履行合同。广西高院判决：桂馨源公司、全威公司、超凡公司继续履行《土地开发合同》，全威公司与超凡公司按约定办理完成土地过户的相关手续。

3. 超凡公司不服广西高院判决，上诉至最高法院，主张本案土地使用权未全部付清国有土地出让金，未达到25%的投资标准，违反了法律法规的强制性规定，应认定无效。最高法院判决驳回上诉，维持原判。

最高人民法院认为，全威公司、超凡公司与桂馨源公司于2003年9月18日签订的《土地开发合同》约定，全威公司、超凡公司将柳州市柳石路153号土地使用权转让给桂馨源公司，桂馨源公司向全威公司、超凡公司支付2860万元土地转让价款，故本案性质为土地使用权转让合同纠纷。该《土地开发合同》为三方当事人协商一致后作出的真实意思表示，内容亦不违反法律规定。合同签订前，柳州市国土资源局已同意全威公司以出让方式取得讼争土地的使用权，双方订有《国有土地使用权出让合同》。本案一审起诉前全威公司办理了国有土地使用权证，讼争土地具备了进入市场进行依法转让的条件。而土地出让金的交纳问题，属土地出让合同当事人即柳州市国土资源局和全威公司之间的权利义务内容，其是否得到完全履行不影响对本案土地使用权转让合同效力的认定，故超凡公司提出的因《土地开发合同》签订时未取得国有土地使用权证及土地出让金未全部交清违反法律强制性规定应认定该合同无效的上诉主张，本院不予支持。关于投资开发的问题，城市房地产管理法第三十八条关于土地转让时投资应达到开发投资总额25%的规定，是对土地使用权转让合同标的物设定的于物权变动时的限制性条件，转让的土地未达到25%以上的投资，属合同标的物的瑕疵，并不直接影响土地使用权转让合同的效力，《城市房地产管理法》第39条中的该项规定，不是认定土地使用权转让合同效力的法律强制性规定。因此，超凡公司关于《土地开发合同》未达到25%投资开发条件应认定无效的主张，本院亦不予支持。

【关键问题】

土地出让金未全部交清不导致土地转让合同无效？

【简要评论】

首先，土地出让金的缴纳属于土地出让合同当事人的权利义务内容，是否得到完全履行不影响对案涉土地使用权转让合同效力的认定。因此超凡公司上诉主张因《土地开发合同》签订时土地出让金未全部交清违反了法律强制性规定,应认定该合同无效,最高法院不予支持。其次,《城市房地产管理法》第39条关于土地转让时投资应达到开发投资总额25%的规定,不是认定土地使用权转让合同效力的强制性规定,因此不会导致《土地开发合同》无效。

【核心知识】

房地产收费是指在房地产开发、流转、管理过程中产生的除税以外的其他收费项目的总称。房地产收费的种类很多,性质和目的也各异。由于房地产市场分为三种市场级别,因而在不同房地产市场收取不同的房地产费用。

延伸阅读

1. 安体富、窦欣:《我国土地出让金:现状、问题及政策建议》,载《南京大学学报(哲学、人文科学、社会科学版)》2011年第1期;
2. 黄忠:《追缴土地出让金的"诉讼时效"问题》,载《中国土地》2018年第8期。

第九章　房地产与环境法律制度

教学目标

1. 了解房地产开发运营中的环境问题；了解中国现行环境保护基本法律制度的概况；了解土地利用规划制度、环境行政许可制度、突发环境事件应急管理制度。
2. 理解和识记房地产开发运营中的环境标准制度；应用房地产开发运营中的环境影响评价和“三同时”制度。

推荐参考资料

1. 金瑞林主编:《环境法学》,北京大学出版社 2016 年版,第八章、第九章;
2. 汪劲:《环境法学》,北京大学出版社 2014 年版,第六章;
3. 约瑟夫 · E. 高特尔斯:《房地产中的环境问题》,李红莲等译,中信出版社 2005 年版。

第一节　房地产开发运营中的环境问题

知识要点

一、房地产开发运营对环境资源的影响

☆房地产开发运营中的环境问题类型

房地产在开发利用的整个生命周期都会对周边的环境产生影响,形成噪声污染、大气污染、水污染、光污染等各类环境污染问题;消耗自然资源,特别是土地资源。房地产开发运营过程对环境资源的影响已经成为一个不可忽视的问题。因此,房地产的开发运营行为必须遵守我国环境资源法的相关规定,符合环境保护的要求。

☆房地产开发运营中的环境噪声污染

根据《环境噪声污染防治法》的规定，环境噪声污染，是指环境噪声超过国家规定的环境噪声排放标准，并干扰他人正常生活、工作和学习的现象。噪声污染由来已久，人们均已认识到其危害性，我国房地产业的迅猛发展以及对建筑噪声的管理不足，给环境噪声污染防治工作增加了压力。在房地产项目建设施工期间，建筑机械的操作噪声和施工车辆运输时所产生的建筑施工噪声污染已经成为城市居民投诉的热点。2015 年、2016 年，在全国各级环保部门收到的各类环境噪声投诉中，建筑施工噪声类投诉一直居于首位，占比均超过 50%。[1]在房地产项目运营阶段，总体来讲，能够产生噪声的环节较少，一般包括汽车进出时产生的交通噪声，以及空调产生的噪声、中水回用站水泵噪声、室内装修施工噪声等。

☆房地产开发运营中的大气污染

大气污染，是指大气因某种物质的介入，而导致其化学、物理、生物或者放射性等方面特性的改变，从而影响大气的有效利用，危害人体健康或财产安全，以及破坏自然生态系统、造成大气质量恶化的现象。房地产项目建设施工期间的土方填挖、土地平整、物料装卸、水泥料搅拌和车辆装载运输等环节会产生大量扬尘，而建筑扬尘已经成为城市重要的大气污染源。国内相关研究结果表明：城市建筑工地施工扬尘污染严重，工地边界处扬尘量超过城市平均扬尘量 1 倍以上，迫切需要控制。[2]房地产在投入使用后，由于烧饭、取暖、沐浴等生活上的需要，会燃烧大量矿物燃料并向大气排放煤烟，从而加剧大气污染。此外，因装修引起的室内环境污染问题也日益突出，室内环境污染会给人体造成“病态建筑综合症”（Sick Building Syndrome，SBS）[3]等不利后果。

☆房地产开发运营中的水污染

根据《水污染防治法》的规定，水污染，是指水体因某种物质的介入，而导致其化学、物理、生物或者放射性等方面特性的改变，从而影响水的有效利用，危害人体健康或者破坏生态环境，造成水质恶化的现象。房地产项目在开发阶段，建造施工会产生废水；当房地产项目投入使用以后，如厕、烧饭、沐浴、清洗等生活排放亦会产

[1] 中华人民共和国环境保护部：《中国环境噪声污染防治报告》，http://wfs.mep.gov.cn/pv_obj_cache/pv_obj_id_D529E398EA346FF8CE5B057F638E1B683BD90800/filename/P020120206387688903418.pdf，最后访问日期：2018 年 5 月 24 日。

[2] 张荣顺、潘岳：《〈中华人民共和国大气污染防治法〉释义》，中国民主法制出版社 2015 年版，第 66 页。

[3] [美]约瑟夫·E.高特尔斯：《房地产中的环境问题》，李红莲等译，中信出版社 2005 年版，第 100 页。

生废水。房地产项目如果在开发运营期间管理不规范,如将这些废水未经处理直接排向周围水体,这些废水就会造成水污染,而这些被污染的水体反过来会对周边房地产项目产生很多负面影响。

☆房地产开发经营中的固体废物污染

根据《固体废物污染环境防治法》的规定,固体废物污染,是指在生产、生活和其他活动中产生的丧失原有利用价值或者虽未丧失利用价值但被抛弃或者放弃的固态、半固态和置于容器中的气态的物品、物质以及法律、行政法规规定纳入固体废物管理的物品、物质。房地产项目的固体废物污染集中体现在建设阶段产生的建筑垃圾。近几年,我国每年产生的建筑垃圾总量约为15.5亿~24亿吨,占据城市垃圾约30%~40%的比例。[1]建筑垃圾已经成为影响城市环境的一大顽疾,不仅有碍城市景观,不利于建设优美舒适的生活居住环境,而且对生态地质环境也有较大影响,如果处理不当,一旦遇到降水等因素的影响,还会被冲刷造成流失,形成水污染。房地产项目运营阶段中的固体废物污染主要为生活垃圾,和建筑垃圾一样,生活垃圾如果没有妥善处理也会对环境造成二次污染。

☆房地产开发经营中的光污染

全国科学技术名词审定委员会审定公布光污染的定义是过量的光辐射对人类生活和生产环境造成不良影响的现象,包括可见光、红外线和紫外线造成的污染。[2] 国际上根据光污染的表现形式,将在城市区域范围内常见的光污染分成三类,即白亮污染、人工白昼、彩光污染。目前,我国城市多层及高层房地产项目广泛采用玻璃幕墙作为外立面装饰,然而玻璃幕墙带来的不同角度的反射光线会给城市环境带来不容忽略的视觉污染和其他隐患,形成白亮污染,从而导致交通事故或火灾隐患,并且给周围居民造成炫目危害,甚至对其身心造成重大伤害。

二、房地产开发与土地资源保护

土地不仅是人类赖以生存的重要自然资源,也是重要的生态环境要素,是地球上的一切可更新资源赖以存在和繁衍的基础。根据《城市房地产管理法》的规定,

---

[1] 《建筑垃圾产量大、利用低原因何在?》,载中国新闻网:http://www.chinanews.com/ny/2015/03-03/7096132.shtml,最后访问日期:2018年5月24日。

[2] 全国科学技术名词审定委员会:《光污染》,载http://www.cnctst.gov.cn/pages/homepage/result2.jsp?id=288562&subid=10001794&subject=%E6%B1%A1%E6%9F%93%E7%94%9F%E6%80%81%E5%AD%A6&subsys=%E7%94%9F%E6%80%81%E5%AD%A6,最后访问日期:2018年5月24日。

城市房地产开发用地仅限于国有土地，房地产开发企业可以通过国家划拨和有偿出让以及其他市场经济主体的有偿转让行为合法获得其使用权。由于城市土地面积有限，城市房地产开发用地的稀缺性日益显现。为获得开发用地，房地产开发过程的违规出让、转让土地及违法用地的现象较为普遍。此外，房地产开发过程还存在土地被闲置的严重浪费情况。

三、房地产开发运营中的其他资源问题

房地产开发运营活动除了对土地资源产生严重影响以外，其还会对其他资源特别是能源产生巨大影响。我国房地产业耗能在我国能源消耗总量中占很大比重约30%，能源消耗主要是在房地产的使用阶段，用于加热、冷却、通风、照明、家用电器等；如果再算上建材生产过程中的耗能，该比重则可达到46.7%。总之，房地产从开始建造到落成后的投入使用，都不可避免的消耗自然资源，即资源（能源）消耗在房地产开发活动中存在必然性。

典型案例

袁某诉J房地产发展有限公司噪声污染责任纠纷案[1]

【案情概述】

袁某购买了J房地产发展有限公司（以下简称J公司）开发的商品房。2014年2月，袁某委托中国科学院广州化学研究所测试分析中心对其居住的房屋进行环境质量监测。该中心作出的环境监测报告显示袁某卧室夜间的噪声值超过了《民用建筑隔声设计规范》（GB 50118—2010）规定的噪声最高限值标准。袁某认为住宅电梯临近其房屋，电梯设备直接设置在与其住房客厅共用墙之上，且未作任何隔音处理，致使电梯存在噪声污染。向法院提起诉讼，要求判令J公司承担侵权责任。J公司主张案涉电梯质量合格，住宅设计和电梯设计、电梯安装均符合国家规定并经政府部门验收合格，故其不应承担侵权责任。

一审法院认为，J公司主张案涉电梯在设计、建筑、安装均符合国家相关部门的规定并经验收合格才投入使用，且电梯每年均进行年检并达标，但这只能证明电梯能够安全运行。袁某购买的房屋经监测噪声值超过国家规定标准，构成了噪声污

---

〔1〕案件来源：http://news.163.com/15/1229/12/BC0IVCGV00014JB5.html，最后访问日期：2018年5月4日。

染。J公司提供的证据不足以证明其对涉案房屋超标噪声不承担责任或者存在减轻责任的情形。一审法院判令J公司60日内对案涉电梯采取相应的隔声降噪措施,使袁某居住的房屋的噪声达到《民用建筑隔声设计规范》(GB 50118—2010)规定的噪声最高限值以下;逾期未达标准,按每日100元对袁某进行补偿;支付袁某精神抚慰金1万元。二审法院维持了一审判决。

【关键问题】

开发商安装的住宅电梯所产生的噪声是否造成噪声污染?

【简要评论】

本案是最高人民法院2015年公布的十起环境资源保护典型案例之一,对人民法院公正审理环境侵权案件提供一定的示范和指导,促进案件裁判尺度的统一,为推进生态文明建设提供有力司法保障。

电梯是民用建筑的一部分,电梯的设计、建设与安装均应当接受《民用建筑隔声设计规范》(GB 50118—2010)的调整。经过监测,涉案电梯的噪声值已经超过国家标准,构成噪声污染。根据《侵权责任法》第66条规定,J公司要对其行为与损害不存在因果关系或者减轻责任的情形承担举证证明责任。在J公司未能提供证据证明袁某对涉案电梯噪声超标存在过错或故意,亦不能证明噪声超标系第三人、不可抗力、正当防卫或紧急避险等原因造成,其不存在法律规定的不承担责任或者减轻责任的情形,应承担相应的侵权责任。本案的审理结果具有很好的警示作用,尤其是生产经营者要在机械设备的设计、建造、安装及日常运营过程中,关注噪声是否达标,自觉承担应有的环境保护社会责任。

本案属于典型的社会生活噪声污染纠纷。现代建筑特别是高层建筑,需要配套建设许多服务于全体住户但也会产生噪声的建筑服务设备,如冷却塔、热泵机组、变压器、制冷机、电梯等,由此产生了满足公众生活需求及设施造成部分住户环境权益受损的矛盾。在处理这一矛盾时,不能因为设备为住户生活所需而置少部分住户利益而不顾。国家制定的《民用建筑隔声设计规范》(GB 50118—2010)对民用建筑设计建设中对产生噪声的建筑服务设备等噪声源的设置位置、防噪设计提出了具体要求,建设单位在进行建筑设计前,应对环境及建筑物内外的噪声源作详细的调查与测定,并应对建筑物的防噪间距、朝向选择及平面布置等作综合考虑,仍不能达到室内安静要求时,应采取建筑构造上的防噪措施。开发商对其建设的商品房符合各项设计标准和质量要求负有法律义务,在商品房存在环境噪声值超标的情况下,应该承担法律责任。

【核心知识】

房地产开发商未能提供证据证明住宅电梯所产生的噪声系因业主或第三人的原因造成，亦不能证明其具有对该噪声超标不承担责任或者减轻责任的情形的，应当承担相应的侵权责任。

第二节　房地产环境法律制度

知识要点

一、相关性规范

★我国房地产环境法律制度的法律规定

涉及房地产环境法律制度的房地产专门性规范主要体现在《城市房地产管理法》和《建筑法》的相关条款中。我国《城市房地产管理法》第25条要求房地产开发必须严格执行城市规划，按照经济效益、社会效益、环境效益相统一的原则，实行全面规划、合理布局、综合开发、配套建设。该法第26条关于土地闲置费的规定以及第27条关于“房地产开发项目的设计、施工，必须符合国家的有关标准和规范；房地产开发项目竣工，经验收合格后，方可交付使用”的规定，也都直接或间接体现了房地产开发活动必须遵守环境资源保护的要求。《建筑法》第41条对绿色施工进行了规定，建筑施工企业应当遵守有关环境保护和安全生产的法律、法规的规定，采取控制和处理施工现场的各种粉尘、废气、废水、固体废物以及噪声、振动对环境的污染和危害的措施。

涉及房地产环境法律制度的相关性规范主要体现在我国环境资源法中。具体来讲，我国环境资源法以《环境保护法》为基础，《大气污染防治法》《环境噪声污染防治法》《水污染防治法》《固体废物污染环境防治法》《土地管理法》《水法》《环境影响评价法》《城乡规划法》《水土保持法》《建设项目环境保护管理条例》《城市绿化条例》等单行法律法规为主体，并辅以生态环境部（原环境保护部、原国家环保总局）、住房和城乡建设部（原建设部）制定的《建设项目环境保护管理条例》《建设项目环境影响评价资质管理办法》《建设项目竣工环境保护验收管理办法》《建设项目环境保护事中事后监督管理办法（试行）》《城市市容和环境卫生管理条例》《城市建筑垃圾管理规定》《城市绿线管理办法》等部门规章以及关于某些专项问题的复函、答复、意见、通知等来综合指导我国司法实践当中的房地产环境法律问题，并形成了一系列与房地产相关的环境法律制度。

除了环境资源法以外，其他部门法中也有涉及房地产环境法律制度的相关规定。在我国民事法律中，2017 年通过的《民法总则》将生态环境保护原则确立为民法的一项基本原则，该法第 9 条规定："民事主体从事民事活动，应当有利于节约资源、保护生态环境。"此外，《民法通则》第 83 条规定："不动产的相邻各方，应当按照有利生产、方便生活、团结互助、公平合理的精神，正确处理截水、排水、通行、通风、采光等方面的相邻关系。给相邻方造成妨碍或者损失的，应当停止侵害，排除妨碍，赔偿损失。"第 124 条规定了环境污染致人损害的民事责任。《物权法》第 89 条规定："建造建筑物，不得违反国家有关工程建设标准，妨碍相邻建筑物的通风、采光和日照。"第 90 条规定："不动产权利人不得违反国家规定弃置固体废物，排放大气污染物、水污染物、噪声、光、电磁波辐射等有害物质。"《侵权责任法》第八章专章规定了"环境污染责任"，根据该法规定，因污染环境造成损害的，污染者应当承担侵权责任。我国刑法第六章第六节专门规定了"破坏环境资源保护罪"，其中与房地产开发运营活动有关的具体犯罪包括污染环境罪、非法占用农用地罪等。在行政法领域，如《治安管理处罚法》第 58 条规定："违反关于社会生活噪声污染防治的法律规定，制造噪声干扰他人正常生活的，处警告；警告后不改正的，处二百元以上五百元以下罚款。"在能源法领域，《节约能源法》《民用建筑节能条例》等对我国建筑节能进行了规定。《节约能源法》第三章第三节对建筑节能提出了明确要求，包括建筑节能的监督管理、严格执行建筑节能标准、分步骤实行供热分户剂量收费制度、可再生能源利用等方面。

二、我国房地产环境法律制度概述

环境保护的法律制度有基本制度和特别制度之分，其中"环境保护的基本法律制度，是指按照环境法基本理念和基本原则确立的、通过环境立法具体表现的、普遍适用于环境与资源保护各个领域的法律规范的总称"；"而环境保护的特别法律制度，则是在各单项环境与资源保护立法中为实现法律的目标而确立的具有特殊性和针对性的法律措施和方法的总称"。[1] 相应地，房地产环境法律制度也可分为房地产开发运营中环境保护的基本法律制度和特别法律制度。与房地产相关的环境保护的基本法律制度包括环境影响评价制度、"三同时"制度、环境标准制度、环

---

〔1〕 汪劲：《环境法学》，北京大学出版社 2014 年版，第 122 页。

境许可制度;特别法律制度包括《大气污染防治法》《水污染防治法》《噪声污染环境防治法》《固体废物污染环境防治法》《土地管理法》等法律中涉及房地产开发运营的具体法律制度。

★★★环境影响评价制度

环境影响评价制度,是环境保护工作中的一项基本法律制度,我国对所有对环境有影响的建设项目(包括房地产开发项目)都必须执行环境影响评价制度。根据《环境影响评价法》的规定,建设项目环境影响评价,是指对建设项目实施后可能造成的环境影响进行分析、预测和评估,提出预防或者减轻不良环境影响的对策和措施,进行跟踪监测的方法与制度。国家根据建设项目对环境的影响程度,对建设项目的环境影响评价实行分类管理。其中,对可能造成重大环境影响的项目,应当编制环境影响报告书,对其产生的环境影响进行全面评价;对可能造成轻度环境影响的项目,应当编制环境影响报告表,对其产生的环境影响进行分析或者专项评价;对环境影响很小、不需要进行环境影响评价的项目,应当填报环境影响登记表。建设项目的环境影响报告书应当包括下列内容:建设项目概况;建设项目周围环境现状;建设项目对环境可能造成影响的分析、预测和评估;建设项目环境保护措施及其技术、经济论证;建设项目对环境影响的经济损益分析。

按照《环境影响评价法》和《建设项目环境保护管理条例》的要求,在房地产开发项目的环境影响评价应该在可行性研究阶段完成并报批。项目建设单位可以委托有环境影响评价资质的机构编制环境影响报告书(表),然后依法定程序报有审批权的环境主管部门审批。根据《环境保护法》的规定,未依法进行环境影响评价的建设项目,不得开工建设。建设单位未依法提交建设项目环境影响评价文件或者环境影响评价文件未经批准,擅自开工建设的,由负有环境保护监督管理职责的部门责令停止建设,处以罚款,并可以责令恢复原状;被责令停止建设,拒不执行的,公安机关对其直接负责的主管人员和其他直接责任人员,处以行政拘留。

★★"三同时"制度

"三同时"制度是我国首创的一项和环境影响评价制度相关的环境法律制度,它是总结我国环境管理的实践经验并为我国法律所确认的一项重要的控制新污染的法律制度。依据《环境保护法》第41条的规定,"三同时"制度,是指一切可能对环境造成影响的建设项目,其环境保护设施必须与主体工程同时设计、同时施工、同时投产使用的制度。我国《环境保护法》第41条还规定,防治污染的设施应当符合经批准的环境影响评价文件的要求,不得擅自拆除或者闲置。此外,《建设项目环境保护管理条例》第 15 条也规定,建设项目需要配套建设的环境保护设施,必须与主体工程同时设计、同时施工、同时投产使用。如果违反“三同时”制度的规定,即建设项目的环境保护设施未建设、未经验收或者验收不合格即投入生产或者使用,或者在环境保护设施验收中弄虚作假的,该法第 23 条规定,由县级以上环境保护行政主管部门责令限期改正,处 20 万元以上 100 万元以下的罚款;逾期不改正的,处 100 万元以上 200 万元以下的罚款;对直接负责的主管人员和其他责任人员,处 5 万元以上 20 万元以下的罚款;造成重大环境污染或者生态破坏的,责令停止生产或者使用,或者报经有批准权的人民政府批准,责令关闭。“三同时”制度和环境影响评价制度结合实施,成为贯彻预防原则的完整的环境管理制度。

★★★环境标准制度

环境标准是国家为了维护环境质量、控制污染,从而保护人群健康、社会财富和生态平衡,按照法定程序制定的各种技术规范的总称。环境标准是具有法律性质的技术规范,是国家环境与资源管理的技术基础。根据《环境标准管理办法》的规定,我国的环境标准由五类三级组成。五类,是指环境质量标准、污染物排放标准、环境监测方法标准、环境标准样品标准和环境基础标准;三级,是指我国环境标准分为国家级、地方级和环境保护部三级。其中,污染物排放标准是强制性标准,排污者必须达标排放,否则构成违法。因此,房地产开发建设和运营管理的相关主体必须遵守相应的污染物排放标准。

《环境噪声污染防治法》规定在城市市区范围内向周围生活环境排放建筑施工噪声的,应当符合国家规定的建筑施工场界环境噪声排放标准,即《建筑施工场界噪声排放标准》(GB 22524—2011)。

《大气污染防治法》规定企业事业单位和其他生产经营者建设对大气环境有影响的项目,向大气排放污染物的,应当符合大气污染物排放标准。房地产开发运营过程中涉及的大气污染物排放标准主要是《大气污染物综合排放标准》(GB 16297—1996)。该法还规定,锅炉使用单位应当严格执行锅炉大气污染物排放标准和锅炉产品标准中的环境保护要求,不符合环境保护标准或者要求的,不得使用。目前,国家环境保护部已经出台了《锅炉大气污染物排放标准》(GB 13271—2014),对锅炉大气污染物浓度排放限值、监测和监控要求等作了规定。

《水污染防治法》规定向城镇污水集中处理设施排放水污染物,应当符合国家或者地方规定的水污染物排放标准,即《污水综合排放标准》(GB 8978—1996)、《城镇污水处理厂污染物排放标准》(GB 18918—2002)。

★★环境许可制度

环境许可制度是指环保行政机关对从事可能造成环境不良影响活动的开发、建设或经营者提出申请，经依法审查，通过颁发许可证、执照等形式，赋予或者确认该申请后，方能从事该种活动的法律资格或法律权利的一系列法律制度。环境许可制度是国家有效、合法实施环境保护监督管理职能的重要手段，被视为环境法的支柱性法律制度。我国环境许可制度大致可分为三类：第一类是防止环境污染的行政许可，这是我国最重要的环境行政许可，比如颁发排污许可证；第二类是防止环境破坏的行政许可，比如土地使用权证等；第三类是针对整体环境保护的行政许可，如颁发建设规划许可证等。

根据我国《环境保护法》的规定，国家依照法律规定实行排污许可管理制度。所以，房地产开发建设和运营管理的相关主体排放污染物实行排污许可管理的，应当按照排污许可证的要求排放污染物；未取得排污许可证的，不得排放污染物。具体来讲，根据《大气污染防治法》第 19 条的规定，排放有毒有害大气污染物名录中所列有毒有害大气污染物的房地产企业、集中供热设施的燃煤热源生产运营单位，应当取得排污许可证。根据《水污染防治法》第 21 条的规定，直接或者间接向水体排放按照规定应当取得排污许可证方可排放的废水、污水的房地产建设和运营主体，应当取得排污许可证。

★与房地产开发经营相关的噪声污染防治具体法律制度

房地产项目在开发建设过程中产生的建筑施工噪声，除了应该符合以上环境保护基本法律制度的规定以外，还应该符合《环境噪声污染防治法》第四章的特殊规定：(1)在城市市区范围内，建筑施工过程中使用机械设备，可能产生环境噪声污染的，施工单位必须在工程开工十五日以前向工程所在地县级以上地方人民政府环境保护行政主管部门申报该工程的项目名称、施工场所和期限、可能产生的环境噪声值以及所采取的环境噪声污染防治措施的情况。(2)在城市市区噪声敏感建筑物集中区域内，禁止夜间进行产生环境噪声污染的建筑施工作业，但抢修、抢险作业和因生产工艺上要求或者特殊需要必须连续作业的除外。因特殊需要必须连续作业的，必须有县级以上人民政府或者其他有关主管部门的证明。并且，经批准的夜间作业，必须公告附近居民。

房地产项目投入使用后，室内装修活动防治环境噪声污染必须符合《环境噪声污染防治法》第 47 条规定，即在已竣工交付使用的住宅楼进行室内装修活动，应当限制作业时间，并采取其他有效措施，以减轻、避免对周围居民造成环境噪声污染。

★与房地产开发经营相关的大气污染防治具体法律制度

房地产开发过程必须严格遵守《大气污染防治法》第四章第69条关于建筑施工扬尘污染防治的规定,施工单位应当在施工工地设置硬质围挡,并采取覆盖、分段作业、择时施工、洒水抑尘、冲洗地面和车辆等有效防尘降尘措施。建筑土方、工程渣土、建筑垃圾应当及时清运;在场地内堆存的,应当采用密闭式防尘网遮盖。工程渣土、建筑垃圾应当进行资源化处理。施工单位应当在施工工地公示扬尘污染防治措施、负责人、扬尘监督管理主管部门等信息。暂时不能开工的建设用地,建设单位应当对裸露地面进行覆盖;超过3个月的,应当进行绿化、铺装或者遮盖。房地产在运营过程中主要是适用《大气污染防治法》关于燃煤和其他能源污染防治的规定。

★与房地产开发经营相关的水污染防治具体法律制度

根据我国《水污染防治法》第45条的规定,向城镇污水集中处理设施排放水污染物,应当符合国家或者地方规定的水污染物排放标准。城镇污水集中处理是解决城镇水危机的有效办法,也是保护城镇水环境的重要防线。房地产项目位于已建有污水处理设施的城市,其在建造施工和运营使用过程中产生的生活污水应该向城镇污水集中处理设施排放进行集中处理,并且缴纳污水处理费用。

★与房地产开发经营相关的固体废物污染防治具体法律制度

房地产项目施工过程必须严格遵守《固体废物污染防治法》第46条的规定,工程施工单位应当及时清运工程施工过程中产生的固体废物,并按照环境卫生行政主管部门的规定进行利用或者处置。工程施工过程中产生的固体废物,通常称为建筑垃圾,《城市建筑垃圾管理规定》对建筑垃圾的定义是建设单位、施工单位新建、改建、扩建和拆除各类建筑物、构筑物、管网等以及居民装饰装修房屋过程中所产生的弃土、弃料及其他废弃物。按照污染者依法负责的原则,对工程施工过程中产生的固体废物,工程施工单位负有法定的义务采取措施防治污染环境。《城市市容和环境卫生管理条例》也规定,城市的工程施工现场的材料、机具应当堆放整齐,渣土应当及时清运。停工场地应当及时整理并作必要的覆盖,竣工后,应当及时清理和平整场地。工程施工单位违反以上相关规定的,由县级以上地方人民政府环境卫生行政主管部门责令停止违法行为,限期改正,处以罚款。

《固体废物污染防治法》第48条规定,从事城市新区开发、旧区改建和住宅小区开发建设的单位,应当按照国家有关环境卫生的规定,配套建设生活垃圾收集设施。《城市市容和环境卫生管理条例》进一步规定,城市中的环境卫生设施,应当符合国家规定的城市环境卫生标准,为此,国家制定了行业标准《城镇环境卫生设施设置标准》(CJJ 27—2012),对生活垃圾收集设施的建设标准提出了要求。

★合理利用土地资源制度

土地资源是房地产业发展的命脉,但土地资源是有限的。任何房地产开发活动,都要在一定的空间和地区上进行,因而都要占用一定的土地资源。土地资源的永续利用是实现房地产业可持续发展的物质基础,也是房地产市场发展与人居环境改善的基本前提,对于有限的土地资源,要按照可持续原则开发利用。在中国的城市化进程中,房地产开发通常是对城市边缘土地进行开发,因此要注意保护好这一地区的农用地,防止过多的农用地成为城市建设用地。农用地转变为非农建设用地必须符合土地利用规划的规定,有关的政府部门应该严格把关。土地利用规划制度,是指国家根据各地区的自然条件、资源状况和经济发展需要,通过制定土地利用的全面规划,对城镇设置、工农业布局、交通设施等进行总体安排,以保证社会经济的可持续发展,防止环境污染和生态破坏。通过土地利用规划,特别是控制土地使用权,就能从总体上控制各项活动,作到全面规划、合理布局。

对于已经成为城市建设用地的土地资源,要提高其使用效率。严格执行《土地管理法》《城市房地产管理法》的有关规定,即对未投资开发或投资未达到一定比例的土地,严禁转让;在一定时间内不进行投资的,政府应无偿收回,从根本上抑制炒地皮、哄抬地价现象的发生。要根据城市规划,对各类用地及郊区新入市的农用地合理配置,以实现土地资源高效配置。如《城市房地产管理法》第26条规定:"以出让方式取得土地使用权进行房地产开发的,必须按照土地使用权出让合同约定的土地用途、动工开发期限开发土地。超过出让合同约定的动工开发日期满一年未动工开发的,可以征收相当于土地使用权出让金百分之二十以下的土地闲置费;满二年未动工开发的,可以无偿收回土地使用权;但是,因不可抗力或者政府、政府有关部门的行为或者动工开发必需的前期工作造成动工开发迟延的除外。"

☆建筑节能和绿色建筑

我国从20世纪80年代开始开展建筑节能工作,建筑节能是全社会节能的重要组成部分,是节能减排工作的重点领域。《节约能源法》第三章第三节专门规定了建筑节能。县级以上地方各级人民政府建设主管部门会同同级管理节能工作的部门编制本行政区域内的建筑节能规划。建筑工程的建设、设计、施工和监理单位应当遵守建筑节能标准。不符合建筑节能标准的建筑工程,建设主管部门不得批准开工建设;已经开工建设的,应当责令停止施工、限期改正;已经建成的,不得销售或者使用。房地产开发企业在销售房屋时，应当向购买人明示所售房屋的节能措施、保温工程保修期等信息，在房屋买卖合同、质量保证书和使用说明书中载明，并对其真实性、准确性负责。国家鼓励在新建建筑和既有建筑节能改造中使用新型墙体材料等节能建筑材料和节能设备，安装和使用太阳能等可再生能源利用系统。违反上述规定的房地产开发企业、设计单位、建设单位、施工单位、监理单位等承担相应的法律责任。

随着建筑节能工作的深入推进，绿色建筑在九十年代被引入中国，2005 年绿色建筑更被纳入了“十一五”城镇化发展的核心内容之一。2006 年 6 月，我国第一部绿色建筑评价标准《绿色建筑评价标准》(GB/T 50378—2014，2014 年修订)开始实施，根据该标准，绿色建筑是指，在全寿命期内，最大限度地节约资源(节能、节地、节水、节材)、保护环境、减少污染，为人们提供健康、适用和高效的使用空间，与自然和谐共生的建筑。**我国绿色建筑非常明确地规定了节能、节水、节地、节材、保护环境五个方面的内容，简称“四节一环保”**，应该说颇具中国特色，同时也得到了世界同行的认可和赞许。2007 年，建设部发布了《绿色建筑评价标识管理办法》及《绿色建筑评价技术细则》，并正式启动了我国绿色建筑评价工程。2008 年住房和城乡建设部科技发展促进中心绿色建筑评价标识管理办公室成立，启用绿色建筑标识，《标准》真正被完整的运用。随后我国绿色建筑开始在部分地区大面积推广。自 2014 年起，政府投资的国家机关等建筑，直辖市、计划单列市及省会城市的保障性住房，以及单体建筑面积超过 2 万平方米的机场等大型公共建筑，全面执行绿色建筑标准。国家还积极引导商业房地产开发项目执行绿色建筑标准，鼓励房地产开发企业建设绿色住宅小区，引导消费者购买绿色住宅，切实推进绿色工业建筑建设。全国性的大规模绿色建筑行动开始展开。

法律与规范链接

▲ 必读法条

《城市房地产管理法》

第 25 条(见本书第 27 ~ 28 页)

第 26 ~ 27 条(见本书第 198 ~ 199 页)

《环境保护法》

第 19 条　编制有关开发利用规划，建设对环境有影响的项目，应当依法进行环境影响评价。

未依法进行环境影响评价的开发利用规划，不得组织实施；未依法进行环境影响评价的建设项目，不得开工建设。

第41条　建设项目中防治污染的设施，应当与主体工程同时设计、同时施工、同时投产使用。防治污染的设施应当符合经批准的环境影响评价文件的要求，不得擅自拆除或者闲置。

第60条　企业事业单位和其他生产经营者超过污染物排放标准或者超过重点污染物排放总量控制指标排放污染物的，县级以上人民政府环境保护主管部门可以责令其采取限制生产、停产整治等措施；情节严重的，报经有批准权的人民政府批准，责令停业、关闭。

第61条　建设单位未依法提交建设项目环境影响评价文件或者环境影响评价文件未经批准，擅自开工建设的，由负有环境保护监督管理职责的部门责令停止建设，处以罚款，并可以责令恢复原状。

第63条　企业事业单位和其他生产经营者有下列行为之一，尚不构成犯罪的，除依照有关法律法规规定予以处罚外，由县级以上人民政府环境保护主管部门或者其他有关部门将案件移送公安机关，对其直接负责的主管人员和其他直接责任人员，处十日以上十五日以下拘留；情节较轻的，处五日以上十日以下拘留：

（一）建设项目未依法进行环境影响评价，被责令停止建设，拒不执行的；

（二）违反法律规定，未取得排污许可证排放污染物，被责令停止排污，拒不执行的；

（三）通过暗管、渗井、渗坑、灌注或者篡改、伪造监测数据，或者不正常运行防治污染设施等逃避监管的方式违法排放污染物的；

（四）生产、使用国家明令禁止生产、使用的农药，被责令改正，拒不改正的。

《环境噪声污染防治法》

第28条　在城市市区范围内向周围生活环境排放建筑施工噪声的，应当符合国家规定的建筑施工场界环境噪声排放标准。

第29条　在城市市区范围内，建筑施工过程中使用机械设备，可能产生环境噪声污染的，施工单位必须在工程开工十五日以前向工程所在地县级以上地方人民政府环境保护行政主管部门申报该工程的项目名称、施工场所和期限、可能产生的环境噪声值以及所采取的环境噪声污染防治措施的情况。

第30条　在城市市区噪声敏感建筑物集中区域内，禁止夜间进行产生环境噪声污染的建筑施工作业,但抢修、抢险作业和因生产工艺上要求或者特殊需要必须连续作业的除外。

因特殊需要必须连续作业的,必须有县级以上人民政府或者其有关主管部门的证明。

前款规定的夜间作业,必须公告附近居民。

第47条 在已竣工交付使用的住宅楼进行室内装修活动,应当限制作业时间,并采取其他有效措施,以减轻、避免对周围居民造成环境噪声污染。

《大气污染防治法》

第69条 建设单位应当将防治扬尘污染的费用列入工程造价,并在施工承包合同中明确施工单位扬尘污染防治责任。施工单位应当制定具体的施工扬尘污染防治实施方案。

从事房屋建筑、市政基础设施建设、河道整治以及建筑物拆除等施工单位,应当向负责监督管理扬尘污染防治的主管部门备案。

施工单位应当在施工工地设置硬质围挡,并采取覆盖、分段作业、择时施工、洒水抑尘、冲洗地面和车辆等有效防尘降尘措施。建筑土方、工程渣土、建筑垃圾应当及时清运;在场地内堆存的,应当采用密闭式防尘网遮盖。工程渣土、建筑垃圾应当进行资源化处理。

施工单位应当在施工工地公示扬尘污染防治措施、负责人、扬尘监督管理主管部门等信息。

暂时不能开工的建设用地,建设单位应当对裸露地面进行覆盖;超过三个月的,应当进行绿化、铺装或者遮盖。

《水污染防治法》

第50条 向城镇污水集中处理设施排放水污染物,应当符合国家或者地方规定的水污染物排放标准。

城镇污水集中处理设施的运营单位,应当对城镇污水集中处理设施的出水水质负责。

环境保护主管部门应当对城镇污水集中处理设施的出水水质和水量进行监督检查。

《固体废物污染环境防治法》

第46条 工程施工单位应当及时清运工程施工过程中产生的固体废物,并按照环境卫生行政主管部门的规定进行利用或者处置。

第48条　从事城市新区开发、旧区改建和住宅小区开发建设的单位，以及机场、码头、车站、公园、商店等公共设施、场所的经营管理单位，应当按照国家有关环境卫生的规定，配套建设生活垃圾收集设施。

第74条　违反本法有关城市生活垃圾污染环境防治的规定，有下列行为之一的，由县级以上地方人民政府环境卫生行政主管部门责令停止违法行为，限期改正，处以罚款：

（一）随意倾倒、抛撒或者堆放生活垃圾的；

（二）擅自关闭、闲置或者拆除生活垃圾处置设施、场所的；

（三）工程施工单位不及时清运施工过程中产生的固体废物，造成环境污染的；

（四）工程施工单位不按照环境卫生行政主管部门的规定对施工过程中产生的固体废物进行利用或者处置的；

（五）在运输过程中沿途丢弃、遗撒生活垃圾的。

单位有前款第一项、第三项、第五项行为之一的，处五千元以上五万元以下的罚款；有前款第二项、第四项行为之一的，处一万元以上十万元以下的罚款。个人有前款第一项、第五项行为之一的，处二百元以下的罚款。

△ **延伸法条**

《建设项目环境保护管理条例》

《建设项目环境保护设施竣工验收监测技术要求（试行）》

《城市市容和环境卫生管理条例》

典型案例

吴某某诉ZX房地产开发有限公司噪声污染责任案[1]

【案情概述】

2013年年底，ZX公司开始实施其开发的房地产项目，吴某某家住该项目附近。2013年11月1日，ZX公司将项目的平基土石方及边坡支护工程发包给JY公司施工。2014年年初，JY公司进场施工。施工期间有夜间施工和产生工程噪声的情况，JY公司施工至同年9月结束。2013年12月28日，ZX公司将项目主体工程发

〔1〕 案件来源：重庆法院网：http://cqfy.chinacourt.org/article/detail/2016/10/id/2322845.shtml，最后访问日期：2018年5月24日。

包给 ZH 公司，JY 公司基建工程结束后，ZH 公司开始进行施工。ZX 公司在与 JY 宇公司、ZH 公司的合同中，有笼统的“依法”“文明”施工的约定，但对施工过程中环境保护的措施没有明确约定。2014 年 10 月 19 日，重庆市环境工程评估中心受 ZX 公司委托，对该项目环境影响报告书进行了技术评估，并出具《重庆市建设项目环境影响技术评估报告》。2014 年 11 月 3 日，ZX 公司取得县环保局《重庆市建设项目环境影响评价文件批准书》。2014 年 11 月 12 日，县环境监测站对本案所涉项目工地夜间施工噪声进行监测，结果为 57. 4dB，超过 55dB 的排放标准，2015 年 4 月 19 日，县环境监测站对本案所涉工地昼间施工噪声进行监测，结果为 72dB，超过 60dB 的排放标准。ZH 公司在 2014 年 10 月 22 日取得在同月 22 日至 24 日夜间施工的许可证，其他时间是否取得夜间施工的许可无证据证明。

在 JY 公司、ZH 公司施工过程中，吴某某出现抑郁情绪发作的情况。2014 年 6 月 22 日至 26 日，吴某某进入石柱县人民医院住院治疗，个人花去治疗费用 1249. 63 元。同年 7 月 5 至 14 日，吴某某经重庆医科大学附属第一医院诊断为心境障碍（抑郁发作）后住院治疗，个人花去治疗费用 3525. 71 元。2015 年 5 月 21 日，吴某某经县人民医院诊断为“血管神经性头痛、心境障碍、慢性胃炎”，再次住院治疗，个人支出治疗费用 968. 1 元。另外，吴某某在此期间，在门诊购药开支现金 2220. 42 元。对吴某某支出的医疗费用，ZX 公司明确表示不申请鉴定，JY 公司、ZH 公司也未申请鉴定。期间，2014 年 8 月 14 日，经县环境保护局主持调解，ZX 公司与吴某某达成《信访事项调解协议书》，由 ZX 公司每月支付吴某某 1000 元租房费供其自行租房，自 2014 年 8 月 15 日起至 ZX 公司负责开发项目的土石方工程开挖结束。ZX 公司付租金至 2014 年 10 月 14 日止。2015 年 6 月 18 日后，吴某某自己在外租房居住，并支付房租 13，200 元。

2015 年 3 月 12 日，吴某某遂以 ZX 公司开发的项目工地产生噪音致使其身体健康遭受严重伤害为由提起本案诉讼，请求 ZX 公司、JY 公司、ZH 公司赔偿医药费 47，102. 16 元、房租费 13，200 元，并停止侵害，排除妨碍。本案审理中，ZX 公司申请对吴某某心境障碍与工地噪声是否存在因果联系进行司法鉴定。后经重庆市黔江区人民法院委托重庆市精神卫生中心对此进行了鉴定，该中心出具了《重庆市精神卫生中心精神医学鉴定意见书》，明确吴某某的心境障碍与环境噪声之间无因果联系，但同时该中心在分析说明中明确，因吴某某患有心脏病史，易出现抑郁情绪，对环境噪声较常人敏感，可能加重抑郁情绪或者使抑郁情绪发作。

重庆黔江区法院认为建设单位负有对建设项目进行环境影响评价及采取环境

保护措施的法律责任。无论建设单位是否将建设项目的施工对外发包，均不能免除其项目实施中环境保护的义务。施工单位在施工时实际产生噪声，造成环境侵权，也应承担法律责任。遂判决三被告赔偿原告各项损失，ZX 公司、ZH 公司采取噪声防治措施，使案涉工程项目的施工工地噪声排放达到国家标准，ZH 公司在未取得夜间施工许可的情况下，禁止在该工地夜间施工。宣判后，ZX 公司不服，提起上诉。重庆四中院经二审审理后判决驳回上诉，维持原判。

【关键问题】

1. 本案中，施工单位 JY 和 ZH 两公司是否应当承担噪声污染侵权责任？

2. 本案中，建设单位 ZX 公司是否应承担噪声污染责任？

【简要评论】

1. 施工单位 JY 和 ZH 两公司应当承担噪声污染侵权责任

根据《环境噪声污染防治法》第 2 条规定，环境噪声污染，是指所产生的环境噪声超过国家规定的环境噪声排放标准，并干扰他人正常生活、工作和学习的现象。与水污染、大气污染一样，环境噪声污染是常见的环境公害，在责任认定上应遵循环境侵权的特殊规则。根据《侵权责任法》第 65 条“因污染环境造成损害的，污染者应当承担侵权责任”，噪声污染侵权责任的构成要件有三个：一是有排放噪声超出法定标准造成污染的行为；二是有损害后果；三是噪声污染与损害后果之间有因果关系。

(1)ZX 公司开发的房地产项目施工是否存在排放噪声超标的侵权行为

根据《环境噪声污染防治法》第 28 条及第 30 条的规定，项目施工中排放噪声应该符合相关规定，否则即构成污染侵权行为。本案中，首先，在 ZX 公司获得环境评价批准书后，作为施工单位的 JY 公司、ZH 公司在各自施工期间均存在排放噪声超标的行为；其次，ZH 公司还存在未经许可夜间施工的行为。因此，施工单位 JY 和 ZH 两公司存在排放噪声超标的侵权行为。

(2)吴某某的身体健康损害与噪音污染之间是否有因果关系

在 JY 公司、ZH 公司二者施工期间，吴某某抑郁情绪发作，多次住院治疗，存在身体健康受损的事实，且为了避免身体继续遭受噪音的损害外出租房，存在费用损失，对于以上损害事实三被告均无异议。争议的焦点在于损害与噪音污染之间是否有因果关系。《重庆市精神卫生中心精神医学鉴定意见书》明确了吴某某的心境障碍(抑郁发作)与环境噪声之间无因果联系，但是，该鉴定意见书的分析说明中做出了因吴义碧患有心脏病史，易出现抑郁情绪，对环境噪声较常人敏感，可能加重抑郁情绪或者使抑郁情绪发作的鉴定意见。基于此,噪音污染的侵权行为与吴义碧因抑郁情绪加重接受住院治疗及为避免损害加重而搬离住所在外居住产生的损失之间存在因果关系。至此,施工单位JY公司、ZH公司对此应承担噪声污染侵权责任。

2. 建设单位ZX公司应承担噪声污染责任

建设单位,是建设工程的投资人,也称业主,是工程建设项目建设过程中的总负责方。根据《环境噪声污染防治法》第13～15条的规定,如果建设项目可能产生噪音的,建设单位必须严格按照前述规定落实各项义务,即提出环境影响报告书,采取噪声防护措施,保护居民的生活环境,并且无论建设单位是否将建设项目的施工对外发包,均不能免除其项目实施中环境保护的义务,如建设单位在项目实施中未尽其责,则构成对法定义务的违反,应承担相应的法律责任。

本案中,一方面,ZX公司在项目实施时未进行环境影响评价,对项目实施中可能造成的噪声污染等未考虑采取措施处理,在对外发包过程中,没有与施工单位就施工过程中的环境保护措施进行明确约定。另一方面,ZX公司虽然在项目建设较长时间后,进行了环境影响评价,取得评价文件批准书,但是,无证据证明ZX公司依照环境影响评价书的内容采取了防治噪声的措施或监督管理施工企业采取了防治噪声的措施。事实上,项目建设中未经批准进行夜间施工产生噪声,在环境影响评价获得批准后,县环境监测站对工程建设的检测结果,仍是噪声超标。所以,ZX公司未履行法定义务致项目开发施工中的噪音污染客观存在,作为不作为噪声污染的侵权人,ZX公司应当承担噪声污染责任。

由此,ZX公司与ZH公司及ZX公司与JY公司,就相关期间发生的损害,均属于知道不采取相应措施直接施工可能发生噪声污染损害而轻信能避免致损害后果发生的情形,依照《侵权责任法》第8条"二人以上共同实施侵权行为,造成他人损害的,应当承担连带责任"之规定,ZX公司与ZH公司及ZX公司与JY公司应当相互承担连带责任;并基于该法第14条"连带责任人根据各自责任大小确定相应的赔偿数额;难以确定责任大小的,平均承担赔偿责任"之规定,对原审按ZX公司、ZH公司、JY公司的内部责任可根据各自对损害发生的作用确定。

【核心知识】

在噪声污染责任纠纷中,施工单位排放噪声超过国家规定标准,建设单位未依法进行环境影响评价或采取有效保护措施,属于以不作为的方式侵权,造成他人身体健康受损的,与施工单位构成共同侵权,应承担连带责任。

延伸阅读

1. 徐丽媛:《项目建设与环境保护的法律制度——以房地产开发项目为例》,载《城市问题》2010 年第 8 期;
2. 来庆云、杜靖宇:《房地产建设项目竣工环境保护预验收存在的问题及规范及建议》,载《门窗》2016 年第 6 期。

第十章　住房保障法律制度

教学目标

1. 理解住房保障法及其功能。
2. 理解和掌握住房公积金管理机构及其职责。
3. 理解和识记审核住房公积金提取的程序。
4. 理解和识记廉租住房、经济适用房、公共租赁房的概念。
5. 理解共有产权房概念及特征，熟悉共有产权房权利主体，理解产权比例原则及调整方法。

推荐参考资料

1. 宋春华主编：《房地产大辞典》，红旗出版社 1993 年版，第 25～26 页；
2. 文林峰：《城镇住宅保障》，中国发展出版社 2007 年版，第 66～67 页；
3. 王炜：《政策解读：廉租住房增量扩容时间表排定》，载《人民网》2007 年 8 月 23 日版。

第一节　住房保障法

知识要点

一、保障性住房及其立法

☆**住房保障法的概念**

住房保障法是为了保障人们的住房权利、满足住房需求、保持国家经济的发展和社会的稳定而制定的法律规范的总称。住房保障制度的建立、发展和完善，需要多种手段,如行政手段、经济手段、教育手段以及法律手段等,其中法律手段无疑处于最重要的地位,住房保障法就是最佳的形式。

★★保障性住房的概念

保障性住房与商品房是一个相对概念,是政府为购房能力不足的中低收入者家庭提供的具有社会保障性质的一类住宅。保障房是由政府统一统筹、规划、建设和分配管理的,一般会限定申请对象范围、限定建设标准、限定价格或者租金等。根据不同的制度安排和不同保障对象的特点,**我国将保障性住房分为多个层次,主要包括廉租房、经济适用房、公共租赁房、定向安置房和限价房等。**

☆住房保障法功能

住房保障法的主要功能可以归纳为以下几种:

- 维护社会和谐;
- 促进经济发展;
- 实现分配公平;
- 实现政治稳定。

二、我国的住房改革

☆我国住房改革制度的发展

20多年的住房改革取得了斐然的成就,主要表现在基本建立起了市场化、多元化的住房供应体系,取代了以前单一的、以国家和单位供应为主的共有住房供给制度,住房供应充足,中国基本告别了住房短缺时代。2005年年底,全国城镇房屋建筑面积164.51亿平方米,其中住房建筑面积107.69亿平方米,占房屋建筑面积的比重为65.46%;城镇居民人均住房建筑面积26.11平方米,其中东部地区28平方米,中部地区23.9平方米,西部地区25.24平方米;城镇户均住房建筑面积83.2平方米,户均成套住房套数0.85套;全国城镇私有住房建筑面积87.9亿平方米,住房私有率为81.62%。建立起了市场化、货币化的住房分配制度,取代了以前福利性、租赁性的住房实物分配制度,提高了住房分配的效率,公民的居住条件有了显著的改善;建立起了多元化的住房投资体制,改变了国家垄断住房投资、住房投资不足的住房金融体制;建立起了住房私有化为主的多元的住房产权体制,代替了公有制为主的住房租赁制度。大部分家庭拥有独立住房,约占93%,城镇居民住房成套率达到72.7%,58.7%的城镇居民住房结构为二居室或者三居室。拥有暖气设备的家庭占31.5%,拥有厕所浴室设备的家庭占40.2%,拥有管道煤气、天然气的家庭占30.3%。32.3%的家庭住房已经装修。建立起了专业化、市场化的物业管理制度，逐步取代了以前单位化、行政化、福利化的公房管理制度。

☆我国住房改革的经验

（1）坚持了渐进的改革思路，在不断的政策试验和摸索中，总结经验，调整和完善改革的政策和策略，推动改革的发展。

（2）权力下放，积极鼓励地方政府因地制宜，进行政策创新，并将成熟的经验上升为全国政策，推广实施。

（3）逐渐调整中央、地方、单位及个人的权利、责任，尊重各方利益博弈。

（4）注重吸收和借鉴其他国家、地区的经验。

☆我国住房保障法的完善

我国住房法律体系的完善过程实质上是逐步建立较高水平的住房保障法律制度体系的过程，即遵循一定的法律原则，在充分借鉴国际经验的基础上，不断完善我国住房保障制度体系，使更多社会成员的住房权得到更高水平的保障。

制定一部完备的《住房法》是构建我国较高水平住房法律体系的关键和核心，应当具体到以下规定：

（1）住房法的立法目的应确定为，保障全体社会成员的住房权利，促进经济的发展，实现社会的和谐。此外，《住房法》还应就国家的住房保障责任作出规定。

（2）在价值取向上，要考虑我国国情，重点考虑对中低收入群体和其他特殊群体的住房权利的保障，满足住有所居的需求，在制度设计上可以其社会保障性质为重心，其他制度围绕着住房社会保障而展开。对住房改善问题应立足循序渐进、可持续发展的原则，量力而行，逐步完善。

（3）在立法步骤方面，《住房法》是我国住房法律体系的基本法，对其他住房法律具有指导作用。

★域外住房保障法制度

（1）瑞典的住房保障制度属于“全民型”，即由政府直接干预住房建设与分配；全体社会成员都有权利申请公共保障住房。

（2）美国的住房保障制度属于“特惠型”，即保障住房仅向低收入者和特殊群体提供；而不符合住房保障条件的其他社会成员要通过市场途径获得住房。

（3）新加坡的住房保障制度属于“普惠性”，即除了高收入人群和有私人房产者以外，一般民众都可以按照分类规定的条件租用或购买相应标准的“组屋”。

（4）英国的住房保障制度属于“混合型”，即英国的住房保障政策摇摆于福利型和市场型之间。

☆域外住房保障法的启示

(1)突出政府住房保障职能;

(2)重视住房保障法制建设;

(3)住房供应控制与需求能力提升并重。

法律与规范链接

▲ **必读法条**

《国有土地上房屋征收与补偿条例》

第18条(见本书第183页)

△ **延伸法条**

国务院《关于促进房地产市场持续健康发展的通知》

典型案例

史某某诉中牟县人民政府行政处罚赔偿案[1]

【案情概述】

原告史某某诉称,2011年4月8日,××县人民政府以建设中牟县景观大道南延工程为由,作出"中牟县人民政府关于景观大道南延工程征地拆迁的通知"(牟政通〔2011〕19号),通知拆迁涉及该工程的沿途房屋。原告所经营的郑州史某某彩钢板有限公司使用的房屋属被告拆迁范围之内,该公司所占用的国有土地原告享有合法使用权(牟国用〔1999〕字第399号)。但是,被告在拆迁原告的房屋时,并没有提供合法的手续,也没有按照合法的程序进行拆迁。2011年12月27日便给原告下达补偿决定书。原告对此不服,收到决定书后即到郑州市人民政府申请行政复议。2012年4月16日,原告收到郑州市人民政府作出的郑政(行复决)〔2012〕145号行政复议决定书,复议决定书维持××县人民政府的补偿决定。原告不服,向法院起诉,请求撤销被告于2011年12月27日对原告作出的补偿决定书。

被告中牟县人民政府辩称:(1)被告已于2013年7月15日撤销了补偿决定书,撤销的依据是《房地产抵押估价指导意见》第26条。因为涉案的评估报告已经过

---

〔1〕 李静编著:《国有土地上房屋征收与补偿条例案例解析》,法律出版社2015年版,第127~131页。

一年的时效。(2)中牟县人民政府对当事人作出的补偿决定是按照《国有土地上房屋征收与补偿决定》,依据××县牟政通〔2011〕46号《××县景观大道南延工程国有土地上房屋征收与补偿实施方案》,根据《房地产征收补偿估价报告》作出了涉案补偿决定,该补偿决定有合法依据。

经审理查明,2011年4月8日,中共中牟县委、中牟县人民政府作出《关于印发〈中牟县景观大道南延工程建设方案〉的通知》。同日,中牟县人民政府作出《关于景观大道南延工程征地拆迁的通告》。2011年4月31日,××县景观大道南延工程建设指挥部作出《中牟县景观大道南延工程信访评估报告》,评估结论:"根据征求意见和分析论证情况,信访评估委员会认定,中牟县景观大道南延工程项目可行。"2011年5月31日,中牟县人民政府组织召开中牟县景观大道南延工程国有土地上房屋征收与补偿工作协调会,相关政府机构、公证人员、评估公司、国有土地上被征收户(应到35户,签到26户)到会。现场当众选出河南开来房地产评估咨询有限公司作为中牟县景观大道南延工程国有土地上房屋征收与补偿评估机构,并由公证员对现场进行监督公证。2011年10月8日,××县人民政府作出《中牟县景观大道南延工程国有土地上房屋征收与补偿实施方案》和《关于中牟县景观大道南延工程国有土地上房屋征收与补偿的通告》。原告史某某所经营的郑州史某某彩钢板有限公司位于郑州市××县城关镇北环路北侧,在上述实施方案所规定的拆迁范围之内。2011年12月27日,因原告史某某未与征收单位达成征收补偿协议,被告中牟县人民政府对原告史某某作出了《补偿决定书》,并作出《中牟县景观大道南延工程国有土地上房屋征收与补偿决定公告》。原告史某某不服上述补偿决定书提出行政复议,郑州市人民政府维持了被告中牟县人民政府对原告史某某作出的补偿决定书。

被告对中牟县景观大道南延工程国有土地上房屋进行征收与补偿,并由被征收人协商选定的房地产评估机构对被征收房屋进行评估。原告的房屋位于被征收范围,房地产评估机构对原告房屋及其附着物作出了《房地产征收补偿估价报告》。被告依据《房地产征收补偿估价报告》中确定的评估价值,对原告作出了《补偿决定书》。在诉讼过程中,被告撤销了对原告作出的《补偿决定书》,但因原告不撤诉,本院依然要对原具体行政行为即被告作出的《补偿决定书》是否合法进行审查。根据建设部《国有土地上房屋征收评估办法》的规定,房屋征收评估前,房屋征收部门应当组织有关单位对被征收房屋情况进行调查,调查结果应当在房屋征收范围内向被征收人公布。房地产评估机构应当安排注册房地产估价师对被征收房屋进行实地查勘,被征收人应当在实地查勘记录上签字或盖章确认。本案中,被告作为征收人未提供其对原告房屋情况调查的结果在房屋征收范围内向原告公布的证据,房地产评估机构作出《房地产征收补偿估价报告》中查勘记录上的签字并非原告本人所签。因此,《房地产征收补偿估价报告》所依据的评估委估方××县房屋征收与补偿办公室提供的原告土地、建筑物、附着物的相关材料的真实性不能确定。根据《国有土地上房屋征收评估办法》规定,房地产价格评估机构应当向房屋征收部门提供分户的初步评估结果。房屋征收部门应当将分户的初步评估结果在征收范围内向被征收人公示。分户初步评估结果公示期满后,房地产价格评估机构应当向房屋征收部门提供委托评估范围内被征收房屋的整体评估报告和分户评估报告。房屋征收部门应当向被征收人转交分户评估报告。被征收人对评估报告有异议的,应当自收到评估报告之日起10日内,向房地产价格评估机构申请复核评估。被征收人对复核结果有异议的,应当自收到复核结果之日起10日内,向被征收房屋所在地评估专家委员会申请鉴定。本案中,原告不认可收到被告转交的《房地产征收补偿估价报告》,被告也未提供证据证明其向原告交付了上述估价报告。因此,不能认定被告依照《国有土地上房屋征收评估办法》规定向原告交付了估价报告。原告作为被征收人申请复核评估及申请重新鉴定的权利无法得到保障,《房地产征收补偿估价报告》不能作为被告作出《补偿决定书》的合法依据。被告作出的《补偿决定书》中直接给予原告货币补偿额,未告知原告可以选择房屋产权调换,违反了《国有土地上房屋征收与补偿条例》的相关规定。综上,依照最高人民法院《关于执行〈中华人民共和国行政诉讼法〉若干问题的解释》第26条、第50条第3款、第57条第2款第3项之规定,并经本院审判委员会研究决定,判决如下:

确认被告中牟县人民政府于2011年12月27日对原告史某某作出的《补偿决定书》违法。

【关键问题】

1. 何为保障性住房?

2. 住房保障法的功能是什么?

【简要评论】

本案中,争议的问题之一是被告征收房屋时直接决定给予货币补偿是否合法。征收个人住宅,被征收人符合住房保障条件的,作出房屋征收决定的市、县级人民政府应当优先给予住房保障。本案被告在征收时没有考虑充分保障被征收人的补偿选择权,擅自决定只给予货币补偿,因此,其作出的补偿决定书是违法的。

【核心知识】

征收个人住宅,被征收人符合住房保障条件的,作出房屋征收决定的市、县级人民政府应当优先给予住房保障,具体办法由省、自治区、直辖市制定。

延伸阅读

1. 杨志勇:《我国保障性住房分配制度探究》,载《城市规划与管理》2015 年第 10 期;
2. 张占录:《我国保障性住房建设存在问题、发展障碍与制度建设》,载《理论与改革》2011 第 3 期;
3. 吴志强:《百年西方城市规划理论史导论》,载《城市规划汇刊》2000 年第 2 期。

第二节 住房公积金制度

知识要点

一、住房公积金制度概述

★住房公积金制度的概念

住房公积金制度是指由职工所在的国家机关、国有企业、城镇集体企业、外商投资企业、城镇私营企业以及其他城镇企业、事业单位、民办非企业单位、社会团体(以下统称单位)及其在职职工缴纳并长期储蓄一定的住房公积金,用以日后支付职工家庭购买或自建自住住房、私房翻修等住房费用的制度。

☆住房公积金制度的特征

住房公积金制度的主要功能可以归纳为以下几种:

- 住房公积金制度是一种强制性的住房储蓄制度;
- 住房公积金制度是一种长期性,固定化的储蓄制度;
- 住房公积金制度是一种保障性的储蓄制度;
- 住房公积金是一种住房补贴。

二、住房公积金管理

★★住房公积金管理机构

住房公积金管理委员会,按照《住房公积金管理条例》(以下简称《条例》)第 8

条的规定,在我国,直辖市和省、自治区人民政府所在地的市以及其他设区的市(地、州、盟),应当设立住房公积金管理委员会,作为住房公积金管理的决策机构。

住房公积金管理中心,《条例》第10条规定,直辖市和省、自治区人民政府所在地的市以及其他设区的市(地、州、盟)应当按照精简、效能的原则,设立一个住房公积金管理中心,负责住房公积金的管理运作。县(市)不设立住房公积金管理中心。此外,住房公积金管理中心可以在有条件的县(市)设立分支机构。住房公积金管理中心与其分支机构应当实行统一的规章制度,进行统一核算。

★住房公积金管理委员的职责

住房公积金管理委员会在住房公积金管理方面履行下列职责:

- 依据有关法律、法规和政策,制定和调整住房公积金的具体管理措施,并监督实施;
- 根据《条例》第18条的规定,拟订住房公积金的具体缴存比例;
- 确定住房公积金的最高贷款额度;
- 审批住房公积金归集、使用计划;
- 审议住房公积金增值收益分配方案;
- 审批住房公积金归集、使用计划执行情况的报告。

★住房公积金管理中心的职责

住房公积金管理中心是直属城市人民政府的不以营利为目的的独立的事业单位。住房公积金管理委员会在住房公积金管理方面履行下列职责:

- 编制、执行住房公积金的归集、使用计划;
- 负责记载职工住房公积金的缴存、提取、使用等情况;
- 负责住房公积金的核算;
- 审批住房公积金的提取、使用;
- 负责住房公积金的保值和归还;
- 编制住房公积金归集、使用计划执行情况的报告;
- 承办住房公积金管理委员会决定的其他事项。

在公积金的运作管理方面,《条例》第12条规定,住房公积金管理委员会应当按照中国人民银行的有关规定,指定受委托办理住房公积金金融业务的商业银行(即受委托银行);住房公积金管理中心应当与受委托银行签订委托合同,委托受委托银行办理住房公积金贷款、结算等金融业务和住房公积金账户的设立、缴存、归还等手续。

三、住房公积金缴存

★住房公积金缴存登记与账户设立

住房公积金管理中心在受委托银行设立住房公积金专户。单位到住房公积金管理中心办理住房公积金缴存登记，经住房公积金管理中心审核后，到受委托银行为本单位职工办理住房公积金账户设立手续。每个职工只能有一个住房公积金账户，并按规定建立职工住房公积金明细账，记载职工个人住房公积金的缴存、提取等情况。

新设立的单位应当自设立之日起30日内到住房公积金管理中心办理住房公积金缴存登记，并自登记之日起20日内持住房公积金管理中心的审核文件，到受委托银行为本单位职工办理住房公积金账户设立手续。

单位合并、分立、撤销、解散或者破产的，应当自发生这些情况之日起30日内由原单位或者清算组织到住房公积金管理中心办理变更登记或者注销登记，并自办妥变更登记或者注销登记之日起20日内持住房公积金管理中心的审核文件，到受委托银行为本单位职工办理住房公积金账户转移或者封存手续。

单位录用职工的，自录用之日起30日内到住房公积金管理中心办理缴存登记，并持住房公积金管理中心的审核文件，到受委托银行办理职工住房公积金账户的设立或者转移手续。单位与职工终止劳动关系的，单位应当自劳动关系终止之日起30日内到住房公积金管理中心办理变更登记，并持住房公积金管理中心的审核文件，到受委托银行办理职工住房公积金账户转移或者封存手续。

☆住房公积金缴存额度的确定

职工住房公积金的月缴存额为职工本人上一年度月平均工资乘以职工住房公积金缴存比例。单位为职工缴存的住房公积金的月缴存额为职工本人上一年度月平均工资乘以单位住房公积金缴存比例。新参加工作的职工从参加工作的第二个月开始缴存住房公积金，月缴存额为职工本人当月工资乘以职工住房公积金缴存比例。单位新调入的职工从调入单位发放工资之日起缴存住房公积金，月缴存额为职工本人当月工资乘以职工住房公积金缴存比例。

职工和单位住房公积金的缴存比例均不得低于职工上一年度月平均工资的5%；有条件的城市，可以适当提高缴存比例。具体缴存比例由住房公积金管理委员会拟订，经本级人民政府审核后，报省、自治区、直辖市人民政府批准。

★住房公积金的缴存方式和时限

职工个人缴存的住房公积金，由所在单位每月从其工资中代扣代缴。单位应当于每月发放职工工资之日起5日内将单位缴存的和为职工代缴的住房公积金汇缴到住房公积金专户内,由受委托银行计入职工住房公积金账户。

单位为职工缴存的住房公积金,列支方式为:(1)机关在预算中列支;(2)事业单位由财政部门核定收支后,在预算或者费用中列支;(3)企业在成本中列支。

单位应当按时、足额缴存住房公积金,不得逾期缴存或者少缴。对缴存住房公积金确有困难的单位,经本单位职工代表大会或者工会讨论通过,并经住房公积金管理中心审核,报住房公积金管理委员会批准后,可以降低缴存比例或者缓缴;待单位经济效益好转后,再提高缴存比例或者补缴缓缴。

住房公积金自存入职工住房公积金账户之日起按照国家规定的利率计息。住房公积金管理中心应当为缴存住房公积金的职工发放缴存住房公积金的有效凭证。

四、住房公积金提取

★★住房公积金提取的情形

职工有下列情形之一的,可以提取职工住房公积金账户内的存储余额:

(1)购买、建造、翻建、大修自住住房的;

(2)离休、退休的;

(3)完全丧失劳动能力,并与单位终止劳动关系的;

(4)出境定居的;

(5)偿还购房贷款本息的;

(6)房租超出家庭工资收入的规定比例的。

依照前款第(2)项、第(3)项、第(4)项规定,提取职工住房公积金的,应当同时注销职工住房公积金账户。

职工死亡或者被宣告死亡的,职工的继承人、受遗赠人可以提取职工住房公积金账户内的存储余额;无继承人也无受遗赠人的,职工住房公积金账户内的存储余额纳入住房公积金的增值收益。

★住房公积金提取的程序

职工提取住房公积金账户内的存储余额的,所在单位应当予以核实,并出具提取证明。职工应当持提取证明向住房公积金管理中心申请提取住房公积金。住房公积金管理中心应当自受理申请之日起3日内作出准予提取或者不准提取的决定,并通知申请人;准予提取的,由受委托银行办理支付手续。

☆住房公积金贷款

缴存住房公积金的职工,在购买、建造、翻建、大修自住住房时,可以向住房公积金管理中心申请住房公积金贷款。住房公积金管理中心应当自受理申请之日起15

日内作出准予贷款或者不准贷款的决定,并通知申请人;准予贷款的,由受委托银行办理贷款手续。住房公积金贷款的风险,由住房公积金管理中心承担。不过,为了降低贷款风险,申请人申请住房公积金贷款的,应当提供担保。

此外,住房公积金管理中心在保证住房公积金提取和贷款的前提下,经住房公积金管理委员会批准,**可以将住房公积金用于购买国债。但是,住房公积金管理中心不得向他人提供担保。**

☆收益与管理费用

就环境标准的实施监督而言,住房公积金的增值收益应当存入住房公积金管理中心在受委托银行开立的住房公积金增值收益专户,用于建立住房公积金贷款风险准备金、住房公积金管理中心的管理费用和建设城市廉租住房的补充资金。

住房公积金管理中心的管理费用,由住房公积金管理中心按照规定的标准编制全年预算支出总额,报本级人民政府财政部门批准后,从住房公积金增值收益中上交本级财政,由本级财政拨付。

法律与规范链接

▲ 必读法条

《住房公积金管理条例》

第8条 直辖市和省、自治区人民政府所在地的市以及其他设区的市(地、州、盟),应当设立住房公积金管理委员会,作为住房公积金管理的决策机构。住房公积金管理委员会的成员中,人民政府负责人和建设、财政、人民银行等有关部门负责人以及有关专家占1/3,工会代表和职工代表占1/3,单位代表占1/3。

住房公积金管理委员会主任应当由具有社会公信力的人士担任。

第9条 住房公积金管理委员会在住房公积金管理方面履行下列职责:

(一)依据有关法律、法规和政策,制定和调整住房公积金的具体管理措施,并监督实施;

(二)根据本条例第十八条的规定,拟订住房公积金的具体缴存比例;

(三)确定住房公积金的最高贷款额度;

(四)审批住房公积金归集、使用计划;

(五)审议住房公积金增值收益分配方案;

(六)审批住房公积金归集、使用计划执行情况的报告。

△ **延伸法条**

国务院《关于进一步深化城镇住房制度改革加快住房建设的通知》

典型案例

黄某诉肖某、广东省佛山市住房公积金管理中心南海管理部侵权赔偿案[1]

【案情概述】

原告：黄先生；被告一：肖某；被告二：广东省佛山市住房公积金管理中心南海管理部；被告三：某银行南海支行。

2007年三四月间，原告黄某发现，其公积金账户里少了9220元，立即报警。公安机关侦查确定系被告肖某在与原告共事过程中得知其身份证等资料，并伪造原告的身份证、房产证，还以原告名义开立了银行账号。随后，被告肖某持伪造的身份证和盖有公司劳动人事部印章的《关于补办住房公积金存折的申请》，到被告公积金中心冒充原告挂失了住房公积金存折，并补办了新的住房公积金存折，同时经审核后到银行支取了原告的公积金9220元。同年7月，被告肖某被判处有期徒刑一年零三个月，并处罚金3000元。

原告认为，公积金中心疏于审核，致使其住房公积金被轻易冒领，应对其经济损失承担连带赔偿责任。被告银行没有尽责审查申领人的真实身份，未能识别伪造的身份证件，具有明显的过错，也应承担连带赔偿责任。原告遂起诉要求判令三被告连带赔偿其公积金本息及交通费、误工费等合计11,054.64元。

法院一审判决，被告肖某赔偿原告黄某损失11,054.64元，驳回原告要求公积金中心和银行承担连带责任的诉讼请求。

【关键问题】

1. 住房公积金提取情形有哪些？

2. 提取住房公积金审核主体及程序有哪些？

3. 住房公积金管理中心的职责有哪些？

---

[1] 案件来源：中国法院网：http://www.chinacourt.org/article/detail/2014/12/id/1519502.shtml，最后访问日期：2016年9月4日。

【简要评论】

本案属于公积金被人冒领后，其所有人请求冒领人、公积金管理中心、相关银行承担连带赔偿责任案，故需要对三被告是否应当承担赔偿责任予以分别分析：

首先，分析被告肖某是否应当承担赔偿责任。

从案件的具体事实看，被告肖某已经因冒领公积金的行为被定罪量刑，因而其需要承担相应的民事责任，这是毋庸置疑的。

其次，分析被告广东省佛山市住房公积金管理中心南海管理部是否应当承担赔偿责任。

其一，被告肖某向公积金中心提交的个人住房公积金存款支取审批表的“申请人单位意见”一栏中有原告所在单位的盖章，并注明了“同意支取”的意见，该表中所列内容与原告的真实情况吻合；其二，根据《住房公积金管理条例》第 11 条第 4 款的规定：住房公积金管理中心负责审批住房公积金的提取、使用。其责任仅在于审核申请人提交的资料是否符合规定，辨别申请人身份证、房地产权证的真伪超出该中心的技术能力范围，法律不能强人所难；其三，被告肖某提交的个人住房公积金存款支取审批表、房产证、补办的住房公积金存折及身份证等办理公积金支取手续所需的资料均齐备，该中心对此并没有疏于审查。综上，被告公积金中心出具审核意见的程序没有违反相关规定，其已经履行了应尽的审查义务，不存在过失，不应承担赔偿责任。

最后，分析被告某银行南海支行是否应当承担赔偿责任。

从存款开户人和金融机构之间的关系看，向金融机构提供真实有效的证明文件并对其真实性负责是法律对存款开户人规定的义务，金融机构不对证明文件的真实性承担责任。同时，金融机构本身不是证件真实性与否的鉴定机关，也无权作出鉴定结论，所以要求其承担赔偿责任没有法律依据。

综上所述，法院一审判决，被告肖某赔偿原告黄某所有损失，驳回原告要求公积金中心和银行承担连带责任的诉讼请求，这是符合法律规定的。

法律与规范链接

▲ 必读法条

《住房公积金管理条例》

第 11 条 住房公积金管理中心履行下列职责：

（一）编制、执行住房公积金的归集、使用计划；

（二）负责记载职工住房公积金的缴存、提取、使用等情况；

（三）负责住房公积金的核算；

（四）审批住房公积金的提取、使用；

（五）负责住房公积金的保值和归还；

（六）编制住房公积金归集、使用计划执行情况的报告；

（七）承办住房公积金管理委员会决定的其他事项。

《民法通则》

第130条　二人以上共同侵权造成他人损害的，应当承担连带责任。

延伸阅读

1. 黄艳芬、李怡达：《关于我国住房公积金制度改革顶层设计的探讨》，载《国家行政学院学报》2017年第3期；
2. 刘丽巍：《我国公积金制度的现实挑战和发展方向》，载《宏观经济研究》2013年第4期；
3. 顾澄龙、周应恒、严斌剑：《住房公积金制度、房价与住房福利》，载《经济学季刊》2015年第1期。

第三节　廉租住房制度

知识要点

一、廉租住房制度概述

★★廉租住房制度的概念

廉租住房，是指政府和单位履行住房社会保障职能，向城镇常住人口的最低收入家庭提供的租金相对低廉的保障性住房。

廉租住房制度是针对住房困难的最低收入家庭实施的一种社会救助，是我国住房保障体系的重要组成部分，是各级政府社会职责的重要内容，也是建立城镇住房新体制的关键环节。

★★廉租住房制度的法律特征

- 社会保障性。廉租住房制度是住房保障的核心内容之一，是政府行使社会保障职能的具体体现,具有社会救助特性。

- 公益性。廉租住房不但可以直接使城镇最低收人家庭获得生存空间,有家可归,而且还将产生一系列的社会效益和经济效益。

- 补贴性。廉租住房的对象是城镇最低收入家庭,这部分人正是因为无力负担市场房价而无房住或住房困难的家庭,所以廉租住房的租金必须低于市场价和成本价,需要政府拿出大量资金进行补贴救助。

☆享受廉租住房保障的对象

享受廉租住房保障人员需要具备两个基本条件:(1)收入困难,必须是本地城镇最低收入家庭,以领取民政部门的困难补助为衡量标准;(2)住房困难,各个城市对住房困难的认定差异较大,有些城市确定标准为8平方米以下,有些城市确定为4平方米以下。

★廉租住房的保障方式

廉租住房制度规定的向低收入家庭提供廉租住房保障的方式有三种,分别是:货币补贴、实物配租和租金减免。实践中,通常是三种方式相结合适用。

★★廉租住房的来源

1. 政府出资新建

新建廉租住房主要采取在两限商品房、经济适用住房中按照一定比例配建,不足的可集中建设。

新建的廉租实物住房用地实行划拨方式供应,免收各项行政事业性收费;住房保障管理部门按规定价格回购配建的廉租住房、按规定的租金标准向廉租家庭出租的,按有关规定享受税收优惠。

2. 政府出资收购

政府出资收购主要是由政府出资,收购市场上的商品住房、上市的公房和其他住房,以此补充廉租住房的不足。

3. 社会捐赠

社会捐赠是接受社会各界向社会捐赠的住房,并作为廉租住房由政府向社会供应,满足廉租住房户的需求。现在,随着社会财富的增长和人们公益意识的提高,社会捐赠的规模越来越大。

4. 其他来源

对部分房源不足的县(区),上级政府住房保障管理部门可以适当调剂房源。

☆廉租住房建设中的相关保障制度

- 资金保障,廉租住房保障资金采取多种渠道筹措,由市、县(区)政府按一定比例共同承担；

- 宅基地保障；
- 廉租住房规划设计，应当将单套的建筑面积控制在50平方米以内，并根据城市低收入住房困难家庭的居住需要，合理确定套型结构；
- 财政税收优惠。

二、廉租住房的申请

★★★申请廉租住房

申请廉租住房应提交的材料：

- 家庭收入情况的证明材料；
- 家庭住房状况的证明材料；
- 家庭成员身份证和户口簿；
- 市、县人民政府规定的其他证明材料。

★廉租住房申请机关

申请廉租住房保障并且符合条件的的家庭，应当由户主向户口所在地街道办事处或者镇人民政府提出书面申请。

☆廉租住房审核与公示

(1)初审：街道办事处或乡(镇)人民政府就申请人的家庭收入、家庭住房状况是否符合规定条件通过审核材料、入户调查、组织评议、公示等方式，对申请家庭的住房、收入、资产等情况进行初审，提出初审意见，并将符合条件的家庭报市(区)、县住房保障管理部门。人户分离家庭在户口所在地和实际居住地同时进行公示。

(2)复审：区(县)住房保障管理部门对申请家庭进行复审，符合条件的，将申请家庭的情况进行公示，无异议的，将符合条件的申请人的申请材料转同级民政部门。民政部门就申请人的家庭收入是否符合规定条件提出审核意见，并反馈同级住房保障主管部门。

(3)公示与登记：经审核，家庭收入、家庭住房状况符合规定条件的，由住房保障主管部门予以公示，对经公示无异议或者异议不成立的，作为廉租住房保障对象予以登记，书面通知申请人，并向社会公开登记结果。住房保障管理部门对登记的申请家庭建立住房需求档案，市区共享。

经审核，不符合规定条件的，住房保障主管部门应当书面通知申请人，说明理由。申请人对审核结果有异议的，可以向住房保障主管部门申诉。

★签订补贴协议或租赁合同

对轮候到位的城市低收入住房困难家庭，住房保障主管部门或者具体实施机构应当按照已确定的保障方式，与其签订租赁住房补贴协议或者廉租住房租赁合同，予以发放租赁住房补贴或者配租廉租住房。

廉租住房租赁合同应当明确下列内容：(1)房屋的位置、朝向、面积、结构、附属设施和设备状况；(2)租金及其支付方式；(3)房屋用途和使用要求；(4)租赁期限；(5)房屋维修责任；(6)停止实物配租的情形，包括承租人已不符合规定条件的，将所承租的廉租住房转借、转租或者改变用途，无正当理由连续6个月以上未在所承租的廉租住房居住或者未交纳廉租住房租金等；(7)违约责任及争议解决办法，包括退回廉租住房、调整租金、依照有关法律法规规定处理等；(8)其他约定。

☆廉租住房审核中应注意的问题

按照我国住房法"一户一宅"原则的要求，在廉租住房审核中应注意以下几个问题：

(1)家庭成员已享受廉租住房政策或参与廉租住房申请的，不得重复申请。

(2)符合申请条件的家庭只能选择一种廉租住房保障方式，其中符合实物配租的廉租家庭也可选择租房补贴。

(3)有原住房的家庭在享受廉租住房保障时，可将原住房退出或由住房保障管理部门回购；申请家庭因特殊困难不能退出原住房的，由住房保障管理部门按差额面积发放租房补贴或配租实物住房。

(4)住房保障主管部门应当综合考虑登记的城市低收入住房困难家庭的收入水平、住房困难程度和申请顺序以及个人申请的保障方式等，确定相应的保障方式及轮候顺序，并向社会公开。

(5)对已经登记为廉租住房保障对象的城市居民最低生活保障家庭，凡申请租赁住房货币补贴的，要优先安排发放补贴，基本做到应保尽保。

(6)实物配租应当优先面向已经登记为廉租住房保障对象的孤、老、病、残等特殊困难家庭，城市居民最低生活保障家庭以及其他急需救助的家庭。

(7)住房保障主管部门应当根据城市低收入住房困难家庭人口、收入、住房等变化情况，调整租赁住房补贴额度或实物配租面积、租金等；对不再符合规定条件的，应当停止发放租赁住房补贴，或者由承租人按照合同约定退回廉租住房。

法律与规范链接

▲ 必读法条

《廉租住房保障办法》

第2条 城市低收入住房困难家庭的廉租住房保障及其监督管理,适用本办法。

本办法所称城市低收入住房困难家庭,是指城市和县人民政府所在地的镇范围内,家庭收入、住房状况等符合市、县人民政府规定条件的家庭。

第4条 国务院建设主管部门指导和监督全国廉租住房保障工作。县级以上地方人民政府建设(住房保障)主管部门负责本行政区域内廉租住房保障管理工作。廉租住房保障的具体工作可以由市、县人民政府确定的实施机构承担。

县级以上人民政府发展改革(价格)、监察、民政、财政、国土资源、金融管理、税务、统计等部门按照职责分工,负责廉租住房保障的相关工作。

第5条 廉租住房保障方式实行货币补贴和实物配租等相结合。货币补贴是指县级以上地方人民政府向申请廉租住房保障的城市低收入住房困难家庭发放租赁住房补贴,由其自行承租住房。实物配租是指县级以上地方人民政府向申请廉租住房保障的城市低收入住房困难家庭提供住房,并按照规定标准收取租金。

实施廉租住房保障,主要通过发放租赁补贴,增强城市低收入住房困难家庭承租住房的能力。廉租住房紧缺的城市,应当通过新建和收购等方式,增加廉租住房实物配租的房源。

第9条 廉租住房保障资金采取多种渠道筹措。

廉租住房保障资金来源包括:

(一)年度财政预算安排的廉租住房保障资金;

(二)提取贷款风险准备金和管理费用后的住房公积金增值收益余额;

(三)土地出让净收益中安排的廉租住房保障资金;

(四)政府的廉租住房租金收入;

(五)社会捐赠及其他方式筹集的资金。

第12条 实物配租的廉租住房来源主要包括:

(一)政府新建、收购的住房;

(二)腾退的公有住房;

(三)社会捐赠的住房;

(四)其他渠道筹集的住房。

△ **延伸法条**

国务院《关于进一步深化城镇住房制度改革加快住房建设的通知》

典型案例

林某某诉济南市住房保障和房产管理局侵权案[1]

【案情概述】

济南市退休工人林某某肢体重度残疾，行走存在严重障碍。2007年9月，其向济南市住房保障和房产管理局（以下简称市房管局）提出廉租房实物配租申请，通过摇号取得了该市槐荫区世纪中华城一套廉租房，签订了租赁合同。2010年5月，市房管局接他人实名举报后调查认定其存在取得廉租房后连续六个月未实际居住等情形。林某某主张因其肢体二级残疾，该住房位置偏远、地处山坡、交通不便，故居住不久后即搬出。同年7月13日，市房管局收回该房，并于同年9月给其办理了廉租房租金补贴。林某某又于2011年重新申请并取得廉租房实物配租资格，后以房源不适合自己居住为由放弃摇号选房。2011年4月，林某某将市房管局诉至法院，请求依法确认该局取消其实物配租资格的行政行为违法，判令该局赔偿其退房次日起至重新取得实物配租房之日止的相应租金损失。

济南市市中区人民法院一审认为，根据济南市《城市低收入家庭廉租住房管理办法》有关规定，房产行政主管部门应在作出取消当事人实物配租资格的书面处理决定生效情况下才能收回房屋。本案中，市房管局未作出书面处理决定而直接收回，造成林某某该次廉租住房实物配租资格被取消，影响其相关权利。遂判决确认市房管局收回房屋、取消林某某实物配租资格的行为违法，由该局按廉租房租金标准赔偿林建国从2010年7月13日次日起至2010年8月31日的租房损失，驳回林某某其他诉讼请求。双方当事人均提出上诉。

济南市中级人民法院二审认为，林某某存在连续六个月以上未实际居住情形，且在退房证明上签字履行了手续，市房管局依照有关规定取消其实物配租资格并收回廉租房的行为并无不当。同时，城市低收入家庭只能在租金补贴、实物配租等保障方式中享受一种，林某某已在当年9月取得租金补贴保障待遇，市房管局取消

---

〔1〕 案件来源：中国法院网：http://www.chinacourt.org/article/detail/2014/12/id/1519502.shtml，最后访问日期：2016年9月4日。

其实物配租资格结果正确,未作书面决定属程序瑕疵。遂撤销一审判决,改判驳回林某某的诉讼请求。

最高人民法院提审本案后,贺小荣庭长亲自担任审判长于2016年4月赴当地开庭审理并主持调解,市房管局局长到庭参加诉讼。双方当事人本着互谅互让原则达成协议,林某某获得按新政策调配的公租房及救助金7万元。本案最终通过行政调解书方式结案。

【关键问题】

1. 廉租住房申请条件有哪些?

2. 承租廉租住房实行申请、审批制度程序有哪些?

【简要评论】

本案典型意义在于,为残疾人提供公正、高效、便捷的司法服务,不仅是人民法院践行司法为民的内在要求,也是我国加入《残疾人权利公约》后的庄严承诺。习近平总书记多次强调要不断健全残疾人权益保障制度。本案系最高人民法院首次赴基层法院开庭审理残疾人权益案件,也是新行政诉讼法实施后首次依法以行政调解书方式结案。不仅充分照顾到残疾人权利行使方式与实现途径,也通过行政负责人积极出庭应诉配合调解等举措,凸显对依法行政的重视,是共同贯彻落实立法新精神的生动实践。包括媒体在内的社会各界对本案一致好评,现场旁听的全国人大代表、政协委员和残疾人联合会的代表对庭审活动给予高度评价,中国残联为此也向最高人民法院致信感谢。本案对健全残疾人权益司法保障制度,推进残疾人事业健康发展具有重要示范意义。

【核心知识】

享受廉租住房保障人员需要具备两个基本条件:(1)收入困难,必须是本地城镇最低收入家庭,以领取民政部门的困难补助为衡量标准;(2)住房困难,各个城市对住房困难的认定差异较大,有些城市确定标准为8平方米以下,有些城市确定为4平方米以下。

延伸阅读

1. 杨志勇:《我国保障性住房分配制度探究》,载《城市规划与管理》2015年第10期;

2. 张占录:《我国保障性住房建设存在问题、发展障碍与制度建设》,载《理论与改革》2011年第3期;

3. 吴志强:《百年西方城市规划理论史导论》,载《城市规划汇刊》2000年第2期。

第四节 经济适用住房制度

知识要点

一、经济适用住房概述

☆**经济适用住房的概念**

经济适用住房，是指政府提供政策优惠，限定套型面积和销售价格，按照合理标准建设，面向城市中、低收入住房困难家庭供应，具有保障性质的政策性住房，即保障性住房。所以，经济适用住房制度是解决城市中、低收入家庭住房困难政策体系的组成部分。经济适用住房是住房社会保障中保障性住房的重要形式。

★**经济适用住房的特征**

经济适用住房具有政策性与保障性两个特征，主要体现在：建设用地实行划拨方式供应；减半征收建设和经营中的行政事业性收费；政府负担小区外基础设施建设费用；商业银行可以为建设单位以在建项目作抵押提供开发贷款，个人贷款利率执行优惠贷款利率，住房公积金贷款优先向购买经济适用住房的个人发放。

★★**经济适用住房的保障对象**

经济适用住房保障对象是城市中、低收入住房困难家庭，条件包括：

- 具有当地城镇户口；
- 家庭收入和家庭资产符合市、县人民政府划定的低收入家庭收入标准；
- 无房或现住房面积低于市、县人民政府规定的住房困难标准。

★**经济适用住房规划设计要求**

（1）经济适用住房要统筹规划、合理布局、配套建设，充分考虑城市低收入住房困难家庭对交通等基础设施条件的要求，合理安排区位布局。

（2）在商品住房小区中配套建设经济适用住房的，应当在项目出让条件中，明确配套建设的经济适用住房的建设总面积、单套建筑面积、套数、套型比例、建设标准以及建成后移交或者回购等事项，并以合同方式约定。

（3）经济适用住房单套的建筑面积控制在60平方米左右。

（4）经济适用住房的规划设计和建设必须按照发展节能省地环保型住房的要

求，严格执行《住房建筑规范》等国家有关住房建设的强制性标准。

二、经济适用房的管理

★★经济适用住房建设管理

(1)经济适用住房采取集中建设和商品住房项目配建方式筹集；也可采取在市场上收购二手房的方式筹集。

(2)经济适用住房集中建设按照政府组织协调、市场运作的原则，可以采取项目法人招标的方式，选择具有相应资质和良好社会责任的房地产开发企业实施；也可以由市、县人民政府确定的经济适用住房管理实施机构直接组织建设。

(3)经济适用住房建设单位对其建设的经济适用住房工程质量负最终责任，向买受人出具《住房质量保证书》和《住房使用说明书》，并承担保修责任，确保工程质量和使用安全。有关住房质量和性能等方面的要求，应在建设合同中予以明确。

(4)经济适用住房的施工和监理，应当采取招标方式，选择具有资质和良好社会责任的建筑企业和监理公司实施。

(5)经济适用住房项目可采取招标方式选择物业服务企业实施前期物业服务，也可以在社区居委会等机构的指导下，由居民自我管理，提供符合居住区居民基本生活需要的物业服务。

★★经济适用住房的价格

- 确定经济适用住房的价格应当以保本微利为原则。
- 经济适用住房销售应当实行明码标价。
- 任何单位不得以押金、保证金等名义，变相向经济适用住房建设单位收取费用。

三、经济适用房的申请

★★经济适用房申请材料

申请经济适用住房保障，应当提供下列材料：

(1)家庭收入情况的证明材料；

(2)家庭住房状况的证明材料；

(3)家庭成员身份证和户口簿；

(4)市、县人民政府规定的其他证明材料。

经济适用住房资格申请采取街道办事处(镇人民政府)、市(区)、县人民政府逐级审核并公示的方式认定。

★★★经济适用房的审核公示与轮候

审核单位应当通过入户调查、邻里访问以及信函索证等方式对申请人的家庭收入和住房状况等情况进行核实。申请人及有关单位、组织或者个人应当予以配合,如实提供有关情况。

经审核公示通过的家庭,由市、县人民政府经济适用住房主管部门发放准予购买经济适用住房的核准通知,注明可以购买的面积标准。然后按照收入水平、住房困难程度和申请顺序等因素进行轮候。

★★★经济适用房申请与审核所需注意问题

(1)市、县人民政府应当制定经济适用住房申请、审核、公示和轮候的具体办法,并向社会公布。

(2)符合条件的家庭,可以持核准通知购买一套与核准面积相对应的经济适用住房。购买面积原则上不得超过核准面积。购买面积在核准面积以内的,按核准的价格购买;超过核准面积的部分,不得享受政府优惠,由购房人按照同地段同类普通商品住房的价格补交差价。

(3)已参加福利分房的家庭在退回所分房屋前不得购买经济适用住房,已购买经济适用住房的家庭不得再购买经济适用住房。

法律与规范链接

▲ 必读法条

《经济适用住房管理办法》

第25条　城市低收入家庭申请购买经济适用住房应同时符合下列条件:

(一)具有当地城镇户口;

(二)家庭收入符合市、县人民政府划定的低收入家庭收入标准;

(三)无房或现住房面积低于市、县人民政府规定的住房困难标准。

经济适用住房供应对象的家庭收入标准和住房困难标准,由市、县人民政府根据当地商品住房价格、居民家庭可支配收入、居住水平和家庭人口结构等因素确定,实行动态管理,每年向社会公布一次。

第27条　经审核公示通过的家庭,由市、县人民政府经济适用住房主管部门发放准予购买经济适用住房的核准通知,注明可以购买的面积标准。然后按照收入水平、住房困难程度和申请顺序等因素进行轮候。

△ **延伸法条**

《土地管理法》

典型案例

周某某诉郭某某侵犯其经济适用房所有权案

【案情概述】

2006年6月，周某某因外公的房屋拆迁而获得购买经济适用房资格，2006年12月底选定房屋：北京市昌平区TTZY58号楼3层4单元302室，由于当时周某某经济困难无钱购买，郭某某是周某某的亲戚，郭某某知道这个情况提出借周某某的名义买这个经济适用房，首付款是郭某某付的，余款以周某某的名义向银行贷款，后来贷款没有成功，郭某某付清了尾款，全部购房款为342,883.5元，2007年11月，郭某某以周某某的名义办理了房屋入住手续，以上房屋在2010年11月12日取得了房屋所有权证，房屋所有权证号为：X京房权证昌字第470571号，房屋所有权人为周某某，共有情况为单独所有，房屋坐落是昌平区TTZY58号楼3层4单元302室，房屋性质是经济适用房；建筑面积为129.39平方米。由于房屋登记时间是2010年11月12日，到2015年11月13日才能满五年，现在还未满五年，不能上市交易。郭某某在同一个小区还购买了另一套经济适用房，这套经济适用房的地址是北京市昌平区TTZY58号楼3层4单元202室，郭某某在这个小区有两套经济适用房屋，经济适用房是保障性住房，是解决住房困难的，一人只能买一套，由于郭某某借周某某的名字买了经济适用房，导致周某某本人无法再申请经济适用房，无法解决自己的住房困难问题。

法院于2011年12月下达了《北京市昌平区人民法院民事判决书[（2011）昌民初字第02302号]》，依法支持了周某某的诉讼请求，具体判决结果如下：

（1）郭某某借用周某某的名义购买位于北京市昌平区TTZY58号楼3层4单元302号房屋的民事行为无效。

（2）郭某某于本判决生效后十二个月内将位于北京市昌平区TTZY58号楼3层4单元302号的房屋返还给周某某。

（3）驳回周某某的其他诉讼请求。

郭某某不服一审法院上述民事判决，上诉至北京市第一中级人民法院，请求判决驳回周某某的诉讼请求。

北京市第一中级人民法院于2012年3月20日做出《北京市第一中级人民法院民事判决书〔2012〕一中民终字第3253号》判决如下：

驳回上诉，维持原判。

一审案件受理费七十元，由郭某某负担，本判决生效后七日内缴纳。

二审案件受理费七十元，由郭某某负担，已缴纳。

本判决为终审判决。

【关键问题】

1. 享受经济适用房保障的对象条件有哪些？

2. 何为经济适用房申请程序？

【简要评论】

经济适用住房是政府提供政策优惠，具有保障性质的政策性商品住房，国家对该类房屋的交易有特殊的规定和限制，经济适用住房满五年才能上市交易，其购买人必须满足国家规定的条件，购买资格具有专属性。郭某某借用周某某的名义购买经济适用住房，损害了社会公共利益，应属无效，郭某某应将涉案房屋返还给周某某。

【核心知识】

经济适用住房保障对象是城市中、低收入住房困难家庭，条件包括：

(1)具有当地城镇户口；

(2)家庭收入和家庭资产符合市、县人民政府划定的低收入家庭收入标准；

(3)无房或现住房面积低于市、县人民政府规定的住房困难标准。

延伸阅读

1. 申卫星：《经济适用房共有产权论——基本住房保障制度的物权法之维》，载《政治与法律》2013年第1期；

2. 朱天华：《经济适用房制度运行中的问题与对策》，载《社会科学研究》2011年第9期；

3. 陈太清：《存续抑或废止：经济适用房制度的法理考察》，载《经济体制改革》2010年第3期。

第五节　公共租赁住房制度

知识要点

一、公共租赁住房概述

★★公共租赁住房的概念

所谓**公共租赁住房**，是指限定建设标准和租金水平，面向符合规定条件的城镇中等偏下收入住房困难家庭、新就业无房职工和在城镇稳定就业的外来务工人员出租的保障性住房。公共租赁住房制度就是关于公共租赁住房的分配、运营、使用、退出和管理的制度规定。

☆公共租赁住房制度的特征

- 国家干预性；
- 社会保障性；
- 准公共性；
- 适用性；
- 保障对象的宽泛性。

二、公共租赁房申请

★公共租赁房申请条件

申请公共租赁住房，应当符合以下条件：

(1)在本地无住房或者住房面积低于规定标准。

(2)收入、财产低于规定标准。

(3)申请人为外来务工人员的，在本地稳定就业达到规定年限。具体条件由直辖市和市、县级人民政府住房保障主管部门根据本地区实际情况确定，报本级人民政府批准后实施并向社会公布。

申请人应当根据市、县级人民政府住房保障主管部门的规定，提交申请材料，并对申请材料的真实性负责。申请人应当书面同意市、县级人民政府住房保障主管部门核实其申报信息。对在开发区和园区集中建设面向用工单位或者园区就业人员配租的公共租赁住房，用人单位可以代表本单位职工申请。

★★公共租赁房审核主体

市、县级人民政府住房保障主管部门会同有关部门，对申请人提交的申请材料进行审核。经审核，对符合申请条件的申请人，应当予以公示，经公示无异议或者异议不成立的，登记为公共租赁住房轮候对象，并向社会公开；对不符合申请条件的申请人，应当书面通知并说明理由。

☆公共租赁房轮候程序

对登记为轮候对象的申请人，应当在轮候期内安排公共租赁住房。直辖市和市、县级人民政府住房保障主管部门应当根据本地区经济发展水平和公共租赁住房需求，合理确定公共租赁住房轮候期，报本级人民政府批准后实施并向社会公布。轮候期一般不超过5年。

公共租赁住房房源确定后，市、县级人民政府住房保障主管部门应当制定配租方案并向社会公布。

配租方案公布后，轮候对象可以按照配租方案，到市、县级人民政府住房保障主管部门进行意向登记。

市、县级人民政府住房保障主管部门应当会同有关部门，在15个工作日内对意向登记的轮候对象进行复审。对不符合条件的，应当书面通知并说明理由。

配租对象选择公共租赁住房后，公共租赁住房所有权人或者其委托的运营单位与配租对象应当签订书面租赁合同。合同签订后，公共租赁住房所有权人或者其委托的运营单位应当在30日内将合同报市、县级人民政府住房保障主管部门备案。

★租赁期限和租金水平

公共租赁住房租赁期限一般不超过5年。

公共租赁住房的租金水平实行政府定价机制。市、县级人民政府住房保障主管部门应当会同有关部门，按照略低于同地段住房市场租金水平的原则，确定本地区的公共租赁住房租金标准，报本级人民政府批准后实施。承租人收入低于当地规定标准的，可以依照有关规定申请租赁补贴或者减免。

三、公共租赁房的退回与腾退

★★★公共租赁房退回情形

承租人有下列行为之一的，应当退回公共租赁住房：

(1)转借、转租或者擅自调换所承租公共租赁住房的；

(2)改变所承租公共租赁住房用途的；

(3)破坏或者擅自装修所承租公共租赁住房,拒不恢复原状的;

(4)在公共租赁住房内从事违法活动的;

(5)无正当理由连续6个月以上闲置公共租赁住房的。承租人拒不退回公共租赁住房的,市、县级人民政府住房保障主管部门应当责令其限期退回;逾期不退回的,市、县级人民政府住房保障主管部门可以依法申请人民法院强制执行。

★★★公共租赁住房腾退情形

承租人有下列情形之一的,应当腾退公共租赁住房:

(1)提出续租申请但经审核不符合续租条件的;

(2)租赁期内,通过购买、受赠、继承等方式获得其他住房并不再符合公共租赁住房配租条件的;

(3)租赁期内,承租或者承购其他保障性住房的。

法律与规范链接

▲ 必读法条

《公共租赁住房管理办法》

第8条 申请人应当根据市、县级人民政府住房保障主管部门的规定,提交申请材料,并对申请材料的真实性负责。申请人应当书面同意市、县级人民政府住房保障主管部门核实其申报信息。

申请人提交的申请材料齐全的,市、县级人民政府住房保障主管部门应当受理,并向申请人出具书面凭证;申请材料不齐全的,应当一次性书面告知申请人需要补正的材料。

对在开发区和园区集中建设面向用工单位或者园区就业人员配租的公共租赁住房,用人单位可以代表本单位职工申请。

第9条 市、县级人民政府住房保障主管部门应当会同有关部门,对申请人提交的申请材料进行审核。

经审核,对符合申请条件的申请人,应当予以公示,经公示无异议或者异议不成立的,登记为公共租赁住房轮候对象,并向社会公开;对不符合申请条件的申请人,应当书面通知并说明理由。

申请人对审核结果有异议,可以向市、县级人民政府住房保障主管部门申请复核。市、县级人民政府住房保障主管部门应当会同有关部门进行复核,并在15个工作日内将复核结果书面告知申请人。

△ **延伸法条**

《关于保障性安居工程建设和管理的指导意见》

典型案例

刘某与戈某诉某单位侵犯其房屋所有权纠纷案[1]

【案情概述】

刘某与戈某1991年4月结婚后一直租住在刘某所在公司的一套二居室住房内，该房屋位于北京市宣武区，系该公司的自管公房。1992年，该公司依据房改有关政策，开始向本单位职工出售住房。1993年2月27日，刘某向该公司交纳了购房预付款2000元。1993年6月，刘某因出国访友，曾与该公司签定协议约定："停薪留职期满不归，按自动离职处理，并按公司规定，退出公司的住房，同时办理有关手续。"1993年8月，刘某回国。该公司发给刘某9月和10月两个月工资，停发了刘某11月的工资。同年12月15日，刘某向该公司交纳了购房款7773.70元及公共维修基金804.45元，尚欠部分购房款1396.24元未交纳。但双方均承认当时签定了购房协议，且未到房地权属登记机关办理房屋权属转移登记手续，刘某也未取得房屋所有权证。此后，该公司未向刘某收取房屋租金。1994年年初，刘某再次出国并自行辞职，诉争房由刘某的妹妹一家居住。1997年7月，该公司以刘某1993年出国未归，1994年回国后自行辞职，迁往国外定居，诉争房长年空闲，刘某亦未按期交纳房租为由向宣武区法院起诉，要求刘某腾房并补交欠租。刘某答辩认为，1993年该公司实行房屋改革，其已将诉争房购买，其与该公司不存在房屋租赁关系，其亲属有权使用该房，不同意该公司的诉讼请求。

宣武法院经审理认为，刘某原系该公司职工，并在该公司售房时出资购买其租住之房，该行为属双方真实意思表示，未违反法律规定。刘某交纳房价款，该公司亦已收取，双方买卖关系即已确立，且事实上在刘某向该公司交纳了购房款之后，该公司已停止收取刘某租金，双方的租赁关系即已自动解除。在刘某出国辞职后，该公司以刘某空闲房屋及未交纳租金为由，要求腾房及补交租金没有法律依据，不予

---

[1] 案件来源:110法律咨询网:http://www.110.com/ziliao/article-475304.html,最后访问日期:2018年2月25日。

支持。判决:驳回该公司要求刘某腾房及补交欠租的诉讼请求。

一审判决后,该公司不服,以刘某尚未取得诉争房的所有权为由,向本院提起上诉,坚持其原诉请求。

二审经审理认为:刘某原为该公司职工,并依照有关规定交纳了全部的购房款及维修基金,故双方之间已不存在承租关系,其买卖关系已经确立,现该公司因刘某辞职而要求其腾房,没有法律依据。判决驳回上诉,维持原判。二审判决后,该公司不服,仍以原诉讼理由向北京市中级人民法院申请再审。

再审法院经审理认为:虽然刘某于1993年12月交纳了该房的大部分购房款及公共维修基金,但刘某在该公司售房过程中,自行辞职出国,并在出国前,就房屋问题与该公司另有约定。现刘某已自行离职,应按其与该公司的约定将诉争房退还该公司。该公司亦应按约定将刘某交付的购房款及公共维修基金退还刘某。现居住人刘某的妹妹一家既非该诉争房的承租人,又非刘某之共居人口,居住该诉争房没有法律依据,其住房问题应自行解决。刘某在第一次出国后,虽中途回国,但并未继续在该公司工作,故刘某一方在再审中称,该案不适用刘某与该公司之约定的辩解,缺乏法律依据。原判驳回该公司要求刘某一方腾房的诉讼请求错误,再审予以纠正。该公司再审要求判决刘某一方退还房屋理由正当,再审予以支持。判决:(1)撤销本院一、二审判决;(2)刘某及其妹妹一家于本判决生效后30日内将该二居室腾空,交还该公司;(3)该公司于本判决生效后30日内退还刘某购房款9773.7元及公共维修基金804.45元。

再审判决后,北京市人民检察院以再审判决认定事实有误,适用法律不当为由,提出抗诉。北京市中级人民法院再审认为,刘某交付了大部分购房款及公共维修基金,但其并未取得诉争房屋的所有权,购房行为并未完成。刘某自行辞职出国,其应依双方协议,将诉争房屋退还该公司。原再审判决认定事实清楚、适用法律正确,故判决维持了原再审判决。

【关键问题】

1. 职工依据国家房改政策购房,在未交齐购房款、未取得产权证的情况下,辞职出国,该购房行为应是否认定已完成?

2. 公共廉租住房腾房情形有哪些?

【简要评论】

本案涉及职工依据国家房改政策购房,在未交齐购房款、未取得产权证的情况下,辞职出国,该购房行为应否认定已完成的问题。本案一波四折,经历了一审、二审、再审、抗诉再审四次开庭审理，已经穷尽了当事人的所有诉权。该案的判决历程是，一审和二审判决刘某胜诉，再审和抗诉后的再审判决刘某所在公司胜诉。关于本案要解决以下两个问题：

一是刘某和公司签订协议的效力。本案中，1993 年 6 月，刘某因出国访友，曾与该公司签订协议约定："停薪留职期满不归，按自动离职处理，并按公司规定，退出公司的住房，同时办理有关手续。"首先，此协议是当事人双方的真实意思表示，而且内容也合法，显然该协议有效。其次，1993 年 8 月刘某回国后，该公司发给刘某 9 月和 10 月两个月工资，停发了刘某 11 月的工资。这说明刘某又开始了新一轮的停薪留职行为，那么，对于同一行为，双方当事人已经有过约定，也就是说，原来有关的停薪留职时的约定重新启动。换句话说，单位对刘某享有使用权的房屋可以收回。

二是刘某对房屋只享有使用权。就本案而言，尽管刘某向该公司交纳了购房款 7773.70 元及公共维修基金 804.45 元，但双方还未到房地权属登记机关办理房屋权属转移登记手续，刘某也未取得房屋所有权证。事实上，1993 年时的房改政策是在福利分房的前提下，按照内部职工的条件办理售房，售房价格低于成本价，实际上出售给职工的是房屋的永久使用权而非产权。售房完成的标志是印花税与转让金的交付完毕，本案的购房契约并未履行完毕。

综上所述，公司要求刘某一方腾房的理由正当，应维持本案再审判决。

【核心知识】

配租对象选择公共租赁住房后，公共租赁住房所有权人或者其委托的运营单位与配租对象应当签订书面租赁合同。合同签订后，公共租赁住房所有权人或者其委托的运营单位应当在 30 日内将合同报市、县级人民政府住房保障主管部门备案。

延伸阅读

1. 陈俊华、吴莹：《公共租赁房准入与退出的政策匹配》，载《区域经济》2012 年第 1 期；
2. 施芳菊：《公共租赁住房投融资制度创新的探索与思考》，载《上海房地》2010 年第 2 期；
3. 文林峰：《发展公共租赁住房的现实意义和前景分析》，载《城乡建设》2009 年第 2 期。

第六节　共有产权房制度

知识要点

一、共有产权房概述

★★共有产权房的概念

共有产权房是地方政府让渡部分土地出让收益，然后低价配售给符合条件的保障对象家庭所建的房屋。保障对象与地方政府签订合同，约定双方的产权份额以及保障房将来上市交易的条件和所得价款的分配份额。即中低收入住房困难家庭购房时，可按个人与政府的出资比例，共同拥有房屋产权。**房屋产权可由政府和市民平分，市民可向政府"赎回"产权**。

☆我国共有产权房制度概论

我国保障性共有产权制度设计灵感主要来源于英国，不同程度地借鉴了英国的共有产权房制度。国内较早研究的有陆玉龙(2005)，他针对我国经济适用房制度由于产权不清晰等而引发的一系列问题，提出了关于将经济适用房改进为共有产权房制度的一个理论探讨。吴立群、宗跃光(2009)结合共有产权理论与江苏淮安等城市共有产权房试点实践模式分析，认为共有产权住房在理论上和现行法律下都是可行的，在实践中也具有可操作性，同时也提出目前尚存在需要探讨的地方，比如资金保障问题、产权分配问题等。邓小鹏、莫智和李启明(2010)对我国共有产权保障性住房进行了概念界定，认为共有产权房的特点就是多个主体按份共有房屋产权，不同于半租半买，也不同于有限产权。吕萍、修大鹏和李爽(2013)在对比分析我国各类保障房产权问题的基础上，探讨了共有产权模式下保障房的基本产权构架，认为共有产权模式不仅可以解决保障房问题，还可以提高政策效率。陈淑云(2012)从家庭财富积累的视角分析共有产权房具有的社会意义和经济意义。申卫星(2013)认为经济适用房共有产权设计，理论上具有正当性，实践上具有较成熟的经验，认为共有产权制度是经济适用房最优的制度选择。[1]

---

〔1〕 陈凤丽：《共有产权房产权比例初始分配与调整研究》，武汉科技大学管理科学与工程2014年硕士学位论文。

★★共有产权房制度的特征

共有产权房最大的特点在于价格形成机制。“共有产权房”用地性质由划拨改为共有产权房出让,并完全按照商品房进行开发,且销售价格计算也等同于商品房。可见,比起传统的经济适用房,“共有产权房”增加了土地成本,且房价实际上是“随行就市”。

共有产权房的另一个显著特点在于“共有产权房”的出资方式,它是由政府按照“三七开”或“五五开”垫资,并不影响购房者向银行申请商业贷款等。就其出资方式的本质来说,与开发商推出的所谓优惠政策比较,前者的垫资人是政府,后者的垫资人是房产商,从融资模式上看,并无本质差别。

★★★共有产权房权利主体

共有产权房是指同一房屋有两个及以上的权利主体,即为共有人,按照共有的方式不同,分为按份共有和共同共有两种。按份共有是指房屋共有人按各自拥有的产权份额,享受对应的权利,承担相应的责任;共同共有是指共有人对该房地产分担完全相等的权利和义务。共有人既可以是两个及以上的个人,也可以是个人与协会或者组织,还可以是个人与政府之间共有房地产。

★★共有产权房优势

共有产权房可以解决如下问题:

(1)共有产权房有助于解决“夹心层”的住房问题,完善我国住房保障体系。

(2)共有产权房产权量化为明确的产权比例,让保障房的产权有了准确的法律定位,从根本上解决了有限产权房在退出时的尴尬情况,使保障房退出时与市场对接的问题变得明确。

(3)共有产权房制度可以通过出口反制入口,制定有效的退出机制,购房者或者政府获得全部产权,增值收益按产权比例分配,一定程度上限制了自由交易和牟利空间,使购房者的寻租动力大大减弱,从而从根本上解决寻租和腐败等问题。

(4)共有产权房以土地出让形式获得土地,政府可以将这部分出让金用于保障性住房的建设,提高资金的使用效率,缓解建设资金压力;购房者阶梯式购回剩余产权,政府可以较快回笼建设资金,用于建设更多保障房,或者政府回购共有产权房实现共有产权房循环使用。

二、共有产权房的产权比例

★产权比例确定的原则

(1)产权比例明确;

(2)购房者可担负能力；

(3)政府资金回笼；

(4)有效产权比例动态可调整。

☆**产权比例确定的方法**

关于确定产权比例的方法,主要有以下几种：

(1)按出资比例。作为不动产,共有产权房可以按照一定的方法计算出价格,政府和个人按购买时出资额比例确定初始产权比例,这也是最简单常用的一种方法。

(2)按产权面积。按照政府和个人出资额,折算成产权面积。当房屋面积大于政策优惠的标准面积时,政府的产权面积比例大于出资比例,这是由于超出优惠标准的房屋面积,没有享受政策优惠造成的,这种方式相对复杂一些,但更加体现了公平合理性。

(3)政府零产权。这种方式政府虽然以一定比例出资,但是持有产权为零,不完全属于按份共有。只有在一定年限后房屋上市时,政府按约定的比例分享收益,类似共享权益房。

★★**产权比例调整的原则**

(1)合同约定原则。共有产权房的购买行为是通过政府与家庭签订共有合同和登记备案成立的法律行为,因此购买共有产权房之后,政府与家庭是一种合同关系,双方的行为均要受到合同内容的约束。因此产权比例如何进行调整等应在合同中明确约定。

(2)鼓励购回原则。共有产权房是政府以产权的形式对中低收入住房困难家庭实施的住房保障,最终的目的是帮助购房者取得完整产权。在这个过程中,政府只是起帮扶作用,其中各种购房优惠政策以及租金补贴等,都是为了鼓励和敦促购房者尽早购回剩余产权,退出共有产权模式。这也是产权式保障房的真正意义所在。

(3)强制退出原则。除了鼓励回购政策外,有时还需要坚持强制调整产权比例原则,当购房者具备一定的商品房购买能力而不主动申请退出时,应强制要求其退出共有产权房,使更需要共有产权房的家庭得以入住。同时对于由于家庭境况变差,不具备回购能力,并且不能支付共有产权房的贷款或者租金,存在严重违约风险的家庭,也将强制其退出共有产权房,由政府回购。退出共有产权的家庭可以选择申请廉租房或者公租房。

(4)资源获利原则。共有产权房产权比例调整过程应遵循资源获利原则,本文所指的退出是资源获利,是指在产权比例增加或减少的过程中分享增值收益。因为无论是政府购买的产权还是购房者购买的产权,均属于一种投资行为,投资就会涉及到增值收益,因此要考虑对增值收益进行合理的分配。

法律与规范链接

▲ 必读法条

《物权法》

第79条 处分共有的不动产或者动产以及对共有的不动产或者动产作重大修缮的,应当经占份额三分之二以上的按份共有人或者全体共同共有人同意,但共有人之间另有约定的除外。

△ 延伸法条

《城乡规划法》

典型案例

实证分析——以黄石市为例[1]

【案情概述】

2014年住建部在全国设置6个共有产权房试点城市,包括北京、上海、深圳、成都、黄石、淮安。黄石是我国中部地区比较典型的资源枯竭型城市和老工业基地,目前拥有人口数量260万,各类棚户区达64片,占全市约9.6%的城市家庭人均住房面积不到13平方米,棚户区改造问题亟待解决。根据统计规划,近5年黄石需改造棚户区面积约2千万平方米,涉及近13万户家庭,改造建设总投资高达400亿元。而黄石市一年的财政收入刚刚破百亿元,棚户区改造建设资金压力大。因此黄石的共有产权制度主要是化解棚户区"拆迁户买不起、政府贴不起"的难题。

黄石市团城山经济开发区金广厦项目是黄石市共有产权房建试点模范项目,该项目经住建部批准,成为全国范围内唯一棚户区改造国家康居示范工程项目,该

---

〔1〕 陈凤丽:《共有产权房产权比例初始分配与调整研究》,武汉科技大学管理科学与工程2014年硕士学位论文。

项目主要满足十三排棚户区改造和项目原址房屋征收还建需要。金广厦·未来城项目位于经济技术开发区广州路以南、大畈路以西，总占地面为207.7亩，总建筑面积42.4万平方米（不含地下室），计划投资7.56亿元，预计投资9亿元，项目已获国家开发银行一期贷款6亿元，2009年12工，建设周期4～5年。项目27栋均为18～33楼高层，分为南、北两区：北区12栋房屋外加一会所，南区15栋房屋外加幼儿园。绿化率41.3%，地下地上车位1349个，配套建设住宅总数4644套，其中配套建设廉租住房和公共租赁住房1804套，其余为全市棚户区改造还建房。该项目户型为80～120m两房、三房户型，周边房屋销售均价为4300元/平方米左右。

【关键问题】

1. 何为共有产权房？

2. 享受共有产权房的对象有哪些？

3. 如何分析初始产权比例？

【简要评论】

从该例证分析的过程中，印证了本文对于共有产权房的产权比例初始分配及其调整机制的设计具有一定的合理性，既能满足中低收入家庭购房者实现住有所居，从共有产权房的购买和退出环节获得一定的投资收益，又能缓解政府建设资金压力，尤其是制度设计中的激励机制有助于政府尽快回收建设资金，还能有效防止购房者短期套利，从根本上解决寻租腐败和投机套利问题，因此本文所设计的产权比例的分配与调整机制可以达到一举多得的效果。

但与此同时，例证分析也印证了本研究前提的条件，即市场房价只涨不跌。如果市场房价下跌，共有产权房将会面临一系列的风险。虽然从目前来看，我国的房地产价格不会出现大范围的降价，但是作为制度的设计者，仍然需要考虑制度可能存在的风险以及如何规避和分担风险等问题。

【核心知识】

共有产权房原则上是帮助中低收入家庭实现阶梯式购房，大部分中低收入住房困难的家庭很难一次购买剩余产权，可能要分多次逐步购回剩余产权，那么作为制度设计，必须为阶梯式购房设置通道，而共有产权比例的调整就可以满足这一需求。

延伸阅读

1. 吕萍、修大鹏、李爽：《保障性住房共有产权模式的理论与实践探索》，载《城市发展研究》

2013 年第 2 期；
2. 申卫星:《经济适用房共有产权论——基本住房保障制度的物权法之维》,载《政治与法律》2013 年第 1 期；
3. 朱天华:《经济适用房制度运行中的问题与对策》,载《社会科学研究》2011 年第 9 期。

第十一章　物业管理法律制度

教学目标

1. 理解物业管理的概念和范围、物业服务企业的概念、前期物业服务合同和物业服务合同的概念和特征。
2. 理解和识记业主大会和业主委员会的职责；物业服务合同的订立、履行和终止；物业服务收费的收取方式、管理和监督制度；住宅专项维修资金所有权的归属和使用程序。
3. 应用物业服务企业的权利和义务、业主的权利与义务、物业服务合同和管理规约的内容。

推荐参考资料

1. 唐兴华、金雪花编著：《案例导读：物业管理条例及配套规定E本通》，法律出版社2017年版；
2. 李延荣、周珂：《房地产法》，中国人民大学出版社2016年版，第八章；
3. 房绍坤主编：《房地产法学》，北京大学出版社2015年版，第九章；
4. 杨立新：《最高人民法院审理物业服务纠纷案件司法解释理解与运用》，法律出版社2009年版。
5. 国务院法制办主编：《物业管理条例注释与配套》，中国法制出版社2008年版。

第一节 物业管理法概述

知识要点

一、物业与物业管理

★物业的概念

“物业”,是指房屋及其配套的设施设备和相关场地。具体来说,是指与建筑物相配套或者为建筑物使用者服务的室内外各类设备、市政公用设施(包括水塔、锅炉房、配电室等)和与之相邻的场地、庭院、甬路、干道等。

★★物业区域

物业管理一般以物业区域为单位进行。物业区域由一栋或多栋建筑物及附属设备设施组合而成,又称物业管理区域、物业小区或物业辖区。物业区域是业主实现自治管理与委托管理的基本单位。物业区域的划分视物业产权归属和地理位置情况而定。物业区域按功能可分为居住型、非居住型、综合型三类。

★★物业管理的概念

物业管理的定义可以从广义和狭义两个方面来界定。广义的物业管理,是指业主对物业依法进行的自治管理和受物业业主选聘、委托的物业服务企业进行的专业管理的结合。我国《物业管理条例》第2条所指的**物业管理**是从狭义理解的物业管理,具体是指“业主通过选聘物业服务企业,由业主和物业服务企业按照物业服务合同约定,对房屋及配套的设施设备和相关场地进行维修、养护、管理,维护物业管理区域内的环境卫生和相关秩序的活动”。

★★★物业管理的范围

物业管理的范围是指物业管理的职责行使范围,是物业管理所涉及的具体内容。**物业管理的范围归纳起来可分为“三类服务”**,即常规性的公共服务、针对性的专项服务和委托性的特约服务。具体来说,第一类是常规性的公共服务包括:(1)房屋建筑主体的管理及住房装修的日常监督;(2)房屋建筑主体的管理及住房装修的日常监督;(3)环境卫生的管理;(4)绿化管理;(5)配合公安和消防部门做好住宅区内公共秩序和安全防范工作;(6)车辆道路管理;(7)公众代办性质的服务。第二类是针对性的专项服务包括:(1)日常生活类服务;(2)商业服务类;

(3)文化、教育、卫生、体育类;(4)金融服务类;(5)经纪代理中介服务;(6)社会福利类。第三类是委托性的特约服务,是为满足业主和物业使用人的个别需求,受特别委托而提供的服务。[1]

二、物业管理法的概念与体系

☆物业管理法的概念

物业管理法调整的是物业管理法律关系,它是调整物业管理法律关系的法律规范的总称。物业管理法律关系作为法律关系的一种,是随着房地产业和物业管理的发展而产生的一种新型的法律关系,是根据物业管理法律规范产生的、人们在物业管理过程中形成的权利与义务关系。

物业管理法的概念还可以从广义和狭义两方面理解。从广义上讲,物业管理法包括所有的关于物业管理法律关系的法律规范,不仅包括宪法规范、民法规范、经济法规范、行政法规范、刑法规范等,而且包括国务院、各部委、地方人大及地方政府颁发的有关物业管理的条例、规章、办法、规定等。广义的物业管理法在外延上与物业管理法体系重合。从狭义上讲,物业管理法就是指国务院颁布实施的《物业管理条例》。

☆物业管理法的体系

法的体系,又称法律体系,是指一国现行的全部法律规范按照一定的结构和层次组织起来的统一整体。我国物业管理法的体系框架是由宪法、法律、行政法规、部门规章、地方性法规等不同层次法律效力的法律规范组成的。

(1)宪法规定了关于住宅、城市管理、公民权利等方面的规定和原则。例如,第39条"中华人民共和国公民的住宅不受侵犯"等条文,既是公民的基本权利,也是物业管理立法的根本依据和指导思想,是物业管理法律规范的最重要组成部分,在物业管理法的体系中具有最高层次的法律效力。

(2)我国有许多部法律直接或间接涉及物业管理。例如,《民法通则》的相邻关系制度、《物权法》中的业主的建筑物区分所有权制度、《合同法》的委托合同制度等,均是物业管理立法的基础;而《环境保护法》《土地管理法》《城市房地产管理法》《城乡规划法》等法律则包括一些物业管理应该遵循的强制性规范;此外,《建筑法》《价格法》《劳动合同法》《消费者权益保护法》《侵权责任法》等法律也都涉及一些与物业管理相关的规定。

---

〔1〕 国务院法制办主编:《物业管理条例注释与配套》,中国法制出版社2008年版,第2页。

(3)我国物业管理的行政法规数量不多。主要有1986年国务院颁布的《房产税暂行条例》、1990年国务院颁布的《城镇国有土地使用权出让和转让暂行条例》、1993年国务院颁布的《土地增值税暂行条例》、1998年国务院颁布的《城市房地产开发经营管理条例》、2011年国务院颁布的《国有土地上房屋征收与补偿条例》,以及在物业管理立法中居于核心地位的2003年9月1日实施的《物业管理条例》,该条例根据2007年8月26日通过的国务院《关于修改〈物业管理条例〉的决定》修订,并根据2016年1月13日通过的国务院《关于修改部分行政法规的决定》(国务院令第666号)和2018年1月13日通过的国务院《关于修改和废止部分行政法规的决定》(国务院令第698号)修改。

(4)地方性法规在我国物业管理发展初期发挥了重要作用。一些物业管理先行地区均出台了物业管理的地方性法规。目前,北京、上海、广东、海南、江西、深圳、吉林、贵州等许多省市出台了物业管理条例。

(5)关于物业管理的部门规章以建设部门的居多。如《前期物业管理招标投标管理暂行办法》(2003年)、《物业服务收费管理办法》(2003年)、《物业服务收费明码标价规定》(2004年)、《物业服务定价成本监审办法(试行)》(2007年)、《住宅专项维修资金管理办法》(2008年)、《业主大会和业主委员会指导规则》(2009年)以及《物业承接查验办法》(2010年)等,这些规范性法律文件对于规范物业管理行为,维护物业所有权人和使用权人的合法权益,引导我国物业管理的健康发展都起了十分重要的作用。

三、物业管理法律关系

★物业管理法律关系的概念

物业管理法律关系是物业管理法律规范在调整物业管理过程中形成的各参与其中的主体间的权利义务关系。物业管理法律关系是随着房地产业和物业管理的发展而形成的新型法律关系。现代物业管理是一个非常复杂的系统工程,涉及诸多社会关系,因而涉及的法律关系也相互交错。物业管理法律关系在整个物业管理法律制度及其运行中居于核心地位,规范并调整主体间的社会关系是物业管理法律制度的基本职能。

★物业管理法律关系的主体

物业管理法律关系的主体是指物业管理法律关系的参加者,是物业管理法律关系中权利的享有者和义务的承担者。物业管理法律关系的主体非常广泛,大致上可分为三类:一是物业所有权和使用权人,二是物业服务企业,三是相关行政主管部门。

★**物业所有权和使用权人**

物业所有权和使用权人主要有三种:第一种是**业主**,即通过购买物业,取得物业的专有所有权,并通过物业管理合同取得物业管理服务的物业所有权人。其派生主体是业主大会和业主委员会。第二种是**非业主使用人**,是指物业的承租人和其他实际使用物业的人。这种主体由于不具有对物业的专有所有权,因此不能成为业主大会和业主委员会的成员,但是,因为他们是物业的实际使用者,因此也要受物业管理规范的约束,也享有一定的接受物业服务的权利。第三种是**开发商**,由于开发商是物业的投资者,因此也是物业原始所有权的取得者,具有业主的资格,特别是在前期物业管理中,往往是作为大业主出现,并拥有特殊的职能,但随着物业销售和物业管理的进展,开发商逐步减少其物业拥有的数量并失去其在前期物业管理中的地位,最终成为普通业主或退出业主的领域。

★**物业服务企业**

物业服务企业是指根据物业管理合同,接受开发商和业主的委托,对物业进行专业化管理,提供有偿物业管理的企业。物业服务企业具有双重职能,一方面它作为民事主体为业主提供有偿物业管理服务,另一方面它承担了部分政府对城市管理的职能,包括治安、环卫、交通、绿化等,并接受有关部门的行政管理。

★**行政管理部门**

这里的行政管理部门是指物业管理法律关系中的业务管理部门,包括建设、公安、消防、环保、市政等行政管理部门。其中建设行政主管部门负责物业管理活动的监督管理工作,市级绿化、卫生、交通、治安、供水供气等行政主管部门和住宅小区所在人民政府按职责分工,负责小区管理中的有关工作的监督与指导。

★**物业管理法律关系的客体**

物业管理法律关系的客体是指物业管理法律关系主体权利义务指向的对象,包括物、行为和非物质财富。

物业管理中的物是指物业,包括建筑物、附属设施设备和相关场地。

物业管理中的行为是指物业管理关系中主体的行为,根据主体的不同,行为可分为三类:

(1)业主及非业主使用人的行为。业主及非业主使用人必须依照法律、公约和合同规定使用物业,交纳物业管理费,不损害其他业主的利益。业主大会和业主委员会必须依照法律和公约的要求行使权力。

(2)物业服务企业的行为。由于物业管理本质上是一种服务行为,因此,物业管理法律关系的客体主要是指这类行为。物业服务企业的行为是物业管理当事人权利义务关注的焦点,《物业管理条例》对此专章作出规定。

(3)行政管理部门的行为。包括建设行政主管部门对物业服务企业的行业管理及其他有关部门对物业服务企业的业务管理,也包括有关部门依法对业主大会和业主委员会的成立和活动的管理。

物业管理中的非物质财富是指物业管理中涉及的人身权、知识产权中的有关权益,如荣誉权、名称权、科技成果权、专利权、特有设计或技术权等。

★★物业管理法律关系的内容

物业管理法律关系的内容是指在物业管理关系中物业所有权人的权利义务和物业服务企业的权利义务,还包括开发商、相关行政主管部门的权利义务。物业法律关系的内容十分复杂,既有建筑物区分所有使用权的物权关系,也有物业管理合同的债权关系;既有管理规约规范的内部关系,也有各部门管理的外部关系;既有法定的权利义务关系,也有约定的权利义务关系。不同范畴的权利义务关系既相互关联,也要严格区别,例如,物业服务企业不得以全体业主利益为由,对个别业主不履行管理规约义务的行为提起诉讼请求,亦不得根据行政管理法对不履行义务的业主进行处罚。

法律与规范链接

▲ 必读法条

《物业管理条例》

第2条 本条例所称物业管理,是指业主通过选聘物业服务企业,由业主和物业服务企业按照物业服务合同约定,对房屋及配套的设施设备和相关场地进行维修、养护、管理,维护物业管理区域内的环境卫生和相关秩序的活动。

第35条 物业服务企业应当按照物业服务合同的约定,提供相应的服务。

物业服务企业未能履行物业服务合同的约定,导致业主人身、财产安全受到损害的,应当依法承担相应的法律责任。

第46条 物业服务企业应当协助做好物业管理区域内的安全防范工作。发生安全事故时,物业服务企业在采取应急措施的同时,应当及时向有关行政管理部门报告,协助做好救助工作。

物业服务企业雇请保安人员的，应当遵守国家有关规定。保安人员在维护物业管理区域内的公共秩序时，应当履行职责，不得侵害公民的合法权益。

典型案例

孟某诉L物业公司物业服务合同纠纷案[1]

【案情概述】

孟某系北京市丰台区方庄南路×号院×号楼×单元×号房屋（以下简称×号房屋）的所有权人，该房屋平时由孟某家属赵某夫妇居住。2013年8月26日，×号房屋所在小区业主委员会与L物业公司签订物业服务合同，委托该公司为小区提供物业服务，物业服务期限自2013年9月1日至2015年8月31日，物业服务的内容包含了安防系统、中央监控系统等共用设施设备的日常维护、门岗服务、物业区域内巡查等公共秩序维护、发生安全事故在采取应急措施的同时及时向有关部门报告并协助做好救助工作等内容。该合同的附件一对于上述内容的标准进行了详细约定。

2015年6月9日，孟某家属赵某向公安机关报案称×号房屋于2015年6月8日凌晨被盗，同日该小区内还有其他业主报警称家中被盗。2015年6月15日，赵某再次报警称×号房屋于2015年6月14日被盗，公安机关向赵某出具《受案回执》及《立案告知书》，此次被盗已经被立为刑事案件侦查。截至法庭辩论终结时，上述两宗案件尚未侦破。L物业公司认可×号房屋两次被盗，但对于孟某所丢失的物品不认可，孟某亦未提供证据证明上述物品的损失。孟某称2015年6月14日盗窃发生时，窃贼是通过厨房窗户进入，小区内有摄像头正对该窗户，但警察在调查时发现摄像头是坏的，无法提供破案线索。L物业公司称该摄像头是监控单元门的，不能拍到孟某所称的厨房窗户，且户外的摄像头在风吹日晒的环境下会有损坏情况，但都会及时进行维护。L物业公司提交了保安巡逻记录表、保安岗位值班记录表、监控周巡视记录、监控月巡视记录、警情提示等证据证明其按照合同约定履行了相应的安保义务，孟某对此不予认可。

丰台法院认为，×号房屋所在小区业主委员会与L物业公司之间签订的物业服务合同是双方当事人的真实意思表示，且不违反强制性法律法规的规定，合法有

---

〔1〕 案件来源：北京法院审判信息网：http://www.bjcourt.gov.cn/cpws/paperView.htm?id=100387827137&n=1，最后访问日期：2018年5月24日。

效,对所有业主具有约束力,故孟某与L物业公司之间存在物业服务合同关系。现孟某称其家中两次被盗,L物业公司表示认可,本院对此不持异议。孟某家中被盗的根本原因是犯罪嫌疑人的犯罪行为导致,由此产生的损失应当向犯罪嫌疑人追偿,故孟某要求银泰物业公司对其损失全部进行赔偿的诉讼请求,本院不予支持。L物业公司的物业服务在于维护小区公共秩序和做好安全防范工作,无法杜绝违法犯罪行为的发生,但需要注意的是,L物业公司的物业服务在于通过人工防范及技术防范等方式提高小区安全系数,从一定程度上防范违法犯罪行为的发生,或者为违法犯罪行为发生后的侦破提供相应线索。现孟某称小区有一个监控探头能够拍到犯罪分子进入其家中行窃的窗户,L物业公司对此予以否认,但未提供证据证明,且对孟某家中被盗当天的监控情况无法确认,本院认为L物业公司提供的物业服务存在瑕疵,应当在其过错范围内承担相应的赔偿义务,具体金额由本院酌情确定。综上,依照《中华人民共和国合同法》第107条之规定,判决如下:(1)被告L物业管理有限责任公司于本判决生效后十日内赔偿原告孟某经济损失二千元;(2)驳回原告孟某的其他诉讼请求。

【关键问题】

1. 物业服务企业是否应对业主的人身、财产安全承担安全保障义务?

2. 物业服务企业应如何承担安全保障义务?

【简要评论】

根据《物业管理条例》第36条和第47条的规定,物业服务企业对业主的人身和财产有安全保障义务,并且这一义务来源于法律的规定和物业服务合同的约定。此类安全保障义务主要要求物业服务企业必须为维护小区内的公共秩序和安全而采取一定的安全防范措施,包括进行必要的安全警、配备专门的保安人员、建立安全巡视制度、安装必要的电子监控系统、建立突发安全事件应急处理制度等,以合理降低小区居民人身、财产受侵害的风险。

物业服务企业的安全保障义务可分为直接责任和补充责任。直接责任是指物业服务企业存在漏洞或失职,未能履行物业服务合同的约定,导致业主人身、财产受到损害的,应当依法承担的法律责任。根据最高人民法院《关于审理人身损害赔偿案件适用法律若干问题的解释》第6条的规定,补充责任是指因第三人侵权导致损害结果发生的,由实施侵权行为的第三人承担赔偿责任,在第三人不能确定或无力承担时,物业服务企业应当在其能够防止或者制止损害的范围内承担相应的补充赔偿责任。该补充责任应该和物业服务企业的过错相适应,承担责任后,超过部分可以向侵权第三人追偿。

本案中,物业公司是否承担责任,关键要看其是否在合理限度内尽到了安全保障义务。根据查明的事实来看,因物业公司提供的物业服务存在瑕疵,摄像头损坏导致业主挽回盗窃后的损失困难,所以应当在其过错范围内承担相应的损害赔偿责任。但是,因为盗窃行为并非物业公司实施,要求其承担全部损害赔偿责任,无法律依据。

【核心知识】

物业服务企业的安全保障义务来源于合同的约定和法律的规定,但物服务企业的安全保障义务应符合一定的合理限度。

延伸阅读

1. 陈长福:《物业公司安全保障义务研究——以第三人侵害业主权利为切入点》,载《法治论丛(上海政法大学学报)》2008 年第 6 期;
2. 张玲:《物业公司对业主的安全保障义务研究》,载《法制与社会》2013 年第 23 期。

第二节　业主、业主大会及业主委员会

知识要点

一、业主

★业主的概念

业主,即物业的主人,在一般意义上是指物业的所有权人。我国《物业管理条例》第 6 条将业主界定为房屋的所有权人。业主既是业主个体自治法律关系的基本主体,又是业主团体资质法律关系主体的构成主体。

★业主的分类

依据不同的标准,从不同的角度可对业主作不同的分类。

(1)依据业主的自然属性不同,可将业主分为自然人业主和非自然人业主。自然人业主是指物业的所有权人为自然人,包括一人或多人。非自然人业主是指物业的所有权人为自然人以外的主体,包括法人和其他组织。此外,国家在特殊情况下也可能成为业主。依据我国现行立法的规定,只有办理房屋登记过户手续之后

的购买人才可以称为业主。

(2)依据业主资格取得的先后次序不同,可将业主分为原始业主和继受业主。原始业主是指最初取得物业所有权的人。继受业主则为通过原始业主转让、赠与或互易以及继承取得物业所有权的人。无论是原始业主还是继受业主,在法律上的权利和义务并无不同。但这一种划分对确认业主的变动以及业主权利义务的移转具有重要的意义。

(3)依据业主是单一的还是共有的不同,可将业主分为独立产权的业主和多个有区分所有权人的业主。独立产权的业主是指房屋的产权由一个主体独立享有,在法律上其具有完全的占有、使用和处分权。而多个有区分所有权人的业主是指在同一物业区域内,由多个不同或相同等份的所有权人,各业主仅对自己所有的那部分物业享有所有权。

(4)依据物业的所有权主体的性质不同,可将业主分为公房业主和私房业主。公房业主从广义上来看包括国家和集体,从狭义上来看将仅指国家及其授权经营管理公房的部门和单位。私房业主广义上包括自然、非国家机关性质的法人以及其他组织。狭义上仅指个人所有、数人共有的自用或出租的住宅和非住宅用房的业主。这一种划分并不意味着在法律保护上因物业所有权主体的性质不同而有所区别,但对法律适用具有一定的意义。

★★★业主的权利

业主签订物业管理服务合同并据此享受物业管理服务的目的在于最大限度地维护业主的合法权益,故业主的基本权利就是依法享有所拥有物业的各项权利并参与各项物业管理活动。根据我国《物权法》和《物业管理条例》的规定,业主依法享有以下权利:

(1)服务享受权。业主之所以要与物业服务企业签订合同,最主要的目的均在于接受物业服务企业提供的全面服务,这是业主在物业管理活动中享有的首要的、最为基本的权利。

(2)建议权。依据《物业管理条例》第6条的规定,业主的建议权包括提议召开业主大会会议并就物业管理的有关事项提出建议,以及提出制定和修改管理规约、业主大会议事规则的建议两项权利。

(3)选举权与被选举权。业主可以设立业主大会,选举业主委员会。业主对业主委员会的组成享有选举权和被选举权。

(4)决定权。根据法律规定,业主参加业主大会,有权就制定和修改业主大会议事规则、管理规约等有关共有和共同管理权利的重大事项,行使投票决定权。

(5)知情权。知情权主要是指物业服务企业有义务将物业的共用部位、共用设施设备和相关场地使用情况等明确告知业主,业主有依法获取、知悉物业状况及其管理信息的权利。

(6)监督权。业主有权监督业主委员会的工作和物业服务企业履行物业服务合同的情况,并且对物业共用部位、共用设施设备、专项维修资金的管理和使用享有监督权。

(7)法律、法规规定的其他权利。如业主对其依法享有所有权的房屋有依法出售、赠与、出租、出借、抵押等权利,并不受其他业主、业主委员会和物业服务企业的非法干涉。《物权法》第78条第2款规定:“业主大会或者业主委员会作出的决定侵害业主合法权益的,受侵害的业主可以请求人民法院予以撤销。”

★★★业主的义务

(1)遵守管理规约、业主大会议事规则的义务。管理规约是由全体业主签署的就物业使用、维护、管理等方面权利和义务的行为规则。业主大会议事规则通常是就业主大会的议事方式、议事主题、表决程序、业主投票权的分配、投票权的计算办法、业主委员会的组成以及成员的任期等事项作出约定的规则。

(2)执行业主大会的决定和业主大会授权业主委员会作出的决定的义务。业主大会的决定代表了全体业主的意愿和要求,该决定的内容对全体业主具有约束力,决定实施的法律后果亦由组成业主大会的全体业主来共同承担。而业主委员会是业主大会的执行机构,由业主大会授权业主委员会作出的决定和业主大会的决定具有相同的法律效力。因此,为了维护全体业主的合法权益,对业主大会和业主大会授权的业主委员会作出的决定,全体业主具有遵守的义务。

(3)遵守物业管理区域内物业共用部位和共有设施设备的使用、公共秩序和环境卫生的维护等方面的规章制度的义务。物业管理区域内的共用部位和共用设施设备的使用以及公共秩序和环境卫生的维护等方面,不仅涉及个人利益、其他业主利益和物业使用人的利益,而且涉及社会的公共利益。因此,就物业管理区域内的共用部位和共用设施设备的使用、公共秩序和环境卫生的维护等方面的规章制度,全体业主都有遵守的义务。

(4)按照国家有关规定交纳专项维修资金的义务。专项维修资金主要是指物业共用部位、共有设施设备发生毁损及维护所应支出的必要费用。为了确保物业共用部位、共有设施设备的正常使用,以及发生毁损是能够得到及时的维修,就必须保证专项维修资金及时到位。因此,按照国家有关规定交纳专项维修资金,也是业主的最基本义务之一。

(5)按时交纳物业管理费用的义务。物业管理费用主要是指维持建筑物正常使用的运行保养费用,以及对管理区域内的治安、消防、保洁等的服务费用。物业管理费用直接涉及物业的保养和维修,也影响到物业服务企业的形象和服务的质量。因此,业主负有按规定或约定及时交纳物业管理费的义务。

(6)不得侵犯其他业主的权利的义务。《物权法》第77条规定:“业主不得违反法律、法规以及管理规约,将住宅改变为经营性用房。业主将住宅改变为经营性用房的,除遵守法律、法规以及管理规约外,应当经有利害关系的业主同意。”

(7)法律、法规规定的其他义务。除了上述义务外,业主还应当接受并服从业主委员会、物业服务企业的管理以及法律、法规规定的其他应尽的义务。

二、业主大会

★业主大会的概念

业主大会,是指由物业管理区域内全体业主组成的,代表和维护物业管理区域内的全体业主的公共利益,行使业主对物业管理的自治自律机构。

★业主大会的特征

业主大会的主要特征如下:

(1)业主大会具有自治性。业主大会是自治性的组织,其成员是对物业依法享有所有权的人,进行的一切活动均由自我服务、自我管理、自我协商、自我约束。

(2)业主大会具有民主性。业主大会的成员为所有的业主,全体业主在业主大会中的法律地位是平等的。在业主大会的召开过程中,任何一个业主均有根据自己意愿发表与物业管理有关的建议、看法和意见,以示业主大会的民主性。

(3)业主大会具有代表性。业主大会所进行的一切行为和活动都代表着全体业主的合法权益;业主大会所作出的一切决定、制定的所有规章制度都是全体业主利益的反映。

(4)业主大会具有公益性。业主大会是为全体业主整体利益服务的组织,其行为和活动有时可能与个别业主的利益冲突,但只要符合全体业主公共利益的,就应受到业主的支持和维护。

★★业主大会的设立

根据《物业管理条例》的规定,同一个物业管理区域内的业主,应当在物业所在地的区、县人民政府房地产行政主管部门或者街道办事处、乡镇人民政府的指导下成立业主大会，并选举产生业主委员会。当然，条例也作出了例外规定，即在一个物业管理区域内，只有一个业主的，或者业主人数较少且经全体业主一致同意，决定不成立业主大会的，由业主共同履行业主大会、业主委员会职责。其中，物业管理区域由一栋或多栋建筑物及附属设备设施组合而成，其划分依物业产权归属和地理位置情况而定，应当充分考虑物业的共用设施设备、建筑物规模、社区建设等因素。

☆业主大会的会议类型

《物业管理条例》规定了业主大会的两种会议类型：定期会议和临时会议。

1. 首次业主大会的召开

业主大会的首次会议由首次业主大会会议筹备组组织召开。筹备组由区、县房地产行政主管部门或者街道办事处、乡镇人民政府应当在收到业主提出筹备业主大会书面申请后60日内组织、指导成立。筹备组由业主代表、建设单位代表、街道办事处、乡镇人民政府代表和居民委员会代表组成。人数应为单数，其中业主代表人数不低于筹备组总人数的一半，筹备组组长由街道办事处、乡镇人民政府代表担任。筹备组应当自组成之日起90日内完成筹备工作，组织召开首次业主大会会议。

2. 定期会议的召开

业主大会的定期会议是根据法律法规以及业主大会的议事规则的规定召开的。通常每年至少召开一次，一般也成为年度会议。在业主委员会成立后，由业主委员会负责每年召集一次。

3. 临时会议的召开

业主大会的临时会议，通常是指发生了重大事故且必须及时处理时召开的业主大会会议。根据强制规定遇有下列情形时，应当及时召开临时会议：

- 经专有部分占建筑物总面积20%以上且占总人数20%以上业主提议的；
- 发生重大事故或者紧急事件需要及时处理的；
- 业主大会议事规则或者管理规约规定的其他情况。

★业主大会的参会方式

根据我国《物业管理条例》的规定，业主大会会议可以采用集体讨论的形式，也可以采用书面征求意见的形式；但是，应当有物业管理区域内专有部分占建筑物总面积过半数的业主且占总人数过半数的业主参加。业主还可以委托他人参加大会，并可以将自己的表决权书面委托他人行使。

★★业主共同决定的事项

2007年8月26日，国务院公布了《关于修改〈物业管理条例〉的决定》。根据该决定,《物业管理条例》第 11 条将原规定的"业主大会履行下列职责"修改为"下列事项由业主共同决定",这一修改是全面保护业主合法权益的充分体现。根据修改后的《物业管理条例》第 11 条的规定,**业主共同决定的事项包括**:(1)制定和修改业主大会议事规则;(2)制定和修改管理规约;(3)选举业主委员或更换业主委员会委员;(4)选聘、解聘物业服务企业;(5)筹集和使用建筑物及其附属设施的维修资金;(6)改建、重建建筑物及其附属设施;(7)有关共有和共同管理权利的其他重大事项。

★★业主大会的决议方式

《物业管理条例》将业主大会的决议方式分为两种,即一般决议和特殊决议。其中特别决议对条例第 11 条第 5 项和第 6 项规定的事项,应当经专有部分占建筑物总面积 2/3 以上的业主且占总人数 2/3 以上的业主同意;一般决议对第 11 条的其他事项,应当经过专有部分占建筑物总面积过半数的业主且占总人数过半数的业主同意。

★★业主大会的议事规则

业主大会的议事规则是由业主共同制定的关于业主大会进行的程序性规定。依据《物业管理条例》第 18 条的规定,业主大会议事规则应当就业主大会的议事方式、表决程序、业主委员会的组成和成员任期等事项作出约定。

三、业主委员会

★业主委员会的概念和地位

业主委员会是依据管理规约或者法律规定,在房地产行政主管部门指导成立的,业主大会选举产生的,由业主代表组成的代表业主利益、监督物业服务企业工作和广大业主履行管理规约的民间性组织。它由业主大会会议选举产生,是业主大会的执行机构,执行业主大会的决议。

★业主委员会的特征

业主委员会不仅是业主参与民主管理的组织形式,也是业主实现民主管理的最基本的组织形式。与其他自治性组织比较而言,业主委员会具有以下法律特征:(1)业主委员会是由业主大会选举产生的;(2)业主委员会的活动以对物业的自治管理为限;(3)业主委员会的根本任务是代表和维护全体业主的合法权益;(4)代表业主利益必须办理备案手续。

★★业主委员会的职责

依据《物业管理条例》第 15 条的规定,业主委员会应当执行业主大会的决定事项,履行以下职责:(1)召集业主大会会议,报告物业管理的实施情况。(2)代表业主与业主大会选聘的物业服务企业签订物业服务合同。(3)及时了解业主、物业使用人的意见和建议,监督和协助物业服务企业履行物业服务合同。(4)监督管理规约的实施。(5)业主大会赋予的其他职责。

★业主委员会的备案

为了加强对业主委员会的管理,以便更好地维护业主的合法权益,我国《物业管理条例》规定了成立业主委员会后实行备案制度。依据该条例第16条的规定,业主委员会应当自选举产生之日起30日内,向物业所在地的区、县人民政府房地产行政主管部门备案。进行备案时,业主委员会必须向有关部门提交以下文件:(1)业主大会成立和业主委员会选举的情况;(2)管理规约;(3)业主大会议事规则;(4)业主大会决定的其他重大事项。

★业主委员会委员的资格

业主大会在选举产生业主委员会时,应当推举那些热心公益事业、责任心强、具有一定组织能力的业主担任业主委员会委员,人数为5人至11人单数。《业主大会和业主委员会指导规则》第31条规定了业主委员会委员应当是本物业管理区域内的业主,并符合下列条件:(1)具有完全民事行为能力;(2)遵守国家有关法律、法规;(3)遵守业主大会议事规则、管理规约,模范履行业主义务;(4)热心公益事业,责任心强,公正廉洁;(5)具有一定的组织能力;(6)具备必要的工作时间。

★业主委员会委员的变动

为了充分发挥和调动业主委员会委员的积极性,依据《业主大会和业主委员会指导规则》的规定,业主委员会任期届满3个月前,应当召开业主大会会议进行业主委员会的换届选举,并报告物业所在地的区、县房地产行政主管部门和街道办事处、乡镇人民政府。原业主委员会应当在其任期届满之日起10日内,将其保管的档案资料、印章及其他属于业主大会所有的财物移交新一届业主委员会。

经业主委员会1/3或者持有20%以上投票权数的业主提议,业主委员会委员具有下列情形之一的,业主大会或者业主委员会根据业主大会的授权,可以决定是否终止其委员资格:(1)以书面方式提出辞职请求的;(2)不履行委员职责的;(3)利用委员资格谋取私利的;(4)拒不履行业主义务的;(5)侵害他人合法权益的;(6)因其他原因不宜担任业主委员会委员的。此外,《业主大会和业主委员会指导规则》第43条还规定,业主委员会委员有下列情形之一的,其业主委员会委员资格自行终止:(1)因物业转让、灭失等原因不再是业主的;(2)丧失民事行为能力的;(3)依法被限制人身自由的;(4)法律、法规以及管理规约规定的其他情形。

四、业主约束

☆业主约束的概念

业主约束，是指全体业主、业主大会以及业主委员会在整个物业管理活动中对内、对外的行为准则。对内的行为准则通常是指以约束业主为主要对象的管理规约；对外的行为准则一般称为外部约束，其主要是对管理规约、业主大会及业主委员会的外部监督和管理。

★管理规约的概念

管理规约，是指由业主共同承诺的对全体业主具有约束力的有关业主在住宅区使用、维护物业及其管理组织等方面权利义务的行为守则。管理规约是整个物业管理活动中一个极为重要的法律文件，即全体业主应该共同遵守的物业管理规章制度，具有公共契约的性质。管理规约是有关全体区分所有权人相互之间的权利和义务关系的基本规定，属于业主内部自治规则。

★★管理规约的内容

管理规约的内容各国均规定由区分所有权人自由协商确定。其具体内容因必须考虑物业的规模、用途、周边环境、生活水平及当地风俗等而有所不同。依据我国《物业管理条例》第17条的规定，管理规约应当对有关物业的使用、维护、管理，业主的共同利益，业主应当履行的义务，违反管理规约应当承担的责任等事项依法作出约定。管理规约一般应包括以下主要内容：(1)物业基本情况；(2)业主的基本权利；(3)业主的共同利益；(4)业主的义务；(5)禁止行为及责任。

★管理规约的订立、通过和修订

管理规约一般由业主委员会订立，并召开业主大会，将管理规约草案提交业主大会讨论、征求意见并进行修改。

管理规约由业主大会通过。关于管理规约的通过属于业主大会的特殊规定，适用特别决议方式，即必须经物业管理区域内全体业主所持投票权2/3以上通过方能有效。在程序上经过投票并由全体业主或业主代表在管理规约上签字后，管理规约即生效。管理规约一经生效及对全体业主具有共同的约束力。

管理规约的修改必须经过业主大会以决议的方式进行，并经物业管理区域内全体业主所持投票权2/3以上通过，方能有效。通常第一次业主大会就应当确定关于管理规约的修订的程序以及决定方式等事项。

★★外部约束

外部约束是指对业主大会、业主委员会行使权利过程中的各种外部监督和约束。《物权法》《物业管理条例》规定业主大会和业主委员会在履行自己职责是必须接受以下各方面的约束和限制：

(1)应当依法履行职责。业主大会、业主委员会作为业主的自治管理组织，其在履行职责及对业主的管理过程中必须自觉遵守国家法律、法规的相关规定，在法律、法规规定的范畴内依法履行自己的职责，并接受物业所在地的区、县人民政府房地产行政主管部门的监督和管理。

(2)不得作出与物业管理无关的决定。无论是业主大会，还是业主委员会其职责范围仅限于物业管理及其相关内容，只有作出的与其职责相关的决定才对业主具有约束力。

(3)不得从事与物业管理无关的活动。实践中与物业管理相关的活动非常广泛，业主大会或者业主委员会基于其设立目的和宗旨，只能从事物业管理活动以及与物业管理行为有关的活动，而不得从事与物业管理行为无关的任何活动，如经营活动。

(4)积极维持物业区域内的社会治安。业主大会、业主委员会应当配合公安机关，与居民委员会相互协作，共同做好维护物业管理区域内的社会治安等相关工作，管理好区域内的安全、外来人口的登记和控制、区域内民事纠纷的协调和处理，并对区域内的保安队伍进行业务指导等。

(5)积极配合居民委员会依法履行物业自治管理职责。由于物业区域内的人兼具小区业主和居民的双重身份，因此，其除受管理规约的约束外，还必然受到我国关于居民管理的相关规定的约束和居民委员会的领导和监督。在物业管理区域内，业主大会、业主委员会应当积极配合相关居民委员会依法履行自治管理职责，支持居民委员会开展工作，并接受其指导和监督。

总之，业主大会和业主委员会内部监督的同时还受到国家法律法规的外部约束，得到管理区域内居民委员会的支持和监督，并受到公安等部门的约束。

法律与规范链接

▲ 必读法条

《物权法》

第77条　业主不得违反法律、法规以及管理规约，将住宅改变为经营性用房。业主将住宅改变为经营性用房的，除遵守法律、法规以及管理规约外，应当经有利害关系的业主同意。

第78条 业主大会或者业主委员会的决定,对业主具有约束力。

业主大会或者业主委员会作出的决定侵害业主合法权益的,受侵害的业主可以请求人民法院予以撤销。

第79条(见本书第82页)

第83条 业主应当遵守法律、法规以及管理规约。

业主大会和业主委员会,对任意弃置垃圾、排放污染物或者噪声、违反规定饲养动物、违章搭建、侵占通道、拒付物业费等损害他人合法权益的行为,有权依照法律、法规以及管理规约,要求行为人停止侵害、消除危险、排除妨害、赔偿损失。业主对侵害自己合法权益的行为,可以依法向人民法院提起诉讼。

《物业管理条例》

第6条 房屋的所有权人为业主。

业主在物业管理活动中,享有下列权利:

(一)按照物业服务合同的约定,接受物业服务企业提供的服务;

(二)提议召开业主大会会议,并就物业管理的有关事项提出建议;

(三)提出制定和修改管理规约、业主大会议事规则的建议;

(四)参加业主大会会议,行使投票权;

(五)选举业主委员会成员,并享有被选举权;

(六)监督业主委员会的工作;

(七)监督物业服务企业履行物业服务合同;

(八)对物业共用部位、共用设施设备和相关场地使用情况享有知情权和监督权;

(九)监督物业共用部位、共用设施设备专项维修资金(以下简称专项维修资金)的管理和使用;

(十)法律、法规规定的其他权利。

第7条 业主在物业管理活动中,履行下列义务:

(一)遵守管理规约、业主大会议事规则;

(二)遵守物业管理区域内物业共用部位和共用设施设备的使用、公共秩序和环境卫生的维护等方面的规章制度;

(三)执行业主大会的决定和业主大会授权业主委员会作出的决定;

(四)按照国家有关规定交纳专项维修资金;

(五)按时交纳物业服务费用;

（六）法律、法规规定的其他义务。

第10条　同一个物业管理区域内的业主，应当在物业所在地的区、县人民政府房地产行政主管部门或者街道办事处、乡镇人民政府的指导下成立业主大会，并选举产生业主委员会。但是，只有一个业主的，或者业主人数较少且经全体业主一致同意，决定不成立业主大会的，由业主共同履行业主大会、业主委员会职责。

第11条　下列事项由业主共同决定：

（一）制定和修改业主大会议事规则；

（二）制定和修改管理规约；

（三）选举业主委员会或者更换业主委员会成员；

（四）选聘和解聘物业服务企业；

（五）筹集和使用专项维修资金；

（六）改建、重建建筑物及其附属设施；

（七）有关共有和共同管理权利的其他重大事项。

第12条　业主大会会议可以采用集体讨论的形式，也可以采用书面征求意见的形式；但是，应当有物业管理区域内专有部分占建筑物总面积过半数的业主且占总人数过半数的业主参加。

业主可以委托代理人参加业主大会会议。

业主大会决定本条例第十一条第（五）项和第（六）项规定的事项，应当经专有部分占建筑物总面积2/3以上的业主且占总人数2/3以上的业主同意；决定本条例第十一条规定的其他事项，应当经专有部分占建筑物总面积过半数的业主且占总人数过半数的业主同意。

业主大会或者业主委员会的决定，对业主具有约束力。

业主大会或者业主委员会作出的决定侵害业主合法权益的，受侵害的业主可以请求人民法院予以撤销。

△ **延伸法条**

《业主大会和业主委员会指导规则》

《物业服务收费管理办法》

最高人民法院《关于审理建筑物区分所有权纠纷案件具体应用法律若干问题的解释》

最高人民法院《关于审理物业服务纠纷案件具体应用法律若干问题的解释》

典型案例

冯某诉上海某集团物业公司业主知情权纠纷案〔1〕

【案情概述】

原告冯某系上海市某路8号5A室房屋业主，上海某集团物业公司为上海市某路8号提供物业管理服务。上海某集团物业公司曾作为上海市某路8号屋顶平台的移动基站及广告租赁场地的出租方与他人签订租赁合同。现上海市某路8号业主委员会正处于换届改选阶段。冯某向上海某集团物业公司要求：(1)提供上海市某路×号业主委员会成立起至今签订的物业服务合同以便查阅；(2)公布1997年起至今的共有部分(屋顶广告牌及移动基站)使用和收益情况；(3)公布1997年至今上海市某路8号建筑物及其附属设施的维修资金募集、使用情况的信息，但遭拒绝，遂诉至法院。为支持其诉请，原告提供了房屋产权证、告知书、照片、移动基站补充协议、广告租赁场地协议及合同作为证据。

被告上海某集团物业公司辩称：原告与被告之间不存在服务合同关系，且原告自成为业主起实施了一系列违法行为，侵害其他业主的合法权利，故不同意原告之诉讼请求。为支持其辩称，被告提供了物业服务合同、公共契约、业主声明、业主大会决议、召开临时业主大会公告作为证据。

经过审理，一审本院对上述事实，由房屋产权证、物业服务合同、照片、移动基站补充协议、广告租赁场地协议及合同、双方当事人的陈述予以证实，其余当事人提供的证据与本案事实无关联，本院不予认定。

一审本院认为：业主知情权行使方式主要表现为业主的查阅权，但业主行使查阅权利，应有正当事由，不能滥用权利，且由于查询事项不同，其所指向的义务主体亦有区别。冯某系上海市某路8号5A室房屋业主，依法享有业主知请权。上海某集团物业公司系物业服务合同缔结主体，且为上海市某路8号屋顶平台的移动基站及广告租赁场地的出租方，故有关物业服务合同和上海市某路8号屋顶平台的移动基站及广告租赁场地共有部分的使用和收益情况知情权的义务主体为上海某集团物业公司；本院对于冯某要求查阅上海市某路8号业主委员会成立起至今签订的物业服务合同及1997年起至今的共有部分(屋顶平台广告牌及移动基站)使用和收

---

〔1〕 案件来源：北大法宝：http://www.pkulaw.com/pfnl/a25051f3312b07f3bba2681f725f077234033cb849528a4cbdfb.html? paycode = 42894089EF4FB9E2087B1BDF2559B3DD088E01E2B337FB996863AD5ACED4E405845A4F77A903FEDE，最后访问日期：2018年5月24日。

益情况之诉讼请求依法予以支持。建筑物及其附属设施的维修资金使用和管理由业主大会决定,其为维修资金知情权的义务主体,冯某要求上海某集团物业公司公布1997年至今上海市某路8号建筑物及其附属设施的维修资金募集、使用情况,其要求所指向的义务主体不当,故本院对此项诉讼请求不予支持。至于上海某集团物业公司提出冯某存在违法或侵害其他业主利益行为一节,上海某集团物业公司或相关权利人可通过另行诉讼等途径予以追究,但不能因此剥夺冯某所享有的法定权利。据此,依照《中华人民共和国物权法》第79条、最高人民法院《关于审理建筑物区分所有权纠纷案件具体应用法律若干问题的解释》第13条的规定,判决如下:(1)上海某集团物业公司提供上海市某路8号业主委员会成立起至今签订的物业服务合同以便冯某查阅;(2)上海某集团物业公司提供1997年起至今的共有部分(屋顶平台广告牌及移动基站)使用和收益情况以便冯某查阅;(3)驳回冯某其余诉讼请求。

【关键问题】

1. 业主知情权的范围如何界定?

2. 业主知情权的义务主体如何确定?

【简要评论】

本案是业主知情权纠纷。根据《物业管理条例》第6条的规定,业主对物业共用部位、共用设施设备和相关场地使用情况享有知情权。最高人民法院《关于审理建筑物区分所有权纠纷案件具体应用法律若干问题的解释》第6条对业主的知情权作出了具有可操作性的规定,业主可以要求公布、查阅应当向业主公开的情况和资料包括:(1)建筑物及其附属设施的维修资金的筹集、使用情况;(2)管理规约、业主大会议事规则,以及业主大会或者业主委员会的决定及会议记录;(3)物业服务合同、共有部分的使用和收益情况;(4)建筑区划内规划用于停放汽车的车位、车库的处分情况;(5)其他应当向业主公开的情况和资料。本条虽然没有明确规定负责公开的义务主体,但是可以根据"谁负责谁公开"的原则依法进行推断。例如,根据《物业管理条例》第6条的规定,业主在物业管理活动中,有权监督物业服务企业履行物业服务合同、对物业共用部位、共用设施设备和相关场地使用情况享有知情权和监督权,所以,物业服务企业应该是上述第(3)项信息公开的责任主体。又如,根据《住宅专项维修资金管理办法》第30条的规定,业主委员会应当向业主公布住宅专项维修资金使用和管理的有关情况;另外,管理规约、业主大会议事规则,以及业主大会或者业主委员会的决定及会议记录这些资料由业主委员会保管,所以,业主委员会应该是上述第(1)项、第(2)项信息公开的责任主体。本案中,原告可以请求物业公司公布、查阅物业服务合同以及共有部分(屋顶广告牌及移动基站)使用和收益情况。但是,建筑物及其附属设施的维修资金募集、使用情况的信息披露义务主体应该是业主委员会而不是物业公司,因此原告的该项诉求不能被支持。

【核心知识】

业主作为建筑物区分所有权人,对物业共用部位、共用设施设备和相关场地使用情况享有知情权,最高法对于知情权的范围做出了具体解释,但是要注意业主知情权所涉及的各类事项对应的义务主体。

延伸阅读

1. 李兴魁、沈烨:《业主知情权的范围界定及合理实现》,载《人民司法》2013 年第 6 期;
2. 薛源:《业主知情权存在问题探讨》,载《南京社会科学》2014 年第 8 期。

第三节　前期物业管理

知识要点

一、前期物业管理与前期物业服务合同

★前期物业管理的概念

《前期物业管理招标投标管理暂行办法》(建房〔2003〕130 号)第 2 条第 1 款规定:“**前期物业管理**,是指在业主、业主大会选聘物业管理企业之前,由建设单位选聘物业管理企业实施的物业管理。”此外,《物业管理条例》虽然没有对前期物业管理作出明确的定义,但该条例第 21 条也规定:“在业主、业主大会选聘物业服务企业之前,建设单位选聘物业服务企业的,应当签订书面的前期物业服务合同。”

★★★前期物业服务合同的性质

前期物业服务合同是在前期物业管理阶段,由建设单位选聘物业服务企业签订的物业服务合同。前期物业服务合同具有物业服务合同的一般特征,同时,与普通物业服务合同相比,又具有自身独有的特性。前期物业服务合同最重要的特性是具有过渡性。前期物业服务合同仅仅适用于业主大会选聘物业服务企业之前,其目的是在前期物业管理阶段规范开发商、物业服务企业的权利义务关系,维护物

理向业主大会选聘物业服务企业进行物业管理的过渡。由此，前期物业服务合同具有期限性。

★前期物业服务合同的期限性

前期物业服务合同的效力是具有期限的，这种期限表现为两种情况：

(1)约定期限，即在前期物业服务合同中约定合同的期限。但是由于业主没有参与前期物业服务合同的缔结，为了防止开发商和物业服务企业串通损害业主的利益，前期物业服务合同中约定的期限不应该太长。

(2)法定期限，即使前期物业服务合同没有约定期限，依据《物业管理条例》第26条的规定，业主委员会与物业服务企业签订的物业服务合同生效时，前期物业服务合同终止，即前期物业服务合同的期限截止于业主委员会与物业服务企业签订的物业服务合同生效之时。

★★前期物业服务合同的当事人

前期物业服务合同是由建设单位(通常为房地产开发企业)与物业服务企业所签订的，而普通物业服务合同是由业主委员会与物业服务企业签订的。由于在物业竣工验收之后、业主大会选聘物业服务企业之前，业主已经产生了对物业进行管理的需要，而此时因业主大会尚未成立，只能由房地产建设单位委托物业服务企业进行管理。此外，尽管签订前期物业服务合同双方当事人是建设单位与物业服务企业，但是合同内容必然涉及业主的利益，因此前期物业服务合同对业主具有约束力。

★建设单位的前期物业管理职责

建设单位即开发商在前期物业管理中居于核心和主导地位，其职责贯穿整个前期物业管理过程的始终，可以说，建设单位前期物业管理职责的履行对整个前期物业管理的质量具有决定性的意义。总结起来，建设单位的前期物业管理职责主要包括四个方面：一是制定临时管理规约；二是选聘物业服务企业并与之签订前期物业服务合同；三是为物业服务企业提供必要的管理用房；四是在法律规定的范围内承担物业的维修和保修义务。

二、前期物业服务企业

★前期物业服务企业的选聘原则

《物业管理条例》第24条第1款规定："国家提倡建设单位按照房地产开发与物业管理相分离的原则，通过招投标的方式选聘物业服务企业。"这是我国前期物业服务企业选聘的基本原则。

建设单位在前期物业管理阶段的一项重要职责就是选聘物业服务企业并与之签订前期物业服务合同。由于所选聘的物业服务企业的管理水平、服务质量和收费标准直接决定了前期物业管理的质量，也直接关系到业主的切身利益，因此，对建设单位选择物业服务企业必须贯彻公平竞争、优胜劣汰的原则，通过市场化的方式来选聘物业服务企业。

★前期物业服务企业的选聘方式

在物业服务企业的选聘中应该实现成本效益的最优化，最大限度地防止建设单位与物业服务企业串通损害业主利益的现象发生。《物业管理条例》对住宅物业的建设单位选聘前期物业服务企业的方式进行了强制性的规定，即只能通过招投标的方式进行；但同时规定了例外情形，即投标人少于3个或者住宅规模较小的，经物业所在地的区、县人民政府房地产行政主管部门批准，可以采用协议方式选聘物业服务企业。

★★★前期物业服务合同内容和效力的限制性

由于前期物业服务合同有可能侵害业主的权益，因此出于保护业主权利和利益的需要，前期物业服务合同的内容和效力是要受到限制的，这些限制表现在以下两个方面：

（1）前期物业服务合同的内容不得侵害业主的合法权益，否则该条款应该是无效的。根据《物业管理条例》第27条的规定："业主依法享有的物业共用部位、共用设施设备的所有权或者使用权，建设单位不得擅自处分。"因此，前期物业服务合同中如果包含对业主共用部位和共用设施设备擅自处分的条款，原则上这些条款都是无效的。

（2）由于前期物业服务合同的当事人为建设单位和物业服务企业，而业主不是合同的当事人，但是前期物业服务合同中不可避免地会涉及业主的权利义务，因此前期物业服务合同中涉及业主权利义务的条款必须在物业买卖合同中经过业主的承诺才能对业主发生效力。《物业管理条例》第25条要求，"建设单位与物业买受人签订的买卖合同应当包含前期物业服务合同约定的内容"，也正是这一精神的体现。

三、临时管理规约

★临时管理规约的概念

临时管理规约是在业主委员会成立之前，由建设单位先行起草或委托选聘的物业服务企业起草的具有过渡性质的管理规约，并经业主书面承诺后对业主产生效力。由于已经有部分物业交付使用,且物业服务企业也已经介入,为了规范已经入住的业主的行为,明确物业服务企业、业主和建设单位之间的权利义务关系,保证物业小区的管理秩序和维护当时和未来业主的共同利益,保障物业的安全与合理使用,维护并营造安全、文明、方便、舒适的生活和工作环境,有必要制定一部临时管理规约。

★临时管理规约的特征

临时管理规约最根本的特征自然是其临时性和过渡性。临时管理规约从产生之时就已经明确了它的适用时间,其仅仅是在前期物业管理的特定时间对有关物业的使用、维护、管理,业主的共同利益,业主应当履行的义务,违反公约应当承担的责任等事项作出的临时约定。临时管理规约存在的目的是保持前期物业管理期间物业小区的管理秩序,维护业主的共同利益,保证业主大会的顺利召开,从而完成向正式管理规约的过渡。一旦业主大会制定出正式的管理规约,临时管理规约就完成了它的使命而当然失效。

★★★临时管理规约内容的限制

由于临时管理规约的临时性和过渡性,决定了它的拟定方式由建设单位自行拟定或委托物业服务企业拟定,而不是由业主自治机构——业主大会通过民主决策制定。因此,临时管理规约就有可能违背业主的共同意志,成为开发商和物业服务企业损害业主共同利益满足自身利益的工具,由此衍生出了临时管理规约内容的两个限制:第一,临时管理规约必须受到严格的监督,通过严格的审查和限制,保证临时管理规约能反映业主的共同利益。为此,《物业管理条例》规定,建设单位制定的临时管理规约,不得侵害物业买受人的合法权益。第二,临时管理规约必须经过业主的承诺才能对其发生效力。《物业管理条例》第 23 条规定:“建设单位应当在物业销售前将临时管理规约向物业买受人明示,并予以说明。物业买受人在与建设单位签订物业买卖合同时,应当对遵守临时管理规约予以书面承诺。”其目的就是在保障业主的充分知情权的情况下,由业主选择是否承诺遵守临时管理规约,防止临时管理规约侵害业主的合法权益。

四、物业承接查验

★物业承接查验的概念

从广义上来讲,物业的承接验收既包括对新建物业的承接验收也包括对原有物业的承接验收。而具体到前期物业管理中,承接验收仅指狭义上的物业承接验收,即物业服务企业接受开发商的委托,接管已经竣工验收的新建物业,并对物业进行的再验收。

为了规范物业承接查验行为，加强前期物业管理活动的指导和监督，维护业主的合法权益，2010年10月，国家住房和城乡建设部颁发了《物业承接查验办法》，该办法第2条明确规定，物业承接查验，是指承接新建物业前，物业服务企业和建设单位按照国家有关规定和前期物业服务合同的约定，共同对物业共用部位、共用设施设备进行检查和验收的活动。可见，物业服务企业承接查验的内容包括物业共用部位、共用设施设备。物业承接查验的重点在于通过综合运用核对、观察、使用、检测和试验等方法，查验物业共用部位、共用设施设备的配置标准、外观质量和使用功能。

★★物业承接查验的基本条件

根据《物业承接查验办法》的规定，建设单位应当按照国家有关规定和物业买卖合同的约定，移交权属明确、资料完整、质量合格、功能完备、配套齐全的物业。具体来讲，实施承接查验的物业，应当具备以下条件：建设工程竣工验收合格；市政公用设施设备按规划设计要求建成，供水、供电、供气、供热已安装独立计量表具；公共服务设施已按规划设计要求建成；公共配套设施按规划设计要求建成，并满足使用功能要求；共用设施设备取得使用合格证书；物业使用、维护和管理的相关技术资料完整齐全；法律、法规规定的其他条件。

★★物业承接查验应移交的资料

建设单位应当向物业服务企业移交的资料，主要包括两大类：一是权属文件；二是技术资料。前者是反映物业上的法律权利义务关系的资料，包括：项目批准文件、准许使用文件、建筑执照、拆迁安置资料等。后者是关于物业建设的相关技术文件，包括：竣工验收资料、共用设施设备安装、使用和维护保养等技术资料、物业质量保修文件和物业使用说明文件。

法律与规范链接

▲ 必读法条

《物业管理条例》

第21条　在业主、业主大会选聘物业服务企业之前，建设单位选聘物业服务企业的，应当签订书面的前期物业服务合同。

第23条　建设单位应当在物业销售前将临时管理规约向物业买受人明示，并予以说明。

物业买受人在与建设单位签订物业买卖合同时，应当对遵守临时管理规约予以书面承诺。

第 25 条 建设单位与物业买受人签订的买卖合同应当包含前期物业服务合同约定的内容。

第 27 条 业主依法享有的物业共用部位、共用设施设备的所有权或者使用权，建设单位不得擅自处分。

第 29 条 在办理物业承接验收手续时，建设单位应当向物业服务企业移交下列资料：

（一）竣工总平面图，单体建筑、结构、设备竣工图，配套设施、地下管网工程竣工图等竣工验收资料；

（二）设施设备的安装、使用和维护保养等技术资料；

（三）物业质量保修文件和物业使用说明文件；

（四）物业管理所必需的其他资料。

物业服务企业应当在前期物业服务合同终止时将上述资料移交给业主委员会。

△ **延伸法条**

《前期物业管理招标投标管理暂行办法》

《物业承接查验办法》

典型案例

B 公寓小区业主委员会与 Z 物业管理有限公司物业服务合同纠纷案[1]

【案情概述】

2013 年，B 公寓小区由房地产开发公司交由 Z 物业管理有限公司（以下简称 Z 公司）提供物业服务，未按规定签订前期物业服务合同，办理相关备案手续。2015 年 7 月 27 日，B 公寓小区选举产生业主委员会，并经当地街道办事处备案登记。在 Z 公司提供物业服务过程中，业主不满意服务，2016 年 5 月 11 日，B 公寓业主委员

---

〔1〕 案件来源：中国裁判文书网：http://wenshu. court. gov. cn/content/content? DocID = 910a48ca - 2eea - 4fab - 90a8 - a755010e2778&KeyWord = 2013% E5% B9% B4% EF% BC% 8C | % E5% B0% 8F% E5% 8C% BA% E9% 80% 89% E4% B8% BE% E4% BA% A7% E7% 94% 9F% E4% B8% 9A% E4% B8% BB% E5% A7% 94% E5% 91% 98% E4% BC% 9A，最后访问日期：2018 年 5 月 24 日。

会(以下简称B业委会)就是否解聘Z公司以调查表的形式入户进行投票表决,参加表决业主525户,占小区业主的2/3和专有部分建筑面积占50%,该表决结果进行公示和社区备案,程序合法。后B业委会经过入户表决,与T物业管理公司签订了物业管理服务合同。2016年6月28日,B业委会向所在社区居委会申请监督Z公司与T物业管理公司的交接,B业委会当日书面通知Z公司在2016年7月15日前办理小区物业移交事宜,但Z公司认为与业主签订有物业服务合同,合同尚未到期,业主大会表决不真实,未经2/3的业主同意,表决无效为由,拒绝退出B公寓小区。

一审法院判决:Z公司在B公寓小区前期物业管理服务合同终止、Z公司于判决生效后30日内退出B公寓小区。Z公司不服判决,诉至中级人民法院。二审法院维持了一审判决。

终审判决认为:Z公司进入B公寓小区提供物业服务是与该小区建设单位向业主交付房屋同时进行。交付房屋期间,部分业主在Z公司提供的打印成册的物业服务合同中签字,该合同中写明的服务期限为5年。虽然部分业主在Z公司提供的物业服务合同中签字,但Z公司实际是该小区建设单位选定,而非小区业主或业主大会选定,改变不了Z公司提供的是前期物业服务的事实,Z公司对此也无异议,所以尽管该合同中有服务期限,但并非不能提前终止。同时,Z公司提出B业委会进行的入户调查户数及同意解聘的户数超过小区实际户数,所以入户调查结果不真实的辩称,因Z公司是根据调查表的张数乘以每张表的横格数得出结论,而调查表中的横格数并不必然代表每一户,B业委会也并未将其中所有横格都计算,而是按照各个楼宇、各个单元的实际户数统计结果,所以并不存在Z公司所说的情形。综上,B公寓小区的业主在业主委员会通过入户调查、书面征求意见的方式召开业主大会程序合法,而且同意解聘Z公司的业主数量及所占专有建筑面积数量均符合规定,B业委会主张终止前期物业服务合同、Z公司退出B公寓小区的请求应予支持,Z公司要求继续履行物业服务合同的上诉理由不予采信。

【关键问题】

未到前期物业合同的约定期限,是否可以提前前期终止物业服务合同?

【简要评论】

根据《物权法》第76条的规定,决定选聘和解聘物业服务企业或者其他管理人的,应当经专有部分占建筑物总面积过半数的业主且占总人数过半数的业主同意。业主委员会是业主大会的执行机构,业主委员会的委员由业主大会选举产生,代表广大业主的权益。最高人民法院《关于审理物业服务纠纷案件具体应用法律若干问题的解释》第 8 条规定，业主大会按照《物权法》第 76 条规定的程序作出解聘物业服务企业的决定后，业主委员会请求解除物业服务合同的，人民法院应予支持。本案中，B 业委会经业主大会选举后已在当地街道办事处备案，是 B 公寓小区全体业主的合法代表。超过小区业主的 2/3 和专有部分建筑面积占 50% 的业主表决解聘 Z 公司的结果合法、有效并且表决结果已在社区公示和备案。故 B 业委会有权代表业主解聘 Z 公司。

B 业委会经过合法程序与 T 物业管理公司签订了物业管理服务合同。根据《物业管理条例》第 26 条的规定，前期物业管理阶段可以约定期限；期限未满，业主委员会与物业服务企业签订的物业服务合同生效的，前期物业服务合同终止。因此，该小区的前期物业服务合同关系自动解除，前期物业服务合同的权利义务终止。最高人民法院《关于审理物业服务纠纷案件具体应用法律若干问题的解释》第 10 条第 1 款规定，物业服务合同的权利义务终止后，业主委员会请求物业服务企业退出物业服务区域、移交物业服务用房和相关设施，以及物业服务所必需的相关资料和由其代管的专项维修资金的，人民法院应予支持。《物业管理条例》第 39 条规定，物业服务合同终止时，物业服务企业应当将物业管理用房和本条例第 29 条第 1 款规定的资料交还给业主委员会。物业服务合同终止时，业主大会选聘了新的物业服务企业的，物业服务企业之间应当做好交接工作。本案中，Z 公司应该依法退出 B 公寓小区，并将相关物业管理资料移交给新的 T 物业服务公司，如果 Z 公司拒绝移交物业管理权的，业主委员会可以自己的名义向法院起诉原物业服务公司。

【核心知识】

根据《物权法》《物业管理条例》的相关规定，业主委员会依照法定程序与新物业服务企业签订物业服务合同后，前期物业服务合同自行终止，前期物业服务企业应当退出物业服务区域并将有关资料移交业主委员会或与新物业服务企业进行交接，这种移交是法定义务，物业必须履行，否则将承担相应的法律责任。

延伸阅读

1. 李欣欣：《论业主在前期物业服务合同中的主体资格问题》，载《法制与社会》2016 年第 11 期；

2. 黄诗林：《前期物业管理存在的问题及建议》，载《住宅与房地产》2016 年第 12 期。

第四节 物业管理服务

知识要点

一、物业服务合同

★物业服务合同的概念

物业服务合同,是指物业服务企业与业主团体在平等、自愿的基础上依法签订的以物业服务企业提供物业管理服务、业主支付管理费用为内容的,规范业主与物业服务企业权利义务的协议。在物业管理活动中,业主通过业主委员会与业主大会选聘的物业服务企业签订物业服务合同,约定彼此的权利义务关系。

★★★物业服务合同的当事人

物业服务合同的被委托方是从事专业管理、实行有偿服务的企业,即物业服务企业。物业服务合同的被委托方是经业主大会合法选举产生的业主委员会,即由业主委员会代表全体业主与物业服务企业订立书面的物业服务合同。但是,业主委员会没有选择物业服务企业的权利,选聘和解聘物业服务企业由业主共同决定,业主委员会只有对业主大会的选聘与解聘决定的执行权。此外,尽管物业服务合同是业主委员会与业主大会依法选聘的物业服务企业签订的,但是业主才是物业服务合同中权利、义务的享有者和承担者。因此,物业服务合同对业主具有约束力。

★物业服务合同的订立方式

如前所述,根据《物业管理条例》的规定,一个物业管理区域成立一个业主大会,因此,一个物业管理区域应该由一个物业服务企业实施物业管理。业主大会可以采取招投标的方式选聘物业服务企业,也可以采取协商的方式选择物业服务企业,还可以采取延长前期物业服务合同的形式,继续由原物业服务企业进行物业管理服务。

★物业服务合同的主要内容

根据《物业管理条例》及《物业管理委托合同示范文本》的有关规定,物业服务合同主要包括物业的基本情况、服务项目、服务标准(服务质量)、服务费用、双方的权利义务、专项维修资金的管理和使用、物业管理用房、合同期限、违约责任等内容。

★★物业服务合同的履行

物业服务企业应当按照物业服务合同的约定,提供相应的服务。物业服务企业应当亲自实施物业管理服务，对于某些物业管理区域内的专项物业服务业务，物业服务企业也可以将其委托给专业性服务企业，但将该区域内的全部物业管理一并委托给他人的，由县级以上地方人民政府房地产行政主管部门责令限期改正，处委托合同价款30%以上50%以下的罚款；委托所得收益，用于物业管理区域内物业共用部位、共用设施设备的维修、养护，剩余部分按照业主大会的决定使用；给业主造成损失的，依法承担赔偿责任。物业服务企业未能履行物业服务合同的约定，导致业主人身、财产安全受到损害的，应当依法承担相应的法律责任。

业主和物业使用人物业使用人应当配合物业管理的实施、爱护社区公共设备和设施、遵守管理规约和物业服务合同中的其他规定，及时交纳物业服务费用。违反物业服务合同约定，业主逾期交纳物业服务费用的，业主委员会应当督促其限期交纳；逾期仍不交纳的，物业服务企业可以向人民法院起诉。

二、物业管理用房

★★物业管理用房的性质和使用

物业管理用房是管理人对居住环境进行管理，满足全体业主对居住环境安全、健康、便利、舒适需求所必需的场所。建设单位应该在物业管理区域内按照规定配置必要的物业管理用房的，如果未按照规定配置的，县级以上地方人民政府房地产行政主管部门责令限期改正，应给予警告，没收违法所得，并处10万元以上50万元以下的罚款。

物业管理用房的所有权依法属于全体业主。未经业主大会同意，物业服务企业不得改变物业管理用房的用途。未经业主大会同意，物业服务企业擅自改变物业管理用房的用途的，应由县级以上地方人民政府房地产行政主管部门责令限期改正，给予警告，并处1万元以上10万元以下的罚款；有收益的，所得收益用于物业管理区域内物业共用部位、共用设施设备的维修、养护，剩余部分按照业主大会的决定使用。

三、物业服务收费

★物业服务收费的概念和原则

根据《物业服务收费管理办法》的规定，**物业服务收费**，是指物业管理企业按照物业服务合同的约定，对房屋及配套的设施设备和相关场地进行维修、养护、管理，维护相关区域内的环境卫生和秩序，向业主所收取的费用。

物业服务收费应当由合同双方“遵循合理、公开以及费用与服务水平相适应的原则”,按照国务院价格主管部门会同国务院建设行政主管部门制定的物业服务收费办法,明码标价并在物业服务合同中明确约定。

★物业服务费的交纳主体

业主应当按照物业服务合同的约定按时足额交纳物业服务费用或者物业服务资金。业主与物业使用人约定由物业使用人交纳物业服务费用或者物业服务资金的,从其约定,业主负连带交纳责任。物业发生产权转移时,业主或者物业使用人应当结清物业服务费用或者物业服务资金。纳入物业管理范围的已竣工但尚未出售或者尚未交给物业买受人的物业,物业服务费用由建设单位交纳。

★物业服务的终止

物业服务终止的原因包括:

(1)物业服务合同约定的期限届满,双方没有续签合同的;

(2)物业服务企业与业主大会双方协商一致解除合同的;

(3)因不可抗力致使物业服务合同无法履行的,物业服务合同将自然终止;

(4)物业服务企业如果被宣告破产,应按照国家规定进行破产清算,物业管理合同自然无法继续履行;

(5)法律、法规规定的其他情形。

物业服务合同终止时,物业服务企业应当将物业管理用房和相关物业管理的资料交还给业主委员会。如果业主大会选聘了新的物业服务企业,物业服务企业之间应当做好交接工作。

物业服务合同的权利义务终止后,业主请求物业服务企业退还已经预收,但尚未提供物业服务期间的物业费的,人民法院应予支持;物业服务企业请求业主支付拖欠的物业费的,人民法院应予支持。

物业服务合同的权利义务终止后,业主委员会请求物业服务企业退出物业服务区域、移交物业服务用房和相关设施,以及物业服务所必需的相关资料和由其代管的专项维修资金的,人民法院应予支持;物业服务企业拒绝退出、移交,并以存在事实上的物业服务关系为由,请求业主支付物业服务合同权利义务终止后的物业费的,人民法院不予支持。

四、物业专项维修资金

★★物业专项维修资金的概念

物业专项维修资金,全称为“住宅共用部位、共用设施设备专项维修资金”,是指法律规定的由业主缴纳的,专项用于住宅共用部位、共用设施设备保修期满后的维修和更新、改造的资金。所谓住宅共用部位，是指根据法律、法规和房屋买卖合同，由单幢住宅内业主或者单幢住宅内业主及与之结构相连的非住宅业主共有的部位，一般包括：住宅的基础、承重墙体、柱、梁、楼板、屋顶以及户外的墙面、门厅、楼梯间、走廊通道等。所谓共有设备，是指根据法律、法规和房屋买卖合同，由住宅业主或者住宅业主及有关非住宅业主共有的附属设施设备，一般包括电梯、天线、照明、消防设施、绿地、道路、路灯、沟渠、池、井、非经营性停车场车库、公益性文体设施和共用设施设备使用的房屋等。

★物业专项维修资金的交纳主体

《住宅专项维修资金管理办法》第二章专章对专项维修资金的交纳进行了规定。根据规定，下列物业的业主应当按照法律法规的规定交存住宅专项维修资金：(1)住宅，但一个业主所有且与其他物业不具有共用部位、共用设施设备的除外；(2)住宅小区内的非住宅或者住宅小区外与单幢住宅结构相连的非住宅；(3)以上所列物业属于出售公有住房的，售房单位应当交存住宅专项维修资金。

★商品住宅专项维修资金的交纳标准

商品住宅的业主、非住宅的业主按照所拥有物业的建筑面积交存住宅专项维修资金，每平方米建筑面积交存首期住宅专项维修资金的数额为当地住宅建筑安装工程每平方米造价的5%~8%。直辖市、市、县人民政府建设(房地产)主管部门应当根据本地区情况，合理确定、公布每平方米建筑面积交存首期住宅专项维修资金的数额，并适时调整。

★公有住房售后专项维修资金的交纳标准

出售公有住房的，按照下列规定交存住宅专项维修资金：第一，业主按照所拥有物业的建筑面积交存住宅专项维修资金，每平方米建筑面积交存首期住宅专项维修资金的数额为当地房改成本价的2%。第二，售房单位按照多层住宅不低于售房款的20%、高层住宅不低于售房款的30%，从售房款中一次性提取住宅专项维修资金。

★专项维修资金的分摊

住宅共用部位、共用设施设备的维修和更新、改造费用，按照下列规定分摊：

(1)商品住宅之间或者商品住宅与非住宅之间共用部位、共用设施设备的维修和更新、改造费用，由相关业主按照各自拥有物业建筑面积的比例分摊。

(2)售后公有住房之间共用部位、共用设施设备的维修和更新、改造费用，由相关业主和公有住房售房单位按照所交存住宅专项维修资金的比例分摊；其中，应由业主承担的，再由相关业主按照各自拥有物业建筑面积的比例分摊。

（3）售后公有住房与商品住宅或者非住宅之间共用部位、共用设施设备的维修和更新、改造费用，先按照建筑面积比例分摊到各相关物业。其中，售后公有住房应分摊的费用，再由相关业主和公有住房售房单位按照所交存住宅专项维修资金的比例分摊。

（4）住宅共用部位、共用设施设备维修和更新、改造，涉及尚未售出的商品住宅、非住宅或者公有住房的，开发建设单位或者公有住房单位应当按照尚未售出商品住宅或者公有住房的建筑面积，分摊维修和更新、改造费用。

★★★专项维修资金的使用

专项维修资金应当专项用于住宅共用部位、共用设施设备保修期届满后的维修和更新、改造，不得挪作他用。

为了保证专项维修资金的安全，维修资金闲置时，除可用于购买国债或者用于法律、法规规定的其他范围外，严禁挪作他用。在保证住宅专项维修资金正常使用的前提下，可以按照国家有关规定将住宅专项维修资金用于购买国债，但应遵守以下规定：

（1）利用住宅专项维修资金购买国债，应当在银行间债券市场或者商业银行柜台市场购买一级市场新发行的国债，并持有到期。

（2）利用业主交存的住宅专项维修资金购买国债的，应当经业主大会同意；未成立业主大会的，应当经专有部分占建筑物总面积2/3以上的业主且占总人数2/3以上业主同意。

（3）利用从公有住房售房款中提取的住宅专项维修资金购买国债的，应当根据售房单位的财政隶属关系，报经同级财政部门同意。

（4）禁止利用住宅专项维修资金从事国债回购、委托理财业务或者将购买的国债用于质押、抵押等担保行为。

★不得从专项维修资金中列支的费用

下列费用不得从住宅专项维修资金中列支：

（1）依法应当由建设单位或者施工单位承担的住宅共用部位、共用设施设备维修、更新和改造费用；

（2）依法应当由相关单位承担的供水、供电、供气、供热、通讯、有线电视等管线和设施设备的维修、养护费用；

（3）应当由当事人承担的因人为损坏住宅共用部位、共用设施设备所需的修复费用；

(4)根据物业服务合同约定,应当由物业服务企业承担的住宅共用部位、共用设施设备的维修和养护费用。

★专项维修资金的代管

专项维修资金由售房单位或者开发商收取。商品房销售时,售房单位代为收取专项维修资金。专项维修资金应该由售房单位代收并存入维修资金专户,业主大会成立前,商品住宅业主、非住宅业主交存的住宅专项维修资金,由物业所在地直辖市、市、县人民政府建设(房地产)主管部门代管。

★★专项维修资金的移交

业主大会成立后,应当按照下列规定划转业主交存的专项维修资金:

(1)业主大会应当委托所在地一家商业银行作为本物业管理区域内住宅专项维修资金的专户管理银行,并在专户管理银行开立住宅专项维修资金专户。开立住宅专项维修资金专户,应当以物业管理区域为单位设账,按房屋户门号设分户账。

(2)业主委员会应当通知所在地直辖市、市、县人民政府建设(房地产)主管部门;涉及已售公有住房的,应当通知负责管理公有住房住宅专项维修资金的部门。

(3)直辖市、市、县人民政府建设(房地产)主管部门或者负责管理公有住房住宅专项维修资金的部门应当在收到通知之日起30日内,通知专户管理银行将该物业管理区域内业主交存的住宅专项维修资金账面余额划转至业主大会开立的住宅专项维修资金账户,并将有关账目等移交业主委员会。

住宅专项维修资金划转后的账目管理单位,由业主大会决定。业主大会应当建立住宅专项维修资金管理制度。业主大会开立的住宅专项维修资金账户,应当接受所在地直辖市、市、县人民政府建设(房地产)主管部门的监督。

★专项维修资金的续筹管理

随着物业维修活动的开展,专项维修资金会逐渐减少,为保证物业维修管理的需要,应通过多种途径续筹专项维修资金。

- 业主分户账面住宅专项维修资金余额不足首期交存额30%的,应当及时续交。成立业主大会的,续交方案由业主大会决定;未成立业主大会的,续交的具体管理办法由直辖市、市、县人民政府建设(房地产)主管部门会同同级财政部门制定。

- 除向业主续筹外,住宅专项维修资金的存储利息、利用住宅专项维修资金购买国债的增值收益、利用住宅共用部位、共用设施设备进行经营的,业主所得收益(但业主大会另有决定的除外)、住宅共用设施设备报废后回收的残值,应当转入住宅专项维修资金滚存使用。

★物业主客体变更时专项维修资金的管理

业主转让房屋所有权时,结余专项维修资金不予退还,随房屋所有权同时过户。受让人应当持住宅专项维修资金过户的协议、房屋权属证书、身份证等到专户管理银行办理分户账更名手续。

因房屋拆迁或者其他原因造成房屋灭失的,专项维修资金代管单位应当将房屋分户账中结余的住宅专项维修资金按照业主个人缴纳比例返还业主。

★专项维修资金的行政监管

业主有权监督专项维修资金的管理和使用。直辖市、市、县人民政府建设(房地产)主管部门,负责管理公有住房住宅专项维修资金的部门及业主委员会,应当每年至少一次与专户管理银行核对住宅专项维修资金账目,并向业主、公有住房售房单位公布相关情况;专户管理银行应当每年至少一次向直辖市、市、县人民政府建设(房地产)主管部门,负责管理公有住房住宅专项维修资金的部门及业主委员会发送住宅专项维修资金对账单。

法律与规范链接

▲ 必读法条

《物权法》

第73条(见本书第81页)

第79条(见本书第82页)

《物业管理条例》

第37条 物业管理用房的所有权依法属于业主。未经业主大会同意,物业服务企业不得改变物业管理用房的用途。

第40条 物业服务收费应当遵循合理、公开以及费用与服务水平相适应的原则,区别不同物业的性质和特点,由业主和物业服务企业按照国务院价格主管部门会同国务院建设行政主管部门制定的物业服务收费办法,在物业服务合同中约定。

第41条 业主应当根据物业服务合同的约定交纳物业服务费用。业主与物业使用人约定由物业使用人交纳物业服务费用的,从其约定,业主负连带交纳责任。

已竣工但尚未出售或者尚未交给物业买受人的物业,物业服务费用由建设单位交纳。

第53条 住宅物业、住宅小区内的非住宅物业或者与单幢住宅楼结构相连的非住宅物业的业主，应当按照国家有关规定交纳专项维修资金。

专项维修资金属于业主所有，专项用于物业保修期满后物业共用部位、共用设施设备的维修和更新、改造，不得挪作他用。

专项维修资金收取、使用、管理的办法由国务院建设行政主管部门会同国务院财政部门制定。

第54条　利用物业共用部位、共用设施设备进行经营的，应当在征得相关业主、业主大会、物业服务企业的同意后，按照规定办理有关手续。业主所得收益应当主要用于补充专项维修资金，也可以按照业主大会的决定使用。

△ **延伸法条**

《住宅专项维修资金管理办法》

《物业服务收费管理办法》

最高人民法院《关于审理建筑物区分所有权纠纷案件具体应用法律若干问题的解释》

最高人民法院《关于审理物业服务纠纷案件具体应用法律若干问题的解释》

典型案例

Y业主委员会诉Z房地产开发有限公司物业管理用房所有权确认纠纷案[1]

【案情概述】

位于徐州市××路××号的Y小区是被告Z房地产开发有限公司（以下简称Z公司）于2000年开发建设的居民小区。2001年8月交付使用，被告Z公司仅提供2间车库供物业管理使用。后得知，被告出租给他人经营幼儿园的房屋系本小区的物业管理用房。2008年8月，Y小区业主委员会（以下简称Y业委会）起诉要求Z公司交付物管房时，被告出示了物业管理用房已变更为营业房的规划变更手续。2008年12月，Y业委会提起行政复议，徐州市人民政府撤销徐州市规划局的前述变更规划决定。后被告对此提起行政诉讼，经过徐州市中级人民法院、江苏省高级

〔1〕 案件来源：最高人民法院网：http://gongbao.court.gov.cn/Details/b68f22d61e38ad1a87762ff1dff0ca.html? sw=%E7%89%A9%E4%B8%9A%E7%AE%A1%E7%90%86%E7%94%A8%E6%88%BF，最后访问日期：2018年5月24日。

人民法院的审理，均判决维持了徐州市人民政府的复议决定。判决生效后，双方就物业管理用房的交付问题协商未果，L业委会诉至法院，请求判决归还物业管理用房，并由被告承担诉讼费用。

被告Z公司辩称：(1)本案的原起诉主体为Y小区全体业主，但起诉时Y小区业委会已经成立，因此该小区全体业主的诉讼主体不适格，应依法撤回或驳回。(2)Y小区于1997年规划定点、2000年6月开工建设、2001年8月29日验收通过。房屋交付后，被告即和物业公司签订了物业管理委托合同，把有关房屋作为物业管理用房移交给物业管理公司使用，完成了被告作为开发商的义务。故在当时对物业管理用房没有强制性规定的情况下，被告已经完成了约定或者惯例的义务。1997年规划定点的物业管理用房是针对规划图中共110,500平方米的建筑面积设计的，而本案原告所在的小区仅21,403平方米，被告至多向原告交付85.6平方米的物业用房即符合法律规定。(3)规划定点图中记载了营业房和物业管理用房共两层，具体如何分配，应由被告来决定，只要能满足法律的基本要求即可。(4)就目前的房屋状况来讲，将涉案房屋的二层交付给原告，既能满足原告的要求，也满足法律的规定。

本案立案时的原告主体为L小区全体业主，后根据原告的申请，原告主体变更为L小区业主委员会。

徐州市泉山区人民法院经审理后认为：原告Y业委会请求确认Y小区8#楼东侧以《建设工程规划许可证》规划定点图记载的物业管理用房归全体业主共有，请求转移本案所设争议建筑物所有权登记的诉请符合法律规定，予以支持。依照《中华人民共和国民事诉讼法》、最高人民法院《关于适用〈中华人民共和国民事诉讼法〉若干问题的意见》、《中华人民共和国物权法》、最高人民法院《关于审理建筑物区分所有权纠纷案件具体应用法律若干问题的解释》判决：确认Y小区8#楼东侧(两层)物业管理用房归Y小区全体业主共同所有。

一审宣判后，双方当事人在法定期限内均未提出上诉，本判决已经发生法律效力。

【关键问题】

1. 业主委员会是否具有诉讼主体资格?

2. 行政机关的规划定点对本案当事人产生何种效力?

3. 被告开发商重新调配物业用房的效力如何?

4. 涉案建筑物的属性是物业管理用房还是经营性用房?

【简要评论】

本案为《最高人民法院公报》2014年第6期上刊登关于“物业管理用房的权属确认”的司法案例，是对矛盾频发的业主共有部位权益的厘清，主要裁判要旨包括以下四点：

1. 业主委员会具备诉讼主体资格

业主委员会是依照《物权法》规定成立，具有一定目的、名称、组织机构与场所，管理相应财产，是《民事诉讼法》规定的“其他组织”。业主委员会依据业主共同或业主大会决议，在授权范围内，以业主委员会名义从事法律行为。依照最高人民法院《关于审理建筑物区分所有权纠纷案件具体应用法律若干问题的解释》规定，业委会在主张确认物业管理用房所有权时，具备原告诉讼主体资格。

2. 行政机关的规划定点对本案当事人产生拘束力

建筑物建造规划定点是建筑物地域及其范围、公共设施面积及负担率等特定事项的确定。规划定点为建筑物施工前，行政机关对土地使用人权利义务的确定，属于行政许可行为。

本案中，被告在行政机关核发建设工程规划许可证后，未对规划定点提出异议，故被告应当遵守规划定点确定的义务建造物业管理用房。根据该小区规划定点的物业管理用房为：2层物业用房260平方米，即包括涉案幼儿园用房范围。后虽经徐州市规划局变更，但该变更决定已被依法撤销。因此，被告中川公司在申请建设工程规划许可，行政机关在其申请进行核准规划定点时，被告未向行政机关提出异议，应当认定被告认可该行政机关的规划定点。规划定点在建筑物竣工验收后，作为物业资料移送管理人，即成为管理规约的一部分对业主、管理人等产生约束。

3. 被告开发商重新调配物业用房的行为因违法而不具有效力

根据《物业管理条例》的规定，物业管理用房的所有权依法属于业主。《江苏省物业管理条例》规定，物业服务用房不计入分摊公用建筑面积，其所有权属于全体业主；建设单位在申请办理房屋所有权初始登记时，应当注明物业服务用房并申请登记。同时，徐州市人民政府1999年3月31日公布实施的《徐州市城市住宅区物业管理暂行办法》规定，开发建设单位应当按照规划要求，建设物业管理用房，并在住宅区整体移交时，将物业管理用房移交给住宅区业主委员会，尚未成立业主委员会的，移交给物业管理行政主管部门。物业管理用房产权属住宅区全体业主共有，由物业管理企业使用，任何单位和个人不得擅自转让物业管理用房或者改变物业管理用房的使用性质。

根据上述规定，本案中被告在Y小区竣工验收交付后，既对该小区物业管理用房无处分权，而其申请行政部门对物业管理用房变更，违反《民法通则》第71条的规定，当属无效。

4. 本案诉争房产属性应当确认为物业管理用房

虽然徐州市规划局曾核准将原规划的物业管理用房大部分变更为营业房，因该变更规划行为被徐州市人民政府撤销，故应当恢复原状。

因物业管理用房在于促使管理人对居住环境进行管理，满足全体业主对居住环境安全、健康、便利、舒适需求所必需的场所，其分割、转移、调整或重新配置，依照《物权法》《物业管理条例》的规定，须经过业主大会决议。故被告辩称其以车库重新调配物业管理用房，以满足原告实际需求。这种减损原告停车需求而填补原告物业管理必须用房的利益，实为侵害原告利益而不当。

【核心知识】

业主委员会依据业主共同或业主大会决议，在授权范围内，以业主委员会名义从事法律行为，具备诉讼主体资格。

物业管理用房依据规划定点建造，是物业管理服务必须的场所，根据《物权法》《物业管理条例》的规定，为业主共同所有。在建筑物竣工验收交付后，物业管理用房的分割、转移、调整或重新配置，应当由业主共同或业主大会决定。

延伸阅读

1. 谭湘英：《业主团体：理顺物业管理法律关系主体结构的关键——兼论业主大会和业主委员会是否应该具备民事法律人格》，载《今日科苑》2008年第1期；
2. 周嫣：《物业维修基金缴纳与诉讼时效》，载《上海法治报》2015年1月21日版；
3. 丁鹏：《物业服务合同终止过程中的几个典型问题》，载《住宅与房地产》2017年第25期。

第十二章　房地产纠纷解决制度

教学目标

1. 理解房地产纠纷概念和特征；了解房地产纠纷的种类和成因；了解房地产纠纷解决的基本原则。
2. 理解和应用我国房地产纠纷解决的各种方式；了解房地产纠纷行政处理制度；识记房地产纠纷仲裁制度；了解和应用房地产纠纷民事和行政诉讼制度；了解房地产纠纷赔偿和补偿制度。

推荐参考资料

1. 王成明：《房地产纠纷》，中国法制出版社2010年版；
2. 李延荣、周珂：《房地产法》，中国人民大学出版社2016年版。

第一节　房地产纠纷概述

知识要点

一、房地产纠纷的概念与特征

☆房地产纠纷的概念

房地产纠纷，是指公民之间、法人之间、公民和法人相互之间以及他们与房地产管理机关之间有关土地和房屋权利义务的争议。这种纠纷主要涉及到房地产的所有权、使用权、经营权、管理权，以及由于买卖、租赁等引起的经济权益争议。

☆我国房地产纠纷现状

房屋和土地是社会生活中人们的基本生产和生活资料，涉及当事人重大的物质经济利益，房地产关系又是一种复杂的综合社会经济关系，因而发生各种矛盾和纠纷在所难免。近年来，我国房地产制度改革步伐加快，随着住房商品化政策的推行和土地有偿使用的实践，我国房地产市场逐渐兴旺。房地产业在经济领域里起着日益重要的作用；同时，由于人们维权意识的不断增强，房地产纠纷案件也在不断增多。

★房地产纠纷的特征

可以归纳为以下几种主要特征：

(1)房地产纠纷争议所涉价值较大。房地产纠纷的标的是土地、房屋、宅基地、山林等不动产。在我国，土地是国家和集体的重要资产，在城市特别是大城市，寸土寸金，地产收益是国家重要的财政来源。对城市居民来说，商品化的住房往往是他们最高价值的财产。在农村，房屋也往往意味着农民毕生的心血。房地产纠纷的处理不仅事关公民的重大财产利益，也往往直接关系到公民的基本生存利益这一宪法保护的基本权利。对于企事业单位来说，房地产是其从事生产经营和各项事业的基本物质基础，而对于以房地产为经营范围的企业来说，房地产更是企业生存和发展生死悠关的利益所在，特别是大多数房地产建设项目投资都含有大量的银行贷款甚至单位职工的个人集资，房地产纠纷的合理解决不仅事关当事人的个别利益，而且经常事关经济全局的稳定和整个社会的安定，对经济秩序的稳定和整个社会的和谐都具有重要意义。房地产标的无论从绝对值还是从相对值来看都是巨大的，这对房地产纠纷的处理提出很高的要求。

(2)房地产纠纷涉及的法律关系比较复杂。房地产纠纷涉及的主体非常广泛，不仅包括房地产的产权人、使用人，还往往涉及诸多与房地产建设、管理有关的部门，如城建、规划、土地管理、房产管理等部门，这些部门有时以第三者的身份对房地产纠纷进行调处，有时以则是房地产纠纷中的一方当事人。此外，房地产纠纷还涉及建筑、设计、开发企业、金融保险等各个行业。一宗房地产纠纷案件，可能同时存在两个以上相互牵连的不同性质的法律关系，例如房屋权属争议与房屋产权登记行政争议的混合，房地产开发合同争议与行政审批争议的混合等。即使同为民事争议，也有可能是不同种类请求权的相互牵连，例如房屋产权纠纷与继承和赠与的牵连。此外，房地产纠纷还往往涉及许多历史遗留问题，由于年代久远，不少房屋的自然状况、管理、使用、权属更迭情况变迁很大，房地产的书证资料不少已经流失、损毁，查证工作难度较大，加之房地产纠纷中的当事人关系也很复杂，许多是家庭内部成员等亲属关系。这些都增加了房地产纠纷的处理难度。

(3)房地产纠纷中政策性影响因素较多。房地产利益具有社会性，各国对房地产关系的调整社会规范都不同程度地含有政策性规范。例如，国外特别是西方国家政党竞选纲领中往往将住房政策和房地产业政策作为重要的内容，这些政策往往对房地产立法和房地产纠纷的解决产生深刻影响。如本世纪以来西方国家在处理住房租赁争议中，法律对承租人的特别保护即源于社会党的住房政策。我国目前对房地产纠纷的处理仍保留了大量的政策调整空间，例如对历史遗留房地产问题争议的处理，对华侨房地产、宗教房地产等特殊房地产争议的处理在大多数情况下均以政策规范的适用为主。我国在各个历史时期，关于房地产的各种政策、法律法规及司法解释繁多，其中不乏相互重复甚至抵触的，加之有的房地产纠纷往往年代久远，房地产的自然状况、管理和使用等变化较大，在查证事实和正确适用法律上把握难度较大。

★二、房地产纠纷的种类

房地产纠纷涉及的法律关系非常复杂，按照不同的标准，可对房地产纠纷做如下的划分：

1.按照房地产纠纷的主体不同，分为房地产民事纠纷、房地产行政纠纷

(1)房地产民事纠纷，是指平等的自然人之间、法人之间、其他组织之间及其相互间因房地产方面的权益发生的争执。在所有房地产纠纷中，凡以财产权争议为主的纠纷主要属于民事纠纷，主要包括平等主体之间的房屋买卖纠纷、租赁纠纷、房地产开发合作纠纷等财产权争议以及物业管理、相邻关系等房地产使用中的纠纷。处理房地产民事纠纷的途径则不限于民事诉讼，也包括行政调处和仲裁。

(2)房地产行政纠纷，是指房地产行政管理机关在行使管理权过程中与管理对象发生的纠纷。这类纠纷又可分为两种情况：一种情况是因房地产管理机关行使管理权而引起的争议，主要是对房地产管理机关对被管理者进行行政处罚引起的争议，例如行政机关认为被处罚人违反批准程序等管理规定，非法占用、使用、处分土地，而依法给予处罚，被处罚人不服处罚而引起的争议，如土地征收纠纷、房屋拆迁纠纷；另一种情况是因房地产管理机关不作为而引起的争议，例如，当事人因房地产管理机关拒绝发给土地使用证、拒绝对房屋产权登记或过户、对用地申请不予答复、对房地产权属纠纷或侵权行为不作处理等而引起的争议。

此外,房地产消费者权益纠纷具有一定的特殊性,它属于广义上的民事纠纷,但由于纠纷双方的经济实力、信息掌握程度的差异,使得双方处于实质上的不公平的地位。房地产消费者权益纠纷主要发生在公民住宅商品房的买卖、商品房质量和售后服务、物业管理、房屋装修、经营性房屋租赁等房地产消费关系中。处理这类纠纷应当首先适用《消费者权益保护法》的有关规定,体现对房地产消费者权益的特殊保护原则。

2. 按照房地产纠纷的客体不同,分为土地纠纷和房屋纠纷

(1)土地纠纷。土地纠纷是指当事人之间基于土地的权属、交易或其他问题产生的纠纷。主要包括:土地权属纠纷、土地交易纠纷和土地侵权纠纷。土地权属纠纷是指因特定范围的土地的所有权或使用权而引起的纠纷,包括土地所有权归属的纠纷、土地使用权的纠纷、宅基地使用权纠纷。所有权的争议一般发生在国有企事业单位之间以及它们与集体单位之间、集体和集体之间,使用权纠纷则存在于各种民事法律关系主体之间。土地交易纠纷通常表现为因土地使用权出让和转让而发生的合同纠纷。土地侵权纠纷是指因侵害他人土地的所有权或使用权而引起的争议。土地侵权纠纷的处理结果往往直接影响到土地权属关系,因则与土地权属纠纷可以合并。

(2)房屋纠纷。房屋纠纷是指当事人之间基于房屋的权利义务而发生的纠纷。主要包括:房屋产权纠纷、房屋转让纠纷和房屋租赁纠纷。房屋产权纠纷是指关于房屋所有权的归属而发生的纠纷。主要包括:历次历史运动中因确权、改造、没收、入股、接管、代管而引起的产权纠纷;因产权人死亡、离婚、共有房产分割而产生的产权纠纷;因损坏他人房屋而产生的产权纠纷;因非法占有、使用他人房屋而产生的产权纠纷等。房屋转让纠纷是指因公民之间、法人之间及公民和法人相互之间因房屋买卖、抵押、典当、赠与、继承等基于所有权变更而发生的纠纷。房屋租赁纠纷,是指房屋出租人和承租人之间因房屋租赁过程中的权利义务发生的纠纷。按照房屋所有权性质的不同又可分为公房租赁纠纷和私房租赁纠纷。

3. 按照房地产纠纷的权利性质不同,分为房地产物权纠纷和房地产债权纠纷

(1)房地产物权纠纷。房地产物权纠纷是根据当事人侵犯了他人的房地产物权,如房地产所有权,用以物权及抵押权而发生的纠纷,这种纠纷大多是由于房地产物权受到了不法侵害所致。我国的房地产物权纠纷主要包括土地使用权纠纷、房屋所有权纠纷、房地产他项权利纠纷、房地产相邻关系纠纷、建筑物区分所有权纠纷等。

(2)房地产债权纠纷。房地产债权纠纷是指民事主体在房地产及其有关权益的交换过程中而发生的纠纷,如土地使用权出让合同纠纷、房屋买卖合同纠纷、房屋租赁合同纠纷等。

除此之外,对房地产纠纷还可做其他几种分类。例如,按发生纠纷的法律关系是否具有涉外因素可分为国内房地产纠纷和涉外房地产纠纷。国内房地产纠纷是指发生纠纷的法律关系不具有涉外因素,这种法律关系的主体、内容和客体不直接涉及外国或我国港澳台地区,争议的处理完全适用我国的法律。涉外房地产纠纷是指纠纷所涉及的法律关系诸因素中至少有一个因素涉及外国或我国港澳台地区,适用的法律主要为不动产所在地法律,也可包括国际惯例。再如,按房地产纠纷的发生时间,可分为历史遗留房地产案件和新发生的房地产案件。主要划分界线为七十年代末八十年代初落实房地产政策前后。对历史遗留房地产案件的处理应以有关的政策为依据,特别是历史遗留房地产的确权问题应主要由房地产权属管理部门依有关的规定处理;当前房地产案件则完全按照现行的法律规定处理。

☆三、房地产纠纷的成因

1. 历史原因

新中国历史上的每次运动几乎都涉及房屋、土地问题。从解放初期的土改运动、私房的社会主义改造、公私合营、合作化、“四固定”,到农村人民公社化以后土地所有制的变革及十年“文化大革命”,党的十一届三中全会开始的拨乱反正、落实政策工作,农村实行的“责任田”家庭联产承包制,宪法修正案实施后城镇国有土地的有偿出让及转让,当前的住房制度改革,无不与土地、房屋有着密切的关系。在这些历史的变动中,房地产因政策的不同而不断被国有化,之后又大批量退赔,以及政策造成的土地使用权双轨制的冲突,产生了大量的房地产纠纷。

2. 社会原因

社会原因主要表现在随着社会经济的发展,人口的不断增长,城乡居民的很大一部分资金投在了住房消费上,导致土地和房屋的供不应求,人均住房面积依然紧张,而房地产的价值却在迅速增值,寸土寸金的现象导致寸土必争,扩建、翻建、新建房屋或购买、租赁房屋随时都在发生,人们的房地产权属观念日益增强。同时,由于人们在从事房地产的买卖、租赁、抵押等活动中的行为有不当之处,或者不签合同,或者合同签得不规范、不具体、不明确,或者在合同履行过程中一方或双方存在违约甚至违法侵犯他人合法权益情况,都造成大量的房地产纠纷。

3. 制度原因

前些年我国对房地产行业的管理重视程度不高,国家在房地产行业的法律法规存在诸多欠缺,有的甚至相互冲突,没有形成健全的房地产法律制度和法律体系。例如,自 1949 年至 1988 年,我国大多数城市没有进行国房屋所有权登记,未换发过权属证书,至今我国农村集体土地所有权的地籍登记也没有全部完成,导致了产籍不清、产权不明的情况,不利于纠纷的解决。再如,房地产的按揭这一制度自 20 世纪 90 年代初就从香港地区传入我国内地并在实践中大量运用,但我国现行的法律法规却未对这一已经成熟的制度作出规定,仅仅散见于一些地方立法和银行的按揭条例中,导致操作混乱,极易发生纠纷。

★★四、房地产纠纷的处理原则

处理房地产纠纷需要遵循一定的原则:

- 切实保障公民住房权利原则;
- 维护社会安定团结原则;
- 消费者权益特别保护原则;
- 兼顾社会各方利益原则。

法律与规范链接

▲ **必读法条**

《城市房地产管理法》

第 25 条(见本书第 27 ~ 28 页)

△ **延伸法条**

国务院《关于促进房地产市场持续健康发展的通知》

典型案例

郑某诉邵某房产纠纷赔偿案[1]

【案情概述】

2016年2月，邵某与郑某在某中介公司居间下签订了房屋买卖居间合同，合同约定由郑某购买邵某的房屋，并约定郑某可指定任意人为买方并过户到其名下，以避契税。

收到郑某支付的首付款后，邵某以无法确定房屋实际买受人、付款时间为由，要求解除合同。郑某诉至法院，要求邵某返还购房款，赔偿损失。

院经过审理后认为郑某属于职业炒房人，并没有真实的购买房屋的意思表示，而是通过把合同约定为指定任意人为买方过户的方式来居间牟利，最终法院判决驳回了郑某要求邵某赔偿损失的请求。

【关键问题】

1. 解决房地产纠纷中所要遵循的原则有哪些？

2. 房地产纠纷的成因有哪些？

【简要评论】

本案中邵某与郑某签订了房屋买卖居间合同，在事实上，邵某确实违反了双方合同约定，要求解除合同。然而，郑某系职业炒房人，并没有真实的购买房屋意思表示，而是通过把合同约定为指定任意人为买方过户的方式来居间牟利，最终导致无法追究邵某的违约责任。法院的判决，遵循了处理房地产纠纷的基本原则，维护了社会正义。

【核心知识】

房地产利益协调和兼顾的原则在解决房地产纠纷中的适用，就是要保证房地产业发展中的实质公平，防止房地产业发展中的大起大落，以保证房地产业持续健康地发展。

延伸阅读

1. 王小波：《房地产纠纷的成因与解决原则浅析》，载《科协论坛》2007年第6期；

---

〔1〕 案件来源：《苏州房地产纠纷十大案例》，载 http://www. sohu. com/a/161429673_654986，最后访问日期：2018年1月29日。

2. 高农文:《浅析当前房地产纠纷的成因及对策》,载《中国房地产》1997 年第 1 期;
3. 李振华、龚惠卉:《房地产纠纷案件的成因和对策》,载《集团经济研究》2004 年第 11 期。

第二节　房地产纠纷行政处理与救济

知识要点

一、房地产纠纷的行政处理

★房地产纠纷的行政处理形式

房地产纠纷的行政处理形式有两种:一是行政调处,二是行政处罚。前者用于解决当事人之间的纠纷,后者则是对当事人有违法行为进行行政处理。这两种形式可以独立适用,也可以在处理一件争议中同时适用。

★**行政调解的概念**

调解,是指由当事人以外的组织或者个人主持,在查明事实和分清是非的基础上,通过说服引导,促使当事人互谅互让,友好地解决争议。根据主持调解的主体不同,可以分为个人调解、社会调解、行政调解、人民调解、仲裁调解和诉讼调解等。**行政调解**,就是行政机关根据法律的规定进行的调解。

★行政调解处理房地产纠纷的类型

通过行政机关调解处理的房地产纠纷主要有两类:一是平等民事主体之间的房地产权属纠纷等,如土地所有权、使用权的争议。《土地管理法》规定,土地所有权和使用权争议,由当事人协商解决,协商不成的,由人民政府处理。二是需要由房地产行政管理机关作出决定的纠纷,如土地征收补偿纠纷、房屋拆迁补偿纠纷等。

★★行政调解处理房地产纠纷的方法

房地产纠纷的行政调解,一般经过申请与受理、查清事实、调解处理等程序。行政机关接到申请后,在查清事实的基础上对当事人进行调解,并形成调解协议。然而,行政机关作出的调解协议,虽经双方当事人签字,但并不具有强制执行效力,如果当事人签字后又反悔,仍然可以不履行并以该争议向人民法院起诉。

☆行政调解的特点

我国行政机关的职能主要体现行政管理与行政执法两大职能上,行政调解就是国家行政机关对经济活动和社会生活执行管理和监督的一种方式。它不仅可以调解公民之间的纠纷,还可以调解公民与法人之间、法人与法人之间的争议,这是它不同于人民调解的一个重要特点。

★★行政调解处理的程序

行政调解处理的程序如下:(1)申请与受理。当事人双方均可向当地的房屋、土地管理部门申请调处,这些机关对按规定可以由其先行调处的案件,应予以受理,并立案调查。(2)查清事实。受案行政部门不仅要向当事人双方了解争议事实,而且还要实地考察房屋、土地情况,向知情人调查,查清核实有关的证据资料。(3)调解处理。受案行政部门及承办人员应首先促使当事人自愿达成和解协议。行政调处具有特定的行政效力,调解协议书经双方当事人和承办人签字并加盖调解机关公章后,一经送达,即具有行政约束力,双方当事人应按照调解协议书规定的内容执行。在调解不成的情况下,受案行政部门可以根据一方的请求直接作出处理决定;当事人对行政处理决定不服的,可以向人民法院起诉。

☆我国行政调解处理的优点

第一,房地产行政管理机关对房地产使用、经营和开发建设拥有管理权,处理房地产纠纷是其职责之一;第二,房地产纠纷往往涉及产权归属问题,房地产行政管理机关可以凭借产籍资料及时有效地解决纠纷;第三,房地产纠纷往往涉及大量的专门技术问题,同时,还可能涉及不同行政机关所作的决定,通过房地产行政主管机关处理纠纷,可以比较好地解决有关技术问题,也可协调有关行政机关的意见;第四,房地产行政主管机关处理纠纷,其程序比较简单,具有简便易行的优点。

过行政调处解决房地产纠纷,在许多法律、法规中有明确规定,例如,《土地管理法》规定,"土地所有权和使用权争议,由当事人协商解决,协商不成的,由人民政府处理"。通过行政机关处理的房地产纠纷主要有两大类:一是房地产产权归属纠纷,如土地所有权、使用权或房屋所有权的争议;二是需由房地产行政主管机关作出决定的纠纷,如土地征用补偿纠纷、房屋拆迁补偿纠纷等。多年以来,我国行政机关以其效率和专业优势,调解处理了大量的房地产纠纷,对保护公民、法人和其他组织的合法利益不受侵犯,维护社会稳定,推动社会主义经济建设起了重要作用。

★房地产行政处罚的概念

房地产行政处罚,是指享有行政处罚权的房屋、土地等管理部门在其职权范围内,对违反房屋、土地管理法律、法规,依法应当给予处罚的公民、法人或其他组织所实施的法律制裁行为。处罚的内容既包括行政方面的惩处,也包括经济方面的制裁;处罚的对象既包括个人,也包括单位。

☆房地产行政处罚的特征

作为行政法律制裁的房地产行政处罚，具有下列特征：(1)房地产行政处罚的实施主体具有单方性。行政处罚是指国家行政机关依法惩戒违反行政管理秩序的公民、法人或其他组织的一种行政行为，属行政制裁措施。是否给予行政处罚，由国家行政机关依法单方面决定。(2)房地产行政处罚的对象是实施了违法行为，应当给予处罚的相对人。房地产管理行政处罚是针对违反房屋、土地管理法律、法规的应受惩罚的公民、法人或其他组织作出的。(3)房地产行政处罚职权是法定的。在房地产行政管理活动中，房地产行政处罚权是房屋、土地管理机关通过法律授权所取得的房地产管理权的一部分。

★房地产行政处罚的原则

依照现行行政立法的规定，行政处罚的基本原则主要有下列四项：

• 处罚法定原则。要求行政处罚的主体、客体、内容、依据、权限、程序等各方面均必须符合法律要求，在无法律授权或法律依据的情况下，任何行政机关均不得越权作出行政处罚。具体要求为：行政处罚的设定法定；行政处罚的主体及职权法定；行政处罚的依据法定；行政处罚的程序法定。

• 处罚公正、公开原则。这是行政机关依法行政的内容之一，要求根据违法行为的性质、情节、社会危害程度来决定行政处罚的轻重，做到不枉不纵，执法公正。该原则要求行政机关对违法行为进行行政处罚必须做到实体和程序公正，并且在处罚的设定和实施上向社会公开。

• 适当原则。要求行政机关在不违反宪法和法律的前提下，独立自主地确定对房地产违法行为是否进行处罚以及处罚的责任形式和处罚幅度。行政自由裁量权是行政行为合理性原则的基本内容，是对立法和司法必要的补充。另外，指针对行政相对人的同一个违法行为，不能给予两次以上罚款的行政处罚。

• 处罚与教育相结合原则。行政主体在实施行政处罚、纠正违法时，要注意说服教育，实现制裁与教育的双重目的。

★★行政处罚的案件管辖

依照现行行政立法的规定，行政处罚的案件管辖，有以下三种：

1. 级别管辖。房地产行政处罚的级别管辖，是指房屋、土地管理部门的上下级行政机关以及拥有行政职权的有关组织之间受理房地产管理行政处罚案件的分工。在确定级别管辖的时候，主要参考行政法律责任的轻重、行政违法行为人的地位、行政违法行为的程度等因素。

2. 地域管辖。房地产行政处罚的地域管辖，是指房屋土地管理部门的同级行政机关以及拥有行政职权的有关组织之间受理行政处罚案件的分工。行政机关以及拥有行政职权的有关组织只能受理自己管辖区域内的行政处罚案件，这是由行政管理职权的地域范围所决定的。

3. 指定管辖。房地产行政处罚的指定管辖，指两个以上行政机关对同一违法行为均享有行政处罚权时，应当相互协商或以惯例方式解决，解决不了时，由上一级行政机关来确定由谁管辖。

★★★行政处罚的法定程序

行政处罚的法定程序，具体包括以下几个方面的工作步骤：

1. 立案。行政机关或有权组织决定立案的，先应填写立案单，然后报处罚单位法定代表人，批准成立行政处罚案件，并由其确定承办人员。

2. 调查取证。指国家行政机关查明案件的真实情况，取得违法事实证据。调查取证阶段包括传唤、传讯、取证三个步骤。

3. 审议。分为以下步骤：汇报案情，即由承办人员向参加审议的人员汇报案件中涉及的当事人违法事实；审查，即由审议人员对违法人员对违法行为进行审查核实；评议，审议人员对违法行为的性质、程度、情节、如何适用法律等问题进行分析认定；确定处罚意见；按照审批权限呈报审批。

4. 裁决。裁决是指国家行政机关依法对行政违法行为人作出行政处罚的裁定。这种裁定一般采取处罚决定书的形式，并由承办人员代表处罚单位向被处罚人宣读。

5. 执行。行政处罚决定书送达后，被处罚人不服的，应在法定期限内申请行政复议或提起行政诉讼，法定期限届满而又不申请行政复议的行政处罚决定书即告生效。已生效的行政处罚决定书具有强制执行的效力，被处罚人如果拒不执行已生效的行政处罚决定书，由作出处罚的机关申请人民法院强制执行。

二、房地产纠纷行政复议

★房地产纠纷行政复议的概念

房地产案件的行政复议，是指当公民、法人和其他组织认为房地产管理机关的具体行政行为侵犯其合法权益，依法申请有关行政机关对该具体行政行为的合法性与适当性进行审查并作出裁决的活动。

☆房地产纠纷行政复议的特征

房地产行政复议具有以下特征：(1)房地产行政复议的主体，一方是房地产行政主管机关,另一方是行政管理相对人,包括公民、法人和其他组织。(2)房地产行政复议的客体,是房地产行政管理相对人认为违法、不当的具体行政行为。(3)房地产行政复议的内容,是国家行政机关对具体行政行为是否合法和适当进行复查。(4)房地产行政复议是享有行政领导权的行政机关依据相对人的请求或自身决定,复查具体行政行为的一种行政措施。

★房地产纠纷行政复议的原则

- 不受非法干预原则;
- 准确、及时原则;
- 不适用调解原则。

★房地产纠纷行政复议的受案范围

按照《行政复议法》第6条的规定,有下列情形之一的,公民、法人或者其他组织可以对房地产行政处罚依法申请行政复议:(1)对房地产行政机关作出的警告,罚款,没收违法所得,没收房产,地产及相关所得,责令停产停业,暂扣或者吊销许可证,暂扣或者吊销执照,行政拘留等行政处罚决定不服的;(2)对房地产行政机关作出的查封、扣押、冻结房地产等行政强制措施决定不服的;(3)对房地产行政机关作出的有关许可证、执照、资质证、资格证等证书变更、中止、撤销的决定不服的;(4)对房地产行政机关作出的关于确认土地、房产的所有权或者使用权的决定不服的;(5)认为房地产行政机关侵犯合法的经营自主权的;(6)认为房地产行政机关违法征收房地产、摊派费用或者违法要求履行其他义务的;(7)认为符合法定条件,申请房地产行政机关颁发房地产开发建设许可证、执照、资质证、资格证等证书,或者申请房地产行政机关审批、登记有关事项,行政机关没有依法办理的;(8)认为房地产行政机关的其他具体行政行为侵犯其合法权益的。

★★房地产纠纷行政复议的程序

1. 提出申请。公民、法人或者其他组织认为自己的合法权益受到具体行政行为的侵害,应当在知道该具体行政行为之日起60日内依法向有管辖权的房地产复议机关提出请求,要求对该具体行政行为进行审查处理。逾期不提出申请的,申请复议权消灭。但是,法律规定的申请期限超过60日的除外。在提起行政复议时,申请人应当向行政复议机关递交复议申请书,书写复议申请确有困难的,可以以口头方式提出申请,由复议机关记入笔录,并书面告知被申请人。

2. 复议申请的处理。房地产行政复议机关收到行政复议申请后,应当在5日内进行审查,对不符合法律规定的行政复议申请,决定不予受理,并书面告知申请人;

对符合法律规定，但是不属于本机关受理的行政复议申请，应当告知申请人向有关行政复议机关提出。行政复议机关负责法制工作的机构应当自行政复议申请受理之日起7日内，将行政复议申请书副本或者行政复议申请笔录复印件发送被申请人。被申请人应当自收到申请书副本或者申请笔录复印件之日起10日内，提出书面答复，并提交当初作出具体行政作为的证据、依据和其他有关材料。申请人、第三人可以查阅被申请人提出的书面答复、作出具体行政行为的证据、依据和其他有关材料，除涉及国家秘密、商业秘密或者个人隐私外，行政复议机关不得拒绝。

3. 行政复议案件的审理。房地产行政复议机关审查行政复议案件，原则上实行书面方式，复议机关认为有必要时，可以采取其他方式审理。房地产行政复议机关复议案件时，不受复议申请范围的限制，必须全面审查具体行政行为所依据的事实和规范性文件，并对具体行政行为的合法性和适当性进行审查。

4. 行政复议的决定。具体行政行为认定事实清楚，证据确凿，适用依据正确，程序合法，内容适当的，应当决定维持。被申请人不履行法定职责的，应当决定其在一定期限内履行。具体行政行为主要事实不清证据不足、适用依据错误的、违反法定程序、超越或者滥用职权以及具体行政行为明显不当的，决定撤销、变更或者确认该具体行政行为违法，同时可以责令被申请人在一定期限内重新作出具体行政行为。行政复议机关责令被申请人重新作出具体行政行为的，被申请人不得以同一的事实和理由作出与原具体行政行为相同或者基本相同的具体行政行为。

房地产行政复议机关作出复议决定后，应当制作行政复议决定书，并加盖印章。复议决定书一经送达即发生法律效力。

5. 执行。被申请人应当履行行政复议决定。被申请人不履行或者无正当理由拖延履行行政复议决定的，行政复议机关或者有关上级行政机关应当责令其限期履行。

申请人逾期不起诉又不履行行政复议决定的，或者不履行最终裁决的行政复议决定的，可以强制执行。维持具体行政行为的行政复议决定，由作出具体行政行为的行政机关依法强制执行，或者申请人民法院强制执行；变更具体行政行为的行政复议决定，由行政复议机关依法强制执行，或者申请人民法院强制执行。

法律与规范链接

▲ 必读法条

《城市房地产管理法》

第7条 国务院建设行政主管部门、土地管理部门依照国务院规定的职权划分，各司其职，密切配合，管理全国房地产工作。

县级以上地方人民政府房产管理、土地管理部门的机构设置及其职权由省、自治区、直辖市人民政府确定。

△ 延伸法条

《行政处罚法》

典型案例

李某银、梁某香诉新乡县房产管理局房产证行政纠纷案[1]

【案情概述】

2002年9月19日，原告李某银、梁某香在原房屋拆除翻建新房后到被告处申报房产证，被告受理审查后于2002年10月9日为原告颁发了0021665号房权证及房共字第0933号共有权证。2003年8月8日，被告作出新房〔2003〕21号文件《关于对王某军等五十六户的房屋权属证书予以注销的决定》，其中对李某银的0021665号房权证予以注销，该决定作出后未向原告送达，原告事后得知情况后向被告申请复议，被告未作答复，原告即向法院起诉。

本院认为，被告新乡县房产管理局作为该县政府房地产行政主管部门，具有对本行政区域内的房屋进行权属登记的职权。被告作出新房字〔2003〕21号注销决定的具体行政行为，应依照法律法规及规章规定作出书面决定并送达当事人。被告辩称公告送达没有提供证据，被告无证据证明向原告进行送达。被告作出的具体行政行为程序违法，故依照《中华人民共和国行政诉讼法》第54条第2项第3目、最高人民法院《关于执行〈中华人民共和国行政诉讼法〉若干问题的解释》第56条第4项之规定，判决如下：

---

〔1〕 案件来源：找法网经典案例，http://china.findlaw.cn/fangdichan/fcjfal/fcal/215547.html，最后访问日期：2018年4月6日。

(1)撤销被告新乡县房产管理局新房字〔2003〕21号注销决定中关于注销李某银的0021665号房产证的具体行政行为。

(2)驳回原告的其他诉讼请求。

【关键问题】

1. 房地产纠纷行政处理需要遵循的具体程序是什么?

2. 房地产管理部门如不遵循程序将带来何种后果?

【简要评论】

本案中,新乡县房产管理局注销原告李某银、梁某香的房权证这一行政行为不符合法定程序,原告向被告新乡县房产管理局提起行政复议,被告不予应答,这都违反了相关的法律法规,最终导致房产管理部门败诉。

【核心知识】

虽然,行政机关以其效率和专业优势,便于调解处理房地产纠纷,对保护公民、法人和其他组织的合法利益不受侵犯,维护社会稳定,推动社会主义经济建设起了重要作用,但是行政机关处理房地产纠纷必须遵循法定程序。

延伸阅读

1. 王小波:《浅议房地产纠纷的行政处理》,载《发展》2007年第11期;

2. 王德福:《房屋拆迁纠纷裁决属于行政复议范围浅谈》,载《中国房地产业》2004年第2期;

3. 薛明坤:《浅谈行政复议涉及民事争议之审查与处理》,载《行政与法制》2003年第9期。

第三节　房地产纠纷的仲裁

知识要点

一、房地产纠纷仲裁的概念与原则

★仲裁的概念

仲裁是由特定的机构对当事人自愿提交的民事权益争议居中作出裁决的纠纷解决方式。房地产纠纷亦可通过仲裁程序解决。**房地产纠纷仲裁**,是指当公民之间、法人之间、公民与法人之间,在房地产所有权、使用权、买卖、租赁和拆迁等方面发生纠纷,经过协商不能解决时,请求房地产仲裁机关依照国家法律、法规和房地产行业规则作出裁决，以解决纠纷的一种方式。它是一种准司法性的专业化仲裁，既非司法行为，以有部门司法行为的效力；既区别于房地产行政管理机关的管理活动，又区别于人民法院对房地产纠纷的审判活动。

★房地产纠纷仲裁的原则

房地产纠纷仲裁根据以下原则进行：

(1)自愿原则。当事人采用仲裁方式解决纠纷，应当双方自愿，达成仲裁协议。没有双方达成的仲裁条款或仲裁协议，任何一方是不得申请仲裁的。当事人选择仲裁，实际上就放弃了向人民法院诉讼的权利，不能再向人民法院起诉，因此选择仲裁须双方当事人自愿。房地产纠纷当事人事前或事后必须达成仲裁协议，否则仲裁委员会无法受理该争议。

(2)或裁或审、一裁终局原则。当事人选择仲裁方式，实际上就放弃了向人民法院诉讼的权利。仲裁机构对房地产纠纷作出裁决以后，除《仲裁法》另有规定外，当事人就同一纠纷再向仲裁机构申请仲裁或者向人民法院起诉的，仲裁委员会和人民法院不予受理。所谓“另有规定”，是指仲裁裁决被人民法院依法裁定撤销或者不予执行的情况。在这种情况下，当事人除可以根据双方重新达成的仲裁协议申请仲裁外，还可以向人民法院提起诉讼。

(3)当事人协议管辖原则。房地产纠纷仲裁不实行级别管辖和地域管辖。仲裁委员会由当事人协议选定，当事人在仲裁协议中共同选择的仲裁委员会是有管辖权的仲裁委员会。仲裁协议对仲裁事项或者仲裁委员会没有约定或者约定不明确的，当事人可以补充协议；达不成补充协议的，仲裁协议无效。

(4)诉讼法原则。仲裁既然是一种准司法活动，就应遵循诉讼法所规定的一些原则。所以，这一原则是对“以事实为根据，以法律为准绳”原则的肯定和发展。即仲裁同样要坚持以事实为根据，以法律为准绳的原则，但同时对法律没有规定或者规定不全的情况下，仲裁庭可以按照公平合理的一般原则来解决纠纷。

★★二、房地产纠纷仲裁的程序

1. 申请和受理

根据《仲裁法》规定，当事人申请仲裁应当符合下列条件：(1)有仲裁协议。仲裁协议是指当事人愿意将他们之间已经发生的或者可能发生的产生于确定的民事法律关系的争议提交给中立的第三者作出有约束力的裁决的协议。(2)有具体的仲裁请求和事实、理由。(3)必须属于仲裁委员会的受理范围。

当事人申请仲裁，应当向仲裁委员会递交仲裁协议、仲裁申请书，并按照被诉人数提交申请书副本。仲裁委员会在收到申请书之日起5日内,对符合受理条件的予以立案,对不符合受理条件的应当书面通知申请人不予受理,并说明理由。仲裁委员会受理仲裁申请后,应当在仲裁规则规定的期限内将仲裁规则和仲裁员名册送达申请人,并将仲裁申请书副本和仲裁规则、仲裁员名册送达被申请人。被申请人收到仲裁申请书副本后,应当在仲裁规则规定的期限内向仲裁委员会提交答辩书。仲裁委员会收到答辩书后,应当在仲裁规则规定的期限内将答辩书副本送达申请人。被申请人未提交答辩书的,不影响仲裁程序的进行。

2. 仲裁庭的组成

仲裁庭是指代表仲裁委员会对房地产纠纷案件行使仲裁权,裁决房地产权益争议的组织形式。仲裁员的产生方式有两种:一是由双方当事人各自选定一名仲裁员或者各自委托仲裁委员会主任指定一名仲裁员,第三名仲裁员由双方当事人共同选定;二是由双方当事人各自选定一名仲裁员,或者各自委托仲裁委员会主任指定一名仲裁员,第三名仲裁员由当事人共同委托仲裁委员会的主任指定。这两种类型中,第三名仲裁员是首席仲裁员。若当事人约定由一名仲裁员成立仲裁庭的,应当由当事人共同选定或者委托仲裁委员会主任指定仲裁员。

3. 保全措施

房地产纠纷仲裁中的保全措施有两种:

(1)证据保全。在证据可能灭失或者以后难以取得的情况下,当事人可以申请证据保全。当事人申请证据保全的,仲裁委员会应当将当事人的申请提交证据所在地的基层人民法院,人民法院对不同的证据应采取不同的保全措施。

(2)财产保全。财产保全是保护利害关系人或当事人的合法权益免受损失的保护性措施。仲裁委员会在处理房地产纠纷时,为保证裁决生效后的执行和防止造成更大财产损失的需要,可以根据当事人提出的申请,对当事人争议的有关房地产请有管辖权的人民法院作出停用、停建、停止拆除,停止办理变更登记手续等保护性措施的裁定。

财产保全申请有错误的,申请人应当赔偿被申请人因财产保全所遭受的损失;同时,采取保全措施涉及规划、土地、拆迁、建筑管理等事项的,需要事先征求有关管理部门的意见。

4. 开庭和裁决

房地产纠纷仲裁应当开庭进行。当事人协议不开庭的,仲裁庭可以根据仲裁申请书、答辩书以及其他材料作出裁决。仲裁不公开进行。当事人协议公开的,可以公开进行，但涉及国家秘密的除外。

开庭时，仲裁员应认真听取双方当事人的陈述和辩论，出示有关证据，依次询问当事人，并征询其最后意见，在此基础上，经过评议作出裁决。仲裁庭在作出裁决前，可以先行调解。当事人申请仲裁后，也可以自行和解。达成和解协议的，可以请求仲裁庭根据和解协议作出裁决书，也可以撤回仲裁申请。

房地产纠纷仲裁应制作裁决书。裁决书应当写明仲裁请求、争议事实、裁决理由、裁决结果、仲裁费用负担和裁决日期。裁决书由仲裁员签名，加盖仲裁委员会印章。对裁决持不同意见的仲裁员，可以签名，也可以不签名。对裁决书中的文字，计算错误或者仲裁庭已经裁决但在裁决书中遗漏的事项，仲裁庭应当补正；当事人自收到裁决书之日起30日内，可以请求仲裁庭补正。裁决书自作出之日起发生法律效力。

5. 撤销裁决和执行

当事人提出证据证明裁决有下列情形之一的，可以向仲裁委员会所在地的中级人民法院申请撤销裁决：(1)没有仲裁协议的；(2)裁决的事项不属于仲裁协议的范围或者仲裁委员会无权仲裁的；(3)仲裁庭的组成或者仲裁的程序违反法定的程序的；(4)认定事实的主要证据不足的；(5)适用法律确有错误的；(6)仲裁员在仲裁该案时有贪污受贿，徇私舞弊，枉法裁决行为的。

人民法院经组成合议庭审查核实裁决有前款规定情形之一的，应当裁定撤销。另外，人民法院认定该裁决违背社会公共利益的，也应当裁定撤销。

当事人应当履行裁决。一方当事人逾期不履行的，另一方当事人可以依照《民事诉讼法》的有关规定向人民法院申请执行，受申请的人民法院应当执行，有《民事诉讼法》第217条第2款规定的情形之一并经人民法院组成合议庭审查核实的除外。一方当事人申请执行裁决，另一方当事人申请撤销裁决的，人民法院应当裁定中止执行。撤销裁决的申请被裁定驳回的，人民法院应当裁定恢复执行。

法律与规范链接

▲ 必读法条

《仲裁法》

第1条　为保证公正、及时地仲裁经济纠纷，保护当事人的合法权益，保障社会主义市场经济健康发展，制定本法。

第2条　平等主体的公民、法人和其他组织之间发生的合同纠纷和其他财产权益纠纷，可以仲裁。

△ **延伸法条**

《民事诉讼法》第217条

典型案例

杜某高某房地产纠纷仲裁案[1]

【案情概述】

2011年1月23日，陕西省黄龙县村民杜某准备购买西安市民高某出售的一套商品房。价格谈妥后，杜某向高某支付了1万元诚意金，双方签订了《房屋买卖合同》约定如下：(1)双方约定的房屋总价款为59.5万元。(2)购房款的支付方式为银行按揭付款，在2011年1月24日前，杜某向高某支付10万元作为购房定金。在办理过户手续前支付高某9.5万元，余下40万元购房款在买卖完成并办妥他项权利登记后，由贷款银行直接拨入高某的银行账户。

在杜某支付10万元首期购房款后，双方还在履行《房屋买卖合同》过程中，2011年2月26日，西安市人民政府出台《关于落实住房限购政策的有关问题的通知》(以下简称《限购令》)。因杜某系陕西省黄龙县村民，既不具备西安市户籍，也无法提供纳税证明或社保缴纳证明，属于限购对象，导致无法办理按揭手续。随即向高某提出解除《房屋买卖合同》，要求退还10万元首付款及1万元诚意金，但高某以合同在限购前签订为由，杜某解除合同属于单方违约，拒绝退还购房款。

双方依据合同约定的争议解决条款，将该争议提交西安市仲裁委进行仲裁。仲裁委经审理后裁决：(1)解除双方2011年1月23日签订的《房屋买卖合同》；(2)高某在15个工作日内归还杜某10万元首付款及1万元诚意金。

该案属于以仲裁的方式解决房地产买卖合同的争议。

【关键问题】

1. 仲裁解决房地产纠纷的优势是什么？

2. 实施仲裁的主体如何确定？

---

[1] 案例来源：《华商报》2012年1月7日版。

【简要评论】

本案是平等主体之间因政策变化,一方拒绝继续履行合同义务,合同目的无法实现,形成的房地产合同纠纷。双方当事人并没有选择诉讼程序,而是选择冲裁方法,最终解决纠纷。这体现了仲裁手段在解决房地产纠纷中的优势。

【核心知识】

解决房地产纠纷,相较于诉讼的方式,仲裁有其特有的优势。采用仲裁的方法能够快速、高效地解决纠纷,节省了法律资源,提高了解决纠纷的效率,但是应该注意到,仲裁也有其不足之处,在实践中应该合理掌握。

延伸阅读

1. 林晶:《房地产纠纷仲裁中的相关问题探析》,载《职工法律天地(下)》2014 年第 4 期;
2. 冯国鸿:《关于仲裁审理房产中介居间合同纠纷案件中的若干法律问题的调研报告(上)》,载《仲裁研究》2011 年第 4 期。

第四节　房地产纠纷的诉讼

知识要点

一、房地产纠纷民事诉讼

☆房地产纠纷民事诉讼的概念

房地产纠纷的民事诉讼,是指平等主体的公民、法人和其他组织之间因房地产纠纷依法提起诉讼,人民法院通过审判活动解决争议的一种方式。

☆房地产纠纷民事诉讼的特征

以民事诉讼的方式来解决房地产纠纷具有如下特征:

1. 人民法院通过民事诉讼途径解决房地产纠纷是以审判权为根据的。这与行政机关或者仲裁委员会的纠纷解决方式大不相同,因为审判权在我国是只能由人民法院来行使的。

2. 人民法院通过民事诉讼途径解决房地产纠纷具有终局性和强制执行性。在房地产纠纷的行政处理中,行政机关对房地产纠纷只有裁决权,却没有最后的决定权。当事人一方或双方如果对行政机关的行政决定不服,还可以在法定期限内向人民法院起诉。房地产行政管理机关或仲裁机关作出的已发生效力的调解书、决定书或仲裁裁决书，当事人一方若不执行，房地产行政管理机关或仲裁机关都无权强制执行，只能由对方当事人向人民法院申请强制执行。因此，人民法院处理房地产纠纷是最强有力的解决纠纷的途径。

★房地产纠纷民事诉讼的受案范围

在民事诉讼中，房地产纠纷案件的受理范围包括：房地产产权纠纷，房地产开发经营纠纷，房屋买卖纠纷，房屋租赁纠纷，房地产抵押纠纷，房地产典当纠纷，房地产赠与、析产、继承纠纷，房地产相邻关系纠纷等。

★房地产纠纷民事诉讼管辖

房地产纠纷民事诉讼的管辖有三种情况：级别管辖、地域管辖和专属管辖。

（1）级别管辖。基层人民法院管辖第一审房地产民事纠纷案件，但法律另有规定的除外；中级人民法院管辖的第一审房地产纠纷案件有三类，即重大涉外房地产纠纷案件、在本辖区有重大影响的房地产纠纷案件和最高人民法院确定由中级人民法院管辖的房地产纠纷案件，其中最高人民法院确定由中级人民法院管辖的房地产纠纷案件又包括两类情况：一是涉及港、澳、台同胞企业、组织的重大房地产纠纷案件，二是诉讼标的金额大或者诉讼单位属于省、自治区、直辖市的房地产纠纷案件；高级人民法院管辖在本辖区有重大影响的第一审房地产纠纷案件；最高人民法院管辖在全国有重大影响的房地产纠纷案件和其认为应当由自己审理的房地产纠纷案件。

（2）地域管辖。一般地域管辖的原则是“原告就被告”，即被告在哪个法院辖区，原告就应到哪个法院起诉，案件就归该被告住所地人民法院管辖。特殊地域管辖包括：因合同纠纷提起的诉讼，由被告住所地或者合同履行地人民法院管辖；因侵权行为提起的诉讼由侵权行为地或者被告住所地人民法院管辖。

（3）专属管辖。因不动产纠纷提起的诉讼，由不动产所在地人民法院管辖；因继承遗产纠纷提起的诉讼，由被继承人死亡时住所地或者主要遗产所在地人民法院管辖。

★★★房地产纠纷民事诉讼的基本程序

1. 起诉和受理

起诉和受理是启动民事诉讼程序的必备阶段。起诉，是指房地产纠纷的当事人为维护自己的合法权益，以自己的名义请求人民法院通过审判予以法律保护的一种诉讼行为。受理，是指人民法院对房地产纠纷当事人的起诉经审查后，认为符合法定条件,决定立案审理,从而引起诉讼程序开始的诉讼行为。民事案件只有通过起诉和受理,诉讼程序才能开始。

根据我国《民事诉讼法》第108条的规定,起诉必须符合下列条件:(1)原告是与本案有直接利害关系的公民、法人和其他组织;(2)有明确的被告;(3)有具体的诉讼请求和事实、理由;(4)属于人民法院受理民事诉讼的范围和受诉人民法院管辖的范围。

起诉除必须具备法定的条件外,还必须符合法定的方式。当事人起诉应当向人民法院递交起诉状,并按被告人数提交副本。起诉状中应当记明以下事项:当事人的基本情况;诉讼请求和所依据的事实和理由;证据和证据来源,证人姓名和住所。如果书写起诉状确有困难的,可以口头起诉,由人民法院记入笔录,并告知对方当事人。

人民法院收到起诉状或口头起诉后,要进行审查。我国《民事诉讼法》规定,向人民法院请求保护民事权利的诉讼时效期间为2年,诉讼时效期间从当事人知道或者应当知道权利被侵害之日起计算。经过行政裁决的案件,必须在法定期限内向人民法院起诉,超过期限的不予受理。人民法院除了进行诉讼时效的审查外,还要审查是否符合起诉条件,符合起诉条件的,应在7日内立案受理,并通知当事人;不符合起诉条件和超过诉讼时效期间的,应当在7日内裁定不予受理。原告对裁定不服的,可以向上一级人民法院提起上诉。

2. 审理前的准备

人民法院应在立案受理之日起5日内,将起诉状副本或口诉笔录抄件发送被告。被告应在15日内提交答辩状。被告提出答辩状的,人民法院应当在收到之日起5日内将答辩状副本发送原告。被告不提出答辩状或不按期提出答辩状的,不影响人民法院审理。

人民法院对决定受理的案件,应当在受理案件通知书和应诉通知书中告诉当事人有关的诉讼权利和义务。人民法院审理第一审民事案件,除了适用简易程序或者特别程序审理的少数案件实行独任制外,一般应由审判员、陪审员共同组成合议庭或者由审判员组成合议庭。合议庭组成人员确定后,应在3日内告知当事人,便于当事人同审判人员取得联系,也便于当事人及时决定是否提出回避申请。

审判人员必须认真审核诉讼材料,调查收集当事人及其诉讼代理人因客观原因无法提供的或人民法院认为审理案件需要的证据。这是审理前准备工作的重要内容。人民法院有权向有关单位和个人调查取证,有关单位和个人不得拒绝。

3. 开庭审理

开庭审理，是指在人民法院审判人员的主持下，在当事人及其他诉讼参与人的参加下，依照法定形式和程序，在法庭上对房地产纠纷案件进行实体审理并依法作出裁判或调解的诉讼活动。

人民法院审理房地产纠纷案件，除涉及机密、商业秘密或者法律另有规定的外，应当公开进行。开庭审理一般包括法庭调查、法庭辩论、法庭调解、合议庭评议和裁判等内容。

人民法院对公开审理或者不公开审理的案件，一律公开宣告判决。当庭审判的，应在 10 日内发送判决书；定期宣判的，宣判后立即发送判决书。一般房地产纠纷案件，应在立案之日起 6 个月内审理终结。有特殊情况需要延长的，经本院院长批准，可以延长 6 个月，还需要延长的，须报请上级人民法院批准。

4. 第二审程序

第二审程序，是指上级人民法院根据当事人的上诉，对下一级人民法院未发生法律效力的判决和裁定进行审理和裁判的程序。

房地产纠纷的当事人不服地方人民法院第一审判决的，有权在判决书送达之日起 15 日内向上一级人民法院提起上诉；当事人不服地方人民法院第一审裁定的，上诉期限为 10 日。当事人应当通过原审人民法院提出上诉状，也可以直接向第二审人民法院提出上诉状。

第二审人民法院审理上诉案件，可以进行调解。调解书送达后，原审人民法院的判决即视为撤销。第二审人民法院对上诉案件，经过审理，按照下列情形，分别处理：(1)原判决认定事实清楚、适用法律正确的，判决驳回上诉，维持原判决；(2)原判决适用法律错误的，依法改判；(3)原判决认定事实错误，或者原判决认定事实不清，证据不足，裁定撤销原判决，发回原审人民法院重审，或者查清事实后改判；(4)原判决违反法定程序，可能影响案件正确判决的，裁定撤销原判决，发回原审人民法院重审。当事人对重审案件的判决、裁定，可以上诉。

第二审人民法院的判决、裁定，是终审的判决、裁定。人民法院审理对判决的上诉案件，应当在第二审立案之日起 3 个月内审结。有特殊情况需要延长的，须经本院院长批准。审理对裁定的上诉案件，应当在第二审立案之日起 30 日内作出终审裁定。

5. 审判监督程序

审判监督程序，又称再审程序，是指人民法院对已经发生法律效力的判决、裁定,进行再次审理的程序。根据《民事诉讼法》的规定,审判监督程序的发生有以下几种情形:各级人民法院院长对本院已经发生法律效力的判决、裁定,发现确有错误,认为需要再审的,提交审判委员会讨论决定;最高人民法院对地方各级人民法院已经发生法律效力的判决、裁定,上级人民法院对下级人民法院已经发生法律效力的判决、裁定,发现确有错误的,有权提审或者指令下级人民法院再审;最高人民检察院对各级人民法院、上级人民检察院对下级人民法院已经发生法律效力的判决、裁定,发现有违反法律规定的情形之一的,应当按照审判监督程序提出抗诉,由人民法院再审。按照审判监督程序决定再审的条件,应当裁定中止原判决的执行。当事人对已经发生法律效力的调解书、判决书、裁定书也可以申请再审,经人民法院审查,具备了一定的法定事实和理由的,应当再审。当事人申请再审,应在判决、裁定发生效力后 2 年内提出。当事人申请再审的,在再审期间并不停止原裁判的执行。

6. 执行程序

执行程序,是指人民法院的执行组织依照法律规定的程序,对发生法律效力的法律文书确定的给付内容,以国家的强制力为后盾,依法采取强制措施,迫使负有义务的当事人履行义务的行为。

(1)执行的申请和移送

执行分为申请执行和移送执行两种。申请执行是指当事人一方不履行生效法律文书所确定的义务,对方当事人可以向有管辖权的人民法院申请强制执行,以保证自己的合法权益得以实现的法律程序。对于仲裁委员会的裁决,一方当事人不履行的,对方当事人可以向有管辖权的人民法院申请执行,但被申请人提出证据证明仲裁裁决有不应执行的情形,而且经人民法院组成合议庭审查核实后,可以作出裁定不予执行,即有《民事诉讼法》第 217 条所规定的情形之一的,不予执行。移送执行,是指人民法院的判决、裁定和调解书发生法律效力之后,由审理该案的审判人员将案件直接交付执行人员执行。

申请执行的期限,双方或一方当事人是公民的为 1 年,双方是法人或其他组织的为 6 个月。执行员在接到申请执行书或移送执行书后,应当向被执行人发生通知,责令其在指定的期间内履行,逾期不履行的,强制执行。

(2)执行措施

执行措施是指《民事诉讼法》规定的,强制实现生效法律文书的具体方法和手段。被执行人未执行被通知履行的生效法律文书所确认的义务的,人民法院有权冻结、划拨被申请执行人的存款，扣押、提取被申请执行人的收入，查封、扣押、拍卖、变卖被申请执行人的财产；隐匿财产的，人民法院有权发出搜查令，对被执行人及其住所或财产隐匿地进行搜查。

强制迁出房屋或者强制退出土地，由院长签发公告，责令被执行人在指定期间履行。被执行人逾期不履行的，由执行员强制执行。强制执行时，被申请执行人是公民的，应当通知他本人或者他的成年家属到场；被申请执行人是法人或者其他组织的，应当通知其法定代表人或者主要负责人到场。拒绝到场的，不影响执行工作的进行。被执行人是公民的，并应通知其工作、劳动所在单位派人参加，通知房屋、土地所在地的基层组织派人协助执行。执行员应当将强制执行情况记入笔录，由在场人签名或者盖章。因强制迁出房屋被搬出的财物，由人民法院派人运至指定场所，交给被执行人。被执行人是公民，也可以交给他的成年家属。因拒绝接收而造成的损失，由被执行人承担。人民法院强制执行或者委托有关单位或者其他人完成搬迁所产生的费用也由被执行人承担。执行完毕后需要办理房屋所有权、土地所有权转移手续的，人民法院可以向有关单位发生协助执行通知书，有关单位必须办理。

二、房地产纠纷行政诉讼

★房地产纠纷行政诉讼制度概述

房地产行政诉讼是指公民、法人或者其他组织对房地产行政管理机关就当事人的房地产纠纷所作出的具体行政行为不服而提起的行政诉讼。房地产行政管理机关主要指城市规划的行政主管机关和房屋、土地的行政主管机关、城市建设行政主管机关等。上述机关作出的涉及房地产问题的具体行政行为方式包括：行政许可、行政裁决、房地产登记、房地产行政处罚等，具体表现为：拒发、扣留或吊销房屋建设、施工和土地使用、规划等许可证和执照，裁决不公、登记错误、对房地产建设使用、交易中的违法行为进行罚款、没收、拆除、查封等。因房地产纠纷提起的行政诉讼，由房地产所在地人民法院管辖。我国 1989 年 4 月制定、并于 1990 年 10 月 1 日起施行的《中华人民共和国行政诉讼法》是审理房地产行政诉讼案件的程序法律依据和诉讼活动准则。

房地产行政诉讼制度作为房地产监督行政中的司法监督，主要是指人民法院通过审理行政案件对房地产管理机关及其工作人员的行政行为是否违法实施监督。它既可以促使有关机关不断提高管理人员素质，严格依照国家的法律、法规行使职权，提高行政效率，同时也是行政相对人对不法行政行为的最后救济途径。

★房地产纠纷行政诉讼审判原则

1. 审查具体行政行为合法性原则。人民法院审理房地产行政案件,对房地产行政管理机关的具体行政行为是否合法进行审查,不审查抽象行政行为;人民法院只审查具体行政行为的合法性而不审查具体行政行为的适当性。

2. 被告负举证责任原则。在房地产诉讼过程中,房地产行政管理机关应当对自己作出的具体行政行为的正确性、合法性承担举证的责任。并且,被告只能以作出具体行政行为当时的证据举证,不得收集事后证据。

3. 诉讼期间原具体行政行为不停止执行原则。在房地产诉讼期间,原具体行政行为不停止执行。但有下列情况之一的,停止具体行政行为的执行:一是被告认为需要停止执行的;二是原告申请停止执行,人民法院认为该具体行政行为的执行会造成难以弥补的损失,并且停止执行不损害社会公共利益,裁定停止执行的;三是法律、法规规定停止执行的情况。

4. 不适用调解的原则。房地产行政诉讼,不得采用调解作为审理程序或结案方式,应以判决方式解决房地产纠纷。

★★房地产纠纷行政诉讼的受案范围

根据《行政诉讼法》的规定,房地产行政诉讼的受案范围主要有:(1)对罚款、吊销许可证和执照、责令停产停业,没收房地产等行政处罚不服的;(2)认为房地产行政管理机关侵犯法律规定的房地产企业经营自主权的;(3)认为符合条件申请房地产行政管理机关颁发产权证、许可证和执照,行政机关拒绝颁发或不予答复的;(4)申请房地产行政管理机关保护财产权的法定职责,房地产行政管理机关拒绝履行或不予答复的;(5)认为房地产行政管理机关违法要求履行义务的。

★房地产纠纷行政诉讼的管辖

1. 级别管辖。这是各级法院对第一审房地产行政案件的审判权限的具体规定。基层人民法院管辖第一审房地产行政案件;中级人民法院管辖对国家房地产管理机关或省、自治区、直辖市人民政府房地产管理机关所作的具体房地产管理行政行为提起诉讼的案件和本辖区内重大、复杂的案件;高级人民法院管辖本辖区内重大、复杂的第一审房地产行政案件;最高人民法院管辖全国范围内重大、复杂的第一审房地产行政案件。

2. 地域管辖。确定同级人民法院之间受理第一审房地产行政案件的权限分工。第一审房地产行政案件由最初做出具体管理行政行为的房地产管理机关所在地人民法院管辖。经复议的案件,复议机关改变原具体房地产管理行政行为的,也可由复议机关所在地人民法院管辖。因不动产提起的行政诉讼，由不动产所在地人民法院管辖。

★★★房地产纠纷行政诉讼程序

1. 一审程序

行政诉讼的原告是指对具体行政行为不服，依照《行政诉讼法》的规定向人民法院提起诉讼的公民、法人或者其他组织；被告是指原告起诉其具体行政行为侵犯自己的合法权益，并经由人民法院通知应诉的房地产管理机关或法律、法规、规章授权的组织。经复议的案件，复议机关决定维持原具体房地产管理行政行为的，作出原具体行政行为的房地产管理机关是被告；复议机关改变原具体房地产管理行政行为的，复议机关是被告。

当事人向人民法院提起行政诉讼，必须遵守法定的期限：申请人不服复议决定的，可以在收到复议决定书之日起 15 日内向人民法院提起诉讼；复议机关逾期不作决定的，申请人可以在复议期满之日起 15 日内向人民法院提起诉讼。当事人不经过行政复议而直接向人民法院提起诉讼的，应当在知道行政机关作出具体行政行为之日起 3 个月内提出。法律另有规定的除外。

当事人提起行政诉讼，必须同时具备《行政诉讼法》规定的条件，而且要采用书面方式，书写起诉状。人民法院接到起诉状后，经过审查，对符合起诉条件的，应在 7 日内立案；不符合条件的，应在 7 日内作出裁定，通知原告不予受理。原告对此裁定可以向上一级人民法院上诉。人民法院在立案之日起 5 日内，向被告送达起诉，被告应在收到起诉状副本 10 日内提交具体房地产管理行政行为的有关材料及答辩状。人民法院在收到答辩状之日起 5 日内将答辩状副本发送原告，被告不提出答辩的，不影响审理。

房地产管理行政诉讼案件一般以公开审理为原则，经过开庭准备、法庭调查、法庭辩论、合议庭评议四种程序后可以当庭裁决，也可以定期宣判。

根据《行政诉讼法》的规定，人民法院应当在立案之日起 3 个月内作出第一审判决，有特殊情况需要延长的，由高级人民法院和最高人民法院批准。

2. 二审程序

二审程序即上级人民法院对下级人民法院，就房地产行政诉讼一审判决、裁定在发生法律效力前，基于当事人上诉，依据事实和法律，对案件进行审理的程序。

上诉经受理的，由原审人民法院在 5 日内将上诉状副本送达对方当事人，对方当事人在收到后 15 日内提出答辩状。当事人提起上诉后，在人民法院宣判前，可以申请撤回上诉,上诉撤回后不得再行上诉。

人民法院根据全面审查的原则审理房地产行政诉讼上诉案件,其方式有开庭审理和书面审理两种。开庭审理程序与一审程序相同,而书面审理即在事实清楚的情况下对当事人所提交的诉状、答辩状、其他书面材料和证据进行书面审查和判决。人民法院审理上诉案件的期限为2个月,即从收到上诉状之日起2个月内作出终审判决。

3. 审判监督程序

审判监督程序又称再审程序,是指人民法院对已经发生法律效力的房地产行政诉讼判决、裁定,发现违反有关房地产法律、法规的规定,依法进行再次审理的程序。

4. 判决及执行

人民法院对受理的房地产行政案件经过审理后可以根据不同情况作出不同的判决,如判决维持房地产管理具体行政行为,撤销、部分撤销或者判决重新作出具体行政行为,判决房地产管理部门在一定期限内履行法定职责以及判决变更行政处罚。

公民、法人或其他组织对具体房地产管理行政行为在法定期限内不提起诉讼又不履行的,房地产管理机关可以申请人民法院强制执行。对于房地产管理机关拒不履行人民法院已生效的判决、裁定的,人民法院可以采取强制措施予以执行。

★★三、房地产纠纷行政赔偿与补偿

1. 房地产纠纷行政赔偿

行政赔偿,是指国家行政机关或者行政机关的工作人员,在行使职权时违法,侵犯了公民、法人或者其他组织的合法权益,并造成了损害,由行政机关作为赔偿义务机关对造成的损害履行赔偿义务,属于国家赔偿的一种。《行政诉讼法》第2条规定:“公民、法人或者其他组织认为行政机关和行政机关工作人员的行政行为侵犯其合法权益,有权依照本法向人民法院提起诉讼。前款所称行政行为,包括法律、法规、规章授权的组织作出的行政行为。”单独提出赔偿请求的,应先由行政机关解决。对行政机关的处理不服,才可以向人民法院起诉;也可以在提起行政诉讼时,一并提出行政赔偿请求。

构成行政赔偿的,必须同时具备以下四个条件:必须是行政机关行使职权的行为;必须是行为依法确认违法的;必须存在损害事实;损害事实必须是在执行公务、行使行政管理权过程中发生的,而且与违法的具体行政行为有因果关系。

根据《国家赔偿法》第16条的规定，赔偿义务机关赔偿损失后，应当责令有故意或者重大过失的工作人员或者受委托的组织或者个人承担部分或者全部赔偿费用。对有故意或者重大过失的责任人员，有关机关应当依法给予处分；构成犯罪的，应当依法追究刑事责任。

2. 房地产纠纷行政补偿

行政补偿是指国家行政主体及其工作人员基于社会公共利益的需要，在管理国家和社会公共事务的过程中合法行使公权力的行为致使特定的公民、法人或其他社会组织的合法权益遭受特别损害，或者特定的公民、法人和其他组织为社会公益协助公务而使自身权益受到特别损失的，依公平和保护人权原则，对遭此损害的相对人给予合理补偿的一种行政救济行为。行政补偿的实质在于，对于因公益需要，在经济上蒙受特别损失的人给予补偿，以调和私有财产权与公共利益的关系，实现公平正义，保障市场经济秩序。

行政补偿制度的要件是：第一，补偿的主体是国家（通过政府行为实施）；第二，补偿的前提是"公共利益"需要；第三，补偿的原则是公平补偿；第四，补偿的方式多种多样，除了财产补偿外，还可以在生产、生活、就业等方面给予妥善的安置；第五，补偿的程序依照法律程序。

房地产纠纷中的行政补偿，通常发生在以下两种情况下：一是行政机关为了公共利益征收或征用相对人财产，或是对被拆迁人进行的补偿。二是行政机关根据政策的需要撤销或改变自己原已作出的行政行为，导致相对人利益的损害。例如，行政机关为了城乡整体发展而变更规划，导致相对人不能履行合同的情况。

法律与规范链接

▲ 必读法条

《行政诉讼法》

第2条　公民、法人或者其他组织认为行政机关和行政机关工作人员的行政行为侵犯其合法权益，有权依照本法向人民法院提起诉讼。

前款所称行政行为，包括法律、法规、规章授权的组织作出的行政行为。

第3条　人民法院应当保障公民、法人和其他组织的起诉权利，对应当受理的行政案件依法受理。

行政机关及其工作人员不得干预、阻碍人民法院受理行政案件。

被诉行政机关负责人应当出庭应诉。不能出庭的,应当委托行政机关相应的工作人员出庭。

△ **延伸法条**

最高人民法院《关于适用〈中华人民共和国行政诉讼法〉的解释》

典型案例

曹某先诉汉川市住房保障和房屋管理局行政诉讼案[1]

【案情概述】

(1)基本案情

1998年1月2日,被告汉川市住房保障和房屋管理局(简称汉川市房管局)将原告李某星的房屋所有权人误登为"李某新"。2010年11月11日,第三人曹某先、罗某光夫妻持该房产证,现名曹某先、曾用名"李某新"的常住人口登记卡等材料,向被告申请变更所有权人为曹某先、罗某光。被告审查后于同月25日变更登记。2011年8月8日,原告以被告未尽审查义务导致错误变更为由诉请汉川法院撤销登记。被告辩称其审查程序合法;第三人述称,其从原告处购买涉案房屋后有权办理变更登记,应驳回原告诉请。

(2)判决结果

汉川法院经审理后认为,原告否认与第三人间的房屋买卖,第三人也未举证证明。涉案房屋在变更登记过程中,被告履行了合理审慎的审查义务,造成错误登记的原因在于第三人提供虚假材料、隐瞒了事实真相。2011年11月9日,一审判决撤销变更登记。宣判后当事人均未上诉,判决已生效。

【关键问题】

1. 房地产纠纷中行政诉讼的作用是什么?

2. 本案体现了行政诉讼的哪些原则?

【简要评论】

本案是关于房地产行政机关的具体行政行为损害了当事人的合法权益、要求撤销相关行政行为的行政诉讼案件。房屋登记审查中的问题,多肇始于登记公示

---

〔1〕 案件来源:中国法院网:http://blog. sina. com. cn/s/blog_a982f83401010cml. html,最后访问日期:2018年1月30日。

的不动产权利状态与利害关系人之间真实的民事法律关系可能存有冲突，甚至导致针对登记行为的行政诉讼，并在很大程度上取决于司法权对登记审查义务的合法性判定。

【核心知识】

房地产行政诉讼制度作为房地产监督行政中的司法监督，它既可以促使有关机关不断提高管理人员素质，严格依照国家的法律、法规行使职权，提高行政效率，同时也是行政相对人对不法行政行为的最后救济途径。

这同时也要求行政机关在具体行政行为中既要积极主动行使职权，又要恪守法定程序，合理高效地处理行政事务，避免纠纷的发生。

延伸阅读

1. 王小波:《试论房地产纠纷的行政诉讼》，载《新学术》2007 年第 4 期；
2. 高芳:《浅析房地产纠纷案件中的民行交叉问题》，载《黑龙江省政法管理干部学院学报》2010 年第 11 期；
3. 纪明鸿:《房产档案在房产行政诉讼中的作用》，载《城建档案》2017 年第 4 期。

图书在版编目(CIP)数据

房地产法入门笔记／谭柏平主编. -- 北京：法律出版社，2019
ISBN 978-7-5197-3035-2

Ⅰ.①房… Ⅱ.①谭… Ⅲ.①房地产法-中国-高等学校-教学参考资料 Ⅳ.①D922.38

中国版本图书馆CIP数据核字(2019)第019848号

房地产法入门笔记
FANGDICHANFA RUMEN BIJI

谭柏平 主编

策划编辑 谢清平
责任编辑 谢清平
装帧设计 李 瞻 臧晓飞

出版 法律出版社
总发行 中国法律图书有限公司
经销 新华书店
印刷 三河市龙大印装有限公司
责任印制 张建伟

编辑统筹 独立项目策划部
开本 710毫米×1000毫米 1/16
印张 30
字数 441千
版本 2019年4月第1版
印次 2019年4月第1次印刷

法律出版社／北京市丰台区莲花池西里7号(100073)
网址／www.lawpress.com.cn
投稿邮箱／info@lawpress.com.cn
举报维权邮箱／jbwq@lawpress.com.cn
销售热线／010-83938336
咨询电话／010-63939796

中国法律图书有限公司／北京市丰台区莲花池西里7号(100073)
全国各地中法图分、子公司销售电话：
统一销售客服／400-660-6393
第一法律书店／010-83938334/8335 西安分公司／029-85330678 重庆分公司／023-67453036
上海分公司／021-62071639/1636 深圳分公司／0755-83072995

书号：ISBN 978-7-5197-3035-2 **定价**：59.00元